Das Andere und das Selbst

Jaromír Balcar / Nina Balcar (Hrsg.)

Das Andere und das Selbst

Perspektiven diesseits und jenseits
der Kulturgeschichte

Doris Kaufmann
zum
65. Geburtstag

EDITION TEMMEN

Die Deutsche Nationalbibliothek verzeichnet diese Publikation
in der Deutschen Nationalbibliografie; detaillierte bibliografische Daten sind
im Internet über http://dnb.d-nb.de abrufbar.

© EDITION TEMMEN 2018
Hohenlohestr. 21
28209 Bremen
Tel. 0421 – 34843-0
Fax 0421 – 348094
info@edition-temmen.de
www.edition-temmen.de

Alle Rechte vorbehalten

Printed in EU

ISBN 978-3-8378-1051-6

Inhalt

Nina Balcar/Jaromír Balcar
    Einleitung 7

Tassilo Schmitt
    Die römische Ordnung als Gefahr, Rahmen und Vorbild für die
    „Christianoi" 16

Hans-Walter Schmuhl
    Die Geburt der Eugenik aus dem „Zeitgeist" des *fin de siècle* 37

Sybilla Nikolow
    „Nicht Behelf und Schein, sondern Ersatz und Hülfe". Neue Perspektiven
    für eine integrative Geschichte der Prothetik im Ersten Weltkrieg 53

Florian Schmaltz
    Die Deutsche Akademie der Luftfahrtforschung 1936–1945:
    Hermann Görings nationalsozialistische Muster-Akademie? 69

Delia González de Reufels
    Bevölkerungswissen in demographischen Karten und der
    haitianische Zensus von 1950 93

Susanne Heim
    Kalter Krieg, Bevölkerungspolitik und die Professionalisierung der
    Demographie 106

Hans-Jörg Rheinberger
    Nationales und Internationales, Lokales und Globales in der
    Geschichte der Molekularbiologie 127

Dittmar Dahlmann
    „Eine öffentliche Verbeugung vor der Wissenschaft". Alexander von
    Humboldts Reise nach Sibirien 1829 142

Andreas Mayer
    Freud, Artemidor und „Die Symbolik des Traums": Zum Verhältnis
    von Philologie und Psychoanalyse 155

Axel C. Hüntelmann
Paul Ehrlich und die Macht des Netzwerkes. Die Beziehungen des Instituts für experimentelle Therapie nach Osteuropa um 1900 175

Nina Balcar
Karl Wilker – Wanderer zwischen den Welten. Kinderforschung und Jugendbewegung um 1900 195

Dietrich Beyrau
Kriegsgefangenschaft und Umerziehung. Deutsche Kriegsgefangene in der UdSSR 215

Elena Zubkova
Принудительная «трудотерапия» в СССР: между ГУЛАГом и «большой химией». *Реплика в современной дискуссии* 235

Wolfgang Eichwede
Visionen und Blockaden des Wandels – mein Blick auf die Sowjetunion 1953–1991 241

Wolfgang Stephan Kissel
Vom Westen der Sowjetunion zum Osten der Europäischen Union: Eine Skizze zu Geschichte und Gegenwart der baltischen Staaten 259

Jaromír Balcar
Hitlers willige Historiker? Die Debatte um „Ostforschung" und „Ostforscher" im Spiegel des „Marburger Historikerstreits" 276

Autorinnen und Autoren 294

Nina Balcar / Jaromír Balcar

Einleitung

Der vorliegende Band ist einer der herausragenden Historikerinnen der Gegenwart gewidmet: Doris Kaufmann, die 2018 ihren 65. Geburtstag feiert. Sowohl als Forscherin, als auch als Universitätslehrerin ist sie weit mehr als „nur" eine Kulturhistorikerin. Doris Kaufmann kommt das Verdienst zu, in herausgehobener Weise zur Durchsetzung kulturgeschichtlicher Fragestellungen und Ansätze in der deutschsprachigen Historiographie der Gegenwart beigetragen zu haben.

Der Promotion bei Reinhard Rürup an der TU Berlin mit einer Arbeit über das katholische Milieu in der Weimarer Republik – notabene zu einem Zeitpunkt, als der Milieubegriff noch nicht in aller Munde war – folgte eine mehrjährige Tätigkeit an der Eberhard-Karls-Universität Tübingen im Rahmen des von der VW-Stiftung geförderten interdisziplinären Forschungsprojekts „Frauen und Christentum in der ersten Hälfte des 20. Jahrhunderts", das unter der Leitung des Theologen Hans Küng stand. Daran schlossen sich eine mehrjährige Tätigkeit am damals neugegründeten *Max-Planck-Institut für Wissenschaftsgeschichte* in Berlin und ein Gastaufenthalt am *Institute for Advanced Studies* in Princeton an. Hier entstand ihre viel beachtete Habilitationsschrift „Aufklärung, bürgerliche Selbsterfahrung und die ‚Erfindung' der Psychiatrie in Deutschland, 1770–1850". Es folgte das Großprojekt „Geschichte der Kaiser-Wilhelm-Gesellschaft im Nationalsozialismus", dessen Leitung sie übernahm. Ihre längste berufliche Station führte sie an das Institut für Geschichtswissenschaft der Universität Bremen, an dem sie von 2000 bis 2016 Neuere und Neueste Geschichte lehrte. Dort etablierte sich Doris Kaufmann als kompromisslose Vertreterin der *Universitas*, einer an bildungsbürgerlichen Idealen ausgerichteten Form des Lebens als Wissenschaft, die Forschung und Lehre als zwei Seiten einer Medaille begreift – und eben lebt. Dementsprechend waren ihre Ansprüche in der universitären Lehre sehr hoch; doch diejenigen, die sich darauf einließen, haben unendlich viel von ihr gelernt und profitiert.

Darüber hinaus engagierte sie sich als wissenschaftliche Beirätin, unter anderem an der *Forschungsstelle Osteuropa* an der Universität Bremen, am *Deutschen Historischen Institut* in Moskau sowie bei den Zeitschriften *Feministische Studien. Zeitschrift für interdisziplinäre Frauen- und Geschlechtergeschichte* und *NTM. Zeitschrift für Geschichte der Wissenschaften, Technik und Medizin*. Besonderen Spaß bereitet ihr die Mitgliedschaft in der Jury des Programms *Geisteswissenschaften International. Übersetzungsförderung geisteswissenschaftlicher Literatur*, das gemeinsam vom Börsenverein des Deutschen Buchhandels, der

Fritz-Thyssen-Stiftung, dem Auswärtigen Amt und der VG-Wort getragen wird, das wichtige deutschsprachige geisteswissenschaftliche Studien einem internationalen Leserkreis zugänglich macht.

Das Andere und das Selbst. Perspektiven diesseits und jenseits der Kulturgeschichte. Der Titel dieser Festschrift weist auf die Vielseitigkeit der Themen hin, mit denen sich Doris Kaufmann beschäftigt hat. So besticht ihr Œuvre durch die große thematische Bandbreite sowie den weiten zeitlichen Horizont, der von der Frühen Neuzeit bis in die Zeitgeschichte reicht. Ein erster Themenschwerpunkt umfasst Arbeiten zur protestantischen Frauenbewegung, Frauen im katholischen Milieu der Weimarer Republik und zu „Wahnsinn und Geschlecht", die zum Großteil erschienen, bevor die Frauen- und Gendergeschichte zu einem Mainstream der Geschichtswissenschaft avancierten. Die Geschichte der Psychiatrie bildet einen zweiten Forschungsschwerpunkt, in dem die wegweisende Habilitationsschrift zur Genese der „modernen" Psychiatrie im bürgerlichen Zeitalter entstand. Besondere Verdienste erwarb sich Doris Kaufmann um die Aufarbeitung der NS-Vergangenheit der *Kaiser-Wilhelm-Gesellschaft* (KWG) und deren Mitwirkung an den nationalsozialistischen Verbrechen. Aus ihrer Feder stammte die Konzeption für ein großangelegtes, ambitioniertes Forschungsprogramm zur Geschichte der KWG im Nationalsozialismus, das wissenschaftsgeschichtliche mit zeitgeschichtlichen Fragestellungen auf innovative Weise miteinander verknüpfte. Einen weiteren Schwerpunkt bilden die Beziehungen der Deutschen zu ihren östlichen Nachbarn. Zum einen ging es Doris Kaufmann dabei um die Dekonstruktion des „Mythos Ostpreußen", zum anderen um die langfristige Wirkung von Fremd- und Feindbildern und von kulturellen Übertragungen. Auf diese Weise erweitert sich ihre Kulturgeschichte zur Wirkungsgeschichte. In ihrem laufenden Buchprojekt beschäftigt sie sich mit der Grundlegung der modernen Kulturanthropologie und Ethnologie, darunter mit dem „Primitivismus"-Diskurs um die Wende vom 19. zum 20. Jahrhundert sowie mit europäischen Expeditionen und Forschungsreisen in Asien und Afrika. Dabei fällt der Wahrnehmung und Deutung der Ornamentik eine besondere Rolle zu. Parallel zu diesem Projekt, das für Doris Kaufmann selbst zur Expedition geworden ist, arbeitet sie an einer Studie über Konrad Lorenz am *Max-Planck-Institut für Verhaltensphysiologie* in Seewiesen, das die gesellschaftliche Deutungsmacht „naturwissenschaftlicher Betrachtung kultureller Verhaltensweisen" analysiert.[1]

Mit solchen mitunter exotisch anmutenden, immer aber originellen Themen gelang es Doris Kaufmann, eigene Akzente zu setzen und neue Erkenntnisse zu

---

1   So der Untertitel des Buches von *Eibl-Eibesfeldt*, Irenäus: Menschenforschung auf neuen Wegen. Naturwissenschaftliche Betrachtungen kultureller Verhaltensweisen. Wien/München/Zürich 1976.

gewinnen, die weit über das von ihr untersuchte Thema hinausweisen. Das gilt für die Genese der anthropologischen Forschung, den „Primitivismus"-Diskurs oder jüngst auch den Gaskrieg, den sie mit ganz neuen Quellen – Kunstwerken! – untersuchte. Das ist insofern typisch, als sie insbesondere durch ihre intellektuelle Kreativität im Aufspüren bislang übersehener oder vernachlässigter Quellengattungen besticht, denen sie neue und oft auch unerwartete bzw. überraschende Erkenntnisse abringt. Wenn man so will, ist sie im Umgang mit ihren Quellen nicht nur Sammlerin, sondern auch Jägerin.

Um die Breite ihrer Forschungsinteressen zu würdigen, ist diese Festschrift in drei Themenbereiche gegliedert: Im ersten Block geht es – institutionenorientiert – um *Wissenswelten und Ordnungen von der Antike bis in die Zeitgeschichte*, im zweiten, personenorientierten Block um *Grenzgänger zwischen den Welten* und im dritten um die *Beziehungen zwischen Deutschland und dem europäischen Osten*. Die Beiträge der jeweiligen Themenbereiche wurden chronologisch geordnet. Mitgewirkt haben befreundete Kolleginnen und Kollegen sowie Schülerinnen und Schüler von Doris Kaufmann. Was sie in besonderem Maße an ihr schätzen, sagen sie selbst – wobei die Collage dieser Statements ein kaleidoskopartiges Bild ergibt, das viel über die Jubilarin aussagt.

Persönliche Widmungen

Jaromír Balcar

Doris Kaufmann schätze ich sehr als offene und begeisterungsfähige, vielfältig interessierte Historikerin, frei von allen Bestrebungen zur Reproduktion der eigenen Forschungsschwerpunkte. Sie hat mich – sogar zweimal – als ihren Assistenten eingestellt, obwohl unsere methodischen und thematischen Bezüge recht weit voneinander entfernt liegen. Was die grundlegenden Dinge der Geschichtswissenschaft betrifft, befinden wir uns indes auf einer Wellenlänge. Das gilt ebenfalls für die Ziele und Strukturen der Universität, die durch die diversen „Reformen" der vergangenen zwei Dekaden tendenziell von einer Institution universeller Bildung durch Forschung zu einer Anstalt der berufsqualifizierenden Ausbildung degradiert wurde. Uns eint die Überzeugung, dass dies der Universität nicht gutgetan hat.

Extrem dankbar bin ich Doris für den großen Freiraum, den sie mir neben den Pflichten in der Lehre und der universitären Selbstverwaltung eröffnet bzw. freigeschaufelt hat. Ihr Ruf „Du hast eine Qualifikationsstelle!" gellt mir jetzt noch in den Ohren. Nur so war es mir möglich, die eigenen Forschungsarbeiten konzentriert voranzutreiben und in time abzuschließen. Auf immer im Gedächtnis bleiben wird mir ihr Kommentar nach der Lektüre meiner Habilitationsschrift: „Ich wusste gar nicht, dass Wirtschaftsgeschichte so spannend sein kann." Ein schöneres Kompliment für diese Arbeit habe ich nie erhalten.

Nina Balcar

Liebe Doris!
Ich war Deine Studentin, Deine letzte Wissenschaftliche Mitarbeiterin und die erste Frau, die bei Dir promoviert hat. Als Studentin ging ich mit Dir und Wolfgang Eichwede im Seminar „Moskau für Historiker/innen" auf eine unvergessliche Reise. Als Wissenschaftliche Mitarbeiterin kämpfte ich an Deiner Seite. Als Doktorandin lernte ich von Dir, die Grenzen der Disziplinen zu überschreiten. Daher widme ich Dir den Beitrag über den „Wanderer zwischen den Welten" – als Dank für Deine grenzenlose Unterstützung.

Dietrich Beyrau

Meine engeren Kontakte zu Doris Kaufmann beziehen sich auf zwei, insgesamt eher kuriose Vorgänge.
Eine deutsch-russische Konferenz über eine vergleichende Wissenschaftsgeschichte Deutschlands und der UdSSR. Die deutschen Teilnehmer diskutierten mit Rücksicht auf ihre russischen Kollegen in Englisch oder Denglisch, die russischen Kollegen glänzten aber zumeist durch Abwesenheit. Die Diskussionen der deutschen Kollegen/innen waren für mich interessant, und Petersburg ist eine schöne Stadt.
Wir bildeten eine Kampfgemeinschaft in einer Berufungskommission für die Nachfolge von Wolfgang Eichwede als Direktor der *Forschungsstelle Osteuropa*. Wir mussten uns (erfolgreich) gegen die Zumutungen einer Agentur wehren, die für viel Geld die sozialen Kompetenzen von Professoren „chekken" wollte. Und es gab einen heroischen Einsatz für einen Kollegen, der Columbia der Forschungsstelle vorzog, obwohl Werder Bremen damals noch in der ersten Liga spielte.

Dittmar Dahlmann

Als Mitglied des Vorstandes der *Forschungsstelle Osteuropa* an der Universität Bremen lernte ich Doris Kaufmann nach ihrer Berufung an die Bremer Universität zunächst nur flüchtig kennen. Eine nähere und intensivere Bekanntschaft entwickelte sich, als wir beide Mitglieder der Berufungskommissionen für die Wiederbesetzung der Stelle von Wolfgang Eichwede waren. Bald stellten wir fest, dass wir nicht in allen, aber doch in sehr vielen Angelegenheiten übereinstimmten und beide deutliche und pointierte Bemerkungen durchaus schätzten. Hinzu kam dann noch unser gemeinsames Interesse an der Wissenschaftsgeschichte, insbesondere an der Erforschung Sibiriens und an den Forschungen von Franz Boas. Ein Beitrag über die Erforschung Sibiriens durch Alexander von Humboldt erscheint mir daher ein in jeder Hinsicht passender Beitrag zu dieser Festschrift für Doris Kaufmann zu sein.

Wolfgang Eichwede

Du bist eine Historikerin mit Leidenschaft, immer auf Entdeckungsreisen, immer auf den Spuren neuer Fragen – und, was bei Dir nicht überrascht, immer findig und dann fasziniert von den neuen Quellen. Manchmal bist Du auch zornig, wenn jemand nicht ganz so „schlau" ist wie Du, was aber schwer zu erreichen ist.
Dein Kommen nach Bremen hat die Geschichte dort verändert und um neue Horizonte der Kulturgeschichte erweitert. Zwischen der Neueren und der Osteuropäischen Geschichte eröffneten sich bis dahin ungeahnte Kooperationsmöglichkeiten, die sich bald in gemeinsamen Vorhaben und Exkursionen niederschlugen. Uns „Osteuropäern" tat das gut.
Du hast zu Lew Kopelews Wirkung in Deutschland publiziert, hast 750 Jahre Königsberg in dem sechzigjährigen Kaliningrad gefeiert und hast in dem heutigen Moskau nicht nur die Moderne der zwanziger Jahre gesucht, sondern auch für *Memorial* gestritten. Daher gratuliere ich Dir gerne mit einem Rückblick – eher einem Makro- als einem Mikroblick – auf das Land, das immer wieder Gegenstand unserer Gespräche war.

Delia González de Reufels

Liebe Doris,
Deine Liebe zur Geschichte und Dein Enthusiasmus für die historische Forschungsarbeit sind mir gleich aufgefallen, als ich an die Universität Bremen berufen wurde. Dieser Eindruck sollte sich in den nächsten Jahren noch vertiefen, denn beim Wort „Archiv" blitzte es stets in Deinen Augen. Kostbar war für Dich jeder Moment mit Texten und Quellen, mit akademischem Disput und Forschungsdiskussion.
Wissen und wie es hergestellt und verbreitet wird, begeistert Dich. Du erfährst gerne selbst Neues, reist in Dir unbekannte Weltgegenden und lernst. Dass man als Lehrende immer auch Lernende bleiben muss, hast Du nicht

nur Deinen akademischen Schülerinnen und Schülern zu vermitteln vermocht. Auch als Kollegin habe ich das von Dir gelernt. Und ich habe die Leidenschaft verspürt, mit der Du Lernende geblieben bist, obschon Du Dich als Forscherin immer wieder neu bewiesen hast. Mit meinem Beitrag zur Wissensproduktion in demografischen Karten gratuliere ich Dir ganz herzlich zu diesem Geburtstag und wünsche Dir weiterhin viel Freude bei dem, was Dich all diese Jahre um- und angetrieben hat.

Susanne Heim

Für Doris:
Du verbindest den wissenschaftlichen Ernst mit Streitlust und Empathie. Du machst den Mund auf, auch wenn's ungefällig ist, ohne Profilierungsgehabe, manchmal undiplomatisch und immer geradeheraus, mit Scharfsinn, Humor und ohne Selbstgerechtigkeit. Wär schön, es gäbe mehr davon in der Wissenschaft.

Axel C. Hüntelmann

Ich habe Doris Kaufmann kennengelernt, während ich als studentische Hilfskraft im Forschungsprojekt „Geschichte der Kaiser-Wilhelm-Gesellschaft im Nationalsozialismus" tätig war. Meine Zuständigkeit reichte von der Vorbereitung von Seminaren, der Literaturverwaltung, über das Lektorat der ersten Bände des Projekts bis zur Kaffeeversorgung. Anschließend habe ich meine Dissertation bei ihr geschrieben. Als Mitarbeiter und Doktorand habe ich besonders von ihrer kritischen Text- und Quellendiskussion profitiert.

Wolfgang Stephan Kissel

Mit Doris Kaufmann verbinde ich viele schöne Erinnerungen an gemeinsame Symposien und zahlreiche Gespräche über europäische (Wissenschafts-) Geschichte und die deutsche Universität. Ihre Offenheit gegenüber Osteuropa und ihre Neugierde auf Unbekanntes haben unseren Dialog wesentlich befördert. Doris verfolgte mit überaus kritischem Blick die Entwicklung der Universität im Zeichen zunehmender Ökonomisierung, doch ihr Engagement für ihr Fach wie auch für die Geisteswissenschaften blieb davon unberührt. Ihrer Kennerschaft auf dem Feld deutscher Wissenschaftsinstitutionen verdanke ich wichtige Anregungen für meine eigene Arbeit über russische historische Semantik.

Andreas Mayer

Unsere Diskussionen über die Geschichte der Psychoanalyse und Träume als wissenschaftliche Objekte begannen Ende der 1990er Jahre im Rahmen einer Veranstaltung am *Max-Planck-Institut für Wissenschaftsgeschichte* in Berlin. Im Gegensatz zum Mehrheitstrend der deutschsprachigen Fachhistoriker in den letzten zwanzig Jahren hat Doris stets eine Offenheit und Sensibilität für solche zu Unrecht als randständig betrachteten Thematiken gezeigt und uns die Komplexität und Widersprüchlichkeit der involvierten Akteure gezeigt.

Sybilla Nikolow

Doris' Begeisterung für die Kultur- und Mentalitätsgeschichte der Wissenschaften ist so ansteckend, dass ich jede Gelegenheit nutze, um wenigstens ein bisschen davon abzubekommen. Eine besondere Fügung des akademischen Schicksals brachte uns 1995 nach Berlin in die gerade im Aufbau befindliche Abteilung II des *Max-Planck-Instituts für Wissenschaftsgeschichte*. Ihr Eugenik-Aufsatz von 1998 war eine Offenbarung für mich. Für die Möglichkeit, ihre Professur im Wintersemester 2010/11 in Bremen vertreten zu können, bin ich sehr dankbar. In meinem VW-Projekt zu den Körperbildern des *Deutschen Hygiene-Museums* im 20. Jahrhundert habe ich von ihrer Mitgliedschaft im wissenschaftlichen Beirat oft ganz unmittelbar und direkt profitieren können, wie etwa bei der Leitung meiner Doktorandengruppe oder der Abschlusspublikation. Auch für mein hier vorgestelltes neues Forschungsthema durfte ich Doris' konstruktive Kritik schon zu einem sehr frühen Zeitpunkt einfordern. Sie gehört zu den wenigen Kolleginnen, die nicht nur zu unverzichtbaren Ratgeberinnen im Karrieredschungel, sondern auch zu guten Freundinnen geworden sind, weshalb ich mich schon jetzt auf die nächste Berlinale freue.

Hans-Jörg Rheinberger

Was ich an Doris Kaufmann schätze? Sie ist eine großartige Kollegin, mit der ich vor allem im Projekt zur Erforschung der Geschichte der *Kaiser-Wilhelm-Gesellschaft* im Nationalsozialismus gerne zusammengearbeitet habe, und sie ist eine Pionierin auf dem Feld der Verbindung von Wissenschaftsgeschichte und Allgemeingeschichte.

Florian Schmaltz

Kennengelernt habe ich Doris Kaufmann im letzten Jahr des vergangenen Millenniums in der Gründungsphase des Forschungsprogramms „Geschichte der Kaiser-Wilhelm-Gesellschaft im Nationalsozialismus" der Präsidentenkommission der *Max-Planck-Gesellschaft*. Als erste Leiterin des Forschungsprogramms war sie für dessen Grundkonzeption verantwortlich, identifizierte die zentralen Themenfelder und formulierte die erkenntnisleitenden Fragestellungen, die der Arbeit der Forschergruppe eine kritische Ausrichtung gaben. Sie hat damit die Weichen für eine Reihe von Paradigmenwechsel der Historiografie der Wissenschaften im Nationalsozialismus gestellt, hinter welche die künftige Forschung nicht mehr zurückfallen kann.
Als ich meine Arbeit im Forschungsprogramm aufnahm, wechselte sie an die Universität Bremen, wo ich 2004 als ihr erster Doktorand promoviert wurde. Dafür bin ich ihr dankbar – und für die vielen offenen und anregenden Gespräche, die wir seitdem geführt haben.

Tassilo Schmitt

„Katholisches Milieu" und „protestantische Frauenbewegung" gehören, wie die Titel zweier ihrer Monographien zeigen, zu Doris Kaufmanns Forschungsthemen. Weit über die wissenschaftliche Arbeit hinaus aber interessiert sie sich für die auch dialektischen Beziehungen zwischen Überzeugungen und konkretem Handeln. Als Dank für langjährigen wissenschaftlichen Austausch ebenso wie für manchmal äußerst lebhafte Diskussionen sei ihr deswegen eine Studie gewidmet, die skizzieren soll, wie skeptisch frühe Christen Herrschaft beurteilt und gleichwohl Voraussetzungen für oft wenig christliche Herrschaft von Christen geschaffen haben.

Hans-Walter Schmuhl

Mit Doris Kaufmann kann man über viele spannende Themen sprechen: über das katholische Milieu im Münsterland, über die Wege und Irrwege der Psychiatrie, über Rassenforschung und Kulturanthropologie, über die Denkfigur des Primitivismus. Doris ist immer mit Begeisterung bei der Sache, fragt stets noch einmal kritisch nach, stellt die Dinge in größere Zusammenhänge. So ergeben sich wunderbare Diskussionen – man muss nur zusehen, dass man zu Wort kommt.

Elena Zubkova

An Doris Kaufmann: „Sonderfall Doris" – so könnte man das Phänomen von Doris Kaufmann in unserer wissenschaftlichen Landschaft bezeichnen – nicht nur in Deutschland, sondern auch weltweit. Meine eigene Forschung über die Lage der Randgruppen in der Sowjetunion und ihrer Ausgrenzung haben wesentlich von Doris Kaufmanns Studien profitiert. Auch der vorliegende Aufsatz ist durch Doris' Überlegungen zur Ausgrenzung und zum Psychotherapie-Problem angeregt worden. Ich erinnere mich an unsere Zusammenarbeit und die Besprechungen im Beirat des *Deutschen Historischen Instituts*, Moskau, an unsere Treffen in Berlin, in Moskau…
Liebe Doris, herzlichste Grüße zu Deinem schönen Geburtstag, vielen Dank für Deine Unterstützung und alles, was Du für mich getan hast. Und das Wichtigste: Es ist noch nicht die Zeit für „Rückblicke" gekommen, deswegen wünsche ich Dir: neue interessante Aufbrüche; und uns: gespannte Erwartung auf neue Entdeckungen und Anregungen von Doris Kaufmann.

Nina & Jaromír Balcar

Eine abschließende private Anmerkung sei uns als Herausgebern gestattet. Doris, wir verdanken Dir nicht zuletzt unser Kennenlernen. Du kannst nun tatsächlich behaupten, eine Ehe gestiftet zu haben. Dafür möchten wir Dir danken, indem, wir diese Festschrift herausgeben.
Bedanken möchten wir uns sehr herzlich bei der *Gesellschaft der Freunde der Universität Bremen und der Jacobs University*, die diese Festschrift mit einem großzügigen Druckkostenzuschuss gefördert hat. Für Rat und Tat bedanken wir uns außerdem bei Wolfgang Eichwede, dem Spiritus rector des ganzen Unternehmens.

Tassilo Schmitt

Die römische Ordnung als Gefahr, Rahmen und Vorbild für die „Christianoi"[1]

Das Evangelium nach Lukas als Herrschaftskritik

Als Jesus geboren wird, steht der Himmel offen: Zunächst berichtet ein Engel den Hirten bei Bethlehem; anschließend erklingt ein himmlisches Heeresmusikkorps mit Jubelgesang (Lk 2.8-14). Der Evangelist Lukas, der sich vorgenommen hatte, sicheres Wissen mitzuteilen (Lk 1.4), bedient sich gängiger Darstellungsformen. Zeitgenossen haben sofort erkannt, dass Engel und Gesänge vom Himmel nicht als Beschreibungen von Geschehen, sondern als Deutungen gemeint waren. Worauf diese zielten, war auch nicht schwer zu verstehen: Man kannte nämlich Worte wie εὐαγγελίζομαι und εὐαγ-γέλιον, σωτήρ oder δόξα – und zwar in sehr spezifischen Zusammenhängen. Als „Evangelien" wurden freudige Nachrichten aus dem Kaiserhaus unters Volk gebracht. Wer σωτήρ war, verkündeten viele Inschriften: Man bezeichnete so zunächst hellenistische Könige, die durch ihre Finanz- und Militärmacht Städte geschützt, gerettet oder wiederhergestellt hatten – oder dies zumindest tun sollten. Seit Augustus hatten die römischen Kaiser diese Rolle als „Heilande" zu spielen. Dafür gebührte ihnen δόξα, „Ruhm", der als Wohlwollen, εὐδοκία, auf die zurückstrahlen sollte, die ihn sangen.

Lukas' christliche Adressaten können die Begrifflichkeiten nicht allein als naheliegende Übertragungen von Herrscherlob auf den himmlischen Herrn verstanden haben. Denn die alltägliche Erfahrung, dass dieses Vokabular weitgehend für die römischen Imperatoren und ihre Familie reserviert war, musste sie hellhörig dafür machen, dass hier ein radikal alternativer Anspruch erhoben wurde. Zusammen mit dem vom Judentum geerbten exklusiven Anspruch des christlichen Gottes war klar, dass diese Botschaft nicht einfach ein interessantes weiteres Angebot auf dem sprießenden Markt der Religionen war, sondern dass der Anspruch dieses Christus im Hinblick auf göttliche Macht unmittelbar dem des Kaisers entgegentrat, nicht in Form einer Konkurrenz, sondern in wechselseitiger Ausschließlichkeit. Damit ging es zugleich um die Geltung von Herr-

---

[1] Der Text beruht auf einem Vortrag, der im Rahmen des Deutsch-Georgischen Jahres 2017 anlässlich des 500. Jahrestages der Reformation im April 2017 in Tiflis auf der Tagung „Freiheit und Religion in Deutschland und Georgien" gehalten wurde. Veranstalter waren die Friedrich-Naumann-Stiftung für die Freiheit in Kooperation mit der Evangelisch-Lutherischen Kirche in Georgien, der Staatlichen Ilia-Universität Tbilisi und der Botschaft der Bundesrepublik Deutschland in Georgien.

schaft: Da ja der in der Krippe besungene Jesus Christus auch als Auferstandener den Friedensspruch wieder aufgriff (Lk 24.36), war man vor die Frage gestellt, welchen Heiland man anerkennen wollte, wessen Erscheinen man für ein Evangelium hielt, in wessen Ruhm man sich selbst Wohlergehen erwartete. Erst recht galt diese provokative Zumutung für all diejenigen, die erstmals von solchen Vorstellungen hörten: Solche Aussagen waren geeignet, selbstverständliche Annahmen über die Macht fraglich erscheinen zu lassen.

Lukas lässt wenig Zweifel daran aufkommen, dass ihm solche Assoziationen und Provokationen wichtig waren: Die Bethlehemsgeschichte beginnt bekanntlich mit einem δόγμα des Caesar Augustus, die ganze Welt aufzuschreiben (Lk 2.1). Die Zeitgenossen wussten, was sie von solchen Aufforderungen zu halten hatten: Regelmäßig ging es darum, die Abschöpfungen für die Macht besser zu organisieren. Die Kaiser weit weg in Rom und die vielen kleineren Mächtigen am Ort, die mit ihnen zusammenarbeiteten, zeigten, was sie durchsetzen konnten, und verbesserten zugleich ganz handfest ihre Chancen auf Einnahmen. Es ist kein Zufall, dass gewaltsame Eruptionen gegen die öffentliche Gewalt oft genug im Kontext solcher Aufschreibungen überliefert sind. Aber Lukas geht es nicht darum, mit dieser chronologischen Verknüpfung Jesu Wirken von Anfang an mit Strömungen zu assoziieren, die im zeitgenössischen Judentum unter dem Namen „Eiferer" zusammengefasst wurden und in denen die Unzufriedenheit mit den römischen Oberherren und ihren einheimischen Helfershelfern ein Ventil bis hin zum gewaltsamen Terrorismus fand. Lukas denkt in ganz anderen Dimensionen. Obwohl es niemals eine reichsweite Aufschreibung gegeben hatte, verknüpfte er die Geburt Jesu mit einem solchen die ganze Welt umfassenden Ansinnen: Was mit Jesus begann, zielt aufs Ganze. Der hier geborene Christus war nicht allein der Gottes Bundesvolk verheißene und erwartete König, der Israel befreien würde, sondern einer, der sich weltweit an der Kaiserherrschaft und mit ihr maß.

So zu denken setzte die Erfahrung voraus, dass die brutale Hinrichtung Jesu dessen Wirksamkeit, seine Macht, nicht hatte beenden können. Was sie als seine Auferstehung erfahren hatten, zeigte den Jüngern zugleich, dass Jesus eben nicht ein zelotischer Kämpfer gewesen war, der tapfer bis zum Ende durchgehalten hatte und vom Statthalter als Terrorist schließlich ausgeschaltet worden war. Seine Botschaft hatte der Weltmacht getrotzt und sollte eine Reichweite entfalten, die bislang allein das *Imperium Romanum* durchdrang.

Die Christen haben nicht nur den geographischen Rahmen herrschaftskritischer Haltung bis an die Enden der Welt gedehnt, sondern auch die Begründung dafür radikalisiert. Wenn sich Distanz zu den Römern nicht mehr hinreichend aus den eigenen Traditionen als Bundesvolk Gottes ableiten ließ, bedurfte es neuer Argumente. Eine Reflexion darüber steckt in einer Szene, die Lukas wie die anderen Synoptiker auch unmittelbar vor den Beginn der Lehrtätigkeit Jesu rückt. Alle drei erzählen, dass dieser damals in der Wüste den Versuchungen des Teufels widerstanden habe. Bei Lukas findet sich interessantes Sondergut (Lk 4.5). Nach der bei Matthäus vorliegenden älteren Version war diese Bilderzählung noch in einem halbwegs realistischen Umfeld angesiedelt: Der Teufel nimmt Jesus mit auf einen sehr hohen Berg, von wo die ganze Welt sich unter ihnen ausbreitet und sie auf alle damaligen Königreiche blicken lässt. Bei Lukas ist diese Szenerie völlig „aufgehoben", weil der Teufel Jesus „hinaufführt", ohne dass man wüsste, wohin und wie weit. Beide scheinen über der Erde zu schweben. Überdies ist die Zeit ist in einen einzigen Augenblick komprimiert, der alle Königsherrschaften überhaupt sichtbar macht. Der Teufel verweist hier auf jegliche Königsherrschaft aller Zeiten und aller Orten und fügt erläuternd hinzu, dass er darüber verfüge. Er behauptet freilich nicht, dass er Jesus überall und allezeit zum König machen könne. Er sagt vielmehr, dass er die Macht und das damit zu erreichende Ansehen, die δόξα, verleihen könne. Und er begründet sogar, warum er das kann: Es ist ihm gegeben. Dieses ἐμοὶ παραδέδοται ist im *Passivum divinum* formuliert, eine Ausdrucksweise, die aus biblischen Texten bekannt ist; zusammen mit dem resultativen Perfekt ergibt sich: Dem Teufel ist – ja, von Gott! – ein Verfügungsrecht über Macht und Ansehen überlassen worden, dass er überall in dieser Welt, aber jenseits von Raum und Zeit ausübt. Jesus widerspricht nicht, sondern antwortet hier, wie schon in der älteren bei Matthäus greifbaren Version mit einem Satz aus der jüdischen Tradition: „Als den Herrn sollst du deinen Gott anbeten und ihm allein dienen" (Dt 6.13; 10.20; Mt 4.10). Diese Replik macht allein wegen des vorangestellt betonten κύριον, „den Herrn", ohne weiteres deutlich, dass Gott auch jenseits von Zeit und Raum noch überlegen ist. Aber sie räumt doch auch ein, dass Herrschaft auf Erden überall und immer zumindest so weit in der Verfügungsgewalt des Teufels ist, wie es um Macht und Ruhm geht. Die Zuspitzungen in dieser Episode der Versuchungsgeschichte lassen indirekt lebhafte Debatten erkennen, wie sie in den frühchristlichen Gemeinden entbrannt sind. Darin spiegeln sich konkrete Erfahrungen, Wahrnehmungen und deren Reflexion.

Einschätzungen der römischen Reichsverwaltung – und die Folgen

Die Lage der Christen lässt sich in Umrissen rekonstruieren. Ein besonderes wichtiges Zeugnis dafür ist der Name selbst, mit dem die neue Gruppierung bezeichnet worden ist: Χριστιανοί. Es kann gar nicht genug betont werden, dass dieser Name in den neutestamentlichen Schriften selbst kaum belegt ist. Er wurde erst zögerlich zur allgemeinen Selbstbezeichnung. Die sehr wenigen Zeugnisse verraten zugleich, warum das so ist. Es handelt sich um einen Begriff, der diejenigen, die ihn zum ersten Mal hörten, auf nichts Gutes schließen ließ. Aus den Mahnungen in 1 Petr 4.14-16 etwa wird deutlich, dass man in einem schlechten Ruf stand, wenn man sich zum „Namen Christi" bekannte. Der Autor stellt sogar fest, dass man ebenso wie als Mörder, Dieb, Übeltäter oder Ehebrecher, so auch als Χριστιανός angeklagt werden konnte. Ein solcher zu sein, erfüllt also einen Straftatbestand. Das musste bei allen, die erstmals auf diese Gruppierung trafen, höchst negative Assoziationen hervorrufen.

Um die Frage zu beantworten, worin der Straftatbestand denn bestand und seit wann es ihn gab, ist in der Forschung unendlich viel Tinte geflossen. Dabei ist die Lösung schon lange gefunden. Sie ergibt sich aus der umsichtigen Interpretation dessen, was man über den Namen Χριστιανοί wissen kann. Nach der Apostelgeschichte war es in Antiochia, dass sich die Jünger erstmals so nannten (11.26). Das ist insofern ein interpretationsfähiger Befund, als das Wort selbst hier zwar in einer griechischen Form erscheint, die Wortbildung aber offenkundig nicht griechisch ist. Das Vorderglied χριστ- zu χριστός bezeichnet den „Gesalbten", und das ist eine im zeitgenössischen Griechisch übliche Übersetzung für den von den Juden erwarteten Retterkönig, den Messias. Das Problem liegt im Endungssuffix –ιανός. Griechische Adjektive bildet man damals anders. Freilich ist es nicht schwer zu erkennen, woher die fremdartige Endung kommt. Bei –[i]anus handelt es sich um eine übliche Form im Lateinischen, Zugehörigkeiten auszudrücken. Für die Χριστιανοί ergibt sich aus diesen Beobachtungen zwingend, dass diese Wortbildung nicht im Griechischen erfolgt sein kann, sondern einen lateinischen Ursprung haben muss: Χριστός war zunächst zu *Christus* latinisiert worden. Dann konnte man leicht ein Adjektiv in der Bedeutung „zu Christus gehörig" bilden, *Christianus*. Das Wort Χριστιανοί ist die Rückübertragung ins Griechische. Älter und ursprünglicher ist das lateinische Wort *Christiani*.

Wer aber hat in Antiochia, wo das Wort aufgekommen ist, Latein gesprochen? Die Weltstadt war polyglott, doch wer in dieser multikulturellen Umgebung durchkommen wollte, bediente sich des Reichsaramäischen, mit dem man sich seit alters in diesen Gegenden verständigte. Seit dem Hellenismus war noch das Griechische hinzugetreten. Latein war nur in der engsten Umgebung des Statthalters gebräuchlich. Nur dort kann das lateinische Wort *Christiani* geprägt worden sein, nur dieses Machtzentrum bot die Voraussetzungen dafür, dass eine lateinische Form ins Griechische zurück übertragen und dann weiterverwendet wurde. Die Christen verdanken ihren Namen der Verwaltung des römischen Statthalters in Antiochia! Im Lateinischen gehören Gruppen, die nach Personen bezeichnet werden und auf –[i]ani enden, bis weit ins zweite Jahrhundert einem bestimmten Typus zu: *Mariani* und *Sullani*, *Flaviani*, *Othoniani* und *Vitelliani* sind samt und sonders Bezeichnungen für Formationen im politischen Kampf und gehören in den Rahmen des Bürgerkrieges. So gewinnt *Christiani* Relief: Man könnte das

Wort fast mit „Christus-Armee-Fraktion" übersetzen. Römer haben den Namen als Bezeichnung für Aufrührer, als *nomen delicti*, verstanden.

Diese Identifikation sorgte dafür, dass die römische Verwaltung solchen Menschen gegenüber jegliche Form von Sanktionsgewalt ausüben konnte. Der sonst und mit Recht wegen seiner Humanität bekannte Statthalter Plinius zögerte – wie er in einem Brief an Kaiser Trajan schreibt (*ep.* 10.96) – keinen Augenblick, manifeste *Christiani* ohne weiteres hinzurichten. Wie seinen Zeitgenossen verriet ihm der Name die Gefährlichkeit und Sanktionswürdigkeit dieser Gruppierung, einerlei, wer dieser im Vorderglied genannte *Christus* eigentlich war. Plinius' umstandslose Reaktion auf manifeste *Christiani* lässt außerdem erkennen, dass diese aus seiner Sicht eben gerade nicht ein Phänomen waren, dem man vor allem mit Mitteln des Rechts zu begegnen hätte. *Christiani* unterliegen in der Regel unmittelbar der Strafgewalt des Statthalters, der ohne Zögern von ihr Gebrauch macht. Das ist kein staatliches Handeln, sondern die Reaktion von Herrschaft auf Gefährdungen. Differenzierungen erwägt Plinius erst, wenn ehemalige *Christiani* sich wieder von dieser Gruppe gelöst hatten oder wenn die Beschuldigten bestritten, zu den *Christiani* zu gehören. Deswegen schrieb er dem Kaiser. Mit diesem (*ep.* 10.97) war sich Plinius dann in der Sache einig, dass man bei ehemaligen *Christiani* darüber hinwegsehen konnte, einst dieser gefährlichen Gruppe angehört zu haben. Nur für die, die leugneten, war ein Verfahren nötig. An dieser Stelle war der Kaiserkult hilfreich. Aus der Sicht der Römer empfahl es sich, eine solche religiöse Loyalitätsgeste einzufordern, der die ja explizit des Aufrührertums Beschuldigten zu einem öffentlichen Bekenntnis zum im Kaiser repräsentierten *Imperium Romanum* zwang. Dazu kam, dass man offensichtlich wusste, dass gerade *Christiani* dieses Ritual verweigern würden.

In dieser Zeit war der Kaiserkult also kein Problem, mit dem *Christiani* generell konfrontiert gewesen wären. Als Mittel der kriminalistischen Beweissicherung wurde er aber rasch zu einem Symbol dafür, sich öffentlich als jemand zu bekennen, der nicht zu den *Christiani* gehörte oder nicht mehr zu ihnen gehören wollte. Die religiöse Verehrung des Kaisers, die zumal für die Reichsbevölkerung ohne Bürgerrecht höchstens eine Option, bestimmt aber keine Notwendigkeit dargestellt hat und für das allgemeine Leben kaum eine Rolle spielte, zeigte sich in den Zusammenhängen der Strafgewalt der Statthalter als Manifestation des Nicht-Christlichen – und zwar für Römer und *Christiani* gleichermaßen. Für beide Seiten waren Christus und der Kaiser polare Gegensätze – politisch und religiös.

Neben der Widersetzlichkeit der *Christiani* irritierte Plinius an ihrer Haltung die ungeheure Anmaßung. Diese Leute hatten nicht nur unglaublich verworrene Vorstellungen von den Göttern und der Welt, sondern waren überdies von einer ungeheuerlichen Maßlosigkeit gekennzeichnet. Der Statthalter fasste seine

Einschätzung als *immodica superstitio*, als „maßloser Aberglaube", zusammen. Die damit verbundene Hartnäckigkeit, *contumacia*, half ihm schließlich über seine Bedenken hinweg, ob man *Christiani* selbst dann ohne weiteres hinrichten sollte, wenn es sich um Frauen und Kinder handelte. Die Weihnachtsbotschaft hätte ihn in dieser Haltung noch weiter bestärkt. Denn die, die das Lob des neu geborenen Herrschers sangen, werden ausdrücklich als ein in seinem Umfang unüberschaubares himmlisches Heer bezeichnet. Plinius hätte besonders aufmerksam wahrgenommen, dass hier offensichtlich eine fremde Streitmacht angetreten ist, die sich von der auf den Legionen Roms beruhenden Herrschaft nicht beeindrucken ließ. Die *Christiani* mochten intellektuell betrachtet Wirrköpfe sein, an ihrer grundsätzlich kämpferischen, an ihrer grundsätzlich militanten und damit gegen die römische Herrschaft gerichteten Einstellung war kein Zweifel möglich, wenn man als verantwortlicher Römer solche Erzählungen ernst nahm.

Es ist ein Irrtum schon der späteren Kaiserzeit und erst recht der Moderne, dass Statthalter wie Plinius aus solchen Befunden eine zielgerichtete Verfolgung der *Christiani* hätten ableiten müssen. Die römische Herrschaft war kein Staat, dem abstrakt die Durchsetzung seines Rechts ein Anliegen gewesen wäre. Es gab keine Staatsanwaltschaft, die auch dann Verstöße gegen die Rechtsordnung verfolgt hätte, wenn gar keine Klage erhoben worden war. Außerdem hatte diese Herrschaft auch gelernt, von der Strafgewalt vor allem zweckmäßig Gebrauch zu machen. Eine das Leben durchdringende Gerichtsbarkeit hätte einen Verwaltungsapparat erfordert, den erst moderne Staaten aufgebaut haben. Für Statthalter war nicht zuletzt abzuwägen, dass sich die römische Herrschaft nicht instrumentalisieren ließ und durch vordergründig regelrechtes Vorgehen Unordnung eher verstärkte. Der Briefwechsel zwischen Plinius und Trajan reflektiert auch das: Es war zu anonymen Denuntiationen von *Christiani* gekommen. Die Motive der Denuntianten waren sicher nicht immer von ehrlicher Sorge um die römische Herrschaft bestimmt. Vielleicht ging es nur darum, einen persönlichen Konflikt auf eine andere Ebene zu heben. Dafür gab sich die römische Herrschaft nicht her – im klugen Wissen darüber, dass man solche alltäglichen Querelen lieber den sozialen Konfliktlösungsmechanismen am Ort und ihren lokalen Autoritäten überließ. Für selbstbewusst und widerborstig hielt man die *Christiani* zwar gewiss, aber nur dann für eine aktuelle Bedrohung, wenn sie so weit öffentlich agierten, dass jemand sie unter Angabe seines Namens zur Anzeige brachte.

Die Christen ihrerseits lebten unter solchen Voraussetzungen grundsätzlich ständig in der Gefahr, von römischen Statthaltern verurteilt zu werden. Genauso aber gilt, dass sich das für die meisten als eine eher abstrakte Bedrohung darstellte. Denn die Träger römischer Herrschaft waren außerhalb der großen

Zentren weit; überdies waren sie in der Bevölkerung allgemein eben gerade nicht als Repräsentanten einer grundsätzlich wohlwollenden Staatsgewalt angesehen, sondern vor allem in den frühen Jahrhunderten der Kaiserzeit als Verkörperungen einer starken aber fernen Macht, die man eher als Stabilisator lokaler und regionaler Herren denn als allenthalben wirksamen Faktor mit Gestaltungswillen erlebte. Außerdem haben die lokalen Herren sicher Wert darauf gelegt, die Verhältnisse in ihrem Bereich selbst zu ordnen. Gerade darin manifestierte sich ja ihre Rolle. Wenn und wo es aber dazu kam, dass *Christiani* angezeigt wurden, griffen die römischen Verantwortlichen durch – oft genug, ohne selbst recht zu verstehen, worin denn die Gefahr dieser Beschuldigten bestand. Aber auch wenn sie das nicht so genau wussten, der auf politische Umtriebe verweisende Name, vor allem aber die Widersetzlichkeit, die sich darin manifestierte, wenige aufwändige Beweise der eigenen Loyalität gegenüber Kaiser und Reich zu erbringen, haben vielleicht aufkommende Zweifel wieder verdrängt.

Trotz der im Allgemeinen also auskömmlichen Lage der Christen blieb es nicht aus, dass sich immer wieder Gelegenheiten ergaben, für die eigene Überzeugung im Angesicht der römischen Macht Zeugnis abzulegen. Die, die das taten, wurden wegen ihrer Standhaftigkeit bewundert. Gerade die christlichen Berichte durften, wollten sie die anderen Christen nicht abschrecken, sondern bestärken, weniger auf die schändlichen Hinrichtungen, sondern mussten auf die mutige Ablehnung des Kaiseropfers zielen, das – wie die Zeugnisse zeigen – nicht wenige Statthalter als aus ihrer Sicht doch kommoden Weg immer wieder anboten, um unnötige Hinrichtungen zu vermeiden. Was gab es denn Einfacheres als ein paar Körner Weihrauch vor einem Standbild des Kaisers? Aus christlicher Perspektive steckt in dieser so unkomplizierten Möglichkeit, mit der Herrschaft ins Reine zu kommen, eine große, geradezu perfide Versuchung.

So gesehen lässt sich Lukas' referierte Version der Versuchungsgeschichte noch genauer verstehen. Die Herrschaft – konkreter die römische Herrschaft und ihre Vertreter – erscheinen deswegen als im Verfügungsbereich des Teufels, weil mit ihnen die Versuchung verbunden ist, sich von Gottes Willen und der Jüngerschaft Jesu abzuwenden. Damit ist keine Wesensbestimmung von Herrschaft als grundsätzlich böse gemeint. Das ist schon deswegen ausgeschlossen, weil die Verfügungsmacht des Teufels dem Teufel gar nicht aus sich zusteht. Der Versucher muss bekennen, dass sie ihm gegeben sei: παρα-δέδοται. Der letzte Grund von Herrschaft bleibt also bei Gott. Wie könnte es angesichts des biblischen Schöpferglaubens auch anders sein? Der Teufel aber kann gleichwohl etwas verleihen, ἐξουσία nämlich, mehr noch, nicht einfach „Macht", sondern als ἐξουσία ἅπασα, als „ganze Macht" klar die Macht, auch gegen den Willen und gegen die Ordnung Gottes zu handeln. Damit einher geht die δόξα, der Ruhm – oder hier vielleicht besser die Anerkennung, die dem so Tatkräftigen oftmals zuwächst. Die Erzählung reflektiert also außerdem die Erfahrung, dass am eigenen Ansehen und Vorteil orientierter, dabei Gott aus dem Blick verlierender Machtgebrauch eine der Herrschaft ständig inhärente Versuchung ist.

Damit sind nicht nur die Römer gemeint. Gerade diejenigen, die sich besonders selbstbewusst als Sachwalter Gottes geben, leben in einer besonderen Gefahr. Im neutestamentlichen Kontext übernehmen diese Rolle vor allem die Pharisäer – und werden in der Zinsgroschengeschichte entlarvt, die in den synoptischen Evangelien in dieser Hinsicht identisch gestaltet ist (Mt 22.15-22; Mk 12.13-17; Lk 20.20-26). Die Erzählung kommt dadurch in Gang, dass Pharisäer eine Möglichkeit suchen, Jesus vor dem Statthalter als Aufrührer anzuzeigen. Schon das lässt sie als Kollaborateure der Macht erscheinen. Sie wollen sie zwar nur instrumentalisieren, befördern damit aber deren Reichweite. Die Pharisäer schmeicheln Jesus als umsichtigen Lehrer, bauen also darauf, ihn mit vermeintlichem Ruhm umgarnen zu können, und verraten zugleich, welche ihre Prinzipien sind. Unvermittelt fragen sie dann, ob es erlaubt sei, dem Kaiser Steuern zu zahlen. Die bösartige Logik ihrer Falle besteht darin, dass Jesus das nun entweder verneinen konnte: Damit wäre seine antirömische Haltung manifest; sie könnten ihn denunzieren. Oder aber er würde die Steuer für erlaubt erklären. Dann würde er sich, wie sie meinten, in den Augen seiner Anhänger als anpasslerischer Schaumschläger erweisen, gingen sie doch davon aus, der er wie andere Erlösungsprediger auch, vor allem Freiheit von der Lasten der römischen Herrschaft verheißen wollte. Jesus gibt keine Antwort und bittet vielmehr darum, ihm einen Denar zu zeigen. Dann fragt er, wer dort abgebildet sei. Man antwortet ihm: „Der Kaiser". Jetzt kann Jesus sagen: „Gebt dem Kaiser, was vom Kaiser ist, und Gott, was von Gott ist."

Auch das impliziert keine Wesensbestimmung von politischer Gewalt, schon gar keine Reflexion über die Grenzen von Kirche und Staat. Es geht nicht einmal unmittelbar um die römische Herrschaft, die die Pharisäer für sich nutzen wollen. Jesu Reaktion macht deutlich, dass für ihn die Steuerfrage, über die er stolpern sollte, von nachgeordneter Bedeutung ist. Schon das zeigt den Abstand zwischen seiner Rede vom Gottesreich und dem Kalkül der Pharisäer. Überdies zwingt Jesus die Pharisäer zum einen dazu, zu zeigen, dass sie eine Münze haben – er aber nicht –, und dass sie damit zum anderen etwas haben, was vom Kaiser kommt und für den Kaiser steht. Manche Exegeten meinen, dass die Pharisäer als Beteiligte am Steuereintreibungssystem vorgeführt werden sollen. Das ist wohl überzogen. Aber deutlich ist, dass sie, die sich als treue Verfechter der Ansprüche Gottes verstehen, gleichwohl mit den Römern nicht nur zu paktieren bereit sind, sondern durch die Nutzung der römischen Münzen mit diesen Römern verbunden sind und deren Geschäft betreiben, obwohl sie sich doch von ihnen distanzieren wollen. Wie die biblischen und außerbiblischen

Quellen dieser kleinen Geschichte insgesamt zeigen, gehen sie im Kern auf ein authentisches Jesus-Wort zurück. Es muss in unserem Zusammenhang nun nicht weiter interessieren, inwieweit die Umstände und Motivationen des ursprünglichen Geschehens richtig getroffen sind. In der skizzierten Form erweist sich die Episode auf jeden Fall als eine Reflexion über Herrschaft und Macht, deren Verführungskraft groß ist und auch die Frommen in ihren Bann schlagen kann. Nach Lukas hat das damit zu tun, dass Herrschaftsgebrauch in der Welt der Gestaltungsmacht des Teufels zugehört. Aber auch er weiß, dass alles letztlich durch Gottes Schöpfungsordnung bestimmt ist.

Angesichts der zwar nicht immer lastenden, aber latent stets vorhandenen und oft genug sich realisierenden Bedrohung der *Christiani* unter römischer Herrschaft ist das eine erstaunlich gelassene Reaktion. Derselbe Grundton durchzieht alle kanonischen Schriften, selbst dort, wo, wie in der Apokalypse, die Dämonie der römischen Herrschaft grell ausgeleuchtet wird – und deswegen der Akzent auf der Bösartigkeit, aber auch Vergänglichkeit der Welt liegt. Nirgends findet sich der doch naheliegende Aufruf zu grundsätzlicher politischer Widersetzlichkeit. Hier liegt ein entscheidender Punkt sicher schon der Lehre Jesu, der nie aufgegeben wurde, obwohl die Erfahrungen manchen doch dazu einzuladen schienen, mit aller Entschiedenheit gegen die Unterdrücker zu kämpfen.

Ist die christliche Lehre deswegen als eine weltgeschichtlich fatale Verblendungsmaschinerie zu verstehen, die ein Leben als devoter Untertan begründet und sanktioniert hat? Angesichts der realen Erfahrungen, die man in der Geschichte damit gemacht hat, wie sich auch Christen der Macht anbiederten und wie christliche Institutionen einschließlich der Kirchen Macht ausgeübt haben, kann man diese schwere Anschuldigung nicht leicht zurückweisen. Man sollte es gar nicht versuchen. Denn die eben zitierte Zinsgroschengeschichte hat ja schon deutlich machen können, dass besondere Frömmigkeit keineswegs davor schützt, das Werk der Unterdrücker und damit die Unterdrückung zu fördern: Was hier am Beispiel der Pharisäer durchgespielt wird, ist viel zu oft auch von Christen und ihren Institutionen nachgeahmt worden. Es ist aber nicht das schwächste Gegenargument gegen die These, dass gerade das Christentum einen wesentlichen Beitrag zur Erfindung des Untertanen geleistet habe, wenn man daran erinnern kann, dass genau diese Gefahr in christlichen Kontexten bedacht und in Texten wie den eben besprochenen auch überliefert und präsent gehalten wurde.

Aus christlicher Perspektive wird man das darauf zurückführen, dass es kein historischer Zufall war, dass Jesus die schändlichste Form der Hinrichtung seiner Zeit auf den Befehl des Statthalters der bis dahin größten Weltmacht erlitten hat, wobei dieser darum fürchtete, dass sonst sein Ansehen als „Freund des Kaisers" leiden würde. Der Sklaventod Jesu am Kreuz zusammen mit der Überzeugung seiner Anhänger, dass das nicht das Ende sei, sondern dass sich in einer Auferstehung Gottes Übermacht über die extremste Äußerung weltlicher Macht zeigt, pflanzten den *Christiani* eine grundsätzliche Distanz zur Macht und damit eine göttlich begründete Freiheit ein, dass es den Mächten der Welt niemals dauerhaft gelungen ist, diesen Stachel los zu werden.

Die grundsätzliche Alternative: Herrschaft oder Kreuz

Er steckt ihnen von Anfang an im Fleisch. Das bezeugt einer der ältesten, vielleicht sogar der älteste erhaltene Text, der sich darum bemüht, Jesu Rolle als *Christus* zu verstehen, der berühmte Hymnus im Philipperbrief. Es kann hier auf sich beruhen, ob Paulus in diesem Stück eine Vorlage einfach übernimmt, ob er sie mehr oder weniger umgeformt und ob er mit Blick auf seine Adressaten in der Veteranenkolonie Philippi auf spezifisch römische Denkweisen Rücksicht genommen hat. Jedenfalls ist hier gewiss aus zumindest zum Teil schon traditionellen Elementen für eine immer stärker von der römischen Herrschaft geprägte Welt ein Gedanke formuliert, der in der liturgischen und in der Gebetspraxis seither stets eine bedeutende Rolle gespielt hat. Die Formulierungen gewinnen noch besonderes Relief, wenn man sie vor dem Hintergrund einer zeitgenössisch populären, in einem Papyrus bezeugten Ansicht liest: τὶ θεός; το κρατοῦν. τὶ βασιλεῦς; ἰσόθεος = „Was bedeutet Gott? Das Herrschen. Was bedeutet König/Kaiser? Wie ein Gott sein." (PHeid 1716.5).

Paulus formuliert eingangs des Philipperbriefes eine Mahnung, verweist auf Jesus Christus und umschreibt in hymnischer Sprache, wen er damit zum Vorbild nimmt (Phil 2.5-11). Hier sind im Wesentlichen dieselben Vorstellungen versammelt, die auch in der Weihnachtsgeschichte begegnen: Dieser Christus ist der „Herr", den deswegen alle auf Erden, unter der Erde und über der Erde bekennen müssen, was schon das himmlische Heer den Hirten vorexerziert hat. Im Hymnus wird aber erläuternd hinzugefügt, dass *diese* Herrschaft darin ihren Ausgangspunkt hat, dass der, der Gott gleich war – also mit ihm hätte herrschen können, wie man es von den Göttern glaubte – dass dieser sich niedrig gemacht hat. Er scheute es nicht einmal, sich so weit den Bedrückungen des Lebens auszusetzen, dass er nicht einfach Mensch wurde, sondern auf die unterste Stufe des Menschseins herabstieg und den Tod auf eine Weise erlitt, die Sklaven vorbehalten war. Geleitet war er dabei von Gehorsam, der aber gerade nicht der von einem Tyrannen aufgezwungene Gehorsam war, sondern der eines Gottes, der sich seiner Übermacht „entäußerte" – bis hin zur letzten Konsequenz. Wegen dieses Gehorsams, dessen Maßstab die Zuwendung auch noch zum niedrigsten Menschen ist, ist Jesus als der ewige über alles gesetzte Herr bestätigt worden durch einen Vatergott, der dadurch offenbaren wollte, dass und wie göttliche Macht letztlich hinter denen steht, die sich der anderen annehmen, einerlei wie tief diese gesunken sind.

Nicht nur der Erweis der Majestät, des Größer-Seins, als Herrschaftsattribut findet hier einen Maßstab in der bedingungslosen Zuwendung zu den Menschen, sondern es wird auch deutlich, wie dieser Gott seine Herrschaft gebraucht, gerade nicht als ἁρπαγμόν. Mit diesem seltsamen Wort ist, wie man längst gesehen hat, die Chance gemeint, eine Position zum eigenen Vorteil auszunutzen. Wenn der Hymnus diesen Aspekt nennt, reflektiert er damit auch, worin aus der Perspektive der frühen Christen ein endemisches Problem von Herrschaft bestand, nämlich darin, das Partikularwohl des Herrschenden oder der mit ihm Verbundenen voranzustellen, also das Verständnis von Herrschaft als Lizenz zum Beute-Machen und zur Mehrung des eigenen Vermögens und Ansehens. Das ist es ja wohl auch, was der lukanische Teufel verheißt und was Jesus strikt verweigert.

Was der Hymnus hingegen mit dem Hinweis auf den Sklaventod am Kreuz als für Gott spezifisch besingt, fasst Paulus als grundlegende christliche Erfahrung zusammen, wenn er im Korintherbrief vom „Skandal" des Kreuzes" spricht (1 Kor 1.23), und im selben Schreiben – wohlgemerkt an Christen in einer römischen Veteranenkolonie – wenig später erläutert: „Wir sprechen von Weisheit ... aber nicht von der Weisheit dieser Welt oder von der Weisheit derer, die zwar in dieser Welt herrschen, aber zu Grunde gehen. Sondern wir sprechen von der Weisheit Gottes, die im Geheimnis verborgen ist, die Gott vor aller Zeit zu unserer Herrlichkeit ausgesondert hat, von der keiner der Herrscher dieser Weltzeit Kenntnis genommen hat. Hätten sie nämlich Kenntnis genommen, hätten sie den Herrn der Herrlichkeit nicht gekreuzigt" (1. Kor 2.6-8).

Für Paulus ist nicht nur das anscheinend definitive Scheitern Jesu am Kreuz eine Befreiungstat, weil es die Radikalität Gottes in seiner Zuwendung zu den Menschen zeigt. Paulus ist auch davon überzeugt, dass die Weisheit der Herrschenden, dass deren Plausibilitätsregeln, dazu geführt haben, dass sie den „Herrn der Herrlichkeit" gekreuzigt haben. Man darf in dieser Aussage eine Spitze gegen die allezeit verbreitete affirmative Herrschaftsberatung durch „Weisheitsliebende", durch Philosophen, sehen.

Solche Formulierungen liegen auf derselben Linie wie Lukas' Versuchungsgeschichte. Aber sie enthalten eine Radikalisierung. Denn wie kann man denn sagen, dass „*keiner* der Herrscher dieser Weltzeit" die Weisheit Gottes kenne, weil er sonst nicht den „Herrn der Herrlichkeit gekreuzigt" hätte? Wo immer man doch die Verantwortlichkeit für den Tod Jesu suchen will, ganz sicher kann man nicht behaupten, dass dies *alle* Herrscher dieser Weltzeit gewesen seien. Oder doch? Man kann das tun, wenn man mit Paulus den Weg jedes einzelnen

Christen als eine Angleichung derart an Christus auffasst, dass alles Unglück, das Christen als Christen erleiden, Teilhabe am Kreuz Christi ist. In ihrer Generalität geht diese Formulierung dann sogar noch über den Teufel bei Lukas hinaus: Sie rechnet gar nicht damit, dass Herrschaft den Verführungen dieser Welt widerstehen könnte, jede Herrschaft dieser Weltzeit ist mit schuld am Kreuz Christi.

Die Konsequenzen sind entsprechend: In der Einleitung des Philipperbriefes nennt sich Paulus zusammen mit Timotheos ganz nach dem von ihm identifizierten Vorbild „Sklave des Christus Jesus". 2.000 Jahre Christentum und skandalöse Missbräuche dieser Bezeichnungen gerade in den christlichen Kirchen haben diese Titulatur zur blassen façon de parler entschärft, während für Paulus' Zeitgenossen damit Entscheidendes gesagt war: Sklave dieses Herrn Jesus Christus zu sein, ist eine Bedingung für die Freiheit auf dieser Welt – jedenfalls für den Christen. Dieses Sklave-Sein entspricht dem Jesu. Damit ist Gehorsam verbunden, aber gerade keine bedingungslose Unterordnung unter die misstrauisch beäugte Macht, sondern der Gehorsam besteht in der *imitatio Christi*, in der Selbstlosigkeit.

Paulus ist auch sprachsensibel, wenn er seine Rolle als Verkünder der Botschaft auf den Begriff bringt: Die Botschaft selber heißt – im Wort wie die Botschaften über den Kaiser und sein Haus – Eu-Angelion. Aber der Übermittler ist kein Gesandter oder Statthalter, sondern ein ἀπόστολος. Das Wort ist etymologisch leicht zu durchschauen: Es gehört zum Verbum ἀποστέλλω, „aussenden". Wesentlich ist aber, dass es sich gerade nicht um einen *terminus technicus* der politischen Sprache der Zeit, sondern als Rollenbezeichnung um einen Neologismus handelt: Die Herrschaft im Reich Gottes, die nicht dieser Weltzeit angehört, erfordert andere Form der Verkündigung der Botschaft – kenntlich an einer anderen Terminologie. „Apostel" hat damals nur der Herr der Christen, kein anderer.

Das Reich Gottes ist für Paulus grundsätzlich von jeder Herrschaft geschieden, die er in dieser Welt für möglich hält. Keine dieser Herrschaften ist in Gott metaphysisch begründet, keine kann mit Bezug auf ihn Gehorsam einfordern. Die Zugehörigkeit zum Reich Gottes verheißt nicht nur, sondern ist die Freiheit gegenüber jeglicher menschlicher Herrschaft.

Der Sinn von Herrschaft in der Welt

Diese radikale Position ist nun leicht misszuverstehen und sicher schon zu Paulus' Zeiten missverstanden worden. Wer diesen Überzeugungen anhängt, kann nämlich auf den Gedanken kommen, dass der Entzug einer metaphysischen Grundlage für menschliche Herrschaft zugleich die Voraussetzung dafür entzieht, dass menschliche Herrschaft überhaupt Anspruch auf Gehorsam habe. Das aber wäre ein Kategorienfehler: Die Tatsache, dass keine Herrschaft eine metaphysische Legitimation aus Gott haben kann, ja dass jegliche Herrschaft in ihrem Bezug auf die Anerkennung durch Menschen immer auch unter einer widergöttlichen Infektion leidet, erlaubt noch lange nicht eine grundsätzlich jede Herrschaft ablehnende Haltung.

Denen, die solches meinten, hat Paulus etwa im 13. Kapitel seines Römerbriefes geantwortet. Dies ist unter dem Aspekt der politischen Bedeutsamkeit wahrscheinlich der am meisten zitierte und kommentierte, vielleicht auch der am meisten missbrauchte Text des Neuen Testaments. Er kann hier nicht umfassend gewürdigt werden. Einige Hinweise besonders auf die Verse 1–4 müssen genügen. Denn genau hier haben wir sie doch anscheinend, die Verdammnis dazu, als Christ Untertan zu sein – oder allgemeiner gewendet, das fatale Erbe des Christentums im Hinblick auf die Freiheit.

„Jedermann sei untertan" ist eine philologisch nicht verkehrte, aber das Verständnis irreführende Übersetzung. Das gilt schon für „jedermann", wo im Griechischen πᾶσα ψυχή steht, was eher als „jeder einzelne" zu verstehen ist. Für „sei untertan" liest man im Original ὑποτάσσεσθω. Das heißt zwar, dass sich jeder einzelne einen unteren Platz suchen soll. Diese Aufforderung ist aber eben nicht selbstverständlich, denn sie wird aufwändig begründet. Vor allem aber ist hier nicht von einer abstrakten Obrigkeit die Rede. Paulus nennt vielmehr ἐξουσίαι ὑπερεχούσαι, das sind Mächte und Gewalten, die jeweils konkret über einem sind, einem überlegen sind. Sie werden als ὑπὸ θεοῦ und als ὑπὸ θεοῦ τεταγμέναι charakterisiert. Das bedeutet nicht „von Gott", sondern „unter Gott", und auch nicht „von Gott geordnet", sondern „unter Gott in die Ordnung gebracht". Insgesamt verweist Paulus hier auf den lebensweltlich alles andere als überraschenden Befund, dass für jeden Menschen übermächtige Gewalten existieren und ergänzt ihn um sein Schöpfungsvertrauen, dass alle diese Mächte unter Gott letztlich nicht aus dessen Ordnung herausgebrochen sind.

Diese Selbstverständlichkeiten zu betonen, heißt auch, sie betonen zu müssen. Indirekt darf man also schließen, dass die im Skandalon des Kreuzes implizierte Herrschaftskritik schon unter den frühen Christen den Gedanken provoziert hat, deswegen sei eine politische und soziale Ordnung verwerflich, weil sie immer eine Über- und Unterordnung ist. Damit setzt sich Paulus auseinander. Allerdings nicht, indem er jede Ordnung aus Gott ableitet. Damit würde er sich selbst widersprechen, sondern indem er festhält, dass keine Ordnung außerhalb von Gottes Schöpfungsordnung vorstellbar ist.

Nebenbei bemerkt folgt auch: Wenn jede Ordnung unter Gott ist, ist christliches Leben unter jeder Ordnung möglich. Man kann sich also nicht mit Verweis auf die Verhältnisse herausreden.

Nicht gesagt ist damit freilich, dass christliches Leben in jeder Ordnung gleichermaßen begünstigt oder beschränkt wird. Paulus argumentiert hier grundsätzlich; relative Unterschiede sind möglich, hier aber nicht im Blick. Wie sollten sie auch, weil Paulus ja nur die römische Ordnung kennt? Christliche Parteien, christliche Staaten und christliche Kirchen als Herrschaftsgebilde kamen ihm nicht in den Sinn. Seiner grundsätzlichen Position wegen darf man aber annehmen, dass er ihnen gegenüber ebenfalls sehr misstrauisch gewesen wäre.

Für die Moderne höchst irritierend ist nun freilich, dass Paulus auf der Basis der Voraussetzung, dass alles unter Gott steht, die Forderung ableitet, sich dieser Übermacht zu fügen, ja sogar behauptet, wer sich widersetze, widersetzt sich Gott, und weiters ergänzt, dass die Mächte Gottes Diener sind, indem sie Gutes loben und Böses bestrafen.

Erst an dieser Stelle wird deutlich, dass Paulus gar nicht, wie es zunächst den Anschein hat, von jedweder beliebigen Gewalt spricht. Die Gewalten, die er im Auge hat, führen das Schwert. Wenn er wenig später als Vergleich, also mit Blick auf Anderes daran erinnert, dass man Steuern zahlen soll, wird sofort deutlich, dass auch hier nicht jeweils abstrakt der Staat gemeint sein kann, sondern ganz konkret die zeitgenössischen politischen und Rechtsordnungen, die Paulus nicht einmal mit den Steuerordnungen in eine Einheit integriert, sondern nebeneinander denkt. Wie hätte es auch anders sein können? Christen waren zu seiner Zeit meist Reichsbewohner ohne Bürgerrecht und damit verschiedenen lokalen oder regionalen Rechtsordnungen unterworfen. Für die seltenen römischen Bürger gab es überdies noch das römische Recht, aber auch hier gleichsam nur als letzte Instanz. Paulus verzichtet auf solche Differenzierungen und erläutert, warum er die Respektierung jedweder politischer, finanzieller und Rechtsordnung, die er kennt, für angemessen hält: Sie dienen Gott.

Wie kann er das aber tun, wo er doch auch das von den Gerichten ausgehende Unrecht selbst erlebt hat und auch im selben Römerbrief durchaus darauf zu sprechen kommt? Er kann es, weil er an dieser Stelle nicht die Strafgewalten beschreiben, gar metaphysisch überhöhen will, sondern vielmehr den Christen, den einzelnen Christen, den Christen als einzelnen, πᾶσα ψυχή im Blick hat. Diesem kann und soll Lob als Ansporn und Strafe als Abschreckung dienen. Es kommt in *dieser* Perspektive nicht darauf an, ob diese Urteile gerecht sind. Dem einzelnen Menschen können sie – ob in dieser Weltzeit gerecht oder ungerecht – allemal als Hilfe dienen, wenn sie ihn daran erinnern, dass und wie er in Gottes Schöpfung steht, nämlich als Sünder. Wenn sich in Jesu Kreuzestod die Gerechtigkeit Gottes erweist, gilt das auch für *jede* Strafe, die ein Christ erleidet.

Sich hier zu fügen, ist in der Tat eine weitreichende Forderung, die auch Paulus' Zeitgenossen viel abverlangt hat. Es ist aber gerade nicht eine vermeintlich göttliche Verpflichtung, Untertan zu sein. Denn einerseits trifft Paulus zwar

Aussagen über überlegene Gewalten allgemein, konzentriert sich dann aber zunächst auf die rechtssetzenden und -sprechenden Gewalten und fügt schließlich noch die Steuer erhebenden hinzu. Ein allgemeines Bild von Obrigkeit oder gar von Staat ergibt sich daraus nicht. Noch mehr ist zu betonen, dass Paulus hier Christen als einzelne anspricht und ihnen in der Tat abspricht, als einzelne gegen die bestehenden Ordnungen aufzustehen. Er verliert allerdings kein Wort darüber, wie Christen in Gemeinschaft zu agieren hätten. Die Möglichkeit christlicher Mit- und Umgestaltung – natürlich aus der Perspektive christlicher Normen – kommt ihm nicht in den Sinn, wenn er an öffentliche Ordnungen denkt. Er beschäftigt sich gar nicht damit, dass und ob Christen als Gemeinschaft in ihrer politischen und sozialen Umwelt agieren sollen. Darüber, wie Christen miteinander und untereinander in der und in die Welt wirken sollten, wird *hier* gar nichts gesagt. Gegen die Vorstellung, hier werde ein Untertanenprogramm geschrieben, sei noch darauf verwiesen, dass Paulus auch an dieser Stelle nicht fordert, dass man sich den öffentlichen Gewalten nicht entziehen dürfe. Vielmehr rät er an anderer Stelle genau das. Und auch hier sagt er nur, dass man sich der überlegenen Macht nicht als einzelner entgegenstellen solle, wenn diese agiert. Das heißt noch lange nicht, dass man sich hinter die Macht stellen und aktiv ihr Spiel spielen müsste.

Es gehört zu den fundamentalen anachronistischen Missverständnissen und zu den schweren Irrtümern und Fehlern, in Römer 13 das Zeitlose und das Zeitgebundene nicht zu unterscheiden. Dann kann daraus leicht die Apologie des Untertanen erwachsen – und in der Tat ist daraus bis heute oft die Apologie des Untertanen erwachsen, der sogar totalitäre Herrschaft hinnimmt. Paulus' Anliegen allerdings ist hier aber viel konkreter: Er möchte verhindern, dass einzelne aus der christlichen Relativierung aller irdischen Herrschaft und aus dem auch von ihm betonten Misstrauen gegen die Mächte dieser Welt das Recht, gar die Verpflichtung zum Widerstand gegen die politische und Rechtsordnung ableiten. Solche Bestrebungen hat es gegeben, wie auch andere Texte zeigen. Für Paulus liegen sie auf derselben Ebene wie die Ansichten derer, die von einem Christus, einem Messias die Errichtung einer neuen politischen Ordnung – oder die Rückkehr zur alten des Volkes Israel erwarteten und damit angesichts der Radikalität von Gottes Handeln in Jesus viel zu kurz sprangen.

Zugespitzt zusammengefasst: Gegenüber den Recht setzenden und durchsetzenden Gewalten seiner Zeit bestreitet Paulus ein individuelles Widerstandsrecht. Er schließt aber weder aus, dass man sich dem Wirkungsbereich dieser Gewalten entzieht, noch nimmt er in den Blick, dass diese Ordnungen christlich umzugestalten wären. Neben diesen sehr konkreten zeitgebundenen Vorstellungen teilt er die generelle Skepsis der frühen Christen gegenüber jeder Form von Herrschaft. Trotz dieser Problematik aber soll der einzelne Christ die

Zumutungen dieser Herrschaft ertragen und als Hilfe verstehen, seinen Weg vor Gott zu finden.

In den Zeugnissen des 1. Jahrhunderts oder frühen 2. Jahrhunderts finden sich aber auch noch weitergehende Ermahnungen. So wird etwa zum Gebet für die politischen Gewalten, sogar konkret für Kaiser und Statthalter, aufgefordert. Daraus wird man aber nicht *a priori* ableiten dürfen, dass die Christen diesen eine besondere Wertschätzung entgegengebracht hätten. Denn nach einem Wort Jesu zählt auch das Gebet für den Feind zu den Tugenden eines Christen (Mt 5.44). Jener hört dadurch aber keineswegs auf, ein Feind zu sein.

Im 1. Timotheos-Brief mahnt der Verfasser nun zur Fürbitte, „für alle Menschen, für Könige und für alle, die über uns stehen, damit wir ein ungestörtes und ruhiges Leben in aller Frömmigkeit und Ehrbarkeit führen können" (1. Tim 2.1-2). Offensichtlich nimmt er hier die Macht kommentarlos hin. Damit ist weder eine Legitimation noch eine Opposition verbunden. Menschliche Herrschaft erscheint als lebensweltlicher Befund, der im Gespräch mit Gott nicht ausgeklammert wird. Das Ziel der Fürbitte besteht nach dem Zeugnis des Finalsatzes darin, Lebensbedingungen für die Christen zu erleichtern. Grundlage ist die Erfahrung, dass die Mächtigen für jeden Einzelnen und für christlichen Gemeinschaften Schaden anrichten können. Das Gebet hat mit Loyalität oder ähnlichem nichts zu tun und unterscheidet sich nicht grundsätzlich von einem Gebet des Bauern um gutes Wetter.

In diesem Sinne ist auch die vielfach missverstandene Ermahnung im 1. Petrusbrief zu interpretieren (1 Petr 2.13-17). Auf den ersten Blick sieht es so aus, als ob der Verfasser hier eine totale Unterordnung unter menschliche Obrigkeiten fordert, die er nicht in Frage zu stellen scheint. Wenn er überdies betont, dass dies „wegen des Herrn", so geschehen solle, könnte man sogar meinen, diese Gewalten seien als von Gott gewollt legitimiert. Diese Formulierung erlaubt aber auch die Lesart, dass man sich „wegen des Herrn" unterzuordnen habe, weil es andere Gründe nicht gibt, also auch keine, die in den Institutionen selbst liegen. In dieser Perspektive würde „Petrus" die fundamentale *Illegitimität* dieser Gewalten voraussetzen. Genau diese Interpretation lässt sich durch weitere Beobachtungen stützen. So wird – erstens – die Übermacht des Kaisers, explizit benannt, unmittelbar später aber sofort relativiert, wenn es heißt, dass die Statthalter nicht „von" ihm, sondern „durch" ihn ausgeschickt werden. Der Kaiser erscheint hier also als Instrument und ist als solches mit einem Zweck verbunden: Kaiserliche Macht und ihre Wirkungen in den Statthaltern sind aus der Perspektive des Briefschreibers dann aller Ehren wert und treten dann mit einem berechtigten Anspruch auf die Unterordnung auch der Christen auf, wenn sie das Gute fördern und das Schlechte bekämpfen. Tun sie das nicht, erweisen sie sich als untaugliches Instrument und verlieren die an ihre Tauglichkeit gebundene Zustimmung. Zwar gibt es dann immer noch ihre Macht in der Welt, die als solche Unterordnung angeraten sein lässt. Das aber bleibt in der Gewissheit erträglich, dass diese Überlegenheit von Gott, wenn er es will, sofort gebrochen werden kann. Bis dahin darf christliche Rücksicht auf die Machtverhältnisse in der Welt nicht als deren Legitimation, sondern muss als kluge Zurückhaltung verstanden werden, bei der sowohl der Legitimitätsmangel wie auch die Möglichkeit der Alternative deutlich vor Augen stehen. Vor diesem Hintergrund ist nun – zweitens – die konkrete Erfahrung mit dem aktuellen Kaiser und den Statthaltern zu würdigen, die „Petrus" deutlich ausspricht: Er weist in einem späteren Abschnitt des Briefes darauf hin, dass es Verfolgungen allein wegen der Zugehörigkeit zu den Christen gibt (1 Petr. 4.12-19). Aus seiner Perspektive vergeht sich die politische Herrschaft also am Volk Gottes. Wenn sie sich dabei der ihr eigenen Gewalt bedient, kann diese insoweit nicht von Gott sein! Allein wegen der Machtverhältnisse in der Welt mahnt „Petrus" also zur Unterwerfung und erinnert zugleich an die Leiden Christi: Wer ihm dabei nachfolge, werde auch an seiner Herrlichkeit teilnehmen. Das gibt den Drangsalen Sinn, enthält aber keine Stellungnahme dazu, wie man sich verhalten soll, wenn man sich ihnen entziehen oder ihnen grundsätzlich entgegenwirken kann. Letztere Möglichkeit war außerhalb der damaligen Erfahrung. Dort gab es nur einzelnen Widerstand, der sich auch auf die christliche Freiheit berief. Den aber kann „Petrus" – sicher wegen der davon ausgehenden Gefährdung für die Christen insgesamt – nicht gutheißen: Er vermutet, dass solche Bestrebungen selbst ein Deckmantel der Bosheit sind, konkret wohl eine vorwitzige Anmaßung des entscheidenden Heilshandelns Gottes, das nahe bevorsteht. Die kritische Relativierung der öffentlichen Gewalt wird – drittens – besonders da deutlich, wo die Ehre für den Kaiser als Spezialfall für die Ehrerbietung gegenüber *jedermann* erscheint, Liebe aber den Brüdern und Furcht Gott entgegengebracht werden soll.

Im 1. Timotheus- wie im 1. Petrusbrief rechtfertigt das Gebot der Unterordnung und der Fürbitte keineswegs die bestehenden Verhältnisse. Deren Anteil am widergöttlichen und antichristlichen Geschehen steht außer Frage. Nur gibt es nach dem Urteil beider Briefe wegen der irdischen Machtverhältnisse weder eine Chance noch wegen des nahen Weltendes auch nur die Notwendigkeit, den Kampf dagegen aufzunehmen. Wer dies dennoch tut, steht im Verdacht, die christliche Freiheit zu missbrauchen, und gefährdet die anderen Christen.

Nirgends also haben sich eindeutige Aussagen gefunden, die als religiöse Legitimation der bestehenden Herrschaftsverhältnisse gedeutet werden müssten. Es gibt keinen Widerspruch zu der eingangs hervorgehobenen Beobachtung, wonach unter den frühen Christen grundsätzlich eine große Skepsis gegenüber jeder Art von Herrschaft verbreitet war. Diese wurzelte sicherlich ebenso in der Lehre Jesu wie in den Erfahrungen, mit denen man konfrontiert war. Beides bestärkte sich gegenseitig. Manche mögen daraus die Konsequenz gezogen haben, sich ähnlich wie jüdische Zeloten gegen die Verhältnisse aufzulehnen. Die erhaltenen frühchristlichen Texte treten solchen Bestrebungen entschieden entgegen. Dafür lassen sich Motive auf der theologischen wie auf der lebenspraktischen Ebene erkennen. Mit Blick auf Gott und in Erwartung der baldigen Wiederkehr des Auferstandenen und in den Himmel Aufgefahrenen standen diese Welt und ihre Herrschaftsverhältnisse ohnehin vor ihrem nahen Ende; aber auch unbeschadet dessen, wie lange das noch dauern würde, erschien es als unangemessen, dem Werk Gottes vorzugreifen, der die im Kreuz vollbrachte Erlösung selbst vor allen offenbar machen würde. Lebenspraktisch sprach für Zurückhaltung, dass Aktionen einzelner Christen die bestehenden Gemeinschaften und ihre Mission gefährden könnten: Man hätte für ein irdisches Ziel höhere in Frage gestellt, nämlich das, der christlichen Gemeinschaft einen möglichst ungefährdeten Bestand zu erlauben, und das damit verbundene, möglichst viele Menschen von Jesu Evangelium zu erzählen.

Nicht Reich Gottes, sondern Teil der Welt: Herrschaft bei und durch Christen

Nun wird man aber nicht bestreiten können und wollen, dass trotz dieser hier kurz rekonstruierten und resümierten Ausgangsbedingungen Christen mit Hinweis auf die christliche Lehre selbst unerträgliche Herrschaft aufgerichtet haben. Es wäre ganz verkehrt, dies mit dem Hinweis abtun zu wollen, dass man in diesen Fällen die eigentlich gute Lehre missverstanden oder dass man sie missbraucht habe. Ein Argument nach diesem beliebten apologetischen Muster – reine Ursprünge, dann aber bedauerliche Abweichungen – nähme die grundsätzliche etwa in der lukanischen Versuchungsgeschichte formulierte Skepsis hinsichtlich der Anfälligkeit jeder Art von Herrschaft gerade nicht ernst. Man könnte diese ja auch als Aufforderung verstehen, gerade schon in den Ursprüngen nach Wurzeln der späteren Entwicklungen zu suchen, ja suchen zu müssen. Doch auch wer sich nicht von christlichen Überzeugungen leiten lässt, sollte ein Interesse daran haben zu verstehen, wie eine als Freiheitsbotschaft angelegte Lehre in der Tat den europäischen Untertanen mit geformt hat.

Schon aus der frühesten Zeit lassen sich dafür Gründe angeben. Sie haben sämtlich damit zu tun, dass auch die Christen dieser Zeit, selbst diejenigen, die vom feurigsten Glaubenseifer durchglüht sein mochten, immer auch in ihrer jeweiligen Zeit standen, deren Plausibilitäten und deren Bilderwelt teilten. Das ist – um ein paulinisches Wort zu benutzen – in dieser Weltzeit gar nicht anders zu erwarten. Aber es konnte gefährlich werden. Im eingangs zitierten Weihnachtsevangelium war vom himmlischen „Heer" die Rede. Der Evangelist benutzt hierbei einerseits eine traditionell jüdische Vorstellung. Er findet sie aber auch im Hinblick auf sein Publikum natürlich auch deswegen plausibel, weil zur Beschreibung von Herrschaft, noch dazu von einer allmächtigen, in das Weltgeschehen eingreifenden Herrschaft Gottes die Erzwingungsstäbe und Machtmittel gehörten. In der zeitgenössischen Erfahrung hatte man die römischen Truppen, seien es Legionen oder seien es bundesgenössische Kontingente vor Augen. Offensichtlich hat Jesus in seinem Gespräch mit Pilatus vergeblich deutlich zu machen versucht, was die Andersartigkeit seines Königtums ausmachte: „Mein Königtum ist nicht von dieser Welt. Wäre mein Königtum von dieser Welt, würden meine Adjutanten (ὑπηρέται) für mich kämpfen" (Joh 18.37). Die Vorstellung, dass auch der Kampf der Christen mit Streitkräften geführt werde, hat sich nämlich gleichwohl ganz früh ins Denken eingenistet.

Anfangs ist sie, wie im Bild mit den Engeln, eher eine Metapher gewesen. Aber sie scheint schon im ersten Jahrhundert auch die Ansicht davon geprägt zu haben, wie man sich das Zusammenleben von Christen vorstellte. Der sogenannte 1. Clemensbrief, mit dem die Christen in Rom Streitigkeiten unter den Christen von Korinth beenden wollten, empfiehlt als Ordnungsmodell ein Heer (1 Clem 37.1-3). Diese Ermahnung richten Christen der Hauptstadt an Christen in einer Stadt, die als Veteranenkolonie gegründet worden und deswegen zutiefst von militärischen Vorstellungen geprägt ist. Auch wenn hier wohl nicht, wie man in der Forschung weithin annimmt, der *exercitus Romanus*, das römische Heer, als positives Beispiel dient, sondern vielmehr ein messianisches Heer, wie man es etwa im 1. Makkabäerbuch beschrieben findet, bleibt entscheidend, dass im Grundsätzlichen zwischen diesen Formationen gar kein Unterschied bestand. Auf Befehl und Gehorsam ruhende Disziplin zeichnet sie beide aus. Auch wenn die römischen Christen sich mit erheblicher Sorgfalt darum bemühten, gerade nicht die Legionen als Paradigma hinzustellen, führt die von ihnen und den Christen in Korinth geteilte, lebensweltlich geprägte Gedankenwelt dazu, dass man sich eine gute Ordnung als Heeresordnung vorstellt. Dieser ganz von der Umwelt geprägte Assoziationsrahmen ist nun auch eine wesentliche Bedingung dafür, dass man sich Christi Rolle als Erlöser auch als die eines *imperator* ausmalte. Bei der Frage, wie man ihm die göttliche Ehre erweisen sollte, ließ man sich von der Praxis des Kaiserkultes durchaus beeinflussen. Und die Vollendung seines Erlösungswerkes zeichnete man als Sieg nach einem apokalyptischen Kampf.

Heer und Heeresmetaphern, Kaiserkult und die einen erfolgreichen Krieg abschließenden imperatorischen Akklamationen und Triumphalfeiern wurden so weit in die Imagination des Heilgeschehens übertragen, dass ein Usurpator im frühen vierten Jahrhundert, Konstantin, seine exklusive Sieghaftigkeit in der Begünstigung der christlichen Religion sichern konnte und die von dieser Kehrtwende der kaiserlichen Politik zutiefst überraschten, eben noch verfolgten Christen und ihre verantwortlichen Leiter gerade nicht sprachlos machte. Sondern diese feierten den Bürgerkriegssieger als jemanden, der das Werk Christi betrieb. Sie waren zu geblendet von der schimmernden jetzt christlichen Wehr, dass sie nicht merkten, dass das Christusmonogramm auf den Feldzeichen den Namen ihres Erlösers für sehr partikuläre Ziele verzweckte.

Zwar hat man recht rasch den letzten Exzess von Konstantins Selbstdarstellung stillschweigend korrigiert, der darin bestand, dass sich der Kaiser als Christus zwischen den zwölf Aposteln bestatten ließ. Aber das Tor war durchschritten. Wenn sich sogar die Gewaltherrschaft dieses Mannes christlich rechtfertigen ließ, war das für viele folgende ganz ebenso möglich. Begünstigt wurde die Entwicklung aber nicht nur durch die im doppelten Sinne imperiale Bilderwelt. Auch Lukas' Verknüpfung der Geburt Jesu mit einem Erlass des Augustus, die ja durchaus kritisch gemeint war, geriet rasch in einen völlig anderen Bezugsrahmen. Die römische Herrschaft bezeichnete den selbstverständlichen Erfahrungsrahmen auch des sich verbreitenden Christentums. Die unter dieser Herrschaft erreichte relative Sicherheit auf den Straßen, das Aufblühen der Städte und die im Vergleich unglaublich gut gepflegte Infrastruktur erschienen ganz zurecht als die Mission begünstigende Umstände. Schon im frühen zweiten Jahrhundert konnte deswegen im reichen Kleinasien ein Meliton von Sardes darüber nachsinnen, dass es Gottes Ratschluss gewesen sei, das Erlösungswerk im römischen Kaisertum zu präludieren und dass deswegen die Blüte des Reiches ein Parergon des Segens sei, der mit dem Christentum in die Welt gekommen sei. Tertullian treibt solche Interpretationen weiter voran, wenn er das Reich als die letzte die endzeitliche Katastrophe noch aufhaltende Macht identifiziert und mit dem geheimnisvollen κατέχων gleichsetzt, von dem Paulus in einer dunklen Formulierung spricht (2 Thess 2.6). Augustus und die späteren Caesaren sind damit zwar noch kein Teil, aber doch ein Werkzeug des Heilsgeschehens. Es blieb dem großen spekulativen Denker Origenes im frühen dritten Jahrhundert vorbehalten, daraus die philosophischen Konsequenzen zu ziehen: Römisches Reich und Christentum wurden aufeinander bezogen. Erst Augustinus hat vor dem Hintergrund der Erfahrungen mit der Eroberung Roms durch Alarich 410 demgegenüber eine entschiedene Gegenposition vertreten: In *de civitate Dei* hat er die vielfach wiederholte Prophezeiung aus Vergils Aeneis, die Rom ein *imperium* ohne räumliche und zeitliche Grenzen verheißt, auf das *imperium Christi* übertragen und zugleich das Perfekt durch ein Futur ersetzt, um deutlich zu machen, dass dieses Reich erst in der Zukunft vollständig offenbar wird: *imperium sine fine dabit* (civ. Dei 2.29; vgl. Verg. Aen. 1.279). Durchgesetzt hat sich diese Neubewertung aber weithin gerade nicht.

Die lebensweltliche Gestaltungsmacht des Reiches und seiner Bilderwelt hatten also erheblichen Einfluss darauf, wie die Botschaft Jesu verstanden wurde. Das hat auch zu weitreichenden Fehlinterpretationen und zu daraus resultierenden Fehlentwicklungen geführt. Der humanistische und später reformatorische Ruf *ad fontes* hat zwar ein notwendiges und mehr Freiheit ermöglichendes Korrektiv gegen Konventionen und Traditionen in Erinnerung gerufen, aber nicht davor geschützt, dass auch evangelische Fürsten nicht aus dem Schatten Konstantins getreten sind. Aber für solche Fragen kann der Althistoriker keine Zuständigkeit mehr beanspruchen.

Hans-Walter Schmuhl

Die Geburt der Eugenik aus dem „Zeitgeist" des *fin de siècle*

In der Epoche des *fin de siècle* – also in den drei Jahrzehnten von Mitte der 1880er Jahre bis zum Ausbruch des Ersten Weltkrieges – kam nicht nur in Deutschland, sondern auch in anderen Teilen Europas und Nordamerikas und mancherorts in Lateinamerika, Asien und Australien ein neuer Gedanke auf: die Eugenik oder – wie man im Deutschen sagte – die Rassenhygiene.[1] In Großbritannien hatte Francis Galton, der Vetter Charles Darwins, ein genialer Privatgelehrter, der sich durch eine Reihe höchst origineller Einsichten, Erfindungen und Entdeckungen in der Statistik und Physik ebenso einen Namen machte wie in der Daktyloskopie, Meteorologie und Botanik, seit Mitte der 1860er Jahre die Grundzüge einer neuen Lehre entworfen, die sich – so Galtons klassische Definition – mit „allen Einflüssen" beschäftigte, „denen es möglich sei, die angeborenen Eigenschaften einer Rasse zu verbessern und zu höchster Vollkommenheit zu entwickeln."[2] Für diese neue Lehre prägte er im Jahre 1883 den Be-

---

[1] Aus der allgemeinen und international vergleichenden Literatur seien genannt: Adams, Mark B. (Hg.): The Wellborn Science: Eugenics in Germany, France, Brazil, and Russia. New York u.a. 1990. — Broberg, Gunnar/Roll-Hansen, Nils (Hgg.): Eugenics and the Welfare State: Sterilization Policy in Denmark, Sweden, Norway, and Finland. East Lansing 1996. — Kühl, Stefan: Die Internationale der Rassisten. Aufstieg und Niedergang der internationalen Bewegung für Eugenik und Rassenhygiene im 20. Jahrhundert. Frankfurt am Main u.a. 1997. — Kaufmann, Doris: Eugenik – Rassenhygiene – Humangenetik. Zur lebenswissenschaftlichen Neuordnung der Wirklichkeit in der ersten Hälfte des 20. Jahrhunderts. In: Dülmen, Richard van (Hg.): Erfindung des Menschen. Schöpfungsbilder und Körperbilder 1500–2000. Wien u.a. 1998, S. 347-365. — Weindling, Paul J.: International Eugenics. Swedish Sterilization in Context. In: Scandinavian Journal of History 24 (1999), S. 179-197. — Weingart, Peter: Science and Political Culture: Eugenics in Comparative Perspective. In: Scandinavian Journal of History 24 (1999), S. 163-177. — Trus, Armin: Der „Heilige Krieg" der Eugeniker. In: Freiling, Gerhard/Schärer-Pohlmann, Günter (Hgg.): Geschichte und Kritik. Beiträge zu Gesellschaft, Politik und Ideologie in Deutschland. Heinrich Brinkmann zum 60. Geburtstag. Gießen 2002, S. 245-286. — Etzemüller, Thomas: Sozialstaat, Eugenik und Normalisierung in skandinavischen Demokratien. In: Archiv für Sozialgeschichte 43 (2003), S. 492-512. — Spektorowski, Alberto/Mizrachi, Elisabet: Eugenics and the Welfare State in Sweden: The Politics of Social Margins and the Idea of a Productive Society. In: Journal of Contemporary History 39 (2004), S. 333-352. — Turda, Marius/Weindling, Paul (Hgg.): Blood and Homeland: Eugenics and Racial Nationalism in Central and Southeast Europe, 1900–1940. Budapest u.a. 2007. — Schwartz, Michael: Eugenik und „Euthanasie". Die internationale Debatte und Praxis bis 1933/45. In: Henke, Klaus-Dietmar (Hg.): Tödliche Medizin im Nationalsozialismus. Von der Rassenhygiene zum Massenmord. Köln u.a. 2008, S. 65-83. — Bashford, Alison/Levine, Philippa (Hgg.): The Oxford Handbook of the History of Eugenics. Oxford 2010. — Turda, Marius: Modernism and Eugenics. New York 2010. — Schmuhl, Hans-Walter: Eugenik und Rassenanthropologie. In: Jütte, Robert u.a. (Hgg.): Medizin und Nationalsozialismus. Bilanz und Perspektiven der Forschung. 2. Aufl., Göttingen 2011, S. 24-38.

[2] Zitiert nach: Mann, Gunter: Neue Wissenschaft im Rezeptionsbereich des Darwinismus: Eugenik – Rassenhygiene. In: Berichte zur Wissenschaftsgeschichte 1 (1978), S. 101-111, hier S. 105. — Zu Francis

griff *national eugenics*. In Deutschland bildete sich – weitgehend unabhängig von Galtons Eugenik – in den 1890er Jahren die Rassenhygiene heraus: Wilhelm Schallmayers 1891 veröffentlichtes Buch „Über die drohende körperliche Entartung der Kulturmenschheit" und vor allem Alfred Ploetz' Werk „Die Tüchtigkeit unserer Rasse und der Schutz der Schwachen", erschienen im Jahr 1895, legten den Grund dazu.[3]

Zu dieser Zeit setzte der Siegeszug der eugenischen Idee rund um den Erdball ein: die britische Eugenik, die sich 1908 unter dem Vorsitz Galtons zur *Eugenics Education Society* formierte, und die deutsche Rassenhygiene, seit 1905 in der Berliner, seit 1910 in der *Deutschen Gesellschaft für Rassenhygiene* organisiert, waren von Anfang an international vernetzt. Schon seit 1907 existierte, von den deutschen Rassenhygienikern initiiert, eine *Internationale Gesellschaft für Rassenhygiene*. Bei einem Treffen, das dieser internationale Zusammenschluss am Rande der Dresdner Hygieneausstellung von 1911 veranstaltete, kamen bereits Eugeniker aus acht Ländern zusammen – Deutschland, Österreich, der Tschechoslowakei, den Niederlanden, Dänemark, Schweden, Großbritannien und den USA. Man darf sich indes nicht täuschen lassen: Das internationale Netzwerk der Eugeniker und Rassenhygieniker umfasste am Vorabend des Ersten Weltkrieges nur wenige hundert Männer und Frauen – zu dieser Zeit war die Eugenik eher noch die Sache sektiererischer Grüppchen am Rande der Gesellschaft.[4]

Das änderte sich nach der Zäsur des Ersten Weltkrieges von Grund auf. Seit 1918 rückten Eugenik und Rassenhygiene in die Mitte der Gesellschaft.

Galton siehe Gillham, Nicholas Wright: A Life of Francis Galton. From African Exploration to the Birth of Eugenics. Oxford u.a. 2001. — Zur Eugenik in Großbritannien siehe Searle, Geoffrey R.: Eugenics and Politics in Britain, 1900–1914. Leyden 1976. — Jones, Greta: Social Hygiene in Twentieth Century Britain. London 1986 — Mazumdar, Pauline M. H.: Eugenics, Human Genetics and Human Failings. The Eugenics Society, its Sources and its Critics in Britain. London 1992. — Soloway, Richard A.: Demography and Degeneration: Eugenics and the Declining Birthrate in Twentieth-Century Britain. Chapel Hill 1995.

3   Schallmayer, Wilhelm: Über die drohende körperliche Entartung der Kulturmenschheit. Berlin u.a. 1891. — Ploetz, Alfred: Die Tüchtigkeit unserer Rasse und der Schutz der Schwachen. Berlin 1895. — Zu den Biographien: Doeleke, Wilhelm: Alfred Ploetz (1860–1940). Sozialdarwinist und Gesellschaftsbiologe, med. Diss. Frankfurt am Main 1975. — Weiss, Sheila Faith: Race Hygiene and the Rational Management of National Efficiency. Wilhelm Schallmayer and the Origins of German Eugenics 1890–1920. Baltimore 1983. — Zur Entwicklung der Rassenhygiene siehe Weingart, Peter/Kroll, Jürgen/Bayertz, Kurt: Rasse, Blut und Gene. Geschichte der Eugenik und Rassenhygiene in Deutschland. Frankfurt am Main 1988. — Weindling, Paul J.: Health, Race, and German Politics Between National Unification and Nazism, 1870–1945. Cambridge 1989. — Schmuhl, Hans-Walter: Rassenhygiene, Nationalsozialismus, Euthanasie. Von der Verhütung zur Vernichtung „lebensunwerten Lebens", 1890–1945. 2. Aufl., Göttingen 1992. — Schwartz, Michael: Sozialistische Eugenik. Eugenische Sozialtechnologien in Debatten und Politik der deutschen Sozialdemokratie 1890–1933. Bonn 1995. — Richter, Ingrid: Katholizismus und Eugenik in der Weimarer Republik und im Dritten Reich. Zwischen Sittlichkeitsreform und Rassenhygiene. Paderborn 2001.

4   Weindling: Health, S. 145, gibt die Zahl der deutschen Mitglieder der Internationalen Gesellschaft für Rassenhygiene im Dezember 1913 mit 425 an (hierbei sind neun Mitglieder aus Österreich-Ungarn, der Schweiz, Rumänien sowie Deutsche aus überseeischen Provinzen eingerechnet). Die Zahlenangaben gehen in der Literatur auseinander, geben aber ein Bild von der ungefähren Größenordnung.

Sie hinterließen ihre Spuren in Forschung und Lehre der Wissenschaften vom Menschen, in juristischen, philosophischen, theologischen und medizinischen Diskursen, in der öffentlichen Meinung, in den Programmen politischer Parteien und den Forderungskatalogen einflussreicher gesellschaftlicher Interessengruppen, in der staatlichen Gesetzgebung zur Bevölkerungs-, Einwanderungs-, Sozial- und Gesundheitspolitik. Dieser Trend gilt, wohlgemerkt, nicht nur für Deutschland. Die deutsche Rassenhygiene hatte in der internationalen eugenischen Bewegung zwar großes Gewicht, bis 1933 galten den deutschen Rassenhygienikern jedoch die USA wegen ihrer Vorreiterrolle bei der eugenischen Sterilisierung als gelobtes Land.[5]

Bereits 1897 hatte sich das Parlament des US-Bundesstaates Michigan mit der eugenischen Sterilisation befasst, diese aber noch abgelehnt. Den Anfang der Sterilisierungsgesetzgebung in den USA hatte dann ein Gesetz des Bundesstaates Indiana aus dem Jahre 1907 markiert, das die Unfruchtbarmachung von in Anstalten untergebrachten „Gewohnheitsverbrechern, Idioten, Imbezillen und Sexualverbrechern" aus eugenischen Gründen legalisierte. Weitere US-Bundesstaaten zogen nach. Besonders bedeutsam war in diesem Zusammenhang Kalifornien, das 1909 ein eugenisches Sterilisationsgesetz verabschiedete, das so rigoros wie nirgendwo sonst umgesetzt wurde – bis 1928 waren im Staate Kalifornien bereits über 6.000 Menschen sterilisiert worden. Am Ende des Ersten Weltkrieges existierte bereits in 16 US-Bundesstaaten ein Sterilisierungsgesetz. Weitere folgten in den 1920er Jahren, auch wurden in vielen Bundesstaaten eugenisch motivierte Eheverbote eingeführt. Sterilisierungsgesetze wurden zwischen 1928 und 1933 auch in anderen Ländern verabschiedet: im Schweizer Kanton Waadt (1928), in Dänemark (1929), in den kanadischen Provinzen Alberta (1928) und British-Columbia (1933) sowie im mexikanischen Bundesstaat Vera Cruz (1932). Anderswo wurden zwar keine Sterilisierungsgesetze beschlossen, wohl aber eugenisch motivierte Eheverbote gesetzlich verankert, so etwa in den Niederlanden. Die Entwicklung im Ausland – insbesondere die Sterilisierungsgesetzgebung in den USA – wurde in Deutschland aufmerksam

---

5   Zur Eugenik in den USA: Haller, Mark H.: Eugenics: Hereditarian Attitudes in American Thought. New Brunswick 1984. — Kevles, Daniel J.: In the Name of Eugenics: Genetics and the Uses of Human Heredity. Cambridge, MA 1985 (ND 1995). — Rafter, Nicole Hahn (Hg.): White Trash: The Eugenic Family Studies, 1877–1919. Boston 1988. — Reilly, Philip R.: The Surgical Solution: A History of Involuntary Sterilization in the United States. Baltimore 1991. — Larson, Edward J.: Sex, Race and Science: Eugenics in the Deep South. Baltimore u.a. 1995. — Pernick, Martin S.: The Black Stork: Eugenics and the Death of „Defective" Babies in American Medicine and Motion Pictures Since 1915. New York u.a. 1996. — Dowbiggin, Ian Robert: Keeping America Sane: Psychiatry and Eugenics in the United States and Canada, 1880–1940. Ithaca 1997. — Selden, Steven: Inheriting Shame: The Story of Eugenics and Racism in America. Ashley 1999. — Kline, Wendy: Building a Better Race: Gender, Sexuality, and Eugenics from the Turn of the Century to the Baby Boom. Berkeley u.a. 2001. — Black, Edwin: War against the Weak: Eugenics and America's Campaign to Create a Master Race. New York u.a. 2003. — Rosen, Christine: Preaching Eugenics: Religious Leaders and the American Eugenics Movement. Oxford 2004.

verfolgt und zur Legitimation des eigenen Programms benutzt. Großbritannien, das Mutterland der Eugenik, blieb übrigens hinter der Entwicklung in den USA weit zurück: Nach dem frühen Erfolg des *Mental Deficiency Act* von 1913, der die Zwangseinweisung in Anstalten aus eugenischen Motiven legalisierte, scheiterte ein 1930/31 unternommener Vorstoß zur Legalisierung der eugenischen Sterilisation im britischen Unterhaus ziemlich sang- und klanglos.[6]

In den 1930er Jahren, auf dem Höhepunkt der Entwicklung, hatten sich in allen Teilen der Welt – von Norwegen bis Italien, von Kanada bis Brasilien, von Japan bis Indien – eugenische Bewegungen herausgeformt.[7] Die Eugenik gedieh in demokratischen Systemen wie Großbritannien, den USA oder den skandinavischen Staaten ebenso wie in autoritären Systemen wie den baltischen Staaten Estland und Lettland und sogar – zumindest eine Zeitlang – in der stalinistischen Sowjetunion.[8] Mittlerweile hatte das nationalsozialistische Deutschland mit dem Erlass des „Gesetzes zur Verhütung erbkranken Nachwuchses" die USA in der internationalen eugenischen Szene als „Modellstaat" abgelöst.[9] Eugeniker in aller Welt forderten nun unter Verweis auf das Deutsche Reich die gesetzliche Regelung der eugenischen Sterilisierung. Tatsächlich wurden in den 1930er Jahren – nicht zuletzt unter dem Eindruck der massenhaften Zwangssterilisierungen im NS-Staat, denen bis 1945 etwa 400.000 Menschen zum Opfer fallen sollten – in mehreren europäischen Staaten Sterilisierungsgesetze verabschiedet: in Norwegen (1934), Finnland (1935), Schweden (1935), Estland (1936), Lettland (1937) und Island (1938). 1940 folgte – als wichtiges überseeisches Schwellenland – Japan. Und: Nach dem Erlass des Gesetzes zur Verhütung erbkranken Nachwuchses stieg die Zahl der Sterilisierungen in den USA im Jahresdurchschnitt von knapp 700 auf knapp 2.700. Waren bis 1933 in den USA

---

6   Zusammenfassend Schwartz: Debatte, S. 69-75.
7   Vgl. (außer der in Anm. 1, 3 und 5 genannten Literatur): Byer, Doris: Rassenhygiene und Wohlfahrtspflege. Zur Entstehung eines sozialdemokratischen Machtdispositivs in Österreich bis 1934. Frankfurt am Main 1988. — Stepan, Nancy Leys: „The Hour of Eugenics": Race, Gender, and Nation in Latin America. Ithaca 1991. — Noordman, Jan: Om de kwaliteit van het nageslacht: eugenetica in Nederland 1900–1950. Nijmegen 1990. — McLaren, Angus: Our Own Master Race: Eugenics in Canada, 1885–1945. Toronto 1990. — Jones, Greta: Eugenics in Ireland: The Belfast Eugenics Society, 1911-15. In: Irish Historical Studies 28 (1992), S. 81-95. — Garton, Stephen: Sound Minds and Healthy Bodies: Re-Considering Eugenics in Australia, 1914–1940. In: Australian Historical Studies 26 (1994), S. 163-181. — Janko, Jan: Die eugenische Bewegung in der Tschechoslowakei. In: Engels, Eve-Marie u.a. (Hgg.): Ethik der Biowissenschaften. Geschichte und Theorie. Berlin 1998, S. 113-122. — Huonker, Thomas: „Moralisch defekt". Kastration, Sterilisation und Rassenhygiene im Dienste der Schweizer Sozialpolitik und Psychiatrie 1890–1970. Zürich 2003. — Ritter, Hans Jakob: Psychiatrie und Eugenik. Zur Ausprägung eugenischer Denk- und Handlungsmuster in der schweizerischen Psychiatrie, 1850–1950. Zürich 2009.
8   Dazu in vergleichender Perspektive: Schmuhl, Hans-Walter: Rassenhygiene in Deutschland – Eugenik in der Sowjetunion. In: Beyrau, Dietrich (Hg.): Im Dschungel der Macht. Intellektuelle Professionen unter Stalin und Hitler. Göttingen 2000, S. 360-377.
9   Noch immer grundlegend: Bock, Gisela: Zwangssterilisation im Nationalsozialismus. Studien zur Rassenpolitik und Frauenpolitik. Opladen 1986 (ND Münster 2010).

insgesamt etwa 16.000 Menschen unfruchtbar gemacht worden, so stieg diese Zahl bis 1941 auf über 38.000 an.[10] Die Zahl der US-Bundesstaaten, die über ein Sterilisierungsgesetz verfügten, erreichte 1937 mit 32 ihren Höhepunkt, 41 US-Bundesstaaten verfügten in den 1930er Jahren über gesetzliche Eheverbote für geistig behinderte und psychisch erkrankte Menschen.

Ausgangspunkt der folgenden Überlegungen soll die Frage sein, wie es kam, dass ungefähr zur selben Zeit – in der Epoche des *fin de siècle* – sich in verschiedenen Staaten parallel Diskurse um Eugenik entfalteten? „Diskurs" sei hier im engeren Sinne verstanden als eine „herrschende Redeweise", die festlegt, über welche Themen in welcher Form und in welchen Begriffen gesprochen werden kann – und worüber geschwiegen werden muss. Wenn sich in unterschiedlichen politischen Systemen Diskurse parallel entwickeln, deutet dies darauf hin, dass hier gleiche – oder doch vergleichbare – wirtschaftliche, soziale und kulturelle Problemlagen bestanden. Zu fragen ist demnach nach der besonderen Signatur jener Übergangsphase des ausgehenden 19. und beginnenden 20. Jahrhunderts, die gemeinhin unter dem Begriff *fin de siècle* gefasst wird.[11] Welche Grundzüge dieser Zeit schufen die Bedingungen der Möglichkeit, dass sich die Diskurse um Eugenik herausformen konnten?

Es soll um den „Zeitgeist" des *fin de siècle* gehen. Vorausgeschickt sei ein kurzer Exkurs, der klarstellen soll, was mit „Zeitgeist" gemeint ist. Der Begriff wird häufig benutzt – was er aber eigentlich bedeuten soll, bleibt zumeist unklar. Oft ist er kaum mehr als die bündige Umschreibung der geballten Vorurteile des Betrachters über seine eigene oder eine vergangene Zeit. Die Geschichtswissenschaft hat den Begriff „Zeitgeist" daher lange Zeit gemieden – solange sich Geschichtswissenschaft in strengem Sinne als Historische Sozialwissenschaft verstand, hielt sie sich lieber an scheinbar handfeste soziale Strukturen und Prozesse, die menschliche Handlungen bestimmen. Nun sind soziale Strukturen und Prozesse aber keine unabhängig von Menschen existierenden Entitäten, soziale Strukturen sind vielmehr Knotenpunkte in Netzwerken zwischen Menschen, soziale Prozesse entstehen aus der Bündelung menschlicher Handlungen. Jeder einzelne Mensch wirkt an der Formierung sozialer Strukturen mit, er ist zugleich aber auch in die entstehenden Beziehungsgeflechte fest eingebunden, aus denen er sich nur schwer lösen kann. Jeder einzelne Mensch trägt sein Teil zu sozialen Prozessen bei, die Bündelung gleichgerichteter sozialer Handlungen zieht den Einzelnen jedoch auch in ihren Sog und setzt seiner Handlungsfreiheit Grenzen – deshalb erscheinen soziale Strukturen und Prozesse

---

10 Müller, Joachim: Sterilisation und Gesetzgebung bis 1933. Husum 1985, S. 35-37.
11 Als umfassende Überblicksdarstellung: Haupt, Sabine/Würffel, Stefan Bodo (Hgg.): Handbuch Fin de Siècle. Stuttgart 2008.

dem Einzelnen zumeist als anonyme Mächte, die sein Leben beherrschen.[12] Wie nehmen Menschen nun diese Prägung durch die Gesellschaft wahr? Welche Bedeutung schreiben sie ihr zu? Mit welchen Gefühlen betrachten sie die in der Gesellschaft vorherrschenden Tendenzen, die das eigene Leben so nachhaltig prägen? Mit Unbehagen, Zweifel, Widerstreben, Angst, dem Gefühl, anonymen Mächten hilflos ausgeliefert zu sein, mit Wut und Auflehnung? Oder umgekehrt: mit Zustimmung, Zuversicht, dem Gefühl, mit der Zeit zu marschieren, gar mit Euphorie? Aus den Gefühlslagen der vielen Zeitgenossen formt sich, in der Regel um den Kristallisationskern eines Ideals oder Skandalons, ein mentales Klima heraus, das Denken und Handeln der Menschen beeinflusst – und damit auf die sozialen Strukturen und Prozesse zurückwirkt, aus dem es hervorgegangen ist. Der „Geist" einer Zeit ist etwas Flüchtiges und schwer Greifbares – um ein Bild zu gebrauchen, so etwas wie eine vorherrschende Windrichtung oder eine Meeresströmung, die – mit den Sinnen kaum wahrnehmbar – eine Küstenlandschaft nachhaltig prägen. Die methodische Schwierigkeit besteht darin, dass eine einzelne Quelle – ganz gleich, ob es sich um eine Schriftquelle, ein mündliches Zeugnis, ein Bild, einen materiellen Überrest handelt – kaum Spuren jener geistigen Grundströmung an sich trägt. Erst eine Fülle von Quellen unterschiedlicher Gattungen, interdisziplinär interpretiert – mit den Methoden der historischen Hermeneutik, der Volkskunde, der Literaturwissenschaft, der Kunstgeschichte usw. – lässt ein klareres Bild hervortreten.

Dies vorausgeschickt, sei nach dem „Zeitgeist" des *fin de siècle* gefragt. Greift man auf das eben benutzte Bild einer Windrichtung oder Meeresströmung zurück, so könnte man sagen, dass die Zeit vor dem Ersten Weltkrieg von zwei gegenläufigen Strömungen geprägt war, sodass es zu starken Verwirbelungen, Strudeln, Turbulenzen kam. Eine tief greifende Ambivalenz war für den „Zeitgeist" dieser Epoche grundlegend.

Auf der einen Seite war der „Geist des 19. Jahrhunderts" noch immer wirkmächtig. Das 19. Jahrhundert – so könnte man grob vereinfachend sagen – war das Zeitalter des zukunftsgewissen Glaubens an die Naturwissenschaften. Auf allen Gebieten der Mathematik, der exakten Naturwissenschaften wie Physik, Chemie, Astronomie, Geologie, Geographie, Meteorologie, der Biologie, der Medizin, der Psychologie, der Anthropologie verzeichnete das 19. Jahrhundert gewaltige Wissenszuwächse – und da die naturwissenschaftliche Forschung zu dieser Zeit noch anwendungsnah arbeitete, konnten ihre Ergebnisse unmittelbar nutzbringend angewendet werden. Forscher, Entdecker, Erfinder, Ingenieure und Techniker waren noch in einer idealtypischen Gestalt vereint, Naturwis-

---

12 Dazu die immer noch anregenden Bemerkungen von Breuilly, John J.: „Wo bleibt die Handlung?" Die Rolle von Ereignissen in der Gesellschaftsgeschichte. In: Nolte, Paul u.a. (Hgg.): Perspektiven der Gesellschaftsgeschichte. München 2000, S. 36-42.

senschaft und Technik noch eng verzahnt. „Leitfossilien" des 19. Jahrhunderts sind die Dampfmaschine und die Lokomotive, Gusseisen und Stahl, Gaslicht und Dynamo. Hier schwingt noch ein mechanistisches Weltbild mit – denkt man an Naturwissenschaft und Technik des 19. Jahrhunderts, so fallen einem Begriffe wie Masse, Kraft, Druck, Geschwindigkeit, Hebel, Impuls, Reiz und Reaktion ein, Zahnräder, Hebel und Transmissionsriemen.[13] Dieses mechanistische Weltbild bezieht sich, wohlgemerkt, mehr auf die Außendarstellung und Außenwahrnehmung der Naturwissenschaften – in der Forschung selbst wurde je länger, desto deutlicher klar, dass die Natur keine Maschine ist, sondern ungleich komplexere Strukturen aufweist. In der gesellschaftlichen Wahrnehmung aber überwog das naive Verständnis der Natur als Maschine. Daraus folgte, dass die Natur prinzipiell bis in die letzten Details erforschbar, nutzbar, beherrschbar war.

Entdeckung, Eroberung, Entschlüsselung, Entzauberung – das war die Devise des 19. Jahrhunderts. Die weißen Flecken auf der Weltkarte schrumpften rapide zusammen, nur noch wenige Regionen der Erde – die tropischen Regenwälder oder die arktischen Zonen – waren noch zu erkunden, und auch hier drangen die Forscher rasch vor. Die neu entstehende literarische Gattung der *Science Fiction* brachte dieses Denken auf den Punkt: Warum sollte man nicht auf das Dach der Welt gelangen können, auf den Boden der Tiefsee, zum Mittelpunkt der Erde, in die Lüfte, zum Mond oder zur Sonne? Warum sollte man nicht die Geheimnisse des Weltalls, der Materie, des Lebens, der menschlichen Psyche entschlüsseln können?[14] Letztlich schien es im 19. Jahrhundert so, als entziehe sich kein Bereich, keine Schicht, keine Dimension der Natur dem menschlichen Verstand, als sei Natur nahezu unbegrenzt gestaltbar, fast jede Utopie machbar – und dass es keinen vernünftigen Grund gab, diesem Streben nach Naturerkenntnis und Naturbeherrschung Grenzen zu setzen. Als deutlicher Grundzug zeichnet sich hier die Selbstermächtigung des Menschen ab, der sich anschickte, den biblischen Auftrag, sich die Welt untertan zu machen, endlich, wenn auch seines religiösen Aspekts entkleidet, auf die menschliche Vernunft gestützt, zu erfüllen. Dabei schien der unaufhaltsame Fortschritt der Forschung sich unmittelbar in einen Fortschritt der Kultur umzusetzen, in Gesundheit, gewonnene Lebenszeit, Arbeitsersparnis, Wohlstand, Bequemlichkeit, Sicherheit, Gesittung.

Die Vorwärts- und Aufwärtsentwicklung der Zivilisation schien gleichsam ein Naturgesetz zu sein. Die junge Anthropologie entwarf ein Stufenschema, das den zwangsläufigen Aufstieg aller menschlichen Gesellschaften von der

---

13 Dazu grundlegend: Sternberger, Dolf: Panorama oder Ansichten vom 19. Jahrhundert (1938). Frankfurt am Main 1981. — Als Überblick: Hård, Mikael: Technik und Kultur. In: Haupt/Würffel (Hgg.): Handbuch, S. 680-693.

14 Vgl. z.B. Ruppelt, Georg: Zukunft von gestern. Ein Überblick über die Geschichte der Jahre 1901–3000 zusammengestellt aus alten und neuen Science-Fiction-Texten. Begleitbuch zur gleichnamigen Ausstellung in der Staats- und Universitätsbibliothek Hamburg. Hamburg 1984.

savagery über den *barbarism* zur *civilisation* postulierte.[15] Ja, die Natur selbst schien – nach der Darwinschen Revolution – dem Naturgesetz des Fortschritts zu unterliegen. Es liegt auf der Hand, dass in einem Zeitalter, in dem solche Vorstellungen *en vogue* waren, eine Stimmung vorherrschte, die der Zukunft zugewandt war, an den Fortschritt glaubte, optimistisch, ja geradezu euphorisch, voller Erwartungen und Hoffnungen, in der Gewissheit des Gelingens nach vorne blickte. Hindernisse und Rückschritte konnten diesen Optimismus lange nicht erschüttern. Den „Kräften der Beharrung", die sich dem Fortschritt entgegenstellen, gab man keine Chance, weiß man doch das Naturgesetz auf seiner Seite. Entsprechend selbstbewusst – und auch intolerant – ging man in die Auseinandersetzung mit dem vermeintlichen „Aberglauben", den man vor allem im Katholizismus witterte.[16] Der Glaube an eine metaphysische Entität wurde, als empirisch unbeweisbar, nach den Maßstäben der Vernunft verworfen, Religion als Werkzeug böswilliger Dunkelmänner denunziert. Die Vernunft wurde als Religionsersatz, manchmal auch als Ersatzreligion propagiert. Hier begegneten sich bürgerlicher Liberalismus und der erstarkende Sozialismus, wie überhaupt diese beiden politischen Richtungen, die sich aufgrund unterschiedlicher Klasseninteressen erbittert bekämpften, in ihrer Grundauffassung vom unaufhaltsamen Fortschritt der Natur und der Menschheit erstaunlich ähnelten.

Wenn man einen Hang zu dramatischen Effekten hat, könnte man sagen, das „lange 19. Jahrhundert", dessen Signatur soeben mit groben Strichen gezeichnet wurde, sei in der Nacht vom 14. auf den 15. April 1912 zu Ende gegangen, als die „Titanic" einen Eisberg rammte und im Atlantik versank. Tatsächlich hat wohl kein anderes Einzelereignis dem Zeitgeist des 19. Jahrhunderts einen derart schweren Schlag versetzt wie der Untergang des Schiffes, von dem die Ingenieure behauptet hatten, es sei unsinkbar.[17] Andererseits pflegen Epochen nicht so bündig zu enden – so auch hier. Das gesellschaftliche Großklima hatte sich – nicht nur in Deutschland, sondern in der ganzen westlichen Welt – gewandelt. Seit der Mitte der 1880er Jahre hatte die wissenschaftsgläubige Fortschrittseuphorie Risse bekommen, Ernüchterung, Zweifel, Angst, Enttäuschung, Überdruss und Ablehnung nisteten sich darin ein, ein „Endzeitgefühl" machte sich breit. Ebendies – das Nebeneinander des hoch gespannten Fortschrittsdenkens, das sich in den Jahrzehnten zuvor aufgebaut hatte, und der Angst, dass die so

---

15 Vgl. Hirte, Edith: „To See is to Know?" Franz Boas und die amerikanische Anthropologie. In: Schmuhl, Hans-Walter (Hg.): Kulturrelativismus und Antirassismus. Der Anthropologe Franz Boas (1858–1942). Bielefeld 2009, S. 17-47.

16 Dazu besonders erhellend: Blackbourn, David: Wenn ihr sie wieder seht, fragt wer sie sei. Marienerscheinungen in Marpingen – Aufstieg und Niedergang des deutschen Lourdes. Reinbek bei Hamburg 1997, S. 451-480 (zur Reaktion der Liberalen auf eine vermeintliche Marienerscheinung).

17 Vgl. Kahl, Joachim: Faszination Titanic. Philosophische Anmerkungen zu einem Jahrhundertmythos. In: Aufklärung & Kritik 6 (1999), Heft 1, S. 135-144.

wohl geordnete Welt des 19. Jahrhunderts aus den Fugen geraten, dass der Boden, auf dem man stand, hohl sein, dass man am Ende eines klassischen Zeitalters in die Dekadenz abgleiten könnte – ebendies ist die besondere Signatur des *fin de siècle*.

Woher rührten nun die Zweifel? Viele Faktoren trugen zu der um sich greifenden Verunsicherung bei. Die Bevölkerungsexplosion, die im Zuge des demographischen Übergangs die westlichen Staaten überrollte, die ungeheure Steigerung räumlicher und sozialer Mobilität, die gewaltigen Migrationsströme zerrissen die gewachsenen gesellschaftlichen Beziehungsnetze. Die Auflösung der alten Ständegesellschaft führte nicht zur bürgerlichen Gesellschaft selbständiger und unabhängiger bürgerlicher Existenzen, sondern mündete in die moderne Klassengesellschaft mit ihren schroffen sozialen Gegensätzen und Konflikten. Das Individuum ist in der modernen kapitalistischen Industriegesellschaft aus seinen sozialen Bezügen herausgelöst und auf sich allein gestellt. Dabei kann es sich nicht mehr auf die Zugehörigkeit zu gewachsenen Gemeinschaften oder auf Traditionen berufen, sondern muss sich immer wieder aufs Neue selbst erfinden. Der moderne Mensch muss in einer pluralisierten Welt seinen individuellen Lebensstil entwickeln. Industrialisierung und Urbanisierung ließen in den rasant wachsenden großstädtischen Metropolen zudem völlig neue, künstliche Lebenswelten entstehen, die die Zeitgenossen sichtlich überforderten. Anonymität und Vermassung, die Vervielfältigung der Rollenanforderungen, die ungeheure Beschleunigung des Lebens, der Siegeszug der physikalischen Zeit, die Geometrisierung der Welt, der Lärm der Großstadt, die Reizüberflutung – heute würden wir sagen: der Stress – in der urbanen Lebenswelt führten dazu, dass die Zeitgenossen sich in einem „Zeitalter der Nervosität"[18] wähnten. Die Säkularisation brach sich Bahn – nicht zu verstehen als Verschwinden des Religiösen, sondern vielmehr als Ende unhinterfragter religiöser Überzeugungen, als allmähliche Entkirchlichung, als Absinken des Religiösen zu einer Provinz des Lebens unter anderen, als Individualisierung der Religion und Übergang zu einer „frei flottierenden Religiosität", die sich auf die eigene Körperlichkeit, Gesundheit und Lebensführung ebenso richten konnte wie auf Esoterik, Spiritualismus oder politische Ideologien.[19]

Das gilt auch – und in einem ganz dramatischen Ausmaß – für den Religionsersatz oder die Ersatzreligion der Wissenschaft. Die Fortschritte der Naturwissenschaften im 19. Jahrhundert haben letztendlich einen paradoxen Effekt – sie stellen je länger je mehr das naive Verständnis von einem linearen Erkenntniszuwachs in Frage, es wird zusehends klarer, dass es *die* wissenschaftliche Wahrheit nicht gibt, sondern lediglich wissenschaftliche Paradigmen, die ein-

---

18 Radkau, Joachim: Das Zeitalter der Nervosität. Deutschland zwischen Bismarck und Hitler. München 1998.
19 Dazu grundlegend: Nipperdey, Thomas: Religion im Umbruch. Deutschland 1870–1918. München 1988.

ander ablösen und das System der Gewinnung wissenschaftlichen Wissens neu ordnen.[20] Auch in der Wissenschaft kann demnach nichts als sicher und gewiss gelten – ja die Unschärfen wissenschaftlicher Erkenntnis wurden selbst in den Blick genommen – Quantenphysik und Relativitätstheorie bahnten sich an. Überhaupt gibt es in der modernen Welt keine Gewissheiten mehr – zu jeder Meinung existiert eine Gegenmeinung, alle Erkenntnis ist relativ, standortgebunden, vorläufig. Unter diesen Umständen ist es sehr schwer, einen Wertehimmel für sich zu entwerfen. Auffällig häufen sich um die Jahrhundertwende die Klagen über einen Verlust an Idealen, der Lebensstil in der modernen Massenkonsumgesellschaft erschien verflacht, materialistisch und hedonistisch. Die grundlegenden Veränderungen der Arbeitswelt – die Durchsetzung der Lohnerwerbsarbeit, aber auch die Durchsetzung der Fabrik, die Einführung der Fließbandarbeit – stellten auch diesen Identitätspol in Frage, wie auch die Familie als letzter Anker des eigenen Selbstverständnisses in der modernen Welt neu erfunden werden muss. All diese komplexen Prozesse können an dieser Stelle nur angedeutet werden, es sei aber nochmals darauf hingewiesen, dass sie alle zugleich innerhalb eines engen Zeitfensters von den damals lebenden Menschen bewältigt werden mussten. Hier lag die Versuchung nahe, sich neue Gewissheiten zu schaffen, neue Gemeinschaften zu imaginieren, denen man sich zugehörig fühlen konnte.[21]

Wir scheinen uns mittlerweile weit von unserem Thema entfernt zu haben. Was haben diese großen Linien mit der Geschichte der Eugenik zu tun? Tatsächlich war der Eugenikdiskurs ein genuines Produkt jenes zutiefst ambivalenten „Zeitgeistes" des *fin de siècle*.

Im Zuge der Säkularisierung waren religiöse Vorstellungen von der Unverfügbarkeit menschlichen Lebens, auch des menschlichen Körpers – das biblische Tötungsverbot, die Vorstellung von der „Gottesebenbildlichkeit" des Menschen oder der „Heiligkeit des Lebens" – weitgehend obsolet geworden. Solange sie gesellschaftlich wirkmächtig gewesen waren, hatte man über die ersten und die letzten Dinge, über Geburt und Tod, auch über Krankheit, Behinderung und Leiden nicht anders sprechen können als über etwas Gegebenes, Unbeeinflussbares, Hinzunehmendes, dem ein geheimer, das menschliche Verständnis übersteigender Sinn innewohnte: Dass das Leben nur eine begrenzte Zeitspanne dauerte, dass es behindertes Leben gab und unheilbare Krankheiten, die keine Aussicht auf Besserung boten, aber unerträgliche Schmerzen und Leiden verursachten – das durfte man nicht hinterfragen, denn dahinter stand ein Plan Got-

---

20 Dazu noch immer grundlegend: Kuhn, Thomas S.: Die Struktur wissenschaftlicher Revolutionen. 2. Aufl., Frankfurt am Main 1976.
21 Vgl. Schmuhl, Hans-Walter: „Rassen" als soziale Konstrukte. In: Jureit, Ulrike (Hg.): Politische Kollektive. Die Konstruktion nationaler, rassischer und ethnischer Gemeinschaften. Münster 2001, S. 163-179.

tes, der dem Menschen nicht zugänglich war. Damit konnte sich der Geist der Moderne jedoch nicht abfinden – konnte man den Vorgang des Geborenwerdens und des Sterbens beeinflussen, steuern und gestalten, konnte man Krankheiten nicht nur heilen, sondern ihrer Entstehung vorbeugen und sie so zum Verschwinden bringen, konnte man verhindern, dass Kinder mit Behinderungen zur Welt kamen, konnte man die Qual Sterbender abkürzen, dann musste man miteinander darüber nachdenken, wie dies vernünftig zu tun wäre. Noch einmal: Der Umgang mit Krankheit und Gesundheit unterlag in der zweiten Hälfte des 19. Jahrhunderts einem weitreichenden und tiefgreifenden Wandel. Hatte Krankheit bis dahin zu jenen Schicksalsschlägen gehört, die man demütig hinnahm, so wurde sie im Verlauf des 19. Jahrhunderts zu etwas, was man mit Hilfe der Medizin bekämpfen, durch gesunde Lebensführung vermeiden, durch öffentliche Maßnahmen der Hygiene und Prophylaxe an der Ausbreitung hindern, am Ende sogar ausrotten konnte. Umgekehrt wurde Gesundheit zu etwas, was man erhalten und wiederherstellen konnte, worauf man achten musste und wofür man verantwortlich war. Die Ideen der Machbarkeit von Gesundheit, des Rechts auf Gesundheit wie auch der Pflicht zur Gesundheit nahmen in dem Maße Gestalt an, wie sich der ungebrochene Fortschrittsoptimismus des 19. Jahrhunderts dem Thema zuwandte. Krankheit und Gesundheit wurden zum Gegenstand wissenschaftlicher Forschung, zum sozialen Konfliktstoff, zum Politikum, zum Verwaltungsbereich, zum Wirtschaftssektor, zu einem Fixstern am „bürgerlichen Wertehimmel",[22] zum Objekt eines veritablen Kultes. Medikalisierung wurde zu einem säkularen Prozess, eng verschränkt mit anderen Basisprozessen der Moderne wie Industrialisierung, Urbanisierung, Bürokratisierung, Professionalisierung, Ökonomisierung, Rationalisierung, Verwissenschaftlichung oder Säkularisation.

Der „Zeitgeist" des 19. Jahrhunderts schlug sich im Eugenikdiskurs auch insofern nieder, als die Eugenik potentiell und prinzipiell an der Utopie einer von Schwäche und Hinfälligkeit, Schmerz und Leiden, unheilbarer Krankheit und Behinderung freien Menschheit festhielt, ja mehr noch: dass sie fest an die Möglichkeit der Fortentwicklung der Menschheit im kulturellen wie im biologischen Sinn glaubten. Im kulturellen Sinn, indem sie – auf der Grundlage eines utilitaristischen Denkens in Nutzen und Werten – unbeirrt auf die Verwirklichung des größten Glücks der größten Zahl zusteuerten und von einer Ethik auf der Grundlage der wissenschaftlichen Vernunft eine Veredelung menschlicher Gesittung erhofften, im biologischen Sinn, indem sie fest an der Vorstellung festhielten, es sei möglich, auf den Genpool menschlicher Großgruppen dergestalt einzuwirken, dass erblich bedingte Krankheiten, Behinderungen oder charak-

---

22 Hettling, Manfred (Hg.): Der bürgerliche Wertehimmel. Innenansichten des 19. Jahrhunderts. Göttingen 2000.

terliche „Abnormitäten" in der Generationenfolge ausgemerzt werden könnten. Hier sollte die menschliche Natur radikal – im Wortsinne: von der Wurzel her, von ihrem in den Genen liegenden Bauplan – umgemodelt werden. Die hier zu Tage tretende Überschätzung der Vererbung war dem tendenziell mechanistischen Ingenieursgeist des 19. Jahrhunderts geschuldet, der sich zur selben Zeit, etwa durch Fechners Psychophysik oder auch durch Freuds Psychoanalyse, dann durch Kraepelins Konzept psychischer Krankheit der menschlichen Seele näherte, vom Zugriff auf den menschlichen Körper durch die moderne Medizin ganz zu schweigen. *„Eugenics is the Self Direction of Human Evolution"* – „Eugenik ist die Selbststeuerung der menschlichen Evolution".[23] Dieses Motto des Dritten Internationalen Kongresses für Eugenik, der 1932 in New York stattfand, bringt den frohgemuten Ingenieursgeist des 19. Jahrhunderts, zum Machbarkeitswahn des 20. Jahrhunderts mutiert, zum Ausdruck.

Das Fortschrittsdenken des 19. Jahrhunderts war aber bereits erschüttert. Charles Darwin, der mit seiner Evolutionstheorie der Biologie ein gleichsam geschichtliches Moment gegeben hatte, und die frühen Sozialdarwinisten, hatten – dem Geist der Zeit folgend – in der eugenischen Kernfrage kurzerhand Veränderung, Wandel, Entwicklung mit *Fortschritt* gleichgesetzt. Darwin hatte zwar eingeräumt, dass die moderne Zivilisation die Mechanismen der natürlichen Zuchtwahl möglicherweise außer Kraft setzte, die menschliche Evolution sah er aber nicht in Gefahr. Er vertraute auf die Selbstheilungskräfte der Natur.[24] Galton sah das frühzeitig anders, und seit Mitte der 1880er Jahre folgten ihm immer mehr Zeitgenossen in verschiedenen Staaten. Es gab keine neuen wissenschaftlichen Einsichten, die diesen Stimmungsumschwung stichhaltig erklären könnten. Vor dem Hintergrund der allgemeinen Fortschrittsskepsis mochte man der Vorstellung des selbstläufigen Fortschritts nicht mehr unhinterfragt folgen. Zwar ging man nicht von der Denkfigur ab, dass sich die biologische Evolution der Menschheit nach Naturgesetzen vollzog, doch rückte es in den Bereich des Vorstellbaren, dass gesellschaftliche Verhältnisse und Entwicklungen die biologische Evolution konterkarieren könnten. Wenn dem so war, dann musste man die gesellschaftlichen Verhältnisse so gestalten, dass soziale und biologische Entwicklung wieder im Einklang standen. Tat man dies nicht, riskierte man die biologische „Degeneration". Diese wurde im *fin de siècle* zunehmend als reale

---

23 Das Titelblatt ist als Faksimile abgedruckt in: Medizinhistorisches Journal 15 (1980), S. 337.
24 Den Widerspruch zwischen ethischen und eugenischen Postulaten löste Darwin auf, indem er in seinem anthropologischen Konzept die Herausbildung „sozialer Instinkte" kurzerhand zum Ziel der natürlichen Auslese erklärte, die er sich stets als Gruppenauslese, gegründet auf kollektive Solidarität, vorstellte. Vgl. Darwin, Charles: Die Abstammung des Menschen (1871). 4. Aufl., Stuttgart 1982, S. 171-172. — Zur veränderten Sicht auf Darwin vgl. z.B. Altner, Günter: Charles Darwin und die Dynamik der Schöpfung. Gütersloh 2003. — Desmond, Adrian J./Moore, James: Darwin's Sacred Cause: Race, Slavery and the Quest for Human Origins. London u.a. 2009.

Gefahr gesehen – der ältere psychiatrische Degenerationsbegriff erhielt eine neue Wendung: War man bis dahin davon ausgegangen, dass Familien, in denen sich psychische Degenerationserscheinungen zeigten, innerhalb von zwei bis drei Generationen aussterben würden, stellte man nun die gegenteilige These auf, dass „biologisch minderwertige" Menschen eine höhere Fortpflanzungsrate aufwiesen als „biologisch höherwertige" und dass deshalb das Erbgut einer gegebenen Bevölkerung unter modernen, genauer: städtischen Lebensverhältnissen innerhalb weniger Generationen genetisch degenerieren müsse – wenn nicht energisch entgegengesteuert würde.

Hier machte sich bereits eine selektive Wahrnehmung der Wirklichkeit bemerkbar. Denn die These von der drohenden biologischen Katastrophe stützte sich auf sozialhygienische Studien in großstädtischen Slums und vor allem auf das explosionsartige Wachstum totaler Institutionen für psychisch erkrankte, epilepsiekranke, geistig und körperlich behinderte, sozial abweichende und delinquente Menschen in den Jahrzehnten vor dem Ersten Weltkrieg. Diese Entwicklung konnte man so oder so deuten: Heute betrachten wir sie als das Ergebnis einer rigorosen sozialen Raumordnung, die mit der Durchsetzung des modernen Interventionsstaates zusammenhing, damals sah man darin ein Zeichen für das explosionsartige Umsichgreifen von Degenerationserscheinungen. Das Zusammenwirken der positiven Zielutopie der Schaffung eines Neuen Menschen mit dem pessimistischen Untergangsszenario einer massenhaften Degeneration verlieh der Eugenik eine radikalisierende Dynamik. Um die Begrifflichkeit der Theologie aufzugreifen, könnte man sagen, der Eugenik haftete ein eschatologisches *und* ein apokalyptisches Moment an.

Als ein weiteres radikalisierendes Element ist ein Wandel in der wichtigsten Referenzwissenschaft der Eugenik zu nennen: Der Übergang zu „harten Vererbungstheorien" in der Genetik, für den die Formulierung der sogenannten „Keimplasmatheorie" August Weismanns im Jahre 1885 steht. Vorher waren Konzepte einer gesellschaftlichen „Erbpflege" denkbar, die auf die Vererbung erworbener Eigenschaften setzten und durch Individualhygiene, medizinische Vorsorge, Ernährung, Bildung, Sport und gesunde Lebensweise den Genpool einer Population positiv zu beeinflussen zu können hofften. Die Vorstellung geschlossener Keimbahnen machte solchen Formen eines *social engineering* ein Ende – Einfluss auf die Erbgesundheit konnte man nur noch *indirekt* nehmen, indem man die gesellschaftlichen Bedingungen der „Auslese" und „Ausmerze" entsprechend gestaltete.[25] Das legte Maßnahmen *negativer* Eugenik nahe – das Wegsperren, Unfruchtbarmachen oder Töten von Menschen mit unerwünschtem Erbgut – und es verstärkte den Ruf nach dem Staat.

---

25 Vgl. allgemein Rheinberger, Hans-Jörg/Müller-Wille, Staffan: Vererbung. Geschichte und Kultur eines biologischen Konzepts. Frankfurt am Main 2009.

Der Aufstieg des modernen Interventionsstaates gehört zu den Basisprozessen der Übergangsphase vom 19. zum 20. Jahrhundert, und dieser Prozess findet seinen Niederschlag auch im Eugenikdiskurs, wird doch darin ganz selbstverständlich der Staat als die Instanz gesamtgesellschaftlicher Globalsteuerung herausgestellt – das war, vom 19. Jahrhundert her gedacht, keineswegs eine Selbstverständlichkeit. In der deutschen Rassenhygiene lagen die Dinge anfangs nicht ganz eindeutig, sie schwankte, ob sie sich als Teil der „Lebensreformbewegung" konstituieren sollte, als freier Zusammenschluss von Menschen, die sich gegenseitig zu einer erbgesunden Lebensführung verpflichteten und anhielten – das ist von der Gesellschaft her gedacht – oder aber als Wissenschaft, die auf dem Wege wissenschaftlicher Politikberatung den Staat zur Übernahme der „Erbgesundheitspflege" als öffentliche Aufgabe bewegen wollte – das ist etatistisch gedacht.

Ein letzter Punkt sei hervorgehoben: Bezugspunkt der Eugenik waren überindividuelle, organisch gedachte Gemeinschaften – das „Volk" und/oder die „Rasse", zwischen beiden Begriffen gab es fließende Übergänge. Hier tauchen neue, in dieser Zeit vielerorts sichtbar werdende Bezugsgrößen jenseits der überkommenen und im Modernisierungsprozess überwundenen Vergesellschaftungsformen auf. Es ist paradox: Die neuen Ideen der Eugenik entstanden auf dem Nährboden der Moderne, die zu einer Individualisierung der Lebensentwürfe zwingt, der individuelle Aspekt trat aber sogleich zurück zugunsten einer imaginierten Gemeinschaft, zu der das heimatlos gewordene Individuum der Moderne seine Zuflucht sucht: zum Volk oder zur Rasse.

Das Bild kann hier nur in groben Strichen umrissen werden. Es dürfte indessen klar geworden sein, dass der Eugenikdiskurs in der Epoche des *fin de siècle*, von der Grundströmung des damaligen „Zeitgeistes" wesentlich beeinflusst, Gestalt annahm – übrigens zusammen mit einer ganzen Reihe anderer geistiger Strömungen, welche die Ambivalenzen und Antinomien der Zeit auf ganz unterschiedliche, gegensätzliche, sich mitunter gegenseitig ausschließende Weise aufzulösen versuchten. Dies geschah, da dieser „Zeitgeist" in allen okzidentalen Gesellschaften wirksam war, ungefähr zeitgleich in verschiedenen Staaten der westlichen Welt.

Es bleibt die Frage, warum der Eugenikdiskurs im 20. Jahrhundert von den Rändern in die Mitte der Gesellschaft rückte, und zwar insbesondere in Deutschland. Hier erwiesen sich die vernichtende Niederlage im Ersten Weltkrieg, der Zusammenbruch der alten staatlichen Ordnung, die Novemberrevolution, die anschließenden Bürgerkriegswirren und die Hyperinflation als idealer Nährboden für das Wachstum der rassenhygienischen Bewegung. Die gesellschaftlichen Umbrüche und Verwerfungen – dazu die gewaltigen Verluste an Menschenleben, der durch den Krieg verursachte Geburtenausfall, der schlechte Gesundheitszustand breiter Schichten der Bevölkerung und die wirtschaftliche Not der Nachkriegszeit – schufen ein Klima der Angst, Verstörung und Gewalt, das sich sehr schnell auch gegen jene Menschen richtete, die während des Krieges über den Rand der Gesellschaft hinausgedrängt worden waren. Denn im Verlauf des Ersten Weltkrieges waren soziale Gegensätze aufgebrochen, die quer zu den Klassenstrukturen der wilhelminischen Gesellschaft lagen. Vor allem hatte sich ab 1916, als die von der Entente gegen das Deutsche Reich verhängte Hungerblockade ihre volle Wirkung entfaltete, eine neue, auf dem Zugang zu Lebensmitteln beruhende soziale Schichtung herausgebildet, die man als „Ernährungshierarchie" bezeichnen kann. Auf deren unteren Stufen standen die Bevölkerung der Großstädte, Angestellte und Beamte, Kleinrentner und Pensionäre, Familien von Frontsoldaten, alleinstehende ältere Menschen und – ganz unten – Menschen in *totalen Institutionen*, in Kriegsgefangenenlagern, Gefängnissen und Zuchthäusern, Fürsorgeerziehungsheimen, Alters- und Siechenheimen, Heil- und Pflegeanstalten.[26] Obwohl im Zeitraum von 1914 bis 1918 allein in den preußischen Anstalten mehr als 70.000 behinderte und kranke Menschen verhungerten, erfroren oder ansteckenden Krankheiten erlagen, wurden gerade sie nach dem Krieg zur Zielscheibe einer biologistischen Version der „Dolchstoßlegende". Und, schrecklich zu sagen, man hatte im Krieg gelernt, wie einfach es war, die in totalen Institutionen lebenden Menschen durch die Manipulation ihrer Lebensverhältnisse massenhaft zu töten. Darin lag eine große Versuchung. Mit der Stabilisierung des neuen politischen Systems kehrte kurzzeitig Ruhe ein. In den „Goldenen Zwanzigern", dem Jahrfünft relativer Stabilität zwischen 1924 und 1929, erlahmte der Eugenikdiskurs, um dann mit Beginn der Weltwirtschaftskrise umso vehementer wieder aufzubrechen.

Was sich am Beispiel Deutschlands besonders deutlich zeigen lässt, gilt *mutatis mutandis* auch für andere Staaten. Auch sie erlebten die Zeit zwischen den Weltkriegen als eine Zeit schwerer wirtschaftlicher, sozialer und politischer Krisen, und auch hier profitierten die eugenischen Bewegungen von der ausgeprägten Krisenmentalität. Insofern belegt der internationale Vergleich, dass man von einem „deutschen Sonderweg" vor 1933 kaum sprechen kann. Erst die Installation eines völlig neuartigen politischen Systems durch die Nationalsozialisten, eines Systems, bei dem sich im Gehäuse des gewachsenen Normenstaates ein zweiter, auf Gewalt und Willkür basierender, ein Maßnahmenstaat herausbildete, führte zur Entfesselung der destruktiven Potentiale der Eugenik. Die gesellschaftlichen *checks and balances* funktionierten nicht mehr, wissenschaftliche Funktionseliten konnten ihre Vorstellungen eines *social engineering* wie in keinem anderen politischen System umsetzen, hatte das System doch den Primat der Rassen- und Erbgesundheitspolitik als Staatsdoktrin festgeschrieben. Das Neue am National-

---

26 Dazu grundlegend: Faulstich, Heinz: Hungersterben in der Psychiatrie 1914–1949. Mit einer Topographie der NS-Psychiatrie. Freiburg 1998.

sozialismus war das Drängen auf eine Lösung, die Bereitschaft zur praktischen Umsetzung der Gedankenspiele, welche die Eugeniker seit dem ausgehenden 19. Jahrhundert an ihren Schreibtischen ausgeheckt hatten.

Sybilla Nikolow

„Nicht Behelf und Schein, sondern Ersatz und Hülfe".[1] Neue Perspektiven für eine integrative Geschichte der Prothetik im Ersten Weltkrieg

Als der Düsseldorfer Ingenieur und Maschinenfabrikant Emil Jagenberg (1866–1931) sich im zweiten Kriegswinter am Preisausschreiben des Vereins der deutschen Ingenieure (VDI) mit einem von ihm entwickelten künstlichen Arm beteiligte, gab er ihm das Motto „Nicht Behelf und Schein, sondern Ersatz und Hülfe" mit auf den Weg. Jagenberg versuchte mit seiner Erfindung den Armverlust gar nicht erst oberflächlich zu kaschieren, sondern wollte seinen Träger zur Arbeit in der Industrie befähigen, worauf der VDI mit seinem Wettbewerb abgezielt hatte. Die Prothese bestand aus einer Oberarmhülse, in die ein Stahlrohr angebracht war. Ellenbogen und Hand ließen sich mittels Kugelgelenken bis zu einem gewissen Grad bewegen und feststellen. Anstelle der Hand konnten je nach Wunsch verschiedene Apparate angebracht werden. Darunter waren u.a. eine Feststellklemme, ein Haken, aber auch eine Handattrappe (Abb. 1).[2] Jagenberg betrieb neben der eigenen Fabrik eine „Amputierten-Werkstätte" am Düsseldorfer Flora-Lazarett (Abb. 2) und stellte seine Produkte auch öffentlich zur Schau. So ließ er in der Kölner Ausstellung für Kriegsfürsorge Kriegsverletzte an Werkzeugmaschinen aus seiner Fabrik vor den Augen der Besucher arbeiten, nachdem sie mit Hilfe der fabrikeigenen Armprothesen dazu in die Lage versetzt worden waren.[3]

Weder Jagenbergs Arbeitsarm noch die der anderen Wettbewerbsteilnehmer sind heute noch bekannt. Schon in der Weimarer Republik verloren sich ihre Spuren, und die Geschichtsschreibung des Ersten Weltkrieges hat die Pro-

---

[1] Über das Ergebnis des Wettbewerbs für einen Armersatz berichtet die Geschäftsstelle des Vereines Deutscher Ingenieure. Siehe Archiv für Orthopädie, Mechanotherapie und Unfallchirurgie 15 (1916), S. 270-271, hier S. 271.

[2] Radike, Richard: Künstliche Arme und Hände. In: Gocht, Hermann/Radike, Richard/Schede, Franz (Hgg.): Künstliche Glieder. 2. Aufl., Stuttgart 1920, S. 163-394, hier S. 290. — Abbildungen von Kriegsbeschädigten des Vereins-Lazarett „Flora-Düsseldorf" (Spezial-Lazarett für Amputierte des VII. Armeekorps). O.O. 1915, S. 11.

[3] Ausstellungsleitung (Hg.): Führer der Sonderausstellung von Ersatzgliedern und Arbeitshilfen für Kriegsbeschädigte, Unfallverletzte und Krüppel. Berlin 1916, S. 25. — Ausstellungsleitung (Hg.): Amtlicher Katalog der Ausstellung für Kriegsfürsorge. Cöln 1916, August–September. Köln 1916, S. 56, Anzeige. — Siehe zu den öffentlichen Vorführungen von Kriegsverletzten mit Prothesen Nikolow, Sybilla: „Unsere Kriegsverletzten bei der Arbeit". Strategien der Sichtbarmachung von Prothesen im Ersten Weltkrieg. In: Asmuth, Christoph/Nikolow, Sybilla. (Hgg.): Ersatzglieder und Superhelden. Beiträge zu Vergangenheit und Zukunft der Prothetik. Bielefeld 2018, im Druck.

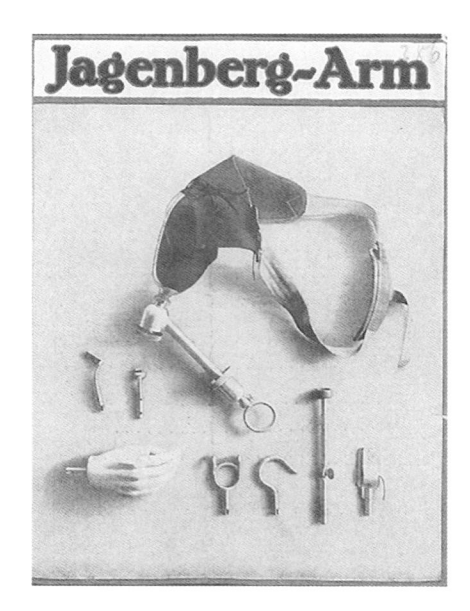

Abbildung 1, links: Armprothese von Emil Jagenberg (Hauptstaatsarchiv Stuttgart)

Abbildung 2, oben: Kriegsverletzter mit Jagenberg-Arm an der Drehbank (Ernst Flemming: Wie Kriegsbeschädigte und Unfallverletzte auch bei Verstümmelung ihr Los verbessern können. 2. Aufl., Saarbrücken 1915, S. 84)

thesenentwicklungen allenfalls am Rande erwähnt.[4] Das verwundert, stellt doch die Entwicklung der Arbeitsarme nicht nur innerhalb der Prothetik, sondern für den Umgang mit Kriegsversehrtheit und für das moderne Körperbild des Menschen grundsätzlich eine Wende dar, die bis in die Gegenwart unser Verständnis von Normalität prägt. Prothetische Hilfsmittel dienten zwar schon immer zur Überwindung körperlicher Beeinträchtigungen und ihre Entwicklung, Herstellung und Nutzung kann entsprechend auf eine lange Tradition zurückblicken. Aber erst unter den Bedingungen des Ersten Weltkrieges, so meine These, zählte jedenfalls in Deutschland nicht mehr vordringlich der schöne Schein von Prothesen, sondern vor allem ihre Funktionalität für die Erwerbsbefähigung, was in der Entwicklung einer bisher nicht gekannten Vielfalt von Hilfsmitteln zu dieser Zeit zum Ausdruck kam. Sie beförderten nicht nur die Vorstellung einer vollständigen Ersetzbarkeit des Menschen durch Technik, sondern machten derartige Gesellschaftsutopien im besten Sinne des Wortes nun auch zu einer handgreiflichen Wirklichkeit für viele Betroffene.

Nach dem Sanitätsbericht über das Deutsche Heer von 1934 kamen bis Ende

---

4   Im Beitrag zur „Kriegsfürsorge" von Jeffrey Verhey in der aktuellen Auflage von Hirschfeld, Gerhard/ Krumeich, Gerd/Renz, Irina (Hgg.): Enzyklopädie Erster Weltkrieg. 2. Aufl., Paderborn u.a. 2014, S. 640-641, werden Prothesen nicht einmal erwähnt. — Siehe allerdings bereits die Hinweise von Krumeich, Gerd: Verstümmelungen und Kunstglieder. Formen körperlicher Verheerungen im 1. Weltkrieg. In: SOWI 19 (1990), Heft 2, S. 97-102. — Die erste umfangreiche kulturgeschichtliche Behandlung erfolgte durch Kienitz, Sabine: Beschädigte Helden. Kriegsinvalidität und Körperbilder 1914–1923. Paderborn u.a. 2008. — Für eine instruktive technikhistorische Fallstudie siehe Bihr, Simon: „Entkrüppelung der Krüppel". Der Siemens-Schuckert-Arbeitsarm und die Kriegsinvalidenfürsorge in Deutschland während des Ersten Weltkrieges. In: NTM. Zeitschrift für Geschichte der Wissenschaften, Technik und Medizin 21 (2013), S. 107-141.

Juli 1918 bereits etwa 700.000 Soldaten als dienstunfähig aus dem Krieg zurück. Unter den nur etwa 500.000 Invaliden, deren Leiden bis zu diesem Zeitpunkt als versorgungswürdig anerkannt worden waren, erhielten etwa 90.000 aufgrund ihrer Verletzungen eine „Verstümmelungszulage", womit der Verlust einzelner Gliedmaßen oder mindestens deren Funktion z.B. durch eine Lähmung, entschädigt wurde. Im Einzelnen gibt der Bericht 15.505 Arm- (383 beidseitig), 24.145 Beinamputierte (862 beidseitig) und 34.973 mit ein- oder beidseitiger Funktionsstörung der oberen oder unteren Extremität an.[5] In der offiziellen Kriegsbeschädigtenstatistik von 1924 wurde diese Gruppe unter den damaligen rund 663.000 Rentenempfängern mit etwa 66.000 noch immer als die größte, separat anerkannte Leidensgruppe aufgeführt. Danach fehlten wenigstens 20.640 Überlebenden des Ersten Weltkrieges 1924 ein Arm, 131 beide Arme, 44.109 ein Bein, 1.250 beide Beine. Lähmungen aufgrund von Schussverletzungen wurden jetzt nicht mehr getrennt gezählt, sondern in einer großen Sammelgruppe gemeinsam mit Gasvergiftungen und „inneren Krankheiten" als „sonstige Leiden" (566.076) erfasst. Separat wurden nur noch Blindheit (3.134), Tuberkulose (39.580) und Geisteskrankheiten (4.988) angegeben.[6]

Unzweifelhaft sind solche Rentenstatistiken kaum dazu geeignet, die Komplexität des jeweiligen Leidens der Betroffenen angemessen wiederzugeben, was mit Blick auf die Problematik von psychischen Schäden, Kopf- oder Gasverletzten schnell deutlich wird.[7] Festgehalten werden kann aber immerhin, dass es mehr Bein- als Armamputationen gab. Warum sich stattdessen die Entwicklung der Armprothetik einschließlich berufsspezifischer Arbeitshände als die eigentliche zentrale medizintechnische Herausforderung erwies, lässt sich nur im Zusammenhang mit der Hoffnung auf eine Befähigung der Kriegsverletzten zur körperlichen Arbeit erklären. Die Entwicklung der Prothetik galt in diesem Sinne über alle Parteigrenzen hinweg als eine sozialpolitische Notwendigkeit von höchster nationaler Bedeutung.

---

5 Sanitätsbericht über das Deutsche Heer (Deutsches Feld- und Besatzungsheer) im Weltkriege 1914/18. Bearbeitet von der Heeres-Sanitätsinspektion des Reichswehrministeriums. Band 3: Die Krankenbewegung bei dem Deutschen Feld- und Besatzungsheer. Berlin 1934.

6 Die Zahl der versorgungsberechtigten Kriegsbeschädigten und Kriegshinterbliebenen im Deutschen Reich nach der Erhebung vom 5. Oktober 1924. In: Statistik des Deutschen Reiches. Vierteljahreshefte zur Statistik des Deutschen Reiches 34 (1925), S. 104-116, hier S. 106-108.

7 Siehe u.a.: Kaufmann, Doris: „Widerstandsfähige Gehirne" und „kampfunlustige Seelen". Zur Mentalitäts- und Wissenschaftsgeschichte des Ersten Weltkrieges. In: Hagner, Michael (Hg.): Ecce Cortex. Beiträge zur Geschichte des modernen Gehirns. Göttingen 1999, S. 205-223. — Neuner, Stefanie: Politik und Psychiatrie. Die staatliche Versorgung psychisch Kriegsbeschädigter in Deutschland 1920–1939. Göttingen 2011. — Hagner, Michael: Verwundete Gesichter, verletzte Gehirne. Zur Deformation des Kopfes im Ersten Weltkrieg. In: Schmölders, Claudia/Gilman, Sander (Hgg.): Gesichter der Weimarer Republik. Eine physiognomische Kulturgeschichte. Köln 2000, S. 78-95. — Kaufmann, Doris: „Gas, Gas, Gaas!". The Poison Gas War in the Literature and Visual Arts of Interwar Europe. In: Friedrich, Bretislav u.a. (Hgg.): One Hundred Years of Chemical Warfare. Research, Deployment, Consequences. Heidelberg/New York 2017, S. 169-187.

Beispiele wie der Jagenberg-Arm dokumentieren eindrücklich auf welche Weise dem Problem der Versehrtheit im Ersten Weltkrieg begegnet wurde. Sie wurde als ein Zustand begriffen, den es galt, vor allem mit technischen Mitteln auszugleichen, um die Arbeitsfähigkeit der Betroffenen wiederherstellen zu können. Gesucht wurde nicht mehr ein formvollendeter, sogenannter Behelfs- oder Schönheitsarm, mit dem sich die Beschädigung möglichst geschickt verdecken ließ, sondern ein technisch optimiertes Funktionsäquivalent für den verlorenen Körperteil. Der gewünschte Arbeitsarm sollte, so die detaillierten Vorgaben des Preiskomitees, bei unverletztem Schultergelenk für Amputationen in jeder Höhe bis mindestens zur Mitte des Oberarms geeignet sein, seinen Träger zu möglichst vielen Arbeitsverrichtungen in den Werkstätten der mechanischen Industrie befähigen, einfach und ohne fremde Hilfe an- und ablegbar, sowie sicher gegen Unfälle, möglichst lange haltbar und gering von Gewicht sein.[8] In diesen arbeitswissenschaftlichen Kennziffern drückte sich eine Idealvorstellung davon aus, wie die Amputierten mit Hilfe von Prothesen durch die Praktiken der Kriegsfürsorge wenn schon nicht mehr kriegsverwendungsfähig, so doch wenigstens wieder berufstauglich gemacht werden sollten.

Auch wenn sich keiner der prämierten Arbeitsarme langfristig durchsetzen konnte, spricht sehr viel dafür, die Kriegsjahre als eine zentrale Phase in der Prothesenentwicklung und -nutzung zu betrachten. Das VDI-Preisausschreiben war nur einer von drei vergleichbaren Wettbewerben. Trotz Einschränkung auf einen Arbeitsarm erhielt er etwa 60 Einsendungen, womit dieser Preis gegenüber den anderen, die breiter ausgeschrieben waren, herausragte. Prämiert wurde Jagenbergs Erfindung gemeinsam mit dem als gleichwertig angesehenen Arbeitsarm aus den Aachener Rota-Werken, der in Zusammenarbeit zwischen dem Ingenieur Felix Meyer mit dem Orthopäden Friedrich Pauwels entwickelt worden war.[9] Obwohl es auch Laien unter den Erfindern gab, wurden die meisten Prothesen und Arbeitshilfen von Ingenieuren, Orthopäden oder Mechanikern entwickelt. In der eigens im Februar 1916 mit Unterstützung der Industrie und des Staates eingerichteten Berliner Prüfstelle für Ersatzglieder wurden bis Ende des Krieges allein 54 Arme, 28 Hände, 26 Ansatzsysteme und 30 Beine bzw. Füße getestet. Auch in Danzig, Düsseldorf, Gleiwitz, Hamburg sowie in Bayern, Baden, Sachsen und Württemberg wurden Prüfstellen installiert.[10] Die von Seiten des Militärs und der Techniker gehegten Hoffnung, die Anwendun-

---

8 Preisausschreiben für einen Armersatz. In: Zeitschrift des Vereines Deutscher Ingenieure, Bd. 59, Nr. 42, 15. Oktober 1915, S. 868.

9 Vgl. – neben der in Fußnote 1 angegebenen Literatur – Pauwels, Friedrich: Die Ersatzglieder in der Ausstellung für Kriegsfürsorge, Köln 1916. In: Die Kriegsbeschädigten- und Kriegshinterbliebenenfürsorge, Bd. 1 (1916), Heft 5/6, S. 239-273.

10 Hartmann, Konrad: Die Prüfstelle für Ersatzglieder. In: Borchardt, Moritz u.a. (Hgg.): Ersatzglieder und Arbeitshilfen für Kriegsbeschädigte und Unfallverletzte. Berlin 1919, S. 18-57.

gen auf eine überschaubare Reihe von Prototypen zu reduzieren, ließ sich erst schrittweise in den 1920er Jahren verwirklichen, als die orthopädischen Betriebe dazu übergingen, Passteile für Beinprothesen herzustellen.

Die Arbeitsarme des Ersten Weltkrieges stellen eine bemerkenswerte Episode in der modernen Geschichte der Technisierung des Körpers dar, die wenigstens in zweierlei Hinsicht interessant ist. Sie dokumentieren nicht nur die Entwicklung von technischen Hilfsmitteln für verloren gegangene Körperteile, sondern erinnern uns erstens auch daran, dass ihre Nutzung mit einem Anforderungsprofil für den ganzen Körper verbunden war, das, was die konkrete Situation der medizinischen und sozialen Fürsorge betraf, die Willensmobilisierung der Betroffenen mit einschloss. Wenn der Orthopäde Konrad Biesalski an die Adresse der Kriegsverletzten die Erwartung ausdrückte, dass es kein „Krüppeltum" mehr gäbe, wenn der „eiserne Wille" bestünde, die Behinderung der Bewegungsfreiheit zu überwinden, dann konnte er sich dabei auf die medizinischen und sozialen Hilfsangebote der Kriegsfürsorge stützen, deren Annahme mit solchen Leitsprüchen zur Pflicht der Betroffenen erklärt wurde. Für den Pädagogen Hans Würtz, mit dem Biesalski gemeinsam am Berliner Oskar-Helene-Heim für gebrechliche Kinder tätig war, galt sogar der Wille als die beste Prothese.[11] Charakter und Willensschulung wurden als Dreh- und Angelpunkt dafür angesehen, ob die Arbeitsbefähigung im einzelnen Fall gelingen kann oder nicht. Entsprechend verständigten sich die Verantwortlichen der Kriegsfürsorge darauf, nur diejenigen Amputierten mit Arbeitsprothesen zu versorgen, die sich auch als willensstark genug erwiesen hatten, einen körperlich anstrengenden Beruf ausüben zu können. Im Verlaufe des Krieges wurde es Praxis, die Kriegsverletzten erst dann aus den orthopädischen Lazaretten und Übungsschulen und damit aus dem militärischen Dienst ins bürgerliche Erwerbsleben zu entlassen, nachdem sie den richtigen Gebrauch und Umgang mit den Arbeitsprothesen erlernt hatten.[12] Die Nutzung der Funktionsprothesen verlangte in diesem Sinne einen an der Leistungsfähigkeit von Maschinen ausgerichteten Körper.

Zweitens ist unverkennbar, dass die Nutzung von Prothesen Folgen für die

---

11 Biesalski, Konrad: Die Fürsorge für unsere heimkehrenden Krieger, insbesondere die Kriegskrüppelfürsorge. Leipzig/Hamburg 1915, S. 29. — Würtz, Hans: Götz von Berlichingen und Wir! Ein Wort an die Wetterfesten im Waffenrock. Berlin 1916, S. 21. — Zur Übertragung der Prinzipien der Krüppel- auf die Kriegsfürsorge siehe Thomann, Klaus-Dieter: Die medizinische und soziale Fürsorge für die Kriegsversehrten in der ersten Phase des Krieges 1914/15. In: Eckart, Wolfgang U./Gradmann, Christoph (Hgg.): Die Medizin und der Erste Weltkrieg. Pfaffenweiler 1996, S. 182-196. — Nikolow: „Unsere Kriegsverletzten bei der Arbeit".

12 Siehe dazu u.a. die Aussprache über die Nutzung von Prothesen in der Kölner Tagung für Kriegsfürsorge am 24. August 1916: Verhandlungsbericht über die Tagung für Kriegsfürsorge 22.–25. August 1916. Berlin 1917, S. 130-145. — Schlee, Hans: Dauererfolge der Prothesenarbeit Kriegsamputierter im Erwerbsleben. In: Zeitschrift für orthopädische Chirurgie 37 (1917), S. 105-115.

Identität ihrer Träger hat. Mit der Berücksichtigung dieses Aspektes für die Geschichte der Kriegsversehrung wird eine notwendige Ergänzung zum Forschungsprogramm der *dis/ability history* geleistet, in der technische Fragen bisher weitgehend ausgeklammert wurden.[13] Diesbezüglich ist darauf hinzuweisen, dass die Prothetik historisch gesehen immer einen ambivalenten Status besaß, was eng mit der Sichtbarkeit der Hilfsmittel zusammenhängt: Prothesen wurden entwickelt, um einen als imperfekt empfundenen Zustand zu überwinden und den Anschluss an die Norm der Mehrheitsgesellschaft zu ermöglichen. Unabhängig davon, von welchem Standpunkt dieser Umstand auch betrachtet wird, lässt sich schlussfolgern, dass die Prothetik eine moderne Herausforderung für die binäre Logik aus Behinderung und Normalität darstellt, was mit ihrer Bestimmung zusammenhängt. Wie gerade das Beispiel der Arbeitsprothesen im Ersten Weltkrieg zeigt, wandelt der Gebrauch eines solchen technischen Hilfsmittels nicht automatisch einen in der Öffentlichkeit als beschädigt wahrgenommenen Kriegsverletzten in einen unbeschädigten Gesunden. Angesichts dessen, dass der moderne Körper aber immer schon ein mit wissenschaftlichen, medizinischen und technischen Mitteln zugerichteter Körper war und ist, erscheint es grundsätzlich fraglich, den Prothesenkörper in einem Spektrum zwischen einem vermeintlich natürlichen technikfreien und einem rein künstlichen bzw. mit technischen Mitteln aufgerüsteten Körper zu verorten. Karin Harrasser spricht in diesem Rahmen von parahumanen Körpern, die nur eine weitere Facette von Normalität darstellen können.[14]

Forschungsansätze und -lücken

Die Geschichte der modernen Prothetik zerfällt immer noch in eine Vielzahl von Einzelgeschichten, die einen übergreifenden Blick auf ihre Entwicklungs- und Nutzungskontexte vermissen lassen. Die bisherigen Untersuchungen dokumentieren ein breit gefächertes, aber eben vorrangig fachspezifisches Interesse am Thema. Eigenständig wurden Prothesen bisher nur von Orthopäden und Orthopädiemechanikern behandelt, soweit diese sich der Vorgeschichte ihrer eigenen Disziplin zugewendet haben. In ihren häufig ohne historischen Erklärungsanspruch verfassten Chroniken systematisieren sie Prothesen vornehmlich nach rein medizinisch-technischen Herausforderungen und haben dabei die kurzlebigen Arbeitsprothesen weitgehend aus ihren Darstellungen ausge-

---

13 Darauf verweist bereits Bösl, Elsbeth: Dis/ability History. Grundlagen und Forschungsstand. In: H-Soz-Kult, 07.07.2009, http://www.hsozkult.de/literaturereview/id/forschungsberichte-1113 (letzter Zugriff 29.09.2017).

14 Harrasser, Karin/Roeßinger, Susanne (Hgg.): Parahuman. Neue Perspektiven auf das Leben mit Technik. Köln u.a. 2016.

klammert.[15] Dem gegenüber stehen medizinhistorische Studien zur Chirurgie und Orthopädie sowie gesellschaftsgeschichtliche Untersuchungen zur Sozial- und Fürsorgepolitik im Ersten Weltkrieg und dessen Folgen, in denen, wenn auch seltener, auf Prothesen eingegangen wurde. Erst mit der Wende zum 21. Jahrhundert kamen kulturhistorische Arbeiten hinzu, die mit ihrer kritischen Hinterfragung wissenschaftlicher Konzepte des Körpers, des Geschlechts und der Behinderung Anregungen dazu gegeben haben, wie eine integrative Perspektive auf die Geschichte der Prothetik im Ersten Weltkrieg aussehen kann.

Die Medizingeschichte befasst sich vornehmlich mit dem Anteil der Ärzte am Prothesenbau. Sie beschränkte sich dabei weitgehend auf Sauerbruchs Operationsmethode, deren Entwicklung zwar auch auf kriegsbedingte Umstände zurückzuführen ist, für die es aber erst später eine passende Prothese gab.[16] Thomas Schlich hat den medizinhistorischen Blick dagegen auf chirurgische Instrumente und Operationstechniken gelenkt und gezeigt, wie sich diese Entwicklungen als Werkzeuge eines kontrollierenden Eingreifens in den Körper im Zusammenhang mit der Rationalisierungskultur der Zeit etablieren konnten.[17] Zu nennen sind weiterhin die Untersuchungen von Heather Perry, die in Ergänzung zu früheren Studien von u.a. Thomann und Osten die Herausbildung der Orthopädie als medizinische Spezialdisziplin im Kontext der Kriegsfürsorge verortet hat.[18] Zwar verweist auch sie auf die entscheidende Rolle, die Funktionsprothesen von Seiten der Experten für die Mobilisierung Schwerverletzter in der Kriegswirtschaft zugesprochen wurde, behandelt aber ihre Entwicklung und Nutzung nicht. Wie eine neuere Studie von Marion Ruisinger zeigt, gewinnt diese Geschichte aber sehr, wenn der Blick nicht nur auf die medizinischen Akteure, sondern auch auf die Orthopädiemechaniker, Prothesenträger und das

---

15   Siehe u.a. Löffler, Liebhard: Der Ersatz für die obere Extremität. Die Entwicklung von den ersten Erzeugnissen bis heute. Stuttgart 1984.
16   Siehe u.a. Karpa, Martin Friedrich: Die Geschichte der Armprothese unter besonderer Berücksichtigung der Leistung von Ferdinand Sauerbruch (1875–1951), med. Diss. Bochum 2004. — Schnalke, Thomas: Schnittstelle Mensch. Historische Kontakte zwischen Körper und Prothese. In: Asmuth/Nikolow: Ersatzglieder und Superhelden, im Druck — Eckart, Wolfgang U.: Medizin und Krieg. Deutschland 1914–1924. Paderborn 2014, S. 303-304. — Osten, Philipp: Die Modellanstalt. Über den Aufbau einer „modernen Krüppelfürsorge" 1905–1933. Frankfurt am Main 2004. — Ders.: „Keine Wohltat, sondern Arbeit für verkrüppelte Krieger". Die medizinische Versorgung von Kriegsversehrten im Ersten Weltkrieg. In: Deutsches Ärzteblatt 111 (2014), S. 1790-1794.
17   Siehe u.a. Schlich, Thomas: Ein Netzwerk von Kontrolltechnologien: Eine neue Perspektive auf die Entstehung der modernen Chirurgie. In: NTM. Zeitschrift für Geschichte der Wissenschaften, Technik und Medizin 16 (2008), S. 333-361.
18   Perry, Heather R.: Brave Old World. Recycling der Kriegskrüppel während des Ersten Weltkrieges. In: Orland, Barbara (Hg.): Artifizielle Körper – lebendige Technik. Technische Modellierung des Körpers in historischer Perspektive. Zürich 2005, S. 147-158. — Dies.: Recycling the Disabled. Army, Medicine and Masculinity in World War I Germany. Manchester 2014. — Thomann: Die medizinische und soziale Fürsorge. — Osten: Die Modellanstalt. — Ders.: Keine Wohltat.

Objekt selbst gerichtet wird.[19] Die Frage, was sich beispielsweise für die Mechaniker als nichtärztliche Heiler im Handlungsfeld der Orthopädie geändert hat, als der Bedarf an Arbeitsprothesen im Ersten Weltkrieg entstand, Unternehmeringenieure wie Jagenberg zusätzlich die Initiative ergriffen und die erste Generation von orthopädischen Chirurgen angetreten war, die Kontrolle über die Herstellung und Anpassung der Prothesen über die Lazarette hinaus zu beanspruchen, ist für Deutschland noch nicht systematisch gestellt worden. Während für den amerikanischen Bürgerkrieg und für Großbritannien im Ersten Weltkrieg erste Untersuchungen zur Prothesenversorgung durch orthopädische Betriebe vorliegen, existiert für den deutschsprachigen Raum bisher nur die rein dokumentarische Arbeit von Ruepp über die Schweiz.[20] Eine gute Ausgangsbasis zur Vorgeschichte dieser Berufsgruppe in Deutschland bietet immerhin die professionsgeschichtliche Studie von Schwarzmann-Schaffhauser.[21]

Ein weiterer Schritt zur Vervollständigung der Prothetikgeschichte mit Blick auf die beteiligten Akteure wäre neben der Rekonstruktion der beteiligten Orthopäden und Mechaniker eben auch die Berücksichtigung der Ingenieure und Unternehmer in der Entwicklung und Erprobung der Ersatzglieder, wie dies am Beispiel von Jagenberg zu sehen war. Das hat Simon Bihr am Siemens-Schuckert-Arbeitsarm gezeigt.[22] Noch offen geblieben ist in seiner Studie jedoch, in welchem Umfang solche Funktionsprothesen in der Kriegs- und Nachkriegswirtschaft dann auch zum Einsatz kamen. In ihrer Wirtschaftsgeschichte der Psychotechnik in den 1920er Jahren widmete sich Katja Patzel-Matern unter anderem den Einstellungsuntersuchungen von Kriegsinvaliden in verschiedenen deutschen Unternehmen. Auf die Entwicklung und Nutzung einzelner Arbeitsprothesen, die mit dem Ziel der Erwerbsbefähigung entwickelt worden waren, geht sie aber ebenfalls nicht näher ein. Auch in anderen Unternehmensgeschichten finden sich bisher keine Antworten auf die Frage nach der Mobilisierung Schwerverletzter.[23]

---

19 Ruisinger, Marion M. (Hg.): Die Hand des Hutmachers. Ausstellung vom 27. Februar bis 15. Juni 2014 im Deutschen Medizinhistorischen Museum Ingolstadt. Ingolstadt 2014. — Dies.: Die willkürlich bewegbare künstliche Hand. Chirurgische Innovation, mechanische Entwicklung und Technologietransfer am Ende des Ersten Weltkriegs. In: Asmuth/Nikolow (Hgg.): Ersatzglieder und Superhelden, in Druck.

20 Herschbach, Lisa: Prosthetic Reconstructions: Making Industry, Re-Making the Body, Modelling the Nation. In: History Workshop Journal 44 (1997), S. 122-157. — Hasegawa, Guy R.: Mending Broken Soldiers. The Union and Confederate Programs to Supply Artificial Limbs. Carbondale u.a. 2012. — Guyatt, Mary: Better Legs. Artificial Limbs for British Veterans of the First World War. In: Journal of Design History 14 (2001), S. 307-325. — Ruepp, René: Orthopädie-Technik in der Schweiz. Chronik eines medizinischen Handwerks. Zürich 2002.

21 Schwarzmann-Schaffhauser, Doris: Orthopädie im Wandel. Die Herausbildung von Disziplin und Berufsstand in Bund und Kaiserreich (1815–1914). Stuttgart 2004.

22 Bihr: Entkrüppelung.

23 Siehe u.a. Patzel-Mattern, Katja: Ökonomische Effizienz und gesellschaftlicher Ausgleich. Die industrielle Psychotechnik in der Weimarer Republik. Stuttgart 2010. — Kleinschmidt, Christian: „Unproduktive Lasten". Kriegsinvaliden und Schwerbeschädigte in der Schwerindustrie nach dem Ersten Weltkrieg. In: Jahrbuch für Wirtschaftsgeschichte, 35 (1994), S. 155-165.

Das verwundert, denn im europäischen Wohlfahrtsstaatsvergleich fällt auf, dass in Deutschland die Definition der Schwerbeschädigung sehr eng mit der Bewertung der Erwerbsfähigkeit verbunden wurde.[24] Ob dieser Sonderweg in der Sozialgesetzgebung der Weimarer Republik letztlich auch den Pfad zur Einheitsprothese geebnet und den Übergang vom orthopädischen Betrieb zur industriellen Fertigung befördert hat, müsste erst noch untersucht werden.

Die gesellschaftsgeschichtliche Forschung hat die Rolle der verantwortlichen Akteure für die Prothesenversorgung seitens der Verwaltungsbehörden vornehmlich in Bezug auf ihre wohlfahrtsstaatliche Dimension und personellen Kontinuitäten zum Sanitätswesen des Ersten Weltkrieges hin untersucht.[25] Auch in neueren Studien zur Veteranenversorgung und Kriegsopferpolitik hat die Geschichte der prothetischen Hilfsmittel noch keinen eigenständigen Platz erhalten.[26] Werden sie in diesem Zusammenhang erwähnt, dann eher bezüglich ihres instrumentellen Charakters im Rahmen einer als erfolgreich bewerteten interessegeleiteten Politik der Experten. Auch in der Geschichte der Selbstorganisation der Körperbeschädigen und des Behindertensports, dessen Vorgeschichte in der Kriegsbeschädigtenfürsorge in den Lazaretten und Invalidenschulen lokalisiert worden ist, wurde ihre Bedeutung bei der Etablierung dieser Bewegungen noch keine Aufmerksamkeit zuteil.[27]

Die eigenständige Rolle dieser Artefakte und die mit ihnen verbundenen Diskurse und Praktiken, aber auch die Rationalität der Entscheidungsträger, die Logik der Militär- und später Wohlfahrtsverwaltung und schließlich der Ei-

---

24 Siehe u.a. Geyer, Michael: Ein Vorbote des Wohlfahrtsstaates. Die Kriegsopferversorgung in Frankreich, Deutschland und Großbritannien nach dem Ersten Weltkrieg. In: Geschichte und Gesellschaft 9 (1983), S. 230-277. — Cohen, Deborah: Will to Work. Disabled Veterans in Britain and Germany after the First World War. In: Gerber, David A. (Hg.): Disabled Veterans in History. Enlarged and Revised Edition. Ann Abor 2012 [2000], S. 295-321. — Anderson, Julie/Perry, Heather R.: Rehabilitation and Restoration. Orthopaedics and Disabled Soldiers in Germany and Britain in the First World War. In: Medicine, Conflict and Survival 30 (2014), S. 227-251. — Thomann: Die medizinische und soziale Fürsorge. —Osten, Philipp: Zur Geschichte des Umgangs mit schwer und mehrfach behinderten Menschen in der ersten Hälfte des 20. Jahrhunderts. In: Fröhlich, Andreas u.a. (Hgg.): Schwere und mehrfache Behinderung – interdisziplinär. Oberhausen 2011, S. 41-59.

25 Wolters, Christine: Ärzte als Experten bei der Integration Kriegsbeschädigter und Kriegsversehrter nach dem Ersten und Zweiten Weltkrieg. In: NTM. Zeitschrift für die Geschichte der Wissenschaften, Technik und Medizin 23 (2015), S. 143-176.

26 Siehe u.a. Löffelbein, Nils: Ehrenbürger der Nation. Die Kriegsbeschädigten des Ersten Weltkrieges in Politik und Propaganda. Essen 2013. — Pawlowsky, Verena/Wendelin, Harald: Die Wunden des Staates. Kriegsopfer und Sozialstaat in Österreich 1914–1938. Wien u.a. 2015. — Pironti, Pierluigi: Kriegsopfer und Staat. Sozialpolitik für Invaliden, Witwen und Waisen des Ersten Weltkrieges in Deutschland und Italien (1914–1924). Köln u.a. 2015. — Eckart: Krieg und Medizin, S. 301-318.

27 Siehe u.a. Fuchs, Petra: „Körperbehinderte" zwischen Selbstaufgabe und Emanzipation. Selbsthilfe – Integration – Aussonderung. Neuwied 2001. — Tauber, Peter: Vom Schützengraben auf den grünen Rasen. Der Erste Weltkrieg und die Entwicklung des Sports in Deutschland. Münster 2008. — Wedemeyer-Kolwe, Bernd: Vom „Versehrtenturnen" zum Deutschen Behindertensportverband (DBS). Eine Geschichte des deutschen Behindertensports. Hildesheim 2011.

gensinn der Prothesennutzer bzw. -verweigerer blieben in der Forschung noch weitgehend unberücksichtigt.[28] Es waren zunächst vor allem kultur- und technikhistorische Ausstellungen, die seit den 1990er Jahren die Aufmerksamkeit für die Objekte selbst geschärft und damit auch wichtige Impulse für ihre eigenständige Behandlung gegeben haben.[29] In kulturwissenschaftlichen Beiträgen der letzten 15 Jahre wurde die Entwicklung der Arbeitsprothesen auf die mit ihnen verbundenen anthropologischen, literarischen und künstlerischen Diskurse, die die Debatte um den Körper seitdem bestimmt haben, verortet.[30] Dazu kamen erfahrungsgeschichtliche Studien zum Versehrtenkörper, in denen aufbauend auf frühere Arbeiten von Whalen auch der Umgang der Betroffenen mit den Prothesen in den Blick gerückt ist.[31] Insbesondere Sabine Kienitz hat mit ihren Arbeiten neue Standards für eine geschlechter- und körperhistorische Perspektive auf die Prothetik gesetzt. So ist sie z.B. auch auf einzelne Protheseninnovationen im Rahmen der medizinischen Angebote zur Wiederherstellung des beschädigten, männlichen Versehrtenkörpers genauer eingegangen und hat die an ihm ansetzenden Normierungspraktiken wie die Zweihändigkeit genauer herausgearbeitet.[32] Ihr Vorschlag, die Geschichte des Prothesenkörpers als

28 Vgl. auch Ott, Katherine: The Sum of its Parts. An Introduction of Modern Histories of Prosthetics. In: Dies./Serlin, David/Mimh, Stephen (Hgg.): Artificial Parts – Practical Lives. Modern History of Prostethics. New York u.a. 2002, S. 1-42.

29 Kugler, Liselotte: „Arbeitshand" oder „Sonntagsarm"? Zur Frage der technischen Wiederherstellung durch künstliche Glieder. In: „Als der Krieg über uns gekommen war...". Die Saarregion und der Erste Weltkrieg. Saarbrücken 1993, S. 239-247. — Cohen, Deborah: Kriegsopfer. In: Spilker, Rolf/Ulrich, Bernd (Hgg.): Der Tod als Maschinist. Der industrialisierte Krieg 1914–1918. Bramsche 1998, S. 216–227. —Lutz, Petra u.a. (Hgg.): Der (im-)perfekte Mensch. Metamorphosen von Normalität und Abweichung. Köln u.a. 2003. — Burhenne, Verena (Hg.): Prothesen von Kopf bis Fuß. Bönen 2003. — Gerber-Hirt, Sabine u.a. (Hgg.): Leben mit Ersatzteilen. Sonderausstellung des Deutschen Museums, Zentrum Neue Technologien vom 9. Mai 2004 bis 30. Juni 2005. München 2004. — Siehe zuletzt die Dokumentation des Prothesenbestandes des Deutschen Hygiene-Museums: Roeßiger, Susanne/Wellmann-Stühring, Annika (Hgg.): Körpergeschichten. Eine Sammlung zur Prothetik. Dresden 2016.

30 Siehe u.a. Horn, Eva: Prothesen. Der Mensch im Lichte des Maschinenbaus. In: Keck, Anette/Pethes, Nicolas (Hgg.): Mediale Anatomien. Menschenbilder als Medienprojektionen. Bielefeld 2001, S. 193-211. — Rieger, Stefan: Mediale Schnittstellen. Ausdruckshand und Arbeitshand. In: Ebd., S. 435-452. — Derenthal, Ludger: Dada, die Toten und die Überlebenden des Ersten Weltkrieges. In: Zeitenblicke, 3, 1. http://www.zeiten-blicke.de/2004/01/derenthal/Derenthal.pdf (letzter Zugriff 29.09.2017). — Harrasser, Karin: Sensible Prothesen. Medien der Wiederherstellung von Produktivität. In: Body Politics 1 (2013), S. 99-117. — Dies.: Prothesen. Figuren einer lädierten Moderne. Berlin 2016. — Neumann, Boaz: Being Prostetic in the First World War and Weimar Germany. In: Body & Society 16 (2010), S.93-126.

31 Whalen, Robert W.: Bitter Wounds. German Victims of the Great War, 1914–1939. Ithaca u.a. 1984. — Kienitz: Beschädigte Körper. — Beil, Christine: Zwischen Hoffnung und Verbitterung. Selbstbild und Erfahrungen von Kriegsbeschädigten in den ersten Jahren der Weimarer Republik. In: Zeitschrift für Geschichtswissenschaft 46 (1998), S. 139-157. — Poore, Carol: Disability in Twentieth-Century German Culture. Ann Arbor 2007. — Möhring, Maren: Kriegsversehrte Körper. Zur Bedeutung der Sichtbarkeit von Behinderung. In: Waldschmidt, Anne/Schneider, Werner (Hgg.): Disability Studies, Kultursoziologie und Soziologie der Behinderung. Erkundungen in einem neuen Forschungsfeld. Bielefeld 2007, S. 175-197.

32 Kienitz: Beschädigte Körper, S. 170-192. — Dies.: Schöner gehen? Zur technischen Optimierung des kriegsinvaliden Körpers im frühen 20. Jahrhundert. In: Body Politics 3 (2015), S. 245-259.

Beitrag zu einer kulturwissenschaftlichen Technikforschung zu verorten, bietet für die Aufarbeitung der Forschungslücken in der Prothetikgeschichte sehr gute Anknüpfungspunkte.[33] In diesem Sinne wäre das Thema über Beiträge zur engeren Wissenschafts-, Medizin- und Technikgeschichte hinaus für die geschichtswissenschaftliche Betrachtung der modernen Kategorien des Körpers, des Geschlechts und der *dis/ability* zu öffnen. Das Ziel lautet, mit der Geschichte der Entwicklung und Nutzung der Arbeitsarme entsprechend möglichst historisch konkrete Zusammenhänge zwischen Technik, Wissenschaft und Gesellschaft im ersten Drittel des 20. Jahrhunderts aufzuzeigen.

Neue Perspektiven für eine Geschichte der Armprothetik

Von den Artefakten und dem damit korrespondierendem Material ausgehend schlage ich vor, die Geschichte der Arbeitsprothesen aus drei verschiedenen Perspektiven zu befragen: hinsichtlich der Technik der Prothesen selbst, der an ihrer Genese und Anpassung beteiligten Prothesenentwickler mit ihren Expertisen sowie bezüglich der Erfahrungen ihrer jeweiligen Nutzer. So zeugen die Quellen bis Ende der 1920er Jahre von einem regen Erfahrungsaustausch zum Umgang mit Arbeitsprothesen.

Die erste Perspektiverweiterung zielt auf eine Analyse des praktischen Wissens in der Prothesenfertigung, den Umständen der Erfindungen und den Praktiken ihrer Vermarktung, Nutzung und Bewertung. Dazu gehören auch Hinweise auf das jeweils notwendige Operationsverfahren, die Stumpfbeschaffenheit, die körperlichen Voraussetzungen und rein technischen Merkmale einzelner Typen in Bezug auf das verwendete Material, ihre Bauart, den intendierten Verwendungszweck (so etwa für bestimmte Berufe) und die Anpassung an den Versehrtenkörper. Der Prozess der Prothesenanpassung und -gewöhnung, -erhaltung und -belastung wäre hier, soweit er sich den Quellen entnehmen lässt, hinsichtlich der medizinischen, technischen und sozialen Voraussetzungen zu rekonstruieren, die durch die Artefakte vorgegeben wurden. Zur Fülle der Einzelfragen gehören solche wie: Welche Rolle spielten Form, Funktion und Material für die Bestimmung des Prothesentyps? Welche Vorbilder gab es für die Entwicklung der Arbeitsarme und von welchen Produkten wurde sich damit abgegrenzt? Welche Prothesen galten für welche Trägertypen als erfolgreich und warum? Dabei sollten typische Konstellationen, in denen sich Diskurse und Praktiken an der Schnittstelle zwischen Mensch und Technik im Objekt der Prothese manifestieren lassen, deutlich werden. Als Beispiele sind die Arbeitsarme der Ingenieure wie von Jagenberg, die Universalhand des Landwirts August

---

33   Dies.: Prothesen-Körper. Anmerkungen zu einer kulturwissenschaftlichen Technikforschung. Zeitschrift für Volkskunde 106 (2010), S. 127-162.

Keller, aber auch Prothesen von Orthopäden und Mechanikern denkbar. Einen möglichen empirischen Ausgangspunkt bieten die Prämierungen in den Preisausschreiben, die Präsentationen in den Kriegsfürsorgeausstellungen und die Untersuchungen in den Prüfstellen für Ersatzglieder.

Die zweite Perspektive nimmt die Prothesenmacher als Experten für die Mensch-Technik-Schnittstelle als Akteure in den Blick. Dabei interessiert das breite Netzwerk aus Orthopäden, Ingenieuren, Laien unter den Erfindern, Orthopädiemechanikern und Berufsberatern, Verantwortlichen in den Behörden (zuerst der Sanitäts-, später der Wohlfahrtsverwaltung), den Versicherungen und der Industrie, wie es sich in einzelnen orthopädischen Lazaretten und Werkstätten bildete, um Aussagen über den Wissenstransfer treffen zu können. Welche Arbeitsteilung, aber auch Abgrenzungen hat es zwischen den beteiligten Gruppen gegeben? Wie haben die Experten jeweils ihr Wissen über Prothesen erworben, entwickelt, angewendet und weitergetragen? Im Rahmen welcher Forschungsprogramme befassten sich Mediziner und Ingenieure mit der Prothetik, wo überschnitten sich diese, worin unterschieden sie sich? Dabei wird von der Erwartung ausgegangen, dass es sich um kriegsbedingte Kooperations- und Konkurrenzbeziehungen zwischen den Gruppen handelte, die für sich genommen unterschiedliche Interessen verfolgten. Anhand einzelner charakteristischer Prothesentypen wären die jeweiligen regionalen Teams genauer unter die Lupe zu nehmen, in denen Orthopäden zusammen mit Mechanikern sowie mit Ingenieuren und Berufsberatern in den einzelnen Armeekorps zusammengearbeitet haben. Mit dem Fokus auf orthopädische Lazarette, Übungsschulen und Werkstätten werden jene Orte in den Blick genommen, in denen die Kriegsversehrten lernten, mit den Prothesen umzugehen, sich auf den Weg zurück in die Arbeitswelt vorbereiteten und die Experten gleichzeitig erste Erfahrungen in der Anwendung ihrer Innovationen machen konnten. Dass auch die Invaliden in diese Austauschprozesse aktiv eingebunden waren, belegt die Aussage des leitenden Orthopäden Hans Spitzy über die Praxis im k. u. k. Reservespital XI in Wien: „Sie [die Invaliden] lernen ihre früheren Gewerbe und wir lernen beim Betrieb die Art der Prothese erkennen."[34] Wer bestimmte die kriegsbedingte Zusammenarbeit zwischen Ärzten, Ingenieuren, Unternehmern und Militär in der Entwicklung von Prothesen? Und wie gelang es den Orthopäden letztlich, ihre Kompetenzen über die Heilung hinaus auf den Bereich der Rehabilitation – getreu dem Motto: „Erst muß der Invalide ärztlich erledigt, dann muß er erwerbsfähig gemacht werden" – auszuweiten, wie es der Regimentsarzt Rudolf Hoffmann im gleichen Lazarett auf den Punkt brachte?[35] Wie gestaltete sich infolgedessen die Beziehung zu den wirtschaftlich unabhän-

---

34 Spitzy, Hans „Orthopädisches Spital und Invalidenschule". In: Ders. (Hg.): Unsere Kriegsinvaliden. Einrichtungen zur Heilung und Fürsorge. Bilder aus dem K. u. K. Reservespital XI, Wien. Wien 1915, S. 17.
35 Hoffmann, Rudolf: Organisation. In: Ebd., S. 21.

gigen orthopädischen Betrieben, die ihre Aufträge im Krieg nun vermehrt vom Militär und später vom Staat direkt erhielten? Wann und in welchen Schritten erfolgte der Wandel vom orthopädischen Handwerksbetrieb zur industriellen Massenanfertigung wie etwa von der 1919 von Otto Bock in Berlin gegründeten *Orthopädischen Industrie GmbH* bis zum heutigen Global Player *Ottobock Health Care* in Duderstadt? Unter den Prothesenmachern erscheinen auch diejenigen Prothesenträger besonders interessant, die selbst zu professionell handelnden Prothesenexperten wurden. Dazu gehörten nicht nur der Laienerfinder August Keller und Kriegsversehrte, die sich zu Orthopädiemechanikern ausbilden ließen, sondern auch solche Betroffene, die – wie der Chirurg Max Cohn – für einzelne Produkte offensiv Werbung betrieben.[36]

Die dritte Perspektiverweiterung erscheint die spannendste, wenngleich sie schwieriger zu realisieren ist: die historische Rekonstruktion der Gruppe der Prothesenträger und -verweigerer. Zu beachten ist, dass bei aus medizinischer Sicht prothesenfähigen Stümpfen eine Verweigerung der Versehrten nicht vorkommen durfte, denn sie waren auch während der Rehabilitationsmaßnahmen noch dem militärischen Gehorsam verpflichtet. Entsprechend finden sich die meisten Hinweise auf eine mögliche Ablehnung von Prothesen erst nach ihrer Entlassung aus dem Dienst bzw. dem Kriegsende. Ein Beispiel hierfür ist eine sehr frühe Studie vom Sommer 1916 aus der Rheinprovinz, die zutage gefördert hatte, dass Prothesen vor allem dann abgelehnt wurden, wenn sie sich als nicht notwendig für die Berufsausübung erwiesen hatten.[37] Ergebnisse wie diese veranlassten die Militärbehörden im Falle der Armprothesen, die Versorgung neben unbeweglichen, sogenannten Schönheitsarmen auch auf berufsspezifische Arbeitsarme auszuweiten, zumal es kaum noch sogenannte Invalidenposten gab und dagegen in den Munitionsfabriken und der Landwirtschaft Arbeitskräftemangel herrschte.[38] Dazu mag auch beigetragen haben, dass der Eindruck entstanden war, nicht alle Versehrten wären nach den gleichen Standards und nur wenige nach den letzten Erkenntnissen der Medizin und Technik versorgt worden. Erich Kuttner vom sozialdemokratisch orientierten Reichsbund der Kriegsbeschädigten hatte dies als Argument gegen das bestehende sozial ungerechte Mannschaftsversorgungsgesetz genutzt. Dieser Einwand findet sich auch in den Selbstaussagen Betroffener in Verbandszeitschriften und der Korrespondenz mit den Behörden.[39]

Es wäre interessant zu erfahren, was sich über die Gruppe der Betroffenen

---

36 Cohn, Max: Meine Erfahrungen mit dem Carnes-Arm. Berlin 1917.
37 Horion, [Johannes]: Über den Gebrauch der Prothesen. In: Zeitschrift für Krüppelfürsorge 6 (1916), S. 536-541.
38 Siehe zu der Frage auch Nikolow: „Unsere Kriegsverletzten bei der Arbeit".
39 Kuttner, Erich: Die Kriegsbeschädigten und der Staat. Berlin 1918, S. 11. — Siehe für die Selbstzeugnisse Beil: Zwischen Hoffnung. — Kienitz: Beschädigte Körper.

im Einzelnen empirisch herausfinden lässt: Wie haben sie sich Technikentwicklungen zu eigen gemacht bzw. in welchen Fällen verweigerten sie sich möglicherweise auch der Technisierung ihres Körpers? Welche Bewältigungsstrategien gab es, um den Verlust des natürlichen Körperteils zu verarbeiten? Was haben die Amputierten von den Experten und ihren Hilfsmitteln erwartet, wie haben sie das Auseinanderklaffen zwischen Form und Funktion der Prothesen bewertet und welche Rolle spielte die Leistungsfähigkeit der Prothesen für das eigene Selbstbild als Kriegsversehrte? Welche Stellung nahmen diejenigen Prothesenträger innerhalb der Betroffenengruppe ein, die in den Kriegsopferorganisationen organisiert und/oder in der Kriegsfürsorge auch beruflich tätig waren, so beispielsweise als einarmige Berufsschullehrer in den Werkstätten? Wie gestaltete sich letztlich das Verhältnis zwischen Prothesenträgern und dem übrigen Teil der Gesellschaft vor, im und nach dem Ersten Weltkrieg? Ich gehe dabei von der Annahme aus, dass die Beziehung zwischen Prothese und Prothesenträger als ein wechselseitiger Prozess der Anpassung von Prothese an den Menschen und als Anpassung des Menschen an die Prothese wahrgenommen wurde. Die Bearbeitung dieser erfahrungsgeschichtlichen Fragen setzt voraus, sich der historiographischen Herausforderung zu stellen, mit der die Analyse von Selbstzeugnissen verbunden ist.

„Wo sind die Rota-, die Jagenbergarme und all die anderen Kunstarme geblieben?"

Trotz umfänglicher Gewichtsreduktion galt der Jagenberg-Arm in den 1920er Jahren in den Augen der Mediziner immer noch als zu schwer. Außerdem stand die kurze Lebensdauer der Reibungsgelenke, die mit der Zeit verschlissen, in der Kritik.[40]

Zum schlechten Image der Arbeitsarme wie der des Düsseldorfer Maschinenbauers in der Nachkriegszeit trug vermutlich auch bei, dass die Ingenieure, so schnell sie im Krieg auf den Plan traten, nach ihrem Ende als Prothesenentwickler wieder von der Bildfläche verschwunden sind.[41] Orthopäden wie der Magdeburger August Blencke, der seinerzeit Mitglied im Preiskomitee des VDI-Wettbewerbs war, nutzte seinen Artikel im *Archiv für orthopädische und Unfallchirurgie* zu einer Generalabrechnung mit ihrem Kriegsbeitrag zur Prothetik:

„Ich entsinne mich noch genau der Sitzung, die im Kriege bei dem Preisausschreiben für künstliche Arme von Seiten des Vereins deutscher Ingenieure

---

40 Hohmann, Georg: Künstliche Glieder. In: Lange, Fritz (Hg.): Geschichte der Orthopädie. Jena 1928, S. 629-652, hier S. 642.
41 Dies zeigt sich etwa in der Konjunktur des Themas in Beiträgen und Patentberichten in der Zeitschrift des Vereines Deutscher Ingenieure, die exakt mit der Dauer des Krieges zusammenfällt.

in Berlin stattfand und der auch ich als Mitglied der betreffenden Kommission beiwohnte und ich sehe noch heute das überlegene Lächeln mancher Herren, als ich damals sagte, daß nicht allzuviel von all diesen Arbeitsarmen zu erwarten sei, die ja an sich wahre Kunstwerke technischen Könnens darstellten, bei denen man aber nicht bedacht hätte, daß sie einem menschlichen Körper und keiner Maschine angegliedert werden sollten. Es ist so gekommen, wie ich damals sagte. Wo sind die Rota-, die Jagenbergarme und all die anderen Kunstwerke geblieben? Auch das wird keiner bestreiten, daß erst in den Nachkriegsjahren noch sehr bemerkenswerte Fortschritte im Prothesenbau gemacht sind und zwar von den freien Fachleuten."[42]

In seiner Polemik stellte Blencke die enge Kopplung zwischen Medizin, Technik, Militär, Industrie und Staat, die für die Dauer des Krieges bestanden hatte, infrage. Sie gewann ihre stabile Basis in der arbeitsteiligen Zusammenarbeit zwischen Orthopäden und Ingenieuren in der Prothesenentwicklung. Danach gab es keine Ersatzglieder von Ingenieuren, bei der nicht auch Orthopäden mitgewirkt hätten, wenngleich letztere nicht immer wie im Fall von Jagenberg auch namentlich bekannt waren. Im Kompetenzteam waren die Aufgaben klar verteilt: Die Ärzte befassten sich mit der Stumpfherstellung und wurden von den Sanitätsbehörden autorisiert, die Prothesenanpassung am Patienten persönlich vorzunehmen. Die Ingenieure kümmerten sich dagegen um die Stabilität und Beweglichkeit von Arm- und Handgelenken sowie um brauchbare Ansatzstücke für Beruf und Alltag. In diesem Sinne waren die Ärzte für das medizinische und soziale *Passing* zwischen Mensch und Prothese zuständig, während sich die Ingenieure der technischen Passung zwischen Prothese und Beruf widmeten. Hatte sich die Arbeit der Ingenieure erledigt, als nach der Demobilisierung in der Rüstungsindustrie dort keine Arbeitsplätze mehr für die Schwerverletzten vorhanden waren? Zweifelsohne dient die nachträgliche Abwertung des Ingenieurswissens durch Blencke auch zur Ehrenrettung des eigenen Anteils an dieser Geschichte.

Der Aufstieg und Fall der Funktionsprothetik zeigt über dieses historische Beispiel hinaus, dass die Frage nach den Gründen ihres Scheiterns nicht nur in spezifischen Bedingungen der Technikgenese, sondern eben auch im konkreten Kontext der Techniknutzung zu stellen ist. Jenseits einer kritischen Rekonstruktion der Ästhetik und Funktionalität des jeweiligen Prothesenkörpers ist deshalb auch nach den tatsächlichen Arbeitsmöglichkeiten der Versehrten, die durch die Demobilisierung der Gesellschaft und die Wirtschaftskrisen der Weimarer Republik begrenzt wurde, genauer zu fragen. Anzunehmen ist außerdem,

---

42 Blencke, August: Erwiderung auf die Arbeit des Herrn Reg.-Med.-Rat Dr. Glasewald: Gemeinsame Stätte für Amt und Werk. In: Archiv für orthopädische und Unfallchirurgie 23 (1924), Heft 2-4, S. 218-223, hier S. 222-223.

dass das in die Entwicklung der Arbeitsprothesen eingegangene medizinische, technische, handwerkliche und arbeitswissenschaftliche Erfahrungswissen sich mit den veränderten Rahmenbedingungen nicht einfach in Luft aufgelöst hat, sondern in die Konstruktion und den Bau anderer Prothesentypen wie beispielsweise in die Sauerbruchprothetik eingeflossen ist, die letztlich funktionellen Ansprüchen und ästhetischen Erwartungen besser genügen konnte.[43]

Der hier vorgeschlagene Blickwinkel auf die Geschichte des Ersten Weltkrieges verspricht Einsichten darüber, welche spezifischen Vorstellungen von Leistung, Arbeitsfähigkeit und Versehrtheit mit ihrer Fokussierung auf Männer, insbesondere auf Soldaten, die Prothetik im ersten Drittel des 20. Jahrhunderts geprägt haben und welche Folgen der Normsetzung auf körperliche Funktionalität noch bis heute im Umgang mit körperlichen Andersheiten zu beobachten sind. Zu den blinden Flecken bei der Schwerpunktsetzung innerhalb der Prothetik auf die Wiederherstellung einer im Krieg beschädigten Männlichkeit gehört auch, dass andere Gruppen wie z.B. Frauen und Kinder, lange nicht beachtet worden sind.[44]

---

43 Siehe dazu Schnalke: Schnittstelle Mensch. — Ruisinger: Die willkürlich bewegbare künstliche Hand.
44 Grundsätzlich zu den langfristigen Auswirkungen bis in die bundesdeutsche Nachkriegszeit Bösl, Elsbeth: Politiken der Normalisierung. Zur Geschichte der Behindertenpolitik in der Bundesrepublik Deutschland. Bielefeld 2009. — Zur Forschungsdebatte siehe Dinckal, Noyan/Nikolow, Sybilla: Kriegsversehrung im 20. Jahrhundert. In: Neue Politische Literatur 63 (2018), im Druck. — Dieser Umstand mag auch dazu beigetragen haben, dass z.B. im Contergan-Fall den betroffenen Kindern von den Orthopäden mit größter Selbstverständlichkeit Prothesen zur vermeintlichen Lösung ihres Problems angeboten worden sind. Siehe dazu: Kreuzinger, J./Ruhe, C.: Prothetische Versorgung Contergangeschädigter. In: Zichner, Ludwig/Rauschmann, Michael A./Thomann, Klaus-Dieter (Hgg.): Die Contergankatastrophe. Eine Bilanz nach 40 Jahren. Darmstadt 2005, S. 111-114.

Florian Schmaltz

Die Deutsche Akademie der Luftfahrtforschung 1936–1945: Hermann Görings nationalsozialistische Muster-Akademie?

Die auf Initiative des Reichsluftfahrtministeriums (RLM) 1936 gegründete *Deutsche Akademie der Luftfahrtforschung* (DAL) war die erste Akademie in Deutschland, deren Arbeitsschwerpunkte auf den Ingenieur- und Technikwissenschaften lagen. Ihr Ziel war es, den Erfahrungsaustausch unter den Eliten aus Luftfahrtforschung, Flugzeugindustrie und Luftwaffe zu fördern. Die Historiografie über die deutschen Akademien hat die DAL bislang vollkommen ausgeblendet. Besonders frappierend ist dieser blinde Fleck bei einer im Auftrag der 2008 gegründeten Deutschen Akademie der Technikwissenschaften erstellten historischen Studie, die der Frage nachgeht, weshalb die Versuche, die Technikwissenschaften in den deutschen Akademien zu verankern, lange Zeit scheiterten.[1] Mit dieser *invented tradition*[2] verzichtet der historisch konstruierte Bezug auf die Technikwissenschaften in der Akademiegeschichte auf eine Auseinandersetzung mit der unter der Schirmherrschaft Hermann Görings gegründeten DAL. Der unbeantworteten, aber naheliegenden Frage, ob der Nationalsozialismus für eine luftfahrt- und technikorientierte Akademiegründung günstige Bedingungen schuf, soll im Folgenden nachgegangen werden.

Der vorliegende Aufsatz versucht, erstmals eine Gesamtcharakterisierung der DAL vorzunehmen. Er untersucht, wie sich die DAL von den traditionellen Akademien, die auf eine längere, ins 17. und 18. Jahrhundert zurückreichende, Institutionsgeschichte zurückblicken konnten, unterschied, und behandelt dabei folgende Fragestellungen: Inwiefern knüpfte die DAL in ihrer institutionellen Struktur und Arbeitsweise an das Vorbild der in der Frühen Neuzeit in Europa entstandenen Akademien an? War die DAL eine spezifisch nationalsozialistisch geprägte Akademie? Dazu werden die Gründung der DAL, ihre Zielsetzung, ihre hierarchische Organisationsstruktur, ihre Satzung und die darin festgelegte Arbeitsweise analysiert. Entsprachen die in der Satzung der DAL niedergelegten Regeln zur Kompetenz- und Arbeitsteilung zwischen Präsidium (Präsident, Vizepräsidenten, Kanzler), Ausschuss der Akademie und ihren Mitgliedern der realen akademischen Praxis? Inwiefern gelang es der DAL, internationale Beziehungen zu knüpfen und ausländische Mitglieder zu gewinnen?

---

1 Federspiel, Ruth: Der Weg zur Deutschen Akademie der Technikwissenschaften. Berlin 2011.
2 Hobsbawn, Eric/Ranger, Terrence (Hgg.): The Invention of Tradition. Cambridge 1983.

Welche Spannungen ergaben sich zwischen der DAL und ihren ausländischen Mitgliedern aufgrund der zunehmend verschärften Judenverfolgung? Welche Bedeutung kam ihr als Institution mit repräsentativem Charakter zu, die der deutschen Luftfahrtforschung im Ausland Reputation verschaffen sollte? Welchen Beitrag leistete die DAL als kommunikative Schnittstelle zwischen Wissenschaft, Luftfahrtindustrie, Militär und Politik?

Aus Platzgründen können an dieser Stelle einige wichtige Fragen und Aspekte der Geschichte der DAL nicht untersucht werden.[3] Dazu zählen die Inhalte und Formen ihrer akademischen Praxis, die neben den Festveranstaltungen und wissenschaftlichen Sitzungen auch die seit 1939 in Arbeitsgruppen organisierten „Gemeinschaftsarbeiten" umfasste. Ausgeklammert bleiben ferner die von der DAL finanziell geförderten Forschungseinrichtungen, die Publikationspraxis, der Aufbau einer umfangreichen Bibliothek, in die während des Zweiten Weltkrieges auch Raubgut aus den Bibliotheken in den besetzten Ländern integriert wurde, und das Archiv der DAL.

Wie gesagt, wurde die Geschichte der im Juli 1936 gegründeten DAL bislang noch nicht umfassend historiographisch aufgearbeitet. Die ausführlichste Darstellung von Jörg. M. Hormann erschöpft sich in einer Auflistung der Mitglieder und Veranstaltungen sowie in ordensgeschichtlichen Exkursen zum Wappen und der Amtskette der DAL.[4] Die Historiografie zu den Akademien erwähnt die DAL entweder gar nicht oder nur sehr knapp.[5] Im Kontext der Geschichte der Luftfahrtforschung und der Geschichte wissenschaftlicher Institutionen wurde die DAL in der historischen Forschung ansonsten nur am Rande behandelt.[6]

---

3 Diese Aspekte der Geschichte der DAL bleiben der Habilitationsschrift des Verfassers vorbehalten.
4 Hormann, Jörg-M.: Elite im Dritten Reich. Die Geschichte der Akademie für Luftfahrtforschung 1936–1945. Seelze 1988. Die von Hormann aus den Jahrbüchern der DAL zusammengestellten Mitgliederlisten und -zahlen sind nicht immer zuverlässig.
5 Keine Erwähnung findet die DAL beispielsweise in den Beiträgen von Rolf Winau (Preußische Akademie), Monika Stoermer (Bayerische Akademie), Franz Graf-Stuhlhofer (Akademie der Wissenschaften in Wien), Sybille Gerstengrabe, Heidrun Hallmann und Wieland Berg (Leopoldina) des Sammelbandes: Scriba, Christoph J. (Hg.): Leopoldina-Symposium. Die Elite der Nation im Dritten Reich. Das Verhältnis der Akademien und ihrem wissenschaftlichen Umfeld zum Nationalsozialismus. Leipzig 1995. — Knapp erwähnt wird die DAL bei Grau, Conrad/Schlicker, Wolfgang/Zeil, Liane (Hgg.): Die Jahre der faschistischen Diktatur 1933 bis 1945. Berlin (DDR) 1979, S. 176. — Wennemuth, Udo: Wissenschaftsorganisation und Wissenschaftsförderung in Baden. Die Heidelberger Akademie der Wisenschaften 1909–1949. Heidelberg 1994, S. 484-485.
6 Trischler, Helmuth: Luft- und Raumfahrtforschung in Deutschland 1900–1970. Politische Geschichte einer Wissenschaft. Frankfurt am Main 1992, S. 211-213 und S. 236-240. — Zierold, Kurt: Forschungsförderung in drei Epochen. Deutsche Forschungsgemeinschaft. Geschichte – Arbeitsweise – Kommentar. Wiesbaden 1968, S. 222-223. — Kohl, Ulrike: Die Präsidenten der Kaiser-Wilhelm-Gesellschaft im Nationalsozialismus. Max Planck, Carl Bosch und Albert Vögler zwischen Wissenschaft und Macht. Stuttgart 2002, S. 143. — Maier, Helmut: Forschung als Waffe. Rüstungsforschung in der Kaiser-Wilhelm-Gesellschaft und das KWI für Metallforschung 1900–1945/48. Göttingen 2007, S. 417-418. — Hachtmann, Rüdiger:

Dies trifft auch auf Biografien wichtiger Akteure der DAL zu.[7] Eine der wenigen Ausnahmen stellt ein Aufsatz von Carl Freytag dar, der auf die Gemeinschaftsarbeiten der DAL, insbesondere die meteorologische Strömungsforschung unter ihrem Obmann Ludwig Prandtl und die Stratosphärenforschung unter ihrem Obmann Walter Georgii, näher eingeht.[8]

Ein Grund für den unbefriedigenden Forschungsstand zur Geschichte der DAL liegt sicherlich darin, dass ihr Archiv verschollen ist. Ihre Geschichte muss deswegen aus heterogenen Aktenbeständen und ihren Publikationen rekonstruiert werden. Besondere Bedeutung kommt hierbei den administrativen und wissenschaftlichen Korrespondenzen in den Nachlässen zentraler Akteure der DAL zu.[9] Die Haushaltsentwicklung der DAL liegt aufgrund fehlender Quellen vollkommen im Dunklen. Eine Ausnahme stellen einige Forschungsinstitute dar, die aus dem Etat der DAL in geringem Umfang Zuwendungen erhielten, die sich anhand von Wirtschaftsprüferberichten rekonstruieren lassen.[10] Über das Tagungswesen und die wissenschaftlichen Arbeiten der DAL geben die von 1937 bis 1943/44 erschienen Publikationsreihen der DAL (Jahrbuch, Schriften und Mitteilungen) Auskunft.[11]

Wissenschaftsmanagement im „Dritten Reich". Geschichte der Generalverwaltung der Kaiser-Wilhelm-Gesellschaft. Göttingen 2007, S. 295-296.

7   Hein, Katharina: Adolf Baeumker (1891–1976). Einblicke in die Organisation von Luft- und Raumfahrtforschung von 1920–1970. Göttingen 1995, S. 75-80. — Eckert, Michael: Ludwig Prandtl. Strömungsforscher und Wissenschaftsmanager. Ein unverstellter Blick auf sein Leben. Berlin 2017, S. 227, S. 235, S. 250-251, S. 253-256, S. 274, S. 278, S. 280-281, S. 284, S. 324 und S. 331. — Schmucker, Georg: Jonathan Zenneck 1871–1959. Eine technisch-wissenschaftliche Biographie Universität Stuttgart 1999, S. 438-440. — Die Tank-Biografie von Conradis erwähnt die DAL lediglich im Zusammenhang mit einer Italienreise Tanks und Baeumkers vor Kriegsbeginn 1939. Conradis, Heinz: Forschen und fliegen. Weg und Werk von Kurt Tank. 2., erw. und verb. Aufl. Göttingen 1959, S. 194-195. — Wagner, Wolfgang: Kurt Tank, Konstrukteur und Testpilot bei Focke-Wulf. München 1980.

8   Freytag, Carl: „Bürogenerale" und „Frontsoldaten" der Wissenschaft. Atmosphärenforschung in der Kaiser-Wilhelm-Gesellschaft während des Nationalsozialismus. In: Maier, Helmut (Hg.): Gemeinschaftsforschung, Bevollmächtigte und der Wissenstransfer: Die Rolle der Kaiser-Wilhelm-Gesellschaft im System kriegsrelevanter Forschung des Nationalsozialismus. Göttingen 2007, S. 215-267, hier insbes. S. 260-266.

9   Hierzu zählen die beiden Teilnachlässe von Adolf Baeumker im Bundesarchiv-Militärarchiv Freiburg (N 582) und im Zentralen Archiv des Deutschen Zentrums für Luft- und Raumfahrt in Göttingen, dem Generalsekretär der DAL sowie den Nachlässen von Ludwig Prandtl, Willy Messerschmitt, Kurt Tank und Jonathan Zenneck, die als Mitglieder des Ausschusses der DAL deren zentralem Lenkungsgremium angehörten. Der Nachlass von Ludwig Prandtl im Archiv der Max-Planck-Gesellschaft (AMPG), III. Abt., Rep. 61, enthält umfangreiche Korrespondenzen mit dem Sekretariat der DAL. In der Foreign Document Series des Imperial War Museums (Duxford) findet sich einschlägige Korrespondenz zur DAL im dort überlieferten Teilnachlass von Willy Messerschmitt (FD 4355/45, Vol. 12). Weitere Quellen finden sich in den Teilnachlässen von Kurt Tank in der Militärgeschichtlichen Sammlung des Bundesarchivs-Militärarchiv Freiburg, MSg 2/13014 und im Archiv des Deutschen Museums (NL 118). Ebenfalls im Archiv des Deutschen Museums sind weitere Unterlagen zur DAL im Nachlass von Jonathan Zenneck (NL 53) überliefert.

10 Vgl. dazu die Wirtschaftsprüferberichte der Deutschen Revisions- und Treuhand AG im Bundesarchiv Berlin in Bestand R 8135.

11 Diese sind in verschiedenen Bibliotheken und im Bestand der Zentralstelle für Luftfahrtdokumentation und -information (ZLDI) im Archiv des Deutschen Museums überliefert. Die Vorträge der 1944/45 ab-

Gründung und Zielsetzung der DAL

Nach der Machtübertragung an die Nationalsozialisten wurde die Luftfahrtforschung im Kontext der forcierten Luftrüstung und des Aufbaus der Luftwaffe stark gefördert und zugleich reorganisiert. Die vom RLM bereitgestellten finanziellen Mittel für die Luftfahrtforschung summierten sich bis 1943 auf über 627 Millionen Reichsmark, fast das Siebenfache des Etats der Kaiser-Wilhelm-Gesellschaft und etwa das Achteinhalbfache des Haushalts der Deutschen Forschungsgemeinschaft in diesem Zeitraum.[12] Die seit 1933 bereitgestellten Ressourcen setzten einen dynamischen Ausbau der Forschungseinrichtungen der *Deutschen Versuchsanstalt für Luftfahrt* (DVL) in Berlin-Adlershof, der *Aerodynamischen Versuchsanstalt* (AVA) in Göttingen, der *Deutschen Forschungsanstalt für Segelflug* (DFS) in Darmstadt, der Forschungsanstalt *Graf Zeppelin* in Ruit bei Stuttgart und später der *Luftfahrtforschungsanstalt Herman Göring* (LFA) in Braunschweig, dem *Flugfunkforschungsinstitut in Oberpfaffenhofen* (FFO) und der *Luftfahrtforschungsanstalt München* (LFM) in Gang. Die geografisch weit auseinanderliegenden regionalen Großforschungseinrichtungen mit unterschiedlichen Forschungsschwerpunkten wuchsen rasch zu einem kaum noch überschaubaren organisatorischen Komplex der Luftfahrtforschung an. Im Zusammenhang mit dem Ausbau der Luftfahrtforschungsanstalten strebte das RLM eine Reorganisation der wissenschaftlichen Vereinigungen der Luftfahrtforschung an. Im Zuge dieser Bestrebungen wurde am 28. April 1933 die *Vereinigung für Luftfahrtforschung* (VLF) als konkurrierende Organisation zu der seit 1912 bestehenden *Wissenschaftlichen Gesellschaft für Luftfahrt* (WGL) geschaffen.[13] Die VLF sollte einerseits zur Vernetzung der Luftfahrtforscher beitragen, andererseits eine stärkere staatliche Einflussnahme auf die Forschung ermöglichen. Die VLF stand in enger Verbindung mit dem Technischen Amt des RLM, dem auch alle Luftfahrtforschungsanstalten unterstellt wurden.[14] Sie erfüllte aber die in sie gesetzten Erwartungen, die nach 1933 rasch ausgebauten Komplexe der Luftfahrtforschung zentral zu koordinieren, nicht.

---

gehaltenen Sitzungen der DAL waren bislang unbekannt, weil das Jahrbuch 1944/1945 der Deutschen Akademie der Luftfahrtforschung nicht mehr erschien. Sie wurden von Hormann nicht publiziert, lassen sich aber teilweise aus den Korrespondenzen der DAL mit Willy Messerschmitt rekonstruieren.

12 Schmaltz, Florian: Luftfahrtforschung auf Expansionskurs. Die Aerodynamische Versuchsanstalt in den besetzten Gebieten. In: Flachowsky, Sören/Hachtmann, Rüdiger/Schmaltz, Florian (Hgg.): Ressourcenmobilisierung. Wissenschaftspolitik und Forschungspraxis im NS-Herrschaftssystem. Göttingen 2016, S. 326-382, hier S. 326, S. 338 und S. 341.

13 Trischler: Luft- und Raumfahrtforschung, S. 185-187. — Eckert: Prandtl, S. 227.

14 Tollmien, Cordula: Das KWI für Strömungsforschung verbunden mit der Aerodynamischen Versuchsanstalt. In: Becker, Heinrich/Dahms, Hans-Joachim /Wegeler, Cornelia (Hgg.): Die Universität Göttingen unter dem Nationalsozialismus. Das verdrängte Kapitel ihrer 250-jährigen Geschichte. 2., erw. Aufl., München 1998, S. 684-708, hier S. 687.

Nachdem im März 1935 die Luftwaffe gegründet worden war – ein offener Bruch des Versailler Vertrages –, setzte Ende 1935 im RLM eine Diskussion darüber ein, wie sich die als unzureichend empfundene Verbindung zwischen Forschung, Entwicklung, Erprobung, Produktion und militärischem Einsatz optimieren ließe.[15] Im Kontext dieser Beratungen hielten der Chef des Technischen Amtes des RLM, Wilhelm Wimmer und der Leiter der Forschungsabteilung im RLM, Adolf Baeumker[16], am 4. April 1936 beim Reichsminister der Luftfahrt, Hermann Göring, einen Vortrag. Wimmer informierte über die geplante Auflösung der seit 1912 existierenden WGL, die mit der VFL vereint in der neu zu gründenden Lilienthal-Gesellschaft aufgehen sollte.[17] Anschließend schlug Baeumker die Gründung einer Akademie der Luftfahrtforschung vor. Diese sei erforderlich, weil andere Technikgebiete schon „über altbewährte Institutionen"[18] verfügten, die Luftfahrtforschung aber noch nicht. Sie sollte eine „günstige Arbeitsatmosphäre" schaffen und „eine Führerschicht" heranbilden, um die „Erfahrungen der alten Wissensgebiete" für die Neuorganisation der Luftfahrtforschung auszunutzen.[19]

Baeumker kritisierte, dass die traditionellen Akademien bisher „lediglich auf die Geistes- und Naturwissenschaften beschränkt" gewesen seien und nur am Rande luftfahrtrelevante „chemische und medizinische Fragen" bearbeitet hätten. Die Technik habe „dieser Arbeitsweise völlig ferngestanden".[20] Die „neue Akademie" sollte eine Synthese der Geistes- und Naturwissenschaften mit der Technik herstellen und „die Grundlinien und Ausgangspunkte in der Technik wissenschaftlich behandeln".[21] Baeumker plädierte dafür, bei der DAL „einen gewissen Wechsel der Persönlichkeiten" zu ermöglichen, damit „stets junge Kräfte von besonders guten geistigen Fähigkeiten in die Akademie nachgeschoben würden".[22] Die Mitgliedschaft in der DAL sollte demzufolge nicht dauerhaft, sondern auf Zeit vergeben werden. „Alte Akademien", fuhr Baeumker fort, „verfügen über Liegenschaften aller Art, Ländereien, Wälder, Häuser" sowie „große Stiftungen" und vergäben Orden. All dies fehle der Luftfahrtforschung. Während also die Integration der Technikwissenschaften ein disruptives Moment in der programmatischen Ausrichtung der DAL darstelle, sollte zugleich an das Prestige und das kulturelle Kapital der elitären Akademien angeknüpft werden.

---

15 Trischler: Luft- und Raumfahrtforschung, S. 210-211.
16 Zur Biografie Baeumkers siehe: Hein: Baeumker. — Trischler: Luft- und Raumfahrtforschung, S. 181-182.
17 Aktenvermerk über einen Vortrag beim Reichsminister der Luftfahrt Göring am Sonnabend, den 4.4.1946. In: Trischler, Helmuth: Dokumente zur Geschichte der Luft- und Raumfahrtforschung in Deutschland 1900–1970. Köln 1992, Dok. 40, S. 127-131. — Zur Lilienthal-Gesellschaft auch Trischler: Luft- und Raumfahrtforschung, S. 236-238.
18 Trischler: Dokumente, Dok. 40, S. 127.
19 Ebd., S. 128.
20 Ebd.
21 Ebd., S. 129.
22 Ebd., S. 128.

Göring mag die Aussicht, sich als Präsident der DAL wie die Fürsten in der Frühen Neuzeit mit dem Prestige der Akademiegelehrten schmücken zu können, geschmeichelt haben. Ein handfesteres Motiv war jedoch, dass Göring mit der Gründung der DAL die Gelegenheit ergriff, seinen Einfluss- und Machtbereich auf das Gebiet der Wissenschaften auszuweiten. Deshalb bezeichnete er die Vorschläge Baeumkers als „ausgezeichnet".[23] „Statt eines Protektorates", das Göring für die Lilienthal-Gesellschaft für geeignet hielt, sei für die Akademie „eine aktive Förderung durch die oberste Führung des Reiches nach dem geltenden Führerprinzip wünschenswert", weshalb er das Amt des Präsidenten der DAL kurzerhand für sich persönlich beanspruchte. Zugleich stellte er die erforderlichen Mittel aus dem Haushalt des RLM in Aussicht und verlangte, die Mitgliederauswahl „sofort einzuleiten".[24] Die DAL wurde im „Haus der Flieger" untergebracht, das sich im ehemaligen Preußischen Abgeordnetenhaus in der Prinz-Albrecht-Straße befand. Die Ernennung der Leitung und Mitglieder der DAL sollte Göring selbst vorbehalten bleiben. Auch beabsichtigte er, Hitler persönlich über die Bildung der Akademie in Kenntnis zu setzen.[25]

Die 1936 gegründete Lilienthal-Gesellschaft sollte eine breite Mitgliederbasis erhalten, während in die DAL nur eine kleine, erlesene Elite aus Wissenschaft, Luftfahrtindustrie und Luftwaffe berufen werden sollte. Programmatisch unterschied sich die DAL damit von den traditionellen Akademien, in denen die Technikwissenschaften kaum vertreten waren. Im Kontext der an den Rüstungszielen des Regimes orientierten nationalsozialistischen Wissenschaftspolitik erfuhren die Technikwissenschaften eine Aufwertung, indem sie erstmals als zentraler Tätigkeitsschwerpunkt einer Akademie definiert wurden. Vorstöße, die Technikwissenschaften in die klassischen Akademien über die Aufnahme einzelner Ingenieure hinaus auch institutionell zu integrieren, waren bis dahin am Beharrungsvermögen der Akademien gescheitert, in denen das überkommene Ideal einer anwendungsfernen Wissenschaft aufrechterhalten wurde. So wurde in der Forschung zurecht betont, dass der „Siegeszug der Naturwissenschaften zur Jahrhundertwende und die pragmatische Wende von der „reinen" zu einem instrumentellen Wissenschaftsverständnis, welches sich gegenüber einer Kooperation mit der Industrie aufgeschlossen zeigte", in den Akademien „weiterhin nur zögerlich" erfolgte.[26] Diese Einstellung lässt sich am Beispiel der im November 1921 vom Reichsbund Deutscher Technik lancierten Eingabe beim Preußischen Kultusministerium illustrieren. Wegen der gewach-

---

23 Ebd., S. 129.
24 Ebd., S. 130.
25 Ebd., S. 131.
26 Fischer, Wolfram/Hohlfeld, Rainer/Nötzold, Peter: Die Berliner Akademie in Republik und Diktatur. In: Dies. (Hgg.): Die Preußische Akademie der Wissenschaften zu Berlin 1914–1945. Berlin 2000, S. 517-566, hier S. 518.

senen Bedeutung der Technikwissenschaften wurde in dieser gefordert, in der Preußischen Akademie der Wissenschaften neben der mathematisch-naturwissenschaftlichen und geisteswissenschaftlichen Klasse eine dritte technische Klasse einzurichten. Die Preußische Akademie wies diese Forderung im Januar 1922 mit dem Argument zurück, dass dies „das Wesen und die Aufgaben einer Akademie der Wissenschaften völlig verkennen würde".[27]

Zwei Tage nach seinem Vortrag bei Göring erstattete Baeumker am 6. April 1936 den beiden Präsidiumsmitgliedern der Lilienthal-Gesellschaft, Ludwig Prandtl und Carl Bosch, streng vertraulich Bericht. An Eigenlob nicht sparend, feierte er seinen „hocherfreulichen Erfolg" und hob hervor, dass der Reichsluftfahrtminister über seine Vorschläge sogar noch hinausgegangen sei.[28] Görings Wunsch, die DAL nicht in die Lilienthal-Gesellschaft einzugliedern, erschien Baeumker vorteilhaft. Die „neue Akademie der Luftfahrtforschung" sollte einerseits „auf ein Teilgebiet" beschränkt bleiben, sich anderseits „allerdings über alle Zweige der Wissenschaft" erstrecken.[29] Dazu bedurfte es keiner neuen Institutsgründungen. Ihren wissenschaftlichen Ertrag schöpfte die DAL, „wie ihre alten Vorgängerinnen", aus einer dahinterstehenden Forschungsorganisation, die „ihrer Größe nach heute schon personell und materiell erheblich stärker als z.B. die ganze Kaiser Wilhelm-Gesellschaft mit ihren über 30 Instituten" sei.[30] Die deutsche Luftfahrtforschung würde „bald auf dem Gebiete der Luftfahrtforschung an der Spitze der Welt dastehen".[31]

Am 24. Juli 1936 wurde die DAL durch einen Erlass Hitlers gegründet und deren Leitung Göring als Reichsminister der Luftfahrt übertragen.[32] Noch am selben Tag legte Göring deren Ziele in einem weiteren Erlass fest: Die DAL habe „zur Auswahl des wissenschaftlich-technischen Führertums" beizutragen, die „wichtigsten Ergebnisse der Luftfahrtforschung, Luftfahrttechnik und allgemeinen Technik" zu prüfen und „den besten Kräften der allgemeinen Wissenschaften

---

27 Preußische Akademie der Wissenschaften an den Minister für Wissenschaft, Kunst und Volksbildung, gez. Heinrich Lüders, Gustav Roethe, Max Planck und Max Rubner, 24.1.1922, GStPK, I. Abt., Rep. 76Vc, Sekt. 2, Titel XXIII, Litt. F, Nr. 1, Bd. 12, Bl. 250-251. Als Faksimile in: Federspiel, Weg, S. 47. — Schlicker, Wolfgang: Die Berliner Akademie der Wissenschaften in der Zeit des Imperialismus. Teil II. 1917–1933. Berlin (DDR) 1975, S. 113-115. — König, Wolfgang: Die Akademie und die Technikwissenschaften. Ein unwillkommenes königliches Geschenk. In: Kocka, Jürgen (Hg.): Die Königlich preußische Akademie der Wissenschaften zu Berlin im Kaiserreich. Berlin 1999, S. 381-398. — Nötzold, Peter: Strategien der deutschen Wissenschaftsakademien gegen Bedeutungsverlust und Funktionsverarmung. In: Fischer, Wolfram/Hohlfeld, Rainer/Nötzold, Peter (Hgg.): Die Preußische Akademie der Wissenschaften zu Berlin 1914–1945. Berlin 2000, S. 237-277, hier S. 249.
28 Baeumker (Lilienthal-Gesellschaft für Luftfahrtforschung E.V. – Der Geschäftsführende Präsident) an Prandtl und Geheimrat Carl Bosch, 6.4.1936, MPG-Archiv, III. Abt., Rep. 61, Nr. 2056, fol. 28-31, hier fol. 28.
29 Ebd.
30 Ebd., fol. 29.
31 Ebd., fol. 30.
32 Hitler, Adolf: Erlass zur Gründung der Deutschen Akademie der Luftfahrtforschung vom 24. Juli 1936. In: Jahrbuch 1937/1938 der Deutschen Akademie der Luftfahrtforschung (1938), S. 5.

und der Gesamttechnik den Wissensstand und die Bedürfnisse der Luftfahrtforschung nahe zu bringen".[33] Damit hob sich die DAL programmatisch deutlich vom traditionellen Typus deutscher Akademien ab. Vor dem Hintergrund der rüstungsinduzierten Konjunktur der Luftfahrtforschung sollten erstmals anwendungsorientierte Naturwissenschaften, Ingenieurwissenschaften und Industrieforschung unter dem Dach einer Akademie institutionalisiert werden. Im Vorfeld der Gründung hatte am 1. Juli 1936 in Göttingen ein von Baeumker angeregtes Treffen stattgefunden, bei dem die Pläne einer Deutschen Akademie der Luftfahrtforschung diskutiert worden waren.[34] Die Beratungsergebnisse aus Göttingen bildeten die wesentliche Grundlage der von Baeumker im Anschluss an das Treffen formulierten „Richtlinien der Deutschen Akademie der Luftfahrtforschung", die bereits alle wesentlichen Eckpunkte der künftigen Satzung der DAL enthielten. Diese regelten die Organisationsstruktur und Aufgaben der Organe der Akademie (Präsidium, Ausschuss, Generalsekretariat), die Rechte und Pflichten der Mitgliederkategorien (Ordentliche Mitglieder, Korrespondierende Mitglieder und Fördernde Mitglieder) und deren auf fünf Jahre befristete Zugehörigkeit zur DAL sowie deren Arbeitsweise und Publikationswesen.[35]

Mit der im Sommer 1936 eilig vorangetrieben Gründung der DAL und der Lilienthal-Gesellschaft verfolgte das RLM gegenüber konkurrierenden Ressorts das Ziel, Fakten zu schaffen. Die Luftfahrtforschung sollte weder dem Reichserziehungsministerium noch der Deutschen Forschungsgemeinschaft einverleibt werden. Dem von Johannes Stark, seit 1933 Präsident der Physikalisch-Technischen Reichsanstalt und seit August 1934 Präsident der Deutschen Forschungsgemeinschaft, lancierten Gründungsplänen einer „Reichsakademie der Wissenschaften" und konkurrierenden Vorhaben, die im Reichsministerium für Wissenschaft, Erziehung und Volksbildung seit 1934 verfolgt wurden, erteilte das RLM damit eine klare Absage.[36]

Noch bevor die Kandidatenauswahl unter Dach und Fach war, veröffentlichte das Stuttgarter Tagblatt am 30. Juli 1936 einen Bericht über die Gründung

---

33   Göring, Hermann: Erlass betreffend die Bildung der Deutschen Akademie der Luftfahrtforschung, Bayreuth, den 24. Juli 1936. In: Jahrbuch 1937/1938 der Deutschen Akademie der Luftfahrtforschung (1938), S. 7-8.
34   Baeumker an Prandtl, 7.7.1936, AMPG, III. Abt., Rep. 61, Nr. 1966, fol. 1-1 RS. — Wer außer Baeumker und Ludwig Prandtl noch Teilnehmer der Zusammenkunft am 1. Juli 1936 in Göttingen war, geht aus den im Nachlass Prandtls überlieferten Quellen nicht hervor. Sicher ist die Teilnahme von Jonathan Zenneck. Vgl. Schmucker: Jonathan Zenneck, S. 438.
35   Anlage 1 zum Schreiben Baeumker an Prandtl, vom 7.7.1936: Deutsche Akademie der Luftfahrtforschung. Richtlinien für den Aufbau, entworfen von namhaften Luftfahrtwissenschaftlern, AMPG, III. Abt., Rep. 61, Nr. 1966, fol. 3-4.
36   Zu den konkurrierenden Plänen von Stark und aus dem Reichserziehungsministerium vgl. ausführlich Flachowsky, Sören: Von der Notgemeinschaft zum Reichsforschungsrat. Wissenschaftspolitik im Kontext von Autarkie, Aufrüstung und Krieg. Stuttgart 2008, S. 110-231. — Hammerstein, Notker: Die Deutsche Forschungsgemeinschaft in der Weimarer Republik und im Dritten Reich. Wissenschaftspolitik in Republik und Diktatur 1920–1945. München 1999, S. 163-175.

der DAL auf Anordnung Hitlers, der „die Leitung der Akademie dem Reichsminister der Luftfahrt Generaloberst Göring übertragen" habe, „der mit der ihm eigenen Tatkraft in wenigen Tagen die zur Bildung der Akademie notwendigen Maßnahmen zur Durchführung brachte".[37] Soweit, wie die Berichterstattung der NS-Presse es ihrem Lesepublikum glauben machen wollte, war es in Wirklichkeit noch nicht. Vier Tage nach der Pressemeldung musste Baeumker gegenüber dem Staatssekretär des RLM, Erhard Milch, in einem geheimen Schreiben eingestehen, dass die Vorschlagsliste, die auf Anregungen von Prandtl, Seewald, Bock, Zenneck, Betz zurückgehe, noch vorläufig sei: „Die Auffassungen der vorgenannten Persönlichkeiten über die wissenschaftliche Bedeutung der einzelnen zu berufenden Mitglieder laufen in vielen Fällen naturgemäss weit auseinander. Es kommt hinzu, dass die Vorschläge vielleicht das politische Moment nicht in jeder Beziehung hinreichend berücksichtigen."[38] Baeumker schlug deshalb vor, in der kommenden Woche einen Wahlausschuss einzuberufen, der die Mitgliedschaften endgültig klären sollte. Diesem Wahlausschuss sollten Ludwig Prandtl, Friedrich Seewald (Direktor der DVL), Franz Nikolaus Scheubel (TH Darmstadt), Georg Madelung (Flugtechnisches Institut der TH Stuttgart), Jonathan Zenneck (TH München), Erich Trefftz (TH Dresden) und Baeumker selbst als Chef der Forschungsabteilung des RLM angehören. Als „Ersatzleute" waren Herbert Wagner (Junkers Flugzeug- und Motorenwerke), Carl Wieselsberger (TH Aachen) und Johann Gasterstädt (Junkers Flugzeug- und Motorenwerke) vorgesehen. Zugleich legte Baeumker eine „Vorschlagliste" der künftigen Akademiemitglieder vor.[39] In den folgenden Monaten wurde die Vorschlagsliste mit dem Wahlausschuss abgestimmt und die künftigen Mitglieder der DAL zur Mitarbeit eingeladen.

Am 16. April 1937 war es schließlich soweit. Mit einer Festveranstaltung im „Ehrensaal" des RLM wurde die DAL feierlich konstituiert. In seiner Eröffnungsansprache hob Göring hervor, dass „die neue ‚Akademie' eine völlig unabhängige, modernen staatlichen und wissenschaftlichen Organisationsgrundsätzen entsprechende Aufgabenstellung, Gliederung und Arbeitsweise erhalten solle, so, wie einst ihre großen Vorbilder, die berühmten Akademien der Wissenschaften in einer Reihe von kulturell führenden Staaten".[40]

Im darauffolgenden Jahr wurde die Jahrestagung der DAL am 1. März 1938, dem dritten Jahrestag der Gründung der deutschen Luftwaffe, unter dem propa-

---

37 Deutsche Akademie der Luftfahrtforschung. In: Stuttgarter Neues Tagblatt vom 30.7.1936, AMPG, III. Abt., Rep. 61, Nr. 1966, fol. 10.
38 Baeumker an Staatssekretär [Milch] (LC Nr. 2703/36 I.), Betrifft: Auswahl der ordentlichen Mitglieder der Akademie der Luftfahrtforschung (Geheim), 4.8.1936, AMPG, III. Abt., Rep. 61, Nr. 1966, fol 5-7.
39 Ebd.
40 Göring, Hermann: Ansprache des Präsidenten Generalfeldmarschall Göring bei der Eröffnung der Akademie am 16. April 1937. In: Jahrbuch 1937/1938 der Deutschen Akademie der Luftfahrtforschung (1938), S. 281-286, hier S. 284.

gandistischen Motto „Tag der Freiheit der deutschen Luftfahrt" als große Festsitzung inszeniert. In seiner Festansprache proklamierte Göring in pathetischen Worten als Ziel der DAL, „das Führertum unserer gesamten Luftfahrtwissenschaft und -technik gemeinsam mit dem Führertum der Luftwaffe zu geistiger Gemeinschaftsarbeit an den weitreichenden Problemen der Bezwingung des Luftmeeres" zusammenführen.[41] Während die Lilienthal-Gesellschaft, die „in hohem Maße konkrete und überwiegend materielle Aufgabe" verfolge, falle der DAL „die Behandlung der grundsätzlichen fundamentalen Aufgaben der Luftfahrtforschung zu".[42]

Den auf die Luftfahrt orientierten Fokus der DAL legitimiere Göring mit einer vermeintlichen Krise des Führungsanspruchs traditioneller Akademien als Institutionen, in denen die nationale Elite sämtliche Wissenschaften vereinte:
> „Die alten Akademien haben als Träger bedeutender kultureller Taten ihre große Vergangenheit. Aber sie sind, ohne selbst etwas daran ändern zu können, heute nicht mehr das, was ihren Gründern in vergangenen Jahrhunderten vorschwebte: Die einzige und geistig führende Vereinigung der bedeutendsten Gelehrten des ganzen Landes, die eine Zusammenfassung höchsten und umfassenden Wissens der ganzen Nation zu gemeinschaftlicher Arbeit darstellen. Heute sind unsere Wissenschaften in ihrer Gesamtheit allzu vielseitig geworden, um eine exklusive Vereinigung der besten Vertreter aller Wissenszweige in einer einzelnen Organisation zu gemeinsamer Arbeit noch zuzulassen."[43]

Zugleich forderte Göring von den inländischen Mitgliedern der DAL, ihre Arbeit in den Dienst der Rüstungsforschung zu stellen: „Vor allem aber haben die deutschen Mitglieder der Akademie die verpflichtende Aufgabe, ihre ganze Kraft innerhalb der Forschung herzugeben für die sieghafte Überlegenheit unserer Luftwaffe, die Sicherheit unseres Volkes und die glanzvolle Größe der deutschen Nation."[44] Die auf grundlegende Erkenntnisse hin orientierte Forschungsarbeit der DAL stand demzufolge nicht im Widerspruch zur deren bellizistisch-militärischen Ausrichtung, die Göring den deutschen Mitgliedern der DAL als Zielvorgabe mit auf den Weg gab. Auf wissenschaftlichem Gebiet proklamierte Göring einen weltweiten Hegemonialanspruch der deutschen Luftfahrtforschung, deren „Führung" wiederum die DAL übernehmen sollte. In diesem Zusammenhang sprach Göring in seiner Rede wiederholt von der „Geistesarbeit" und der „geistigen Gemeinschaftsarbeit", was sein realitätsfernes Wissenschaftsverständnis dokumentiert und an der Wirklichkeit des Wechsel- und Zusammenspiels von

---

41 Göring, Hermann: Ansprache des Präsidenten der Akademie auf der Festsitzung zur Erinnerung an den Tag der Freiheit der deutschen Luftfahrt. 1. März 1938. In: Jahrbuch 1939/1940 der Deutschen Akademie der Luftfahrtforschung (1940), S. 116-124, hier S. 119.
42 Ebd.
43 Ebd., S. 120.
44 Ebd., S. 124.

Theorie und Experiment in dem hybriden Gemisch von Natur- und Ingenieurwissenschaften in der Luftfahrtforschung vollkommen vorbeiging.

Für die wissenschaftliche Praxis der DAL waren Görings begriffslose Ansichten jedoch irrelevant. Als Präsident der DAL diente er vor allem als politische Anrufungsinstanz. In seiner hauptsächlich repräsentativen Funktion als Schirmherr der DAL blieb er der Forschungspraxis fern und übte keinen erkennbaren Einfluss auf die wissenschaftliche Ausrichtung der DAL aus. Die im Ausschuss der DAL vertretenen Wissenschaftler hingegen, auf deren Fachkenntnisse es ankam, nutzten Görings Machtstellung im NS-Staat als symbolisches Kapital, um die erforderlichen Mittel für den institutionellen Aufbau und den Betrieb der DAL zu mobilisieren. Mit Erfolg: Selbst während der sich zuspitzenden kriegswirtschaftlichen Krise am Ende des Zweiten Weltkrieges verfügte die DAL noch über ausreichende Ressourcen, um wissenschaftliche Veranstaltungen durchzuführen.

Bis Januar 1939 fanden die Veranstaltungen der Ordentlichen Mitglieder der DAL im Sitzungssaal der Preußischen Akademie der Wissenschaften statt. Seit November 1938 befanden sich die Geschäftsräume der DAL im „Haus der Flieger", dem ehemaligen Preußischen Abgeordnetenhaus in der Prinz-Albrecht-Straße 5, dessen Plenarsaal zu einem Festsaal umgebaut wurde. Dort, in unmittelbarer Nachbarschaft, fußläufig zu dem 1935/36 in der Wilhelmstraße errichteten RLM und dem Reichssicherheitshauptamt, erhielt die DAL Arbeitsräume für ihr Generalsekretariat, ihre Bibliothek, einen Sitzungssaal im ersten Stock und einen „repräsentativen Empfangsraum". Zu den Vergünstigungen, die Mitglieder der DAL in Anspruch nehmen konnten, zählten die ebenfalls im „Haus der Flieger" befindlichen Club- und Übernachtungszimmer des Aero-Clubs.[45] Nach Kriegsbeginn wurde das Generalsekretariat der Lilienthal-Gesellschaft in den Räumen der DAL untergebracht.[46] Zu dem geplanten Umzug in einen „stolzen Akademiebau" kam es hingegen nicht mehr.

Ende November 1941 sah sich die DAL infolge eines Luftangriffs auf Berlin gezwungen, die Sitzungen künftig dezentral durchzuführen und das Berichtsmaterial und die Bibliothek an weniger luftgefährdete Orte zu verlagern.[47] Am 1. März 1944 wurden die Geschäftsräume der DAL bei einem Luftangriff beschädigt.[48] Der Generalsekretär blieb im „Haus der Flieger", während die Gruppe Wissenschaftsarbeit (Dr. Helmut Löhner) nach Brügel bei Jena verlegt wurde.

---

45 Baeumker, Adolf: Geschäftsbericht des Kanzlers über die Arbeitsjahre 1938/39 und 1939/40. In: Jahrbuch 1939/1940 der Deutschen Akademie der Luftfahrtforschung (1940), S. 45-54, hier S. 53-54.

46 Jahrbuch 1940/1941 der Deutschen Akademie der Luftfahrtforschung (1941), S. 52. — Baeumker an die Ordentlichen Mitglieder der DAL. Mitteilung 1/42, 25.4.1942, Imperial War Museum, FD 4355/45, Vol. 12, fol. 464.

47 Baeumker an die Ordentlichen Mitglieder der DAL. Mitteilung 1/42, 25.4.1942, Imperial War Museum, FD 4355/45, Vol. 12, fol. 464.

48 Baeumker, Adolf: Geschäftsbericht des Kanzlers über das Arbeitsjahr 1943/44. In: Jahrbuch 1943/1944 der Deutschen Akademie der Luftfahrtforschung (1944), S. 24-32, hier S. 25.

Die Gruppe Bibliothek (Dr. Hans-Joachim Rautenberg) und die Gruppe Verwaltung (Amtsrat Schulz und seinen Stellvertreter Herrn Berna) verlagerte die DAL nach Steinbockwerk bei Frankfurt an der Oder, wo sie bis Kriegsende funktionsfähig blieben.[49]

Die Organisatorische Gliederung der DAL

Die am 12. Februar 1938 von Göring erlassene Satzung der DAL legte deren streng hierarchische Gliederung und die Arbeitsweise nach dem „Führerprinzip" fest.[50] An ihrer Spitze stand Hermann Göring als Präsident, der allein über die Ernennung und Entlassung von Mitgliedern entscheiden konnte (§ 4). Dem von ihm geführten Präsidium gehörten ferner zwei Vizepräsidenten und der Kanzler der DAL an (§ 3). Als Vizepräsidenten ernannte Göring seinen Staatssekretär im RLM, Erhard Milch, und den Unternehmer Willy Messerschmitt. Amtsnachfolger von Messerschmitt wurde 1942 Kurt Tank, ebenfalls ein Ingenieur und Konstrukteur von Jagdflugzeugen. Solange die DAL existierte, hatte Adolf Baeumker das Amt des Kanzlers der DAL inne.[51] Ihm fiel neben „der Führung der Akademie auch die Leitung der verwaltungsmäßigen Arbeiten zu" (§ 5). Ihm unterstand das „Generalsekretariat", dessen „Arbeitsweise und Zusammensetzung" er regelte. (§ 8).

Zur Beratung und Unterstützung des Präsidiums wurde ein „Ausschuss der Akademie" (§ 7) eingerichtet, dem satzungsgemäß fünf Ordentliche Mitglieder der DAL angehören sollten. Von 1937 bis 1940 waren dies der Direktor der Deutschen Forschungsanstalt für Segelflug (DFS) in Darmstadt, Walter Georgii, der Direktor des Kaiser-Wilhelm-Instituts für Strömungsforschung in Göttingen, Ludwig Prandtl, der Direktor der Deutschen Versuchsanstalt für Luftfahrt (DVL) in Berlin Adlershof, Friedrich Seewald, und der Physiker Jonathan Zenneck, seit 1913 Professor am Physikalischen Institut der TH München und seit 1937 Vorsitzender der Flugfunk-Forschungsanstalt Oberpfaffenhofen (FFO), sowie der Direktor des Kaiser-Wilhelm-Instituts für Physik in Berlin, Peter De-

---

49 Boje an die Ordentlichen und Korrespondierenden Mitglieder der DAL, Betr.: Verlagerung des Generalsekretariats (Vertraulich!), 17.4.1944, Zentrales Archiv des Deutschen Luft- und Raumfahrtzentrum Göttingen (ZADLR), GOAR 213.
50 Göring, Hermann: Satzung der Deutschen Akademie der Luftfahrtforschung, Bayreuth, am 24. Juli 1937 und am 12. Februar 1938. In: Jahrbuch 1937/1938 der Deutschen Akademie der Luftfahrtforschung (1938), S. 9-13. — In überarbeiteter Form: Satzung der Deutschen Akademie der Luftfahrtforschung, Bayreuth am 24.7.1936 und Berlin am 12.2.1938, gez. Göring, in: Deutsche Akademie der Luftfahrtforschung. Jahrbuch 1942/43, S. 16-21.
51 Zusammensetzung der DAL. Stand 1.3.1938. In: Jahrbuch 1937/1938 der Deutschen Akademie der Luftfahrtforschung (1938), S. 23.

bye.[52] Nachdem Debye 1939 in die USA übergesiedelt war, wurden der an der Universität Göttingen lehrende Luftfahrtmediziner Hermann Rein und der Direktor des I. Physikalischen Instituts der Universität Göttingen, Robert Pohl, als kommissarische Ausschussmitglieder berufen. Ferner gehörte Kurt Tank als Vizepräsident dem Ausschuss an.[53] Die Vertretung des zeitweise erkrankten Kanzlers übernahm das Ausschussmitglied Walter Georgii.[54]

Gemäß der Satzung sollten die Mitglieder des Ausschusses an der Aufgabenverteilung, der Erstellung des Haushaltes und des Geschäftsberichtes „beratend" mitwirken. Sie konnten Vorschläge zur Berufung neuer Mitglieder unterbreiten und Göring hierzu Stellungnahmen unterbreiten. Mehr als das Recht, „gehört" zu werden, besaßen sie formal nicht. Auf die Zusammensetzung des Präsidiums hatten die Mitglieder der DAL keinen Einfluss. Ein Wahlrecht, das andere Akademien als demokratisches Prinzip der wissenschaftlichen Selbstverwaltung praktizierten, sah die Satzung der DAL nicht vor. Trotz dieser satzungsgemäß schwachen Stellung prägten die Ausschussmitglieder die Entwicklung der DAL aufgrund ihrer wissenschaftlichen Expertise entscheidend.[55] Im Präsidium der DAL waren mit Göring, Milch und Baeumker nämlich drei Nicht-Akademiker vertreten, die als Offiziere im Ersten Weltkrieg praktische Flugerfahrungen gesammelt hatten. Milch verfügte zudem über Erfahrungen als Wirtschaftsmanager bei der Lufthansa.[56] In wissenschaftlichen Fragen waren sie freilich allesamt auf den Rat der Experten aus der Luftfahrtforschung angewiesen. Diesen Man-

---

52 Jahrbuch 1941/1942 der Deutschen Akademie der Luftfahrtforschung (1942), S. 46. — Jahrbuch 1943/1944 der Deutschen Akademie der Luftfahrtforschung (1944), S. 15. — Zu Walter Georgii siehe dessen Autobiografie: Georgii, Walter: Forschen und Fliegen. Ein Lebensbericht. Tübingen 1954. — Zur Biografie Prandtls siehe: Eckert: Prandtl. — Zur Biografie von Zenneck siehe: Schmucker: Jonathan Zenneck. — Wolff, Stefan L.: Jonathan Zenneck als Vorstand des Deutschen Museums. In: Vaupel, Elisabeth/Wolff, Stefan L. (Hgg.): Das Deutsche Museum in der Zeit des Nationalsozialismus. Eine Bestandsaufnahme. Göttingen 2010, S. 78-126. — Siehe auch die Autobiografie: Zenneck, Jonathan: Erinnerungen eines Physikers. München 1961. — Zur Rolle von Peter Debye im Nationalsozialismus siehe: Eickhoff, Martjin: In The Name of Science? P.J.W. Debye and His Career in Nazi Germany. Amsterdam 2008. — Siehe auch die Beiträge in: Hoffmann, Dieter/Walker, Mark (Hgg.): Fremde Wissenschaftler unter Hitler. Göttingen 2011.
53 Jahrbuch 1941/1942 der Deutschen Akademie der Luftfahrtforschung (1942), S. 46. — Jahrbuch 1943/1944 der Deutschen Akademie der Luftfahrtforschung (1944), S. 15. — Zur Biografie Tanks siehe Conradis: Forschen und Fliegen. — Die Korrespondenzen Tanks mit der DAL aus den Jahren 1939–1945 sind im BA-MA Freiburg, MSG 2/13014 überliefert.
54 Jahrbuch 1941/1942 der Deutschen Akademie der Luftfahrtforschung (1942), S. 46. — Jahrbuch 1943/1944 der Deutschen Akademie der Luftfahrtforschung (1944), S. 15.
55 Siehe dazu die Vorgänge in: MPG-Archiv, III. Abt., Rep. 61, Nr. 1968 bis Nr. 1982.
56 Zur Biografie von Milch und seiner Tätigkeit für die Lufthansa siehe: Boog, Horst: Erhard Milch (1892–1972). In: Historische Kommission bei der Bayrischen Akademie der Wissenschaften (Hg.): Neue Deutsche Biographie. Bd. 17 (Melander–Moller). Berlin 1994, S. 499-500. — Budraß, Lutz: Juristen sind keine Historiker. Der Prozess gegen Erhard Milch. In: Priemel, Kim C./Stiller, Alexa (Hgg.): NMT. Die Nürnberger Militärtribunale zwischen Geschichte, Gerechtigkeit und Rechtschöpfung. Hamburg 2013, S. 194-229, hier S. 208. — Budraß, Lutz: Adler und Kranich. Die Lufthansa und ihre Geschichte 1926–1955. München 2016.

gel an fachlicher Expertise konnten auch die beiden Vizepräsidenten Willy Messerschmitt und sein Nachfolger Kurt Tank nicht kompensieren, die beide über eine akademische Ingenieursausbildung verfügten. Die Ausschussmitglieder der DAL nahmen daher, obwohl sie satzungsgemäß dazu nicht befugt waren, Aufgaben des Vorstands der DAL wahr. De facto bestimmten die Mitglieder des Ausschusses die Personalpolitik, die Themen der wissenschaftlichen Vorträge und Tagungen und begutachteten die zur Publikation vorgesehenen Beiträge. Die im Ausschuss erarbeiteten Vorlagen und Vorschläge wurden Göring zur Genehmigung vorgelegt, der im Laufe der Zeit dazu überging, immer mehr Entscheidungsvollmachten an den Kanzler zu delegieren.

Auch die Mitgliedschaft in der DAL war hierarchisch in vier Klassen gegliedert: Ordentliche Mitglieder, Korrespondierende Mitglieder, Außerordentliche Mitglieder und Fördernde Mitglieder. Die *Ordentlichen Mitglieder* wurden für fünf Jahre ernannt und mussten in diesem Zeitraum einen wissenschaftlichen Vortrag halten. Sie erhielten Zugang zu allen Veranstaltungen der DAL. Bei einer „Nichterfüllung dieser Verpflichtung" konnten Ordentliche Mitglieder durch den Präsidenten zu Korrespondierenden Mitgliedern degradiert werden. Dieses Sanktionsinstrument stand jedoch nur auf dem Papier. Es ist kein Fall bekannt, in dem es zur Anwendung kam. Selbst das dauerhafte Fernbleiben Ordentlicher Mitglieder blieb folgenlos.[57] Im Januar 1940 wurde die satzungsgemäße Verpflichtung der Ordentlichen Mitglieder, regelmäßig an den Sitzungen teilzunehmen, für die Dauer des Krieges außer Kraft gesetzt.[58]

Im Unterschied zu den älteren deutschen Akademien, die vor der nationalsozialistischen Herrschaft gegründet worden waren, bedurfte es bei der DAL keiner zwangsweisen Relegation von Mitgliedern, die gemäß der NS-Rassegesetze als „Nicht-Arier" stigmatisiert wurden. Sämtliche Berufungen der 1937 gegründeten DAL mussten von vorneherein mit der NS-Rassenpolitik konformgehen, weil Ordentliche Mitglieder laut § 6 der Satzung die „deutsche Reichsangehörigkeit besitzen" mussten. Demzufolge war eine Aufnahme von Juden in die DAL aufgrund der 1935 erlassenen „Nürnberger Rassegesetze" ausgeschlossen.[59]

---

57 So nahm beispielsweise das Ordentliche Mitglied Carl Krauch von 1939/40 bis Ende 1943 an keiner Sitzung der DAL mehr teil. Krauch wurde noch 1944 als Ordentliches Mitglied der DAL geführt, vgl. Jahrbuch 1943/1944 der Deutschen Akademie der Luftfahrtforschung (1944), S. 10. — Auch der über 80 Jahre alte Ballistiker Carl Cranz nahm nach seiner Ernennung zum Ordentlichen Mitglied in der Sitzungsperiode 1938/39 bis zur Sitzungsperiode 1944/45 nur an einer Veranstaltung der DAL teil, auf der er über die „Entwicklung der Funken-Kinematographie" referierte. Vgl. Jahrbuch 1939/1940 der Deutschen Akademie der Luftfahrtforschung (1940), S. 41 und S. 42. — Für sämtliche Ordentlichen Mitglieder der DAL ist die Teilnahme an Wissenschaftlichen Sitzungen in den Jahrbüchern der DAL genau dokumentiert (auf Einzelnachweise wird an dieser Stelle verzichtet).
58 Baeumker an die Ordentlichen Mitglieder der DAL. Rundschreiben Nr. 10, 16.1.1940, ZADLR, GOAR 212.
59 Vgl. Göring: Satzung der Deutschen Akademie der Luftfahrtforschung, Bayreuth, am 24. Juli 1937 und am 12. Februar 1938, hier S. 12. — Reichsbürgergesetz vom 15. September 1935. In: Reichsgesetzblatt, Teil I (1935), 100, S. 1145.

Korrespondierende Mitglieder sollten, wie in der überarbeiteten Satzung später festgehalten wurde, innerhalb von fünf Jahren „mindestens eine größere Abhandlung von grundsätzlicher Bedeutung" einreichen, „die auch einem größeren Kreis von Wissenschaftlern Interesse bietet" und darüber hinaus „etwa mindestens alle zwei Jahre" eine „schriftliche Mitteilung über eigene oder auch fremde Arbeiten seines Fachgebiets vorlegen".[60] Im Unterschied zu den Ordentlichen Mitgliedern besaßen sie nur das Recht, an öffentlichen Veranstaltungen teilzunehmen. Ferner gab es *Außerordentliche Mitglieder*, die qua Amt ausgewählt wurden und ebenfalls an allen Veranstaltungen der DAL teilnehmen konnten. Hierbei handelte es sich um den Chef des Generalstabes der Luftwaffe, den Chef der Luftwehr, den Generalinspekteur der Luftwaffe und Generäle der Luftwaffe sowie hochrangige Beamte des RLM. Schließlich besaß die DAL ein *Förderndes Mitglied,* den Wehrwirtschaftsführer der Maggi-Gesellschaft Konsul Kurt Schmidt, das wie Korrespondierende Mitglieder nur an öffentlichen Veranstaltungen teilnehmen durfte.[61]

Mitglieder der Deutschen Akademie der Luftfahrtforschung 1937-1943*								
Stichtag	Gesamtzahl (Inland) inkl. Präsidium, EM und FM**	Darunter:						
		OM	OML	KM Inland	KML Inland	AO Inland	KM Ausland	AO Ausland
16.4.1937	107	39	1	45	-	-	22	-
1.3.1938	121	39	1	46	-	9	26	k.A.
12.1.1940	132	40	1	45	-	13	24	2
12.1.1941	102	38	1	45	-	13	k.A.	k.A.
1.3.1942	151	39	5	84	2	14	k.A	k.A.
12.1.1943	157	40	5	87	2	15	k.A	k.A.
OM = Ordentliche Mitglieder, OML = OM auf Lebenszeit, KM = Korrespondierende Mitglieder, KML = KM auf Lebenszeit, AO = Außerordentliche Mitglieder, EM = Ehrenmitglieder, FM = Förderndes Mitglied								
* Zusammengestellt nach: Jahrbuch 1939/1940 der Deutschen Akademie der Luftfahrtforschung (1940), S. 52. — Jahrbuch 1940/1941 der Deutschen Akademie der Luftfahrtforschung (1941), S. 52. — Jahrbuch 1941/1942 der Deutschen Akademie der Luftfahrtforschung (1942), S. 100-101 (dort auch die Angaben zu 1937 und 1938). — Jahrbuch 1941/1943 der Deutschen Akademie der Luftfahrtforschung (1943), S. 32.								
** Bei der Gesamtzahl wurden der Präsident, die beiden Vizepräsidenten, das Fördernde Mitglied und Ehrenmitglied (Bernhard Rust) sowie für 1940 auch ein ausländisches Ehrenmitglied (Giuseppe Valle) berücksichtigt.								

---

60 Vgl. (§ 6) der ergänzten Fassung der Satzung der DAL: Göring, Hermann: Satzung der Deutschen Akademie der Luftfahrtforschung, Bayreuth, am 24. Juli 1937 und am 12. Februar 1938. In: Jahrbuch 1942/1943 der Deutschen Akademie der Luftfahrtforschung (1943), S. 16-21, hier S. 19.

61 Ebd. und Zusammensetzung der Deutschen Akademie der Luftfahrtforschung (Stand 1.3.1938). In: Jahrbuch 1937/1938 der Deutschen Akademie der Luftfahrtforschung (1938), S. 23-23. — Jahrbuch 1940/1941 der Deutschen Akademie der Luftfahrtforschung (1941), S. 33-34.

Ausländische Mitglieder

Eine politisch besonders delikate Angelegenheit stellte die Rekrutierung ausländischer Mitglieder für die DAL dar. Um der DAL internationales Prestige zu sichern, war das Präsidium sehr an der Gewinnung ausländischer Akademiemitglieder gelegen. Bis 1938 wurden als ausländische Korrespondierende Mitglieder jeweils sieben aus Großbritannien und Italien, sechs aus den USA und eines aus Schweden gewonnen. Bis März 1939 kamen ein Mitglied aus Großbritannien, drei Niederländer und ein Schweizer hinzu. 1939 wurde der Generalinspekteur des italienischen Fliegeringenieurkorps Christoforo Ferrari zum Ehrenmitglied und der ehemalige Unterstaatssekretär der italienischen Luftfahrt, General der Flieger Dr.-Ing. Giuseppe Valle, zum Ehrenmitglied der DAL ernannt.[62] Trotz der engen Zusammenarbeit zwischen der deutschen und der spanischen Luftwaffe des Franco Regimes finden sich unter den Korrespondierenden Mitgliedern keine spanischen Wissenschaftler oder Vertreter der Luftwaffe. Zu den großen Festsitzungen lud die DAL das diplomatische Korps ein. So nahmen an der Festsitzung am 1. März 1939 neben den Korrespondierenden Mitgliedern der DAL Euler-Chelpin und Gabrielli auch „die Botschafter von Italien, Spanien, Belgien und die Gesandten von Bulgarien, Dänemark, Finnland, Griechenland, Schweden, Schweiz und Ungarn" teil sowie „die fast vollzählig erschienen in Berlin akkreditierten Luftattachés".[63] Die ausländischen Mitglieder sollten vor allem eine repräsentative Funktion erfüllen und das Ansehen der deutschen Luftfahrtforschung im Ausland heben. Andererseits waren sich die beteiligten Ausschussmitglieder der DAL der Problematik bewusst, dass damit politischer Zündstoff in die DAL getragen werden konnte, weil die ausländischen Wissenschaftler sich intern und öffentlich kritisch zur antisemitischen Politik des NS-Regimes gegenüber Wissenschaftlern äußern konnten und so die Gefahr bestand, dass sich die erhoffe Reputation im Ausland in ihr Gegenteil verkehrte.

Wie sensibel das Thema war, zeigt die Antwort Ludwig Prandtls, der im Juni 1937 von Baeumker aufgefordert wurde, ausländische Gelehrte zu benennen, die seines Erachtens als Korrespondierende Mitglieder der DAL in Frage kämen. Prandtl hatte seinem Antwortschreiben an Baeumker eine Liste mit potentiellen Kandidaten beigelegt, warnte aber explizit, dass die „politische Stellung gegenüber dem heutigen Deutschland [...] in einigen Fällen erst noch festzustellen wäre".[64] Prandtls Anmerkungen zu den von ihm vorgeschlagenen Kandidaten sind aufschlussreich. So war ihm klar, dass die Berufung des in Pasadena am *Ca-*

---

62 Baeumker: Geschäftsbericht des Kanzlers über die Arbeitsjahre 1938/39 und 1939/40, S. 52-53.
63 Ebd., S. 48.
64 Prandtl an Baeumker (DAL), 3.6.1937, MPG-Archiv, III. Abt., Rep. 61, Nr. 1967, fol. 9.

lifornia Institute of Technology (CalTech) tätigen Aerodynamikers Clark B. Millikan „fraglich" sei. Dort war auch Prandtls Schüler Theodore von Kármán tätig, der seit 1929 das Aeronautical Laboratory des CalTech leitete und zu den bedeutendsten Aerodynamikern der USA zählte – und aus einer jüdischen Familie stammte. Mit einer Berufung Milikans wäre, wie Prandtl notierte, „die Uebergehung von Kármán besonders unterstrichen" worden.[65] Millikan wurde 1937 dennoch Korrespondierendes Mitglied der DAL.[66] Auch im Falle Frankreichs sah Prandtl Probleme. So sei der als Kandidat in Frage kommende Albert Toussaint, seit 1918 Leiter des *Institut aérotechnique de l'Université de Paris à St. Cyr l'École*, ein „Stockfranzose, der kein Wort Deutsch spricht".[67] Toussaint, gebürtiger Belgier, wurde nicht Mitglied der DAL.[68] Im Unterschied zu Großbritannien, Holland, Italien, Schweden der Schweiz und den USA verzeichnete das DAL-Jahrbuch 1938/39 keine Korrespondierenden Mitglieder aus Frankreich.[69] Dies galt auch für das Nachbarland Polen. In seiner Vorschlagsliste benannte Prandtl zwar den in Warschau tätigen Aerodynamiker Czesław Witoszyński, fügte jedoch hinzu, dass dieser nur dann berufen werden sollte, „wenn unbedingt ein Pole mit dabei sein muß".[70] Im April 1938 wurde die Aufnahme Witoszyńskis nochmals im Ausschuss der DAL erörtert, aber verworfen, nachdem Prandtl die Einschätzung vertreten hatte, man könne ihn „nicht in die erste Reihe stellen" und stattdessen empfahl, den an der Technischen Hochschule Warschau tätigen Elastizitätstheoretiker Maksymilian Tytus Huber in Betracht zu ziehen.[71] Auch Huber wurde nicht in die DAL aufgenommen. Dies galt ebenso für die beiden an der Sorbonne tätigen Mathematiker Marie Joseph Kampé de Fériet und Joseph Pérès, deren Aufnahme erwogen, aber nicht vollzogen wurde. Auf der Sitzung im April 1938 reagierte der Ausschuss der DAL auch auf den drei Wochen zuvor am 13. März erfolgten „Anschluss" Österreichs an das Deutsche Reich und beschloss die „Ernennung von Österreichern zu inländischen Korrespondierenden Mitgliedern" zu sondieren.[72]

---

[65] Anlage zum Brief Pp. 361/37 vom 3.6.1937, MPG-Archiv, III. Abt., Rep. 61, Nr. 1967, fol. 10-11.
[66] Vgl. Jahrbuch 1937/1938 der Deutschen Akademie der Luftfahrtforschung (1938), S. 27.
[67] Anlage zum Brief Pp. 361/37 vom 3.6.1937, MPG-Archiv, III. Abt., Rep. 61, Nr. 1967, fol. 10-11, hier fol. 10.
[68] Zur Biografie Toussaints vgl. Seiffert, Marc-Daniel: Albert Toussaint (1885–1956). In: Fontanon, Claudine/Grelon, André (Hgg.): Les Professeurs du Conservatoire National des Artes et Métiers. Dictionnaire biographique 1794–1955. Bd. 2. Paris 1994, S. 607-610.
[69] Jahrbuch 1938/1939 der Deutschen Akademie der Luftfahrtforschung (1939), S. 24-25.
[70] Anlage zum Brief Pp. 361/37 vom 3.6.1937, MPG-Archiv, III. Abt., Rep. 61, Nr. 1967, fol. 10-11. Prandtl schreibt irrtümlich Witoczinsky statt Witoszyński. — Zur Biografie Witoszyńskis siehe: Glass, Andrzej: Witoszyński, Czesław (1875–1948). In: Piłatowicza, Józefa (Hg.): Inżynierowie Polscy w IXI i XX Wieko. Bd. VII. 100 najwybitniejszych polskich twórców techniki. Warszawa 2001, S. 267-268.
[71] DAL. Aktenvermerk. Sitzung des Ausschusses am 8.4.1938 (Vertraulich!), 10.6.1938, MPG-Archiv, III. Abt., Rep. 61, Nr. 1967, fol. 54-63, hier fol. 59.
[72] DAL. Aktenvermerk. Sitzung des Ausschusses am 8.4.1938 (Vertraulich!), 10.6.1938, MPG-Archiv, III. Abt., Rep. 61, Nr. 1967, fol. 54-63, hier fol. 59.

Prandtl stellte seine Reputation als international angesehener Wissenschaftler in den Dienst der DAL, um ausländische Wunschkandidaten als Korrespondierende Mitglieder der Akademie zu gewinnen. Im Juli 1937 wandte er sich an den amerikanischen Aerodynamik-Pionier William Frederick Durand, Professor emeritus an der Stanford University, den er 1929 während seiner USA-Reise persönlich kennengelernt hatte. Prandtl erkundigte sich, ob Durand bereit wäre „einer Ernennung zum Korrespondierenden Mitglied der Deutschen Akademie der Luftfahrtforschung durch den Präsidenten der Akademie, Reichsminister Göring, Folge zu leisten"[73] Durand willigte ein:

> „I am enclosing herewith a letter addressed to Reichsminister Göring which I will ask you to be good enough to forward to him. I do not quite know the proper address in Berlin and in any event I should prefer to have this got to him through your hands. As I stated in my letter to Minster Göring, I shall, of course, be very glad to render whatever services I can in the capacity of corresponding member and in particular by way of suggesting some further names for consideration in this connection."[74]

Politische Bedenken, einer wissenschaftlichen Organisation anzugehören, deren Präsident der NS-Spitzenpolitiker Hermann Göring war, dessen aggressiver Antisemitismus auch international bekannt war, hegte Durand zu diesem Zeitpunkt offenbar nicht. Im Gegenteil, Durand bot sogar von sich aus an, initiativ zu werden, um weitere Wissenschaftler als Korrespondierende Mitglieder der DAL zu gewinnen. Prandtls Vermittlerposition und seine internationale Reputation als Wissenschaftler trugen somit dazu bei, Korrespondierende Mitglieder für die DAL zu gewinnen. Wie der Historiker Michael Eckart anmerkt, wurde den „auf diese Weise zu Korrespondierenden Mitgliedern der Luftfahrt-Akademie gekürten Gelehrten des Auslandes [...] der propagandistische Charakter ihrer Mitgliedschaft für das NS-Regime damit nicht so augenfällig, als wenn die Anfrage direkt aus dem Reichsluftfahrtministerium gekommen wäre".[75] Bis Oktober 1937 wurden vier weitere Aerodynamiker aus den USA als Korrespondierende Mitglieder der DAL gewonnen.[76]

Angesichts der verschärften Judenverfolgung und der aggressiven Außenpolitik des NS-Regimes wurden die internationalen Beziehungen zu Korrespondierenden Mitgliedern im Ausland 1938 zunehmend zu einem Problem für die DAL. Nach dem reichsweiten antisemitischen Pogrom vom 9. auf den 10. No-

---

73 Prandtl an Durand, 10.7.1937, MPG-Archiv, III. Abt., Rep. 61, Nr. 1967, fol. 14-15, hier fol. 15. — Zur USA-Reise Prandtls vgl. Eckert: Prandtl, S. 183.
74 Durand an Prandtl, 6.8.1937, MPG-Archiv, III. Abt., Rep. 61, Nr. 1967, fol. 17.
75 Eckert: Prandtl, S. 251.
76 Joseph Ames, James Lyman Briggs, Jerome Clarke Hunsaker, und Clark Blanchard, vgl. N.N.: Zusammensetzung der Deutschen Akademie der Luftfahrtforschung. Stand am 1.3.1938. In: Jahrbuch 1937/1938 der Deutschen Akademie der Luftfahrtforschung 1937/38 (1938), S. 23-27, hier S. 27.

vember 1938 verschlechterten sich die Beziehungen zu den USA drastisch. Am 14. November zogen die USA ihren Botschafter aus Berlin ab. Diese Entwicklung blieb auch für die transatlantischen Beziehungen der DAL nicht folgenlos. Am 2. Dezember 1938, wenige Wochen nach dem antisemitischen Novemberpogrom in Deutschland, schrieb William F. Durand an Prandtl:

> „I remember with grateful appreciation your suggesting my name for the honorary relation with the organization, and if it were simply association in this way with high German scientific culture, my feelings I am sure, would be different. The Deutsche Akademie der Luftfahrtforschung is, however, organized under the direct auspices of the German Government and the present Governmental theory in Germany regarding social and political organizations for the good of humanity is so remote from my own, that I do not feel that I should longer remain in relation with an organization of which the titular head is one of the highest exponents of this theory. I shall hope to retain your personal friendship as well as that of other German scientists whom I have known, and I trust that you will believe that it is with sincere regret that I have been led to take this step."[77]

Prandtl leitete das Schreiben Durands an den Generalsekretär der DAL, Walter Boje, weiter.[78] Dieser berichtete Prandtl daraufhin von unbeantwortet gebliebenen Versuchen Baeumkers, sich von dem Mitbegründer das NACA, Joseph S. Ames, der ebenfalls Korrespondierendes Mitglied der DAL war, Fachleute aus den USA benennen zu lassen, die zu einer Tagung eingeladen werden könnten. Die DAL wolle es „unter allen Umständen vermeiden, sich einen ‚Korb' zu holen", betone Boje. Er bat Prandtl, sich bei dem Forschungsdirektor der NACA, George W. Lewis, der seit Oktober 1937 ebenfalls Korrespondierendes Mitglied der DAL war, vertraulich nach entsprechenden Fachleuten aus den USA zu erkundigen.[79] Daraufhin entwarf Prandtl ein Schreiben an Lewis, das er der DAL mit der Bitte um Änderungen vorlegte. Dem Generalsekretariat der DAL teilte Prandtl mit, dass er von früher wisse, dass „Dr. Lewis die Juden nicht schätzt und infolgedessen meine Bemerkungen am Ende des Briefes durchaus richtig verstehen wird."[80] In dem zunächst zurückgehaltenen Schreiben, das nach Abstimmung mit der DAL erst am 11. Januar 1939 abgeschickt wurde, bat Prandtl um die Benennung amerikanischer Fachleute, die an einer im Frühjahr geplanten Tagung der DAL über Verbrennungsfragen teilnehmen könnten. In diesem Zusammenhang sprach Prandtl in verklausulierter Form die politischen Reaktionen

---

77 Durand an Prandtl, 2.12.1938, MPG-Archiv, III. Abt., Rep. 61, Nr. 1970, fol. 30. — Bei Hormann sind gleich mehrere Angaben irreführend: William F. Durand (1859–1958) war kein Engländer, sondern Amerikaner und gehörte der DAL 1938 nicht mehr an, weil er verstorben war. Vgl. Hormann: Elite, S. 60-61.
78 Prandtl an Boje (Generalsekretär der DAL), 20.12.1938, MPG-Archiv, III. Abt., Rep. 61, Nr. 1970, fol. 32-33.
79 Boje an Prandtl, 29.12.1938, MPG-Archiv, III. Abt., Rep. 61, Nr. 1970, fol. 36.
80 Prandtl an Boje, 3.1.1939, MPG-Archiv, III. Abt., Rep. 61, Nr. 1970, fol. 38-39.

in den USA an, wo angesichts der verstärkten Judenverfolgung in Deutschland Boykottforderungen, wie bereits 1933, wieder lauter wurden. Dabei verkehrte Prandtl Ursachen und Folgen auf groteske Weise:

„Wir sind uns dabei der Schwierigkeiten voll bewußt, die durch die augenblickliche politische Situation in Amerika verursacht sind. Wir möchten deshalb natürlich auch von uns aus nur solche Herren zur Teilnahme einladen, die gerne kommen und die auch nicht befürchten müssen, daß sie sich selbst schädigen, wenn sie an einer solchen Tagung teilnehmen, in der sich auch offizielle Persönlichkeiten der in den USA perhorreszierten deutschen Regierung befinden."[81]

Prandtls Behauptung, die „Schwierigkeiten" seien „durch die politische Situation in Amerika verursacht", stellte die Kausalitäten auf den Kopf, war die Protestbewegung in den USA doch durch die staatlich organisierten Pogrome und die anschließende massenhafte Verschleppung von Juden in Konzentrationslager verstärkt worden.[82] In Verbindung mit der von Prandtl gegenüber dem Generalsekretär der DAL geäußerten Annahme, dass „Dr. Lewis die Juden nicht schätzt" und die „Bemerkungen am Ende des Briefes durchaus richtig verstehen" würde, verdeutlicht, dass Prandtl offenbar von einem antisemitischen Konsens zwischen sich und seinem Korrespondenzpartner ausgehen konnte, der seine Anspielung schon verstünde, und die Verantwortung für die „Schwierigkeiten" den Juden zuschob, während die NS-Regierung als Opfer antideutscher Kampagnen von Juden außerhalb Deutschlands erschien. Ohne auf Prandtls Anspielungen einzugehen, benannte Lewis in seinem Antwortschreiben Mitte Februar 1939 zwei mögliche Referenten. Es handelte sich um Bernard Lewis von der *Explosives Division, Pittsburgh Experimental Station* des *United States Bureau of Mines* und Günther von Elbe vom *Carnegie Institute auf Technology*.[83] Da Prandtl über deren Fachrichtung und Qualifikation keine Auskunft geben konnte, forderte er die DAL auf, selbst „die nötigen Erkundigungen einzuziehen".[84] Die beiden Amerikaner nahmen schließlich an der DAL-Tagung „Physikalische und chemische Vorgänge bei der Verbrennung im Motor" am 10. und 11. Mai 1939 nicht persönlich teil, lieferten aber einen Vortrag, der in absentia verlesen wurde.[85]

---

81 Prandtl an G.W. Lewis, 3.1.1939 (am 11.1.1939 abgesandt), MPG-Archiv, III. Abt. Rep. 61, Nr. 1970, fol. 46-47.
82 Zu der wachsenden Befürwortung von Boykottmaßnahmen in den USA seit Oktober 1938 vgl. Gottlieb, Moshe: The Anti-Nazi Boycott Movement in the American Jewish Community, 1933–1941. Faculty of the Graduate School of Arts and Sciences. Department of Near Eastern and Judaistic Studies. Brandeis University, PhD 1968, S. 336-346.
83 Lewis (NACA) an Prandtl, 16.2.1939, MPG-Archiv, III. Abt., Rep. 61, Nr. 1970, fol. 69.
84 Prandtl an die DAL, 28.2.1939, MPG-Archiv, III. Abt., Rep. 61, Nr. 1970, fol. 70.
85 Bernard Lewis und Günther van Elbe (als Gäste vorgetragen durch Jost): „Beitrag zum Reaktionsmechanismus der Kohlenwasserstoffoxidation durch die experimentelle Bestätigung der Reaktion HCO + O_2 =

In der Sitzungsperiode 1940/41 nahmen keine ausländischen Mitglieder an Veranstaltungen der DAL als Referenten teil.[86] „Der Krieg unterband", wie der Kanzler in seinem Geschäftsbericht für die folgende Sitzungsperiode 1941/42 rückblickend festhielt, „auf dem Gebiet der Luftfahrtwissenschaft stärker noch als auf manchen anderen Gebieten den internationalen Erfahrungsaustausch."[87] Um weitere politische Konflikte mit ausländischen Mitgliedern zu vermeiden, ging die DAL nach Kriegsbeginn dazu über, die Korrespondierenden Mitglieder aus dem Ausland nicht mehr in ihrem Jahrbuch zu nennen.[88] Im Dezember 1942 referierte aus der neutralen Schweiz der Prandtl-Schüler Jakob Ackeret (ETH Zürich) über Gasturbinen und Victor Vâlcovici (Bukarest) über Windkanäle in Rumänien.[89] An der Gesamtsitzung der Ordentlichen und Korrespondierenden Mitglieder am 1. März 1943 nahmen der Deutsch-Schwede Hans von Euler-Cheplin, der Rumäne Victor Vâlcovici und der Finne Arvo Ylinen teil.[90] In der zweiten Amtsperiode wurden am 1. April 1942 drei neue Korrespondierende Mitglieder ernannt: Professor Victor Vâlcovici von der Universität Bukarest, Professor Dr. Arvo Ylinen, der an der Technischen Hochschule Helsinki lehrte und technischer Leiter der staatlichen Flugzeugfabrik Helsinki war, sowie der Meteorologe und Geophysiker Dr. Lubomir [Ljubomir] K. Krastanow vom bulgarischen Zentralinstitut in Sofia.[91] Am 1. September 1942 wurde Professor Dr.-Ing. Vicomte Kyoshiro Inouye aus Japan zum Außerordentlichen Mitglied ernannt sowie der Präsident des *Consiglio Nazionale delle Ricerche* Prof. Dr.-Ing. Giancarlo Vallauri (Rom) zum Ehrenmitgliede der DAL.[92] Die Teilnehmerlisten der Veranstaltungen der DAL belegen, dass nach Kriegsbeginn fast ausnahmslos ausländische Mitglieder der mit Deutschland verbündeten Achsenmächte Italien und Japan sowie aus den beiden neutralen Staaten Schweiz und Schweden als Gäste und Referenten in die Aktivitäten der DAL einbezogen wurden.

$CO + HO_2$". Siehe: Veranstaltungen der Sitzungsperiode 1939/40. In: Jahrbuch 1939/1940 der Deutschen Akademie der Luftfahrtforschung (1940), S. 40.

86 Jahrbuch 1940/1941 der Deutschen Akademie der Luftfahrtforschung (1941), S. 40-43.

87 Baeumker, Adolf: Geschäftsbericht des Kanzlers für die erste Arbeitsperiode 1937 bis 1942. In: Jahrbuch 1941/1942 der Deutschen Akademie der Luftfahrtforschung (1942), S. 97-102, hier S. 99.

88 Ebd., S. 101.

89 Veranstaltungen der Sitzungsperiode 1942/43, in: Jahrbuch 1942/1943 der Deutschen Akademie der Luftfahrtforschung (1943), S. 54.

90 Veranstaltungen der Sitzungsperiode 1943/44 in: Jahrbuch 1942/1943 der Deutschen Akademie der Luftfahrtforschung (1943), S. 21. — Baeumker: Geschäftsbericht des Kanzlers über das Arbeitsjahr 1943/44, hier S. 26.

91 Baeumker, Adolf: Geschäftsbericht des Kanzlers über das Arbeitsjahr 1942/43. In: Jahrbuch 1942/1943 der Deutschen Akademie der Luftfahrtforschung (1943), S. 59-67, hier S. 67. — Baeumker an die Ordentlichen Mitglieder der DAL. Mitteilung 2/42, 25.4.1942, Imperial War Museum, FD 4355/45, Vol. 12, fol. 465.

92 Baeumker: Geschäftsbericht des Kanzlers über das Arbeitsjahr 1942/43, hier S. 66-67. — Baeumker (DAL), Rundschreiben Nr. 2/42, 20.10.1942, Imperial War Museum, FD 4355/45, Vol. 12, fol. 420.

7. Zusammenfassung

Bei der DAL handelte es sich um eine neuartige Organisationsform unter den deutschen Akademien. Sie war eine genuin nationalsozialistische Gründung, die im Unterschied zu den im 18. und 19. Jahrhundert gegründeten regionalen Akademien in Halle, Berlin, Göttingen, Leipzig, München und Heidelberg von Anbeginn einen reichsweiten Führungsanspruch auf dem Gebiet der Luftfahrtforschung für sich reklamierte. Die DAL war die erste Akademie, die nicht nach einem klassischen Fächerkanon gegliedert war, sondern sich programmatisch und von Anfang an den Ingenieurwissenschaften und der Industrieforschung im Kontext der aufrüstungsbedingten Konjunktur der Luftfahrtforschung nach 1933 öffnete.

Während die 1936 gegründete Lilienthal-Gesellschaft eine große Mitgliederbasis erhielt, zielte die Errichtung der DAL darauf ab, eine Elite aus Wissenschaft, Luftfahrtindustrie und Luftwaffe zu vereinen. Die von Göring proklamierte Arbeitsteilung in der Luftfahrtforschung zwischen der anwendungsorientierten Lilienthal-Gesellschaft und der grundlagenorientierten DAL entsprach hingegen nicht der Realität. Zahlreiche Vorträge waren in hohem Maße anwendungsorientiert, andere grundlagenorientiert, in ihrer Zielstellung auf praktische militärische Probleme ausgerichtet. Zwischen Grundlagenforschung und Kriegsforschung bestand kein Widerspruch. Oder wie der Kanzler der DAL, Adolf Baeumker es 1942 auf den Punkt brachte: „Es gehört nun zu den Aufgaben der Deutschen Akademie der Luftfahrtforschung, sich mit den grundsätzlichen Fragen der Wissenschaft auseinanderzusetzen. Zu diesen rechnen auch die Grundlagen der militärischen Aufgabenstellung in Kriegszeiten."[93]

Die nach dem „Führerprinzip" organisierte DAL wurde in ihrer Personalpolitik und in ihrer wissenschaftlichen Praxis nicht, wie in der Satzung festgeschrieben, von ihrem Präsidenten Hermann Göring koordiniert, sondern durch ihren Kanzler Adolf Baeumker, der sich und vor allem dem Ausschuss der DAL, dem fünf Ordentliche Mitglieder angehörten, Kompetenzen von Göring zuweisen ließ. Als Nichtakademiker war Baeumker auf den wissenschaftlichen Rat der im Ausschuss der DAL vertretenen Luftfahrtforscher angewiesen. Entsprechend stark war dessen Bedeutung als Berater- und Gutachterkreis. Er beriet die DAL in Denkschriften und in strategischen forschungspolitischen Fragen, legte die Prioritäten der Arbeitsfelder fest und organisierte die wissenschaftlichen Veranstaltungen, die dazu beitragen, den Erfahrungsaustausch zwischen der Flugzeugbauindustrie, der Welt der Ingenieure und der Wissenschaft zu vermitteln.

Die Verdrängung und zwangsweise Relegation „nicht-arischer" Mitglieder

---

[93] Baeumker, Adolf: Auswirkungen einiger technischer Neuerungen in der Kriegführung. In: Jahrbuch 1941/1942 der Deutschen Akademie der Luftfahrtforschung, (1942), S. 382-384, hier S. 384.

entwickelte sich im Unterschied zu den traditionellen Akademien nicht zu einem wissenschaftspolitischen Konfliktfeld. Die in der Satzung fixierten Aufnahmeregeln wurden bei der 1936 gegründeten DAL von vorneherein in Übereinstimmung mit der nationalsozialistischen Rassen- und Wissenschaftspolitik formuliert und im Inland nur „Reichsbürger" als Korrespondierende und Ordentliche Mitglieder zugelassen. Bei den ausländischen Mitgliedern achtete man ebenfalls darauf, eine Aufnahme „nicht-arischer" Wissenschaftler zu vermeiden.

Neben der akademischen Arbeit, zu der Vortragsveranstaltungen und Wissenschaftssitzungen gehörten, inszenierte die DAL sich mit großen, aufwändigen Feierlichkeiten im „Haus der Flieger", die auch der Integration der in der Luftfahrtforschung tätigen Elite in den NS-Staat dienten. Die DAL fungierte als Repräsentations- und Kommunikationsraum, der eine Vernetzung der in der Luftfahrt tätigen Wissenschaftler, Ingenieure und Unternehmer, Offiziere und Generäle der Luftwaffe mit den führenden Exponenten des NS-Staates förderte.

In ihrer Gründungsphase 1937/38 gelang es der DAL recht erfolgreich, renommierte Wissenschaftler aus den westlichen Industriestaaten, die auf dem Gebiet der Luftfahrtindustrie und -forschung bedeutende Unternehmen und Forschungseinrichtungen geschaffen hatten, als Korrespondierende Mitglieder zu gewinnen. Als Referenten und Gäste trugen sie insbesondere auf den mit großem Aufwand inszenierten Festveranstaltungen der DAL zum Ansehen der seit 1933 mit immensen Ressourcen geförderten, noch jungen und rasch expandierenden deutschen Luftfahrtforschung bei. Die DAL diente hier als eine wichtige kommunikative Schnittstelle, die internationale Begegnungen deutscher Luftfahrtforscher mit ausländischen Wissenschaftlern förderte. Die Gewinnung ausländischer Wissenschaftler als Korrespondierende Mitglieder der DAL stellte für die Ausschussmitglieder der DAL zugleich eine Gratwanderung dar. Ausländische Wissenschaftler waren politisch nicht so leicht zu kontrollieren und zu disziplinieren wie inländische Mitglieder. Neben ihrer fachlichen Qualifikation spielte deshalb bei der Kandidatenauswahl ausländischer DAL-Mitglieder stets auch deren politische Haltung gegenüber dem NS-Regime eine Rolle. Damit sollte vermieden werden, dass sich das Ziel, mittels ausländischer Mitglieder die Reputation der deutschen Luftfahrtforschung international zu fördern, in sein Gegenteil verkehrte.

Penibel achtete der Ausschuss der DAL bei der Auswahl ausländischer Mitglieder darauf, keine jüdischen Emigranten, die trotz ihrer Vertreibung in einigen Fällen ihre Karrieren als Luftfahrtforscher in den Aufnahmeländern erfolgreich fortsetzen konnten, oder ausländische jüdische Wissenschaftler zur Mitarbeit einzuladen. Die 1938 verschärfte Judenverfolgung führte jedoch auch zu Spannungen mit westlichen Wissenschaftlern, wie der Austritt von William

Frederick Durand im Dezember 1938 belegt. Nachdem das NS-Regime mit dem Überfall auf Polen im September 1939 zur kriegerischen Aggression übergegangen war, gehörten die ausländischen DAL-Mitglieder aus Großbritannien einem „Feindstaat" an. Nach dem Einmarsch der Wehrmacht in Frankreich und Holland im Mai 1940 galt dies auch für die DAL-Mitglieder aus den Niederlanden, die im Unterschied zu Großbritannien unmittelbar unter NS-Besatzungsherrschaft gerieten. Infolge des kriegsbedingten Abbruchs der internationalen wissenschaftlichen Beziehungen zu DAL-Mitgliedern in westlichen Industriestaaten setzte die DAL im weiteren Kriegsverlauf verstärkt auf eine Zusammenarbeit mit Wissenschaftlern aus den mit Deutschland verbündeten Ländern (Italien, Finnland und Rumänien) und neutralen Staaten (Schweiz und Schweden).

Der Verlust des wissenschaftlichen Austauschs, eine zwangsläufige Folge der aggressiven Kriegspolitik des NS-Regimes, schränkte die Möglichkeiten ein, das Prestige der deutschen Luftfahrtforschung im westlichen Ausland zu stärken. Der Wegfall der relativ geringen Anzahl von Vorträgen Korrespondierender Mitglieder aus dem westlichen Ausland führte indes nicht zu einem signifikanten Niveau- und Ressourcenverlust der wissenschaftlichen Veranstaltungen. Die internationale Isolation wurde nach Kriegsbeginn weitgehend dadurch kompensiert, dass die akademische Arbeit fast vollständig auf die deutschen Mitglieder und Wissenschaftler aus den Achsenmächten und neutralen Staaten beschränkt wurde. Dies erleichterte sogar die militärische Abschirmung geheimer Forschungsergebnisse und technischer Entwicklungen gegenüber ausländischen Wissenschaftlern. Als abgeschotteter Kommunikationsraum bot die DAL der Elite der deutschen Luftfahrtforschung ein wichtiges Diskussionsforum für den wissenschaftlichen Austausch über geheime Rüstungs- und Kriegsforschungsprojekte, die zur Kriegsanstrengung des NS-Regimes beitrugen.

Delia González de Reufels

Bevölkerungswissen in demographischen Karten und der haitianische Zensus von 1950

I. Einführung: Bevölkerung und statistische Kartografie

Für Michel Foucault war Bevölkerung die Grundlage und Wurzel staatlicher Macht und staatlichen Wohlstands. Wie für Maurice Halbwachs, bildete Bevölkerung auch für ihn den eigentlichen Rahmen aller gesellschaftlichen Tatsachen und Tendenzen. Als solche war sie untrennbar mit vielfältigen Fragen und Problemlagen verknüpft, die Staatswesen kennzeichneten. Als eine entscheidende Variable konzipiert, die für jegliche nationalstaatliche Entwicklung bedeutsam war, verdiente sie ferner besondere Aufmerksamkeit. Vor allem aber war für Foucault die Bevölkerung stets im Verhältnis zum Territorium eines Staates zu betrachten.[1]

Die sich hier manifestierenden Vorstellungen stellen eine Verbindung zwischen Gegenständen her, die in der statistischen Kartografie eine herausragende Rolle spielen: Bevölkerung und geografischer Raum. Kein Zufall auch, dass die eingangs genannten Soziologen und Philosophen, die sich in ihren Arbeiten intensiv mit Bevölkerungsfragen befasst haben, beide französische Staatsbürger waren. Sie waren gut mit der französischen Kartografie vertraut, deren Ergebnisse die Seiten von Schulbüchern wie auch die Wände französischer Bildungseinrichtungen schmückten. Das Wissen, das auf diese Weise öffentlich gemacht wurde, betraf nicht nur das Staatsgebiet, seine Grenzen und seine urbanen Zentren; hier fanden sich auch statistische sowie demographische Karten, die in Frankreich in einer langen Tradition stehen. Um diese Traditionen der Darstellung, um die dahinterstehenden Ideen und Verfahren soll es zunächst gehen. Danach sollen die statistischen haitianischen Karten von 1950 im Mittelpunkt stehen, die als Teil der ersten nationalen Zensuserhebung der Republik Haiti veröffentlicht wurden. Dass diese bislang keine Aufmerksamkeit erfahren haben, mag einerseits daran liegen, dass der erste haitianische Zensus als besonders fehlerhaft und wenig zuverlässig bewertet wurde und schon zum Zeitpunkt seiner Veröffentlichung als überholt galt.[2]

---

1 Foucault, Michel: Geschichte der Gouvernementalität I: Sicherheit, Territorium, Bevölkerung. Vorlesung am Collège de France. Frankfurt am Main 2004, S. 106.
2 Zuvekas, Clarence: Land, Tenure, Income and Employment in Rural Haiti. A Survey. Washington, D.C. 1978, S. 3.

Andererseits haben demografische Karten insgesamt und nicht nur als Teil von Zensuserhebungen bisher nur wenig Aufmerksamkeit erfahren. In der Forschungsliteratur zur Geschichte der Statistik kommen kartografische Arbeiten nicht vor,[3] auch in Studien über Bevölkerungspolitik und Bevölkerungswissen im weitesten Sinne fehlen Hinweise auf demografische Karten, die mehr sind als rein illustrativer Art. Bevölkerung wurde als Thema akademischer wie auch nicht-akademischer Diskurse für verschiedene Länder historisch untersucht, auch liegen Arbeiten vor, die sich intensiv mit Repräsentationen von Bevölkerungsentwicklung beschäftigen.[4] Zudem sind jüngst Untersuchungen vorgelegt worden, welche die Bedeutung von statistischen Karten für einzelne historische Ereignisse und Entwicklungen hervorheben.[5] Ihr Anliegen ist es, die Rezeption kartografischer Arbeiten genauer zu untersuchen und ihre Wirkung historisch zu bewerten. Dennoch fehlt es nach wie vor an Arbeiten, welche die Rolle von demografischen Karten für die Arbeit von Verwaltungsbeamten oder für staatliche Planungen berücksichtigen. Auch wurden demografische Karten und ihre Traditionen im engeren Sinne bisher nicht zum Gegenstand historischer Betrachtung gemacht. Das ist nicht zuletzt deshalb bemerkenswert, weil demografische Karten auch aus den Diskussionen des 20. Jahrhunderts über Bevölkerungswachstum und Überbevölkerung nicht wegzudenken sind, wie die britische Historikerin Alison Bashford jüngst betont hat.[6] Bashford merkt hierzu an, dass die Sorge vor einer weltweiten Bevölkerungsexplosion ab den 1920er Jahren unter anderem in Karten ihren Ausdruck fand, die in besonderer Weise angelegt waren. Nichtsdestotrotz geht Bashford in ihrer Arbeit nur am Rande auf dieses kartografische Material und seine Herstellung ein. Letztlich bewerten Historikerinnen und Historiker statistische Karten bislang nur als Beiwerk: Es handelt sich bei ihnen jeweils um den Anhang statistischer Werke oder aber um Illustrationen von Diskursen. Sie versäumen es indes, danach zu fragen, ob und wie statistische Karten für eine historische Analyse von Interesse sein können.

Dies unternimmt der vorliegende Aufsatz am Beispiel der Karten des ersten haitianischen Zensus, auch wenn aus Platzgründen Zusammenhänge nur skizziert und wichtige Fragen nur angerissen werden können. Dabei werden

---

3   Vgl. Frankel, Oz: States of Inquiry. Social Investigations and Print Culture in Nineteenth - Century Britain and the United States, Baltimore 2006. — Eine bedeutende Ausnahme stellt der Aufsatz von Palsky und Friendly zum Thema dar, der 2007 erschienen ist: Akerman, Jim/Karrow, Robert (Hgg.): Maps: Finding Our Place in the World. Chicago 2007.
4   Siehe für den deutschen Kontext z.B. Etzemüller, Thomas: Ein ewigwährender Untergang. Der apokalyptische Bevölkerungsdiskurs im 20. Jahrhundert. Bielefeld 2007.
5   Siehe z.B. die Bedeutung, die nicht nur Susan Schulten der statistischen Karten zur Verbreitung der Sklaverei in den Südstaaten der USA für die Entscheidung Lincolns beimisst, die Sklaverei abzuschaffen. Schulten, Susan: The Nation. History and Cartography in Nineteenth-Century America. Chicago/London 2012, Kap. 4.
6   Bashford, Alison: Global Population. History, Geopolitics, and Life on Earth. New York 2014, S. 99.

die Karten mit der Zensuserhebung selbst betrachtet sowie hinsichtlich ihrer Aufgabe und Funktion, ihrer Machart und ihrer Schlussfolgerungen untersucht. Eines muss an dieser Stelle jedoch bereits betont werden: Es handelt sich hier um die ersten Karten dieser Art überhaupt, die in Haiti erstellt wurden. Sie sind damit beides zugleich: Beleg für die aufholende Entwicklung dieses Landes wie auch für das Abgeschnittensein von wissenschaftlichen und politischen Entwicklungen der übrigen Welt. Denn seit der Unabhängigkeit von Frankreich im Jahre 1804 hatte es keinen Zensus mehr gegeben, sodass die Datengrundlage für derlei Darstellungen fehlte. Zwar hatte man unmittelbar nach der Emanzipation eine Volkszählung durchgeführt, diese aber offenbar nicht dokumentiert. Und auch die nachfolgenden beiden Zählungen, die in den Jahren 1919 und 1932 von den US-amerikanischen Besatzern organisiert und durchgeführt wurden, waren nicht umfassend.[7] Zum Vergleich: die Vereinigten Staaten haben seit 1790 alle zehn Jahre einen Zensus durchgeführt, während die Mehrheit der lateinamerikanischen Nationen in der zweiten Hälfte des 19. Jahrhunderts zu regelmäßigen Zensuserhebungen überging.[8] Das Fehlen dieser Erhebungen lässt im Falle Haitis darauf schließen, dass es seitens der Eliten des Landes kein wirkliches Interesse an einem derartigen Zahlenwerk gab.[9] Andererseits dürfte den führenden Kreisen auch bewusst gewesen sein, dass in Haiti die grundlegenden administrativen Einrichtungen zur Durchführung eines Zensus ebenso fehlten wie die hierzu geeigneten Personen. Schließlich gab es Mitte des 20. Jahrhunderts keine zuverlässigen und hinreichend aktuellen Karten Haitis, das weder über eine eigene Tradition noch Erfahrung im Bereich der Kartografie verfügte.[10] Insofern sind die Karten, die dem haitianischen Zensus beigegeben wurden, in vielfacher Hinsicht eine Novität und markieren einen ersten Aufbruch des Landes in ein statistisches Zeitalter bzw. stellen einen ersten Versuch auf diesem Feld dar.

II. Zu den Ideen und Traditionen der demografischen Kartografie

Bevölkerungskarten bzw. demografische Karten stellen als eine Form der statistischen Karte bis heute verschiedene grafische Aufbereitungen von Bevölkerungsfragen zur Verfügung. Vor dem Aufkommen der thematischen oder sta-

---

7 Swan, Edward P.: Assignment to Haiti. A Special Report. Washington, D.C. 1951, S. 1.
8 Für die USA vgl. Anderson, Margo: The American Census. A Social History. New Haven u.a. 1988.
9 Zur Geschichte des ersten haitianischen Zensus siehe auch: González de Reufels, Delia: Dieses heroische Volk verdient unsere Liebe. Deutungen der demografischen Entwicklung Haitis und die Anfänge der haitianischen Familienplanung in der zweiten Hälfte des 20. Jahrhunderts. In: Etzemüller, Thomas (Hg.): Vom Volk zur Population. Interventionistische Bevölkerungspolitik in der Nachkriegszeit. Münster 2015, S. 105-133.
10 Swan: Assignment to Haiti, S. 3.

tistischen Kartografie war Bevölkerung stets in Tabellen dargestellt worden. Die Karte war städtischen Räumen und der Natur – beispielsweise Flüssen und Höhenzügen – vorbehalten geblieben.[11] In den demografischen Karten fanden die beiden Disziplinen der Statistik und der Geografie im frühen 19. Jahrhundert mit den Mitteln der Kartografie zusammen, deren Modi der Darstellung sich seit ihrem Aufkommen innerhalb weniger Jahre signifikant fortentwickeln sollten. Frankreich nahm auf dem Gebiet der Bevölkerungskarten eine besondere Rolle ein, auch wenn sowohl die Idee derartiger Karten als auch die darin zur Anwendung kommenden Verfahren auf eine 1828 in Preußen angefertigte Karte zurückreichen; sie sollte großen Widerhall finden und vergleichbare Projekte zunächst in Europa und später auf dem amerikanischen Doppelkontinent anregen.[12]

Das lag nicht zuletzt daran, dass diese kartografische Innovation die logische und mithin auch „natürliche" Fortsetzung der Tendenz war, die Komplexität der Moderne mittels der Statistik aufzuarbeiten. So betonte 1836 der in die Vereinigten Staaten emigrierte Jurist und Publizist Francis Lieber, dass die Statistik in dem Maße an Bedeutung gewinnen würde, in dem die Zivilisation voranschreite.[13] In dieser Aussage manifestierten sich die zeitgenössische Erfahrung von Dynamik und beständigem Wandel, die unter anderem durch Zuwanderung und eine sich verändernde Bevölkerung verursacht wurde. Auf diesen Wandel schienen die demografischen Karten der 1820er und 1830er Jahre in besonderer Weise zu reagieren, indem sie Risiken von Bevölkerungsentwicklungen und sich daraus ergebende Problemlagen kartografisch aufbereiteten und herausstellten.[14] Hatten bis dahin noch Annahmen über die „Natur des Menschen" menschliche Verhaltensweisen erklärt, so richtete sich zumindest in Frankreich das Interesse von Adolphe Quetelet auf die Abstraktion des „Durchschnittsmenschen". Dessen Kennzeichnen wurden auf der Grundlage von Mittelwerten und von aggregierten Daten herausgearbeitet.[15] Dieser durchschnittliche Franzose schien neue, vermeintlich wissenschaftlich fundierte Einsichten über den zeitgenössischen Menschen zu vermitteln und regte auch anderenorts vergleichbare Betrachtungen an.[16] Nicht zuletzt kündete die „Erfindung" des Durchschnittsmenschen durch Quetelet von einem grundlegend veränderten Weltbild.

In vielerlei Hinsicht war die demografische Karte demnach der Kulminati-

---

11 Palsky, Gilles: La cartographie statistique de la population au XIXe siècle. In: Espace, Populations, Sociétés 3 (1991), S. 451-458.
12 Robinson, Arthur Howard: Early Thematic Mapping in the History of Cartography. Chicago/London 1982, S. 62.
13 Zitiert nach Schulten: Mapping, S. 123.
14 Robinson: Early Thematic Mapping, S. 158-159. — Siehe auch: Palsky, Gilles: Des Chiffres et des cartes: naissance et développement de la cartographie quantitative française au XIXe siècle. Paris 1996.
15 Robinson: Early Thematic Mapping, S. 36-37.
16 Schulten: Mapping the Nation, S. 123.

onspunkt einer längeren Entwicklung. In deren Verlauf änderten sich kartografische Darstellungsformen und Konventionen mit dem Ziel, Karten nicht nur als Instrumente zur Vermittlung statistischer Informationen zu nutzen, sondern auch, um das „Unsichtbare sichtbar zu machen".[17] Karten sollten zugleich zur Generierung neuen Wissens beitragen, indem sie Informationen aus bereits gesammelten Daten destillierten und neu zusammenstellten. Wenn auch in Lateinamerika in Zensuserhebungen nach der Altersstruktur der Bevölkerung, ihrem Bildungsstand, ihrer Erwerbstätigkeit und ihrem Geschlecht gefragt wurde, so geschah das mit dem Ziel, Daten zu erzeugen, von deren Kenntnis sich nicht nur Politiker wichtige Impulse beispielsweise für infrastrukturelle Verbesserungen oder soziale Reformen erhofften. Es ging um eine vertiefte „Lesbarkeit" des eigenen Staatswesens, die die Politik anleiten, Entscheidungen vorbereiten und Fortschritt befördern würde. Zugleich ging es auch darum, die Kontrolle des Staates zu verbessern und seine Zuständigkeit zu mehren.[18]

Beides versprachen die Bevölkerungskarten zu leisten. Ein eindringliches Beispiel hierfür ist die erste Karte zur sogenannten „Moralstatistik" Frankreichs aus dem Jahre 1827 von Charles Dupin.[19] Diese Karte stellte einen vieldiskutierten Zusammenhang zwischen Schulbildung, Armut und Kriminalität her, der auch internationale Beachtung fand. So erschien in Mexiko in der Zeitschrift der *Geografischen Gesellschaft* in der ersten Ausgabe des Jahres 1839 ein langer Aufsatz, der die „Moral" der mexikanischen Bevölkerung im Vergleich zur französischen analysierte und Bezug auf die Karte von Dupin nahm.[20] Anhand dieser Rezeption Dupins werden weitere Gründe für die rasante Verbreitung statistischer Karten offenbar: Sie verdichteten Daten in ansprechender Weise und regten zu Vergleichen an, die modernen Gesellschaften inhärent sind, weil diese „sich grundsätzlich in einem Wettbewerb miteinander befinden".[21] Das trug zur weiteren Attraktivität dieser Kartografie bei, welche die Weltausstellung des Jahres 1900 in Paris gegen Ende des sogenannten „Zeitalters des Enthusiasmus für die Grafik" ihrerseits unterstrich.[22] In den Pavillons wurden

---

17 So zumindest fasst die Kunsthistorikerin Magali M. Carrera die eigentliche Leistung der Kartografie des 19. Jahrhunderts zusammen: Carrera, Magali M.: Travelling from New Spain to Mexico. Mapping Practices of Nineteenth Century Mexico. Durham/London 2011, S. 19.

18 Scott, James C.: Seeing Like A State. How Certain Schemes to Improve the Human Condition Have Failed. New Haven/London 1998, 51-52.

19 Siehe Schulten, Susan: Mapping the Nation. History and Catography in Nineteenth-Century America. Chicago/London 2012, S. 122. — Tatsächlich scheint Dupins Landsmann André-Michel Guerry als erster im Jahre 1833 den Begriff der „statistique morale" verwendet zu haben. Siehe Guerry, André-Michel: Essai sur la statistique morale de la France. Paris 1833.

20 Vgl. die 1901 erneut abgedruckten alten Ausgaben des „Boletín": Olavarría, Enrique: La Sociedad Mexicana de Geografía y Estadística. México, D.F. 1901.

21 Mauch, Christof/Patel, Kiran Klaus (Hgg.): Wettlauf um die Moderne. Die USA und Deutschland 1890 bis heute. Bonn 2008, S. 15.

22 Palsky: La cartographie statistique, S. 456.

gerade diese Karten in großer Zahl mit Erfolg ausgestellt. So zogen nicht zuletzt die englischen Karten viele Besucher an, die auf den Untersuchungen von Charles Booth über die Armut in der englischen Hauptstadt beruhten.[23] Sie rückten die räumliche Nähe von Armen und Reichen in der britischen Metropole ebenso ins Bild wie die Zahl verarmter Stadtbewohner insgesamt. Hier wird schließlich eine weitere Dimension dieser Karten greifbar, die mit dem Stichwort „Popularisierung von Wissen" zusammengefasst werden kann.

Abschließend muss ein weiterer Aspekt von Statistik und Geografie in ihrer Verbindung zur Kartografie erwähnt werden, der für die jungen lateinamerikanischen Nationen zu Beginn des 19. Jahrhunderts von besonderem Interesse war. Diese Disziplinen bildeten nicht einfach nur ab, sondern erzeugten vielmehr erst die Bilder, die es erlaubten, die eigene Nation zu „finden", ihre Besonderheiten und Problemlagen zu identifizieren. Weil diese Disziplinen dazu beitrugen, die Nationen im eigentlichen Sinne als Gemeinschaft zu „erfinden", wurden statistische Erhebungen, auf denen demografische Karten beruhten, auch für die jungen Staaten des amerikanischen Doppelkontinents geradezu unverzichtbar.[24] Der Zensus folgte hier stets auf die Landkarten, die als erste im Rahmen aufwändiger kartografischer Projekte entstanden. Diese Bilder des „nationalen Raumes" dienten zugleich seiner tatsächlichen Erschließung wie auch seiner mentalen Aneignung.[25] Der Statistik gelang es, dieses von den Atlanten und Landkarten entworfene Bild zu präzisieren bzw. zu vertiefen: Im genau vermessenen und kartierten Staatsterritorium wurde die eigene Bevölkerung verortet und nach Alter, ethnischer Zugehörigkeit und vielen anderen Gesichtspunkten kategorisiert. Hierzu leisteten vielfach europäische Akteure einen wichtigen Beitrag. Darin fand der politische, ökonomische und wissenschaftliche Austausch mit Italien, England und Frankreich einen weiteren Niederschlag. Die Ideen und die Formen der Darstellung wurden nicht verändert. Dies geschah nicht zuletzt in der Absicht, einem Vergleich mit europäischen Darstellungen standhalten zu können. Auf diese Weise verliehen beide Disziplinen mittels der demografischen Kartografie dem abstrakten Konzept der Nation und seiner Bürger eine konkrete, materiell erfahrbare Dimension. Zugleich setzten sie mit ihren Arbeiten wichtige Standards, die in Lateinamerika vielfach

---

23 Rodgers, Daniel T.: Atlantic Crossings. Social Politics in A Progressive Age. Cambridge, MA/London 1998, S. 13.
24 Vgl. Anderson, Benedict: Imagined Communities. Reflections on the Origin and Spread of Nationalism. London/New York [7]1996, S. 163-164. — Die Bedeutung der Geographie wird verstärkt von der historiografischen Forschung zu Lateinamerika zur Kenntnis genommen. Vgl. z.B. Castillo, Lina María del: The Science of Nation Building: A History of Geographic Sciences in Colombia, 1821–1921. Dissertation, University of Miami 2007.
25 Applebaum, Nancy P.: Mapping the Country of Regions. The Chorographic Commission of Nineteenth-Century Colombia. Chapel Hill 2016.

bis ins 20. Jahrhundert hinein Beachtung fanden.[26] Das galt auch für die Innovationen der statistischen Kartografie und deren Verfahren.

III. Verfahren und Ideen der Abbildung

Ende der 1930er Jahre wies H. Gray Funkhouser in einer umfangreichen Forschungsarbeit darauf hin, dass die Verfahren der grafischen Abbildung von statistischen Inhalten längst zu einer nahezu universellen Sprache der Wissensvermittlung avanciert seien. Deren Entwicklung habe über einhundert Jahre in Anspruch genommen und sei bestimmt gewesen durch die Geschwindigkeit, mit der die Statistik neue Wissensfelder erschlossen habe.[27]

Zu den Innovationen jener „universellen Sprache" zählte die Verwendung von Grafiken, aber auch von Farben, die sich den neuen Möglichkeiten der Drucktechniken verdankte. Farbliche Absetzungen versetzten Kartografen in die Lage, statistische Daten in konziser Form zu vermitteln, wie es bei der sogenannten Chloroplethenkarte von Dupin der Fall war. Auf dieser Karte wurden Gebiete im Verhältnis zur Verteilungsdichte eines thematischen Gegenstandes eingefärbt bzw. schattiert, schraffiert oder mit Punkten markiert. Diese Neuerung entsprach dem allgemeinen ästhetischen Empfinden und fand in Frankreich rasch große Verbreitung[28], sie begegnet aber auch schon auf der bereits erwähnten ersten demografischen Karte Preußens. Folglich ist davon auszugehen, dass viele dieser Neuerungen sich in Europa nahezu zeitgleich entwickelten, diese einem allgemeinen und weniger nationalen Zeitgeschmack entsprachen und es ferner einen regen Austausch unter Kartografen gab, die einander darüber hinaus auch kopierten.

Bemerkenswert ist ferner das Tempo, in dem die maßgeblichen Verfahren entwickelt wurden und Verbreitung fanden. 1830 nutzte der Franzose Armand-Joseph Frère de Montizon ein gänzlich neues Element, als er kleine Kreise auf einer bereits existierenden Karte Frankreichs einzeichnete. Die Karte stellte die Republik Frankreich mit ihren Grenzen und Verwaltungseinheiten, den „départements" dar. Jeder von Montizon eingezeichnete Punkt repräsentierte 10.000 Einwohner, sodass der Betrachter die Punkte nur noch zusammenrechnen

---

26 So wurden einige geographische Arbeiten zu „kanonischen Texten" der Nation, wie es bei dem hier untersuchten Werk von Agustín Codazzi aus dem Jahre 1841 der Fall war. Es wurde noch in den 1950er Jahren als eines der wichtigsten Werke über Venezuela bezeichnet. Vgl. hierzu Reid, John T.: Knowing Venezuela through Books. In: Hispania 36 (1953), Nr. 3, S. 289-290.
27 Funkhouser, H. Gray: Historical Development of the Graphical Representation of Statistical Data. In: Osiris 3 (1937), S. 270-271.
28 Vgl. z.B. die demografischen Karten des Comte d'Angeville aus dem Jahre 1836, die unter folgendem Titel veröffentlicht wurden: L'essai sur la statistique de la population française. Paris 1836. — Siehe zur Bedeutung dieser Karten auch das Vorwort des Nachdrucks Le Roy Ladurie, Emmanuel: Préface à la réimpression de l'essai sur la statistique de la population française. Paris 1969.

musste, um die Einwohner eines „départements" in absoluten Zahlen ermitteln zu können.[29] Obschon diese Repräsentation von Bevölkerung deutlich weniger Verbreitung finden sollte als die von Dupin, ist sie bis heute bekannt und immer wieder verwendet worden. Sie findet sich auch auf der Karte, die Finch und Baker ihrem Werk *Geography of the World's Agriculture* aus dem Jahre 1917 voranstellten.[30] Wie schon frühere britische Karten, verließ diese Karte den nationalen Bezugsrahmen, um ein grenzübergreifendes Bevölkerungsproblem abzubilden: Es ging um die Weltbevölkerung und deren Verteilung auf die einzelnen Kontinente. Weil die Weltbevölkerung zu Zeiten des Ersten Weltkrieges gegenüber der von Montizon dramatisch zugenommen hatte, wies die Legende unterhalb der Karte darauf hin, dass jeder Punkt eine halbe Million Menschen repräsentiere. Das Verfahren selbst blieb jedoch unverändert und Bevölkerung in einer ungebrochenen Tradition darstellbar als Abstraktion bzw. Punkt.

Eine Kombination der genannten Verfahren wurde schließlich vom Briten Henry Drury Harness 1837 für eine Serie von Karten gewählt. Sie waren einem Bericht der Kommission über den Eisenbahnbau in Irland beigegeben und sollten die Überlegungen des Eisenbahningenieurs nachvollziehbar machen.[31] Seine Aufgabe war es, die besten Trassen für eine neue Eisenbahn zu ermitteln; diese bewältigte er unter anderem mit Hilfe der Daten des irischen Zensus von 1831. Harness berücksichtigte hierzu unter anderem die bekannte Zahl von Einwohnern verschiedener urbaner Zentren sowie die Dichte der Bevölkerung jenseits der Städte und verwendete in der kartografischen Aufarbeitung dieser Werte sowohl die Verfahren der Chloroplethenkarten als auch die Punkte des Frère de Montizon. Die Größe der Punkte variierte hier allerdings in Abhängigkeit zur Anzahl der Menschen, sodass sie jeweils größer oder kleiner wurden. Weitere Karten gaben zusätzlich Auskunft über die Zahl der Reisenden und der Handelswaren auf den wichtigsten Wegen. Sie machten die Bewegung von Menschen und Gütern in einem nationalen Raum sichtbar und bezeugten die Dynamik des Austauschs. Dies gelang Harness, indem er nur zehn Jahre nach der Veröffentlichung einer der ersten thematischen Karten überhaupt alle ihm zur Verfügung stehenden Mittel der Repräsentation von Bevölkerung im Raum verwendete. Sie bildeten ein Repertoire, das sich in den nachfolgenden Jahren fest etablieren und noch um die sogenannten Isoplethenkarten erweitern sollte. Damit hatten sich gegen Ende des 19. Jahrhunderts bereits alle Darstellungsformen der demografischen Karten entwickelt, welche die Karten des haitianischen Zensus von 1950 prägen sollten.

---

29   Frére de Montizon, Armand-Joseph: Carte philosophique figurant la population de la France. Paris 1830.
30   Finch, V.C./Baker, O.E.: Geography of the World's Agriculture. Washington, D.C. 1917.
31   Vgl. Robinson, Arthur Howard: The 1837 Maps of Henry Drury Harness. In: The Geographical Journal 121 (1955), Nr. 4, S. 440-450.

IV. Das haitianische Zensusprojekt und seine demografischen Karten

Der erste Zensus der Republik Haiti ging auf eine Initiative des ersten Interamerikanischen Demografischen Kongresses zurück, der 1943 in Mexiko-Stadt tagte. Seine Delegierten forderten eine gesamtamerikanische Zensuserhebung, die unter anderem dazu beitragen sollte, die „demografischen Probleme der Gegenwart" zu lösen.[32] Der Zensus wurde für das Jahr 1950 beschlossen, für das eine hinreichend große Zahl an amerikanischen Staaten ohnehin eine Erhebung durchführen würden, sodass der „kontinentalamerikanische Zensus" einem bereits bestehenden Rhythmus angepasst wurde. Und auch die Vertreter der Republik Haiti, die nach Mexiko-Stadt gereist waren, verpflichteten sich, einen nationalen Zensus durchzuführen, dessen Ergebnisse veröffentlicht und nachfolgend mit den Daten anderer karibischer und amerikanischer Staaten verglichen werden sollten.[33] Haiti war indessen zu keinem Zeitpunkt in der Lage, ein solches Projekt aus eigener Kraft durchzuführen und die ermittelten Daten zu veröffentlichen. Damit wurde nicht nur der Rückstand Haitis gegenüber den anderen lateinamerikanischen Staaten sinnfällig, auch die Abhängigkeit Haitis von ausländischer personeller und verwaltungstechnischer Unterstützung wurde öffentlich: Einzig und allein die Hilfen, die von den USA geleistet und erst durch das *Institute of Inter-American Affairs* und dann unter dem Dach des Programms „Point Four" ermöglicht wurden, ließen den Zensus des Jahres 1950 als durchführbar erscheinen.

Dem Zensus gingen ferner weitreichende institutionelle und administrative Veränderungen in Haiti voraus, das eine eigene Zensusbehörde aufbauen und geeignetes Personal für den Zensus rekrutieren und schulen musste. Ähnlich aufwändig gestaltete es sich, das Fehlen eigener allgemeiner topografischer Karten und Stadtkarten auszugleichen. Zur Organisation und Durchführung des Zensus wurden schließlich Karten herangezogen, die auf Aufnahmen der Luftaufklärung der Vereinigten Staaten und auf Karten der CIA beruhten. So ließ sich dieser Mangel zwar kurzfristig beheben, dass es aber kein eigenes kartografisches Institut in Port-au-Prince gab, sollte die Arbeit am Zensus auch zu einem späteren Zeitpunkt noch behindern, weil das Land über kein kartografisch geschultes Personal verfügte. Die Einstellung von Kartografen war beschlossen worden, diese wurden allerdings an der neuen Zensusbehörde beschäftigt und konnten in ihrer Arbeit nicht auf bereits bestehende Strukturen aufbauen.[34]

Wenn der Zensus insgesamt dazu dienen sollte, Haiti als modernen Staat zu präsentieren, so konnte zumindest dieser Teil des Unterfangens bereits im

---

32 Vgl. Resultados del Primer Congreso Demográfico Interamericano. In: Estadística (1943), S. 69.
33 Zur Geschichte des Zensus vgl. González de Reufels: Dieses heroische Volk verdient unsere Liebe, S. 109-111.
34 Swan, Edward P.: Assignment to Haiti, S. 3 und S. 7.

Vorfeld der Erhebung als gescheitert gelten. Die Erhebung selbst belegte eindrücklich die Rückständigkeit des haitianischen Staatswesens, seiner Infrastruktur und seiner Bewohner: Es gelang trotz aller ausgefeilten Werbemaßnahmen nicht, die zu zählenden Haitianer von der Sinnhaftigkeit des Zensus zu überzeugen. Sie unterliefen in vielfältiger Weise die Erhebung, versteckten sich oder machten falsche Angaben.[35] Auch konnte die neu geschaffene haitianische Zensusbehörde die fragwürdigen Ergebnisse der Erhebung nicht so schnell veröffentlichen wie erhofft. Daher resümierte der US-amerikanische Experte Edward P. Swan, der eigens nach Port-au-Prince entsandt worden war, um den haitianischen Zensus zu unterstützen, dass die Haitianer selbst das eigentlich unüberwindliche Hindernis des Zensusprojektes gewesen seien: Analphabetismus, fehlende Schulbildung, Aberglaube und Misstrauen gegenüber staatlichen Interventionen jedweder Art seien dem Zensus nicht zuträglich gewesen und die in ihm gemachten Angaben zu einem Großteil fehlerhaft.[36] Obschon der Zensus einen beträchtlichen Anteil des staatlichen Budgets verschlungen hatte, ließ er die Qualität vermissen, die ein solches Zahlenwerk um die Mitte des 20. Jahrhunderts eigentlich hätte erreichen sollen. Dass Swan ihn dennoch als hilfreich betrachtete und haitianischen Politiker und Publizisten ihn als Meilenstein feierten, lässt sich nur damit erklären, dass es zuvor gar keine Daten dieser Art gegeben hatte.[37] Somit konnte auch eine fehlerbehaftete Erhebung einen signifikanten Fortschritt markieren. Und sie konnte dazu genutzt werden, staatliches Handeln anzuleiten bzw. zu rechtfertigen.

Diese Aufgabe sollten auch die Karten erfüllen, welche die Ergebnisse des Zensus aufbereiteten.[38] Hier sind einerseits die recht rudimentären Karten veröffentlicht, die dem Zensus selbst zugrunde lagen und Auskunft über die „départements" und ihre kleineren Verwaltungseinheiten geben. Andererseits fehlt eine große Karte, die einen geografischen Überblick über ganz Haiti gibt: Es bleiben die Einzelbetrachtungen der „départements" und ein fragmentierter Blick auf Haiti. Dieser findet sich zudem geschlossen als Teil des Anhangs und steht somit getrennt von der eigentlichen Dokumentation und Interpretation des Zensus.

Ferner kreisen die demografischen Karten im ersten Band nahezu ausschließlich um das Thema der Bevölkerungsdichte und nehmen damit einen „klassischen" Gegenstand der Bevölkerungskarten auf. Hier wird die Konzentration auf eine als besonders problematisch begriffene Bevölkerungsentwick-

---

35 Dies moniert Swan ausführlich in seinem Bericht: Swan: Assignment to Haiti, passim.
36 Ebd., S. 4-5.
37 Ebd., S. 21.
38 Die nachfolgend untersuchten demografischen Karten stammen aus dem ersten Band der haitianischen Zensuspublikation: République d'Haïti. Recensement général de la République d'Haïti, août 1950. Port-au-Prince 1950–1955.

lung greifbar, die in den Texten des Zensus und dem eigentlichen Zahlenwerk hingegen weniger hervortritt. Die Konventionen der Darstellung rücken dieses Ergebnis der Bevölkerungserhebung in den demografischen Karten in den Mittelpunkt: Sie geben nicht nur Auskunft über die Zahl der in Haiti lebenden Menschen, sie setzen diese zwangsläufig in Beziehung zum Staatsgebiet. Damit tritt die Bevölkerungsdichte als das eigentliche Bevölkerungsproblem Haitis hervor. Die Karten fassen im ersten Band der Zensuserhebung dessen Ergebnisse vor allem bezüglich der Anzahl von Einwohnern pro Quadratkilometer für jedes einzelne „département" zusammen. Die betrachteten Einwohnerzahlen werden durch Schraffierungen dargestellt, weil die Publikation auf Farbtafeln und zusätzliche Chloroplethkarten verzichtet. Hier bildet die Spanne von 0 bis 99,9 Einwohner pro km^2 den kleinsten möglichen Wert der Darstellung; er lässt sich für die Mehrzahl der betrachteten Verwaltungseinheiten aber kaum finden. Stattdessen bilden die schwarz-weißen Schraffierungen überwiegend 100 bis 199,9 sowie 200 bis 399,9 Einwohner pro Quadratkilometer ab und erfassen auch „400 Einwohner und mehr" für die Ballungsräume Cap Haitien und Port-au-Prince. Damit stellen die demografischen Karten einen besorgniserregenden Aspekt der Bevölkerungsentwicklung heraus, der von der Elite des Landes lange nicht eingestanden worden war. Er würde erst Mitte der 1950er Jahre und selbst dann auch nur vereinzelt konzediert werden.[39] Dem Betrachter der Karten erschließt sich das Problem indessen auf einen Blick.

Auf einem Gebiet, das kleiner ist als Belgien, wurden allerdings nicht nur 3.350.000 Einwohner gezählt, auch die landwirtschaftlich nutzbare Fläche war sehr gering. Die besondere Topografie Haitis mit seinen schroffen Bergen und seinen von Erosion und intensiver Nutzung bedrohten Ackerflächen waren Teil des problematischen Szenarios. Jedoch wurde dies von den demografischen Karten eher verschleiert als herausgestellt: Obschon es seit über 100 Jahren geeignete Verfahren hierzu gab, wählten die Kartografen ein Jahr nach dem Zensus eine andere Darstellungsform. Die Schraffierungen der demografischen Karten nehmen bewusst die gesamte Fläche ein und werden nicht mit anderen Daten kombiniert. So bleibt offen, wieviel nutzbare Fläche den gezählten Menschen zur Verfügung steht, wodurch das bereits sichtbare Missverhältnis zwischen Territorium und Anzahl der Bewohner in den demografischen Karten stark gemildert wird. Indem eine maßgebliche Größe nicht in die Darstellung einbezogen wird, kann die Aussage der Karten gemildert, die Sprengkraft der Bevölkerungszahlen entschärft und deren Dramatik verdrängt werden.

Demografische Karten, die auf diese Weise gearbeitet sind, sind kaum dazu geeignet, neue Wissensbestände im Sinne der statistischen Karten des 19. Jahr-

---

39 Vgl. z.B. Aristide, Achilles: Mes impressions de la première conférence de l'hémisphère occidental sur les problèmes de la population. Port- au-Prince 1955.

hunderts herzustellen; sie sind indessen sehr gut dazu zu verwenden, politische Fehler zum Beispiel bei der haitianischen Bevölkerungspolitik zu kaschieren. Insofern ist es mehr als stimmig, dass die demografischen Karten des Zensus von 1950 nur einen geringen Teil der zur Verfügung stehenden Mittel und Verfahren der Darstellung verwenden und ihr Potential nicht annähernd entfalten. Einem Vergleich mit ambitionierten demografischen Karten ihrer Zeit halten sie ebenso wenig stand, wie dem Vergleich mit den statistischen und demografischen Karten des 19. Jahrhunderts.

Die seinerzeit veröffentlichen Karten sind nicht zufällig in der Wahl der Darstellungsmittel sehr reduziert, dienen zumindest vordergründig ausschließlich einer oberflächlichen Bestandaufnahme und muten vor allem technisch an. Schließlich regt keine der demografischen Karten des haitianischen Zensus dazu an, weiter über die Bevölkerung des Landes nachzudenken. Fast scheint es, als sei es ihr eigentliches Ziel gewesen, eine tiefergehende Beschäftigung mit der haitianischen Bevölkerungsrealität zu verhindern. Damit entlarven die demografischen Karten den ersten Zensus Haitis: Diese Zensuserhebung erfüllte ihren Zweck in Wirklichkeit nicht aufgrund ihrer offensichtlichen Ungenauigkeiten, sondern, weil sie in letzter Konsequenz nicht durch ein Interesse an Bevölkerungsfragen und Bevölkerungswissen motiviert war. Politisches Handeln sollte hier nicht durch neues Wissen angeleitet werden, auch ging es nicht um die „Lesbarkeit" des eigenen Staates. Kurzum: die ersten demografischen Karten Haitis leisteten keinen überzeugenden eigenen bzw. neuen Beitrag zur Betrachtung der haitianischen Bevölkerung.

V. Schlussbetrachtung

Das Fehlen statistischer Karten für die Republik Haiti bis ins Jahr 1950 mag verwundern und der allgemeinen haitianischen Rückschrittlichkeit zugeschrieben werden. Dass Haiti dennoch zu seinen ersten demografischen Karten im Kontext des Zensus kam, ist allerdings nicht nur von anekdotischem Wert. Als Haiti das Zeitalter der amerikanischen Revolutionen durch die Emanzipation von der Kolonialmacht Frankreich eingeleitet hatte, wandte es sich nicht dem Aufbau eines Staatswesens nach europäischem Vorbild zu. In der Folge nahm es auch nicht an Entwicklungen auf dem Gebiet der Statistik und Geografie sowie der Kartografie teil, die im Lauf des 19. Jahrhunderts maßgebliche Bedeutung bei der Imagination des eigenen Staatsgebietes, seiner Bewohner und seiner Ressourcen erlangten. Die haitianischen Eliten richteten ihr Augenmerk erst auf diese Fragen, als diese explizit zur Voraussetzung für den Dialog mit den anderen Staaten des amerikanischen Doppelkontinents geworden waren. Dass das Prestigeprojekt des Zensus kaum gelingen konnte, lag an einer großen Zahl an Versäumnissen und der ausgebliebenen Modernisierung des Landes. Die demografischen Karten von 1950 stellen diese Tendenz unmissverständlich unter Beweis.

Susanne Heim

Kalter Krieg, Bevölkerungspolitik und die Professionalisierung der Demographie

„Liebe Eltern! Zu der Geburt Ihres Kindes übermitteln wir Ihnen unsere herzlichsten Glück- und Segenswünsche. Möge das Kind Ihnen recht viel Freude bereiten und sich zu einem echten deutschen Menschen entwickeln, der in Fleiß, Ordnung, Strebsamkeit und Sparsamkeit im Leben seinen Weg geht. Ein treuer Begleiter auf diesem Lebenswege ist ein Sparkassenbuch."[1]

Während in Deutschland die Überalterung der Gesellschaft als Folge niedriger Geburtenzahlen problematisiert wird, ist auf globaler Ebene die Überbevölkerung immer wieder ein mehr oder minder dramatisch inszeniertes Medienthema. In der Regel wird die Diskussion um Überbevölkerung ahistorisch geführt, als handele es sich um ein akutes Problem. Verfolgt man die Geschichte dieser Debatte, so zeigen sich jedoch deutliche Verschiebungen in der Perspektive auf den Gegenstand „Bevölkerung" und in den sich daraus ergebenden Problemdefinitionen. Überbevölkerung tritt demnach mal als Ressourcen- oder Nahrungsmangel, dann wieder als Migrationsdruck in Erscheinung; Umweltzerstörung, soziale Unruhen, gar Terrorismusgefahr werden als Ausdruck eines demographischen Ungleichgewichts interpretiert, ohne dass die Maßstäbe klar wären, nach denen ein Zuviel an Menschen definiert wird. Die häufig wechselnden Argumentationsmuster und Interventionsstrategien spiegeln den jeweiligen Zeitgeist. Die Annahme, dass es in einer Region, einem Staat oder auf dem ganzen Globus zu viele Menschen gäbe, legt implizit die Vorstellung nahe, dass die Bevölkerungszahl eine Variable wäre, die den vermeintlich gegebenen Verhältnissen, etwa den Ressourcenvorräten, angepasst werden könne oder müsse. Dies setzt auch eine Entscheidung darüber voraus, wer überzählig ist und mit welchen Methoden diese Anpassung vollzogen werden soll. Je bedrohlicher das Szenario der Überbevölkerung, desto eher werden ethische Bedenken ignoriert, wenn es darum geht, das vermeintliche Ungleichgewicht ins Lot zu bringen.

Im vorliegenden Aufsatz soll die Bevölkerungsdiskussion in den ersten Jahrzehnten des Kalten Krieges näher untersucht werden. In der Zeit von Mitte der 1940er bis Mitte der 1970er Jahre veränderte sich die Diskussion über das Bevölkerungswachstum nicht nur auf wissenschaftlichem Gebiet bis hin zu einer 180-Grad-Wende in der Erklärung demographischer Entwicklungen. Auch in der bevölkerungspolitischen Praxis fand ein deutlicher Wandel statt: Hatte bis

---
1   Rundschreiben der Städtischen Sparkasse Detmold an junge Eltern, November 1957.

zum Ende des Zweiten Weltkrieges noch die Migrationssteuerung als wichtigstes Instrument zur demographischen Regulierung gegolten, so stand seit den 1960er Jahren die globale Steuerung von Geburtenraten im Fokus praktischer Bevölkerungspolitik. Beflügelt durch politische Interessen und technische Neuerungen, schien nun die Einflussnahme darauf, wie viele Kinder Frauen insbesondere in den Ländern der Südhalbkugel zur Welt brachten, nicht nur im Bereich des Machbaren, sondern bei Strafe des Untergangs dringend geboten. Damit aber hatte das Aktionsfeld von Bevölkerungspolitikern den nationalen Rahmen gesprengt und demographische Politik wurde endgültig zum Bestandteil der Außenpolitik.

Im Folgenden geht es nicht um die Frage, ob, unter welchen Bedingungen und für wen das Bevölkerungswachstum auf nationaler oder globaler Ebene Ausdruck von Fehlentwicklungen sein kann; und auch die praktische Bevölkerungspolitik wird nur am Rande thematisiert. Vielmehr werde ich mich auf das Verhältnis von Demographie und Politik konzentrieren. Der Prozess der Professionalisierung, den die Demographie in den ersten Nachkriegsjahrzehnten durchlaufen hat, ist gleichermaßen geprägt von Katastrophenrhetorik im Interesse politischer Einflussnahme wie vom Bemühen um wissenschaftliche Seriosität. Beides hat die Kategorienbildung der Wissenschaft beeinflusst. Während Frauen aus dem Bevölkerungsdiskurs fast völlig verschwanden und stattdessen nur noch abstrakt von Fruchtbarkeitsraten und demographischem Wachstum etc. die Rede war, setzten die meisten Vorschläge zur Lösung des Bevölkerungsproblems bei den Frauen in den Ländern des Südens an.

***

In den frühen 1940er Jahren, noch vor Gründung der UNO, hatten sich die Vereinten Nationen mit den absehbaren Bevölkerungsverschiebungen auseinandergesetzt, die als Folge von Umsiedlungen, Flucht, Kriegszerstörungen und Grenzverschiebungen unvermeidlich sein würden.[2] In der unmittelbaren Nachkriegszeit galt vor allem Westeuropa als überbevölkert aufgrund der hohen Zahl von Displaced Persons und Vertriebenen, aber auch, weil die Kriegseinwirkungen die wirtschaftlichen Kapazitäten im Verhältnis zur Bevölkerungszahl hatten schrumpfen lassen. Das *Intergovernmental Committee for European Migration* bezifferte selbst im Jahr seiner Gründung 1951 den Bevölkerungsüberschuss in Westeuropa noch auf drei bis fünf Millionen Menschen, deren „Präsenz eine ökonomische Last und eine politische Bedrohung" darstelle.[3] Das Komitee organisierte die Auswanderung von Europa nach Nord- und Südamerika sowie Au-

---

2   Kulisher, Eugene M.: Europe on the Move. War and Population Changes 1917–1947. New York 1948. — Ders.: The Displacement of Population in Europe, Montreal 1943. — Schechtman, Joseph B.: European Population Transfer 1939–1945. New York/Oxford 1946.
3   The Work of the Intergovernmental Committee for European Migration (ICEM). In: Intégration 1 (1954), S.171-178.

stralien und förderte die Integration der Emigranten in den Zielgebieten durch Existenzgründungskredite, Umschulungs- und Sprachkurse. 1953 schuf der Europarat den Posten eines „Sonderbeauftragten für nationale Flüchtlinge und Bevölkerungsüberschüsse" und besetzte ihn mit dem ehemaligen französischen Bevölkerungsminister Pierre Schneiter, der ebenfalls eine „innereuropäische Wanderungspolitik" und eine „europäische Auswanderungspolitik" forderte.[4]

Auch in Deutschland beschäftigten sich die Bevölkerungsforscher und (wenigen) -forscherinnen zunächst mit den Flüchtlingen und Vertriebenen des Zweiten Weltkrieges und den Problemen, die deren Integration verursachte. Wie auf internationaler Ebene so galt auch hier die Migrationsplanung als das bevorzugte Instrument zum Abbau von „Bevölkerungsüberschüssen". Die Marshallplangelder, so die Erwartung, würden es ermöglichen, zumindest für einen Teil der „überzähligen" Bevölkerung Arbeitsplätze zu schaffen. Erst in der zweiten Hälfte der 1950er Jahre wandten sich deutsche Demographen der „Überbevölkerung" in anderen Kontinenten zu. Die Erfahrungen mit der nationalsozialistischen Bevölkerungspolitik hatten allerdings eine allgemeine Skepsis gegenüber bevölkerungspolitischen Interventionen erzeugt. Entsprechend blieb die Demographie jahrzehntelang eine Teildisziplin der Statistik, ohne eigene Lehrstühle, Kongresse oder einschlägige Karrierechancen, ein Umstand der von den Fachwissenschaftlern als historische Hypothek beklagt wurde. Erst die Gründung des Bundesinstituts für Bevölkerungsforschung im Jahr 1973 – eine Reaktion auf den Geburtenrückgang in der Bundesrepublik – schuf eine institutionelle Basis für die demographische Forschung. Bisweilen allerdings machten die positive Bezugnahme auf die nationalsozialistische Bevölkerungsforschung und rassistische Kategorien in den Publikationen des Instituts sowie öffentlichen Äußerungen von deren Direktorin deutlich, wie schwer der Bruch mit den Traditionen des eigenen Fachs fiel.[5]

In den USA hingegen waren die Voraussetzungen für die Entwicklung der Demographie deutlich günstiger. Der Kalte Krieg und der Konkurrenzkampf zwischen den beiden Supermächten um den Einfluss auf die postkolonialen Staaten Asiens, Afrikas und Lateinamerikas förderten die Nachfrage nach Informationen über Bevölkerungs- und Wirtschaftsentwicklung in diesen Ländern. Zudem wurde nun retrospektiv der Zweite Weltkrieg auf ein vermeintliches Ungleichgewicht zwischen Bevölkerungsentwicklung und Ressourcen zurückgeführt. Die aggressive Politik Deutschlands, Italiens und Japans erklärten amerikanische Demographen mit dem „Bevölkerungsdruck" dieser Länder.

---

4   Schmieden, Werner von: Der Wiedereingliederungsfonds des Europarats für nationale Flüchtlinge und Bevölkerungsüberschüsse. In: Intégration 5 (1958), S.105-107.
5   Heim, Susanne/Schaz, Ulrike: Berechnung und Beschwörung. Überbevölkerung – Kritik einer Debatte. Berlin 1996, S. 113-114.

Krieg und Kriegsfolgen, aber auch ökologische Argumente prägten in der zweiten Hälfte der 1940er Jahre die öffentliche Diskussion um die Überbevölkerung. Bücher wie der 1948 erschienene Klassiker *Our Plundered Planet* von Fairfield Osborn[6], *Population Roads to Peace or War* von Guy Irving Burch und Elmer Pendell oder *Die Erde rächt sich* von William Vogt erschienen in hoher Auflage und schilderten die drohende Überbevölkerungskrise in drastischen Worten. Burch und Pendell forderten ein Weltbevölkerungsprogramm, da die USA in einer künftigen Weltregierung von Ländern wie Indien oder China überstimmt werden könnten.[7] Zudem drohten die überbevölkerten Regionen der Erde, darunter auch Westeuropa, dem Kommunismus anheim zu fallen.

Bei Vogt, dessen Buch im Original den Titel *Roads to Survival* trägt, standen ökologische Katastrophenszenarien im Zentrum. Die Erde, so Vogts Credo, sei nicht groß genug, um alle Menschen zu ernähren, schon gar nicht, wenn die Weltbevölkerung Ende des Jahrhunderts – entsprechend den damaligen Berechnungen – auf 3,3 Milliarden Menschen angewachsen sei. Die USA, selbst überbevölkert, müssten sich gegen den „Bevölkerungsdruck" anderer Staaten zur Wehr setzen sowie gegen die Gefahr, von den Empfängerländern der Marshallplan-Gelder geschröpft zu werden. Vogt plädierte folglich dafür, als Gegenleistung für Hilfslieferungen aus den USA von Indien und China ebenso wie von Europa eine rationale Bevölkerungspolitik zu fordern.

Die populärwissenschaftlichen Veröffentlichungen befeuerten eine öffentliche Debatte, die bald auch in der Politik auf Resonanz traf. Dabei spielten einflussreiche Industrielle eine wichtige Rolle, allen voran Hugh Moore, der sich dem Ziel verschrieben hatte, die öffentliche Meinung für eine offensive staatliche Bevölkerungspolitik zu gewinnen. Bereits 1944 hatte er einen nach ihm benannten Fonds gegründet in der Überzeugung, den Weltfrieden durch die Bekämpfung von dessen größter Bedrohung – der Überbevölkerung – sichern zu können. Zehn Jahre später schrieb Moore eine Broschüre mit dem Titel *The Population Bomb* und schickte sie an 10.000 prominente Persönlichkeiten in den Vereinigten Staaten, deren Adressen er dem *Who is Who* entnommen hatte. Bis 1969 waren 1,5 Millionen Exemplare von Moores Pamphlet verbreitet worden. Zielgruppen waren vor allem Geschäftsleute und Politiker sowie eine breite Öffentlichkeit jenseits der demographischen Expertenkreise. In seiner Schrift beschwor Moore Gefahren wie politische Unruhen, kommunistische Unterwanderung und Krieg und brachte sie mit dem Bevölkerungswachstum in den sogenannten Entwicklungsländern in Zusammenhang. Selbst Gleichge-

---

[6] Das Buch wurde mehrfach neu aufgelegt, erschien 1950 auch auf Deutsch und 1956 auf Spanisch. 1953 legte Osborn mit „The Limits of Earth" eine weitere Publikation zum Thema vor und zehn Jahre später folgte sein „Our crowded Planet".

[7] Burch, Guy Irving/Pendell, Elmer: Population Roads to Peace or War. O.O. 1945, S. 8-9.

sinnte warnten jedoch, dass durch solchen Alarmismus Bevölkerungspolitik als bloßes Instrument im Kalten Krieg diskreditiert würde. Moore reagierte darauf, indem er eine weichgespülte Fassung seines Pamphlets für den internationalen Markt und eine ungekürzte für den heimischen produzierte.[8] Der Begriff „Bevölkerungsbombe", der heute wie selbstverständlich zum Vokabular der Medienberichterstattung über demographische Fragen gehört und auch in Veröffentlichungen mit wissenschaftlichem Anspruch auftaucht, geht auf diese Publikation zurück.[9] Moore leitete seine Vision einer drohenden Bevölkerungsexplosion, ähnlich wie Thomas Malthus, aus einer Hochrechnung der Geburtenzahlen ab. Indem er ausgerechnet die Fähigkeit, Kinder zu gebären, mit dem Begriff der Bombe belegte, deutete er das Gebären zur Aggression um. Die Kriegsterminologie schrieb insbesondere den Frauen des Südens die Rolle des Aggressors zu. Ihre Gebärfähigkeit galt als Waffe, und ihr „Krieg" richtet sich vermeintlich gegen „den Planeten". Alle Maßnahmen zur Geburtenkontrolle erschienen aus dieser Perspektive als Notwehr.

***

Moore schaffte es zwar, die Angst vor dem globalen Bevölkerungswachstum in eine breite Öffentlichkeit zu tragen. Für das Profil der Demographie als Wissenschaft war der Alarmismus jedoch eher ungünstig. Als eigenständige Disziplin war die Bevölkerungswissenschaft erst in den 1920er und 1930er Jahren an den Randgebieten der Sozialwissenschaften entstanden. Seit 1936 leitete der Ökonom und Statistiker Frank Notestein das erste große demographische Forschungsinstitut der USA an der Princeton University. Noch in den frühen 1940er Jahren gehörte er, wie viele zeitgenössische Sozialwissenschaftler, zu den Bewunderern des sowjetischen Gesellschaftsexperiments und der dortigen Lösung des „Bevölkerungsproblems" durch forcierte Industrialisierung.[10] 1946 war er zum Chef der neu gegründeten Bevölkerungsabteilung (Population Division) des UN-Sekretariats ernannt worden. Unter seiner Leitung bemühte sich die UNO und namentlich deren Population Division, den UN-Mitgliedsstaaten eine Beschränkung des Bevölkerungswachstums zu empfehlen, stieß dabei jedoch zunächst auf Widerstand vor allem aus dem sozialistischen Lager sowie

---

8   Sharpless, John: Population Science, Private Foundations, and Development Aid. The Transformation of Demographic Knowledge in the United States 1945–1965. In: Cooper, Frederick/Packard, Randall (Hgg.): International Development and the Social Sciences. Essays on the History and Policy of Knowledge. Berkeley, S. 176-201, hier S. 193.

9   Im Jahr 1968 erschien unter dem gleichen Titel das Buch des Biologen Paul Ehrlich, das er gemeinsam mit seiner Frau Anne verfasst hatte und in dem für die 1970er Jahre Hungerkatastrophen mit Millionen Opfern als Folge der Bevölkerungsentwicklung prophezeit wurden. Ehrlich, Paul: The Population Bomb. New York 1968 (deutsch: Die Bevölkerungsbombe. München 1972).

10 Rao, Mohan: An Imagined Reality. Malthusianism, Neo-Malthusianism and Population Myth. In: Economic and Political Weekly, 29.1.1994, S. PE 40-51, hier PE 48.

von vielen katholisch geprägten Staaten.[11] Strittig war vor allem die Frage, ob ein hohes Bevölkerungswachstum die wirtschaftliche Entwicklung behindere oder eher fördere. Notestein und seine Kollegin Irene Taeuber waren Mitglieder einer von der Rockefeller-Stiftung geförderten Expertenkommission, die 1948/49 mehrere Monate lang durch Asien reiste. Taeuber war eine hochangesehene Expertin für Bevölkerungs- und Migrationsforschung, deren wissenschaftlicher Schwerpunkt auf Japan und China lag. Der Abschlussbericht der Exkursion ist in einem wissenschaftlichen Tonfall verfasst; und obwohl die Experten bewusst keine politischen Empfehlungen abgaben, vermittelten sie die klare Botschaft, dass der Bevölkerungsdruck in Asien eine Gefahr darstelle.[12] Aufgrund von Taeubers guten Verbindungen nach Washington zirkulierte der Bericht auch unter politischen Entscheidungsträgern in der Hauptstadt. Jedoch zog dies keine direkten praktischen Konsequenzen nach sich, da die Rockefeller-Stiftung, die Auftraggeberin der Exkursion, beschloss, sich nicht auf dieses neue, politisch umstrittene und mit Tabus behaftete Terrain zu begeben. Immerhin galt es noch in den 1950er Jahren als unvorstellbar, dass der US-Kongress über Verhütungsmethoden diskutieren würde, galten diese doch in Zeiten einer puritanischen Sexualmoral als Inbegriff eines unmoralischen Lebenswandels. Daran, dass eine solche Diskussion praktische Konsequenzen auf internationaler Ebene haben könnte, war schon gar nicht zu denken.

In der Folgezeit fanden jedoch noch verschiedene von angesehenen Demographen geleitete Exkursionen in asiatische Länder statt, finanziert in der Regel von privaten Stiftungen. Solche demographischen „Missionen" zielten vor allem darauf ab, Verständnis für Bevölkerungsfragen innerhalb der politischen Elite der USA zu erzeugen und das intellektuelle Klima für einen politischen Wandel vorzubereiten.[13] Die Rockefeller-Stiftung förderte bereits seit den 1920er Jahren die Erforschung von Verhütung, Hormonen, Sexualität und Genetik an renommierten Universitäten. John D. Rockefeller Jr. hatte mit der *American Eugenics Society* und dem *Eugenics Record Office* einflussreiche Institutionen der amerikanischen Eugenikbewegung finanziert. Sein Sohn, John D. Rockefeller III, hatte sein Interesse für demographische Fragen ebenfalls auf einer Asienreise entdeckt, auf der er persönliche Kontakte auch zu Regierungschefs wie dem pakistanischen Präsidenten Ayub Khan knüpfte.

Im Jahr 1952 lud Rockefeller dreißig bekannte Demographen, Umweltschützer und Entwicklungsexperten zu einer Konferenz, auf der der *Population Council* gegründet wurde; dessen Aufgabe sollte darin bestehen, die demographische Forschung zu fördern und hinsichtlich der Notwendigkeit einer aktiven staat-

---

11 Siehe dazu genauer und mit Literaturangaben: Heim/Schaz: Berechnung und Beschwörung, S. 161-167.
12 Sharpless: Population Science, S. 179-181.
13 Ebd., S. 181.

lichen Bevölkerungspolitik auf internationaler Ebene einen Konsens zwischen politischen, religiösen, akademischen und wirtschaftlichen Führungszirkeln zu vermitteln.[14] Der „hybride Charakter zwischen einer Lobby für Bevölkerungspolitik und einer wissenschaftlichen Organisation" kennzeichnet viele der Institutionen, die in dieser Zeit in den USA auf dem Gebiet der Demographie tätig waren. „Denn mit den Geldern der Rockefeller und Ford Foundation wurden bis Ende der 1960er Jahre an den US-amerikanischen Universitäten zahlreiche Studiengänge der Demographie sowie Programme für Stipendien und institutionelle Forschungsförderung aufgebaut. Diese machten die vorher irrelevante Disziplin zu einem Wissenszweig mit Gewicht, dessen inhaltliche und organisatorische Gestalt aber stark von den Interessen des *population establishment* geprägt wurde."[15]

Die Gründungsmitglieder des Population Council waren ausschließlich Männer, die meisten – darunter auch Notestein – waren als Eugeniker bekannt geworden. Innerhalb weniger Jahre entfaltete der Population Council international beträchtlichen Einfluss: 1955 beriet er die indische Regierung bei der Implementierung von Familienplanungsprogrammen, 1959 sandte er seine Experten nach Pakistan. Der Personalbestand wuchs von zwei Angestellten im Jahr 1952 auf 150 im Jahr 1968. 15 Jahre nach dessen Gründung verfügte der Council über ein Jahresbudget von zehn Millionen Dollar – überwiegend Gelder der *Ford Foundation* – und agierte u.a. in Korea, Marokko, Taiwan, Thailand, Tunesien, der Türkei, Kolumbien, Ghana, Indien und Pakistan.[16]

Ebenfalls im Jahr 1952 begann die Ford Foundation sich auf dem Gebiet der Bevölkerungsforschung und der Implementierung von Familienplanungsprogrammen zu engagieren, sowohl in den USA als auch in Übersee, und Mitte der 1950er Jahre war sie, ebenso wie der Population Council, in Indien aktiv. Bis 1968 investierte die Stiftung 90 Millionen Dollar in derartige Programme, die Hälfte davon in Verhütungsmittelforschung.[17] Mit der *International Planned Parenthood Federation* entstand 1952 eine weitere zunächst privat finanzierte Organisation, die sich der Durchsetzung von Familienplanungsprogrammen auf internationaler Ebene verschrieben hatte. Als Ehrenpräsidentin firmierte u.a. Margaret Sanger. Die Frauenrechtlerin war durch ihr Engagement in der Geburtenkontrollbewegung zu Beginn des 20. Jahrhunderts international berühmt geworden. Vor dem Ersten Weltkrieg hatte sie der anarchistischen Bewegung in

---

14 Heim/Schaz: Berechnung und Beschwörung, S. 152-154.
15 Schultz, Susanne: Hegemonie, Gouvernementalität, Biomacht. Reproduktive Risiken und die Transformation internationaler Bevölkerungspolitik. Münster 2006, S. 84.
16 Population Program Assistance. Aid to Developing Countries by the United States, other Nations, and International and Private Agencies. Hg. von Agency for International Development. The Office of The War on Hunger, Population Service. Washington D.C. Sept. 1968, US-AID Archiv, PN AAM 406, S. 50-51.
17 Ebd., S. 48.

den USA nahegestanden, sich jedoch zunehmend zu einer engagierten Eugenikerin entwickelt, die vor allem die Vermehrung der Armen einschränken wollte. An die Stelle der ursprünglichen Forderung nach Geburtenkontrolle war mittlerweile diejenige nach „geplanter Elternschaft" getreten: Im Fokus stand nun die Familie und die Planbarkeit der Bevölkerungsentwicklung, nicht mehr die Befreiung der Frauen, ob verheiratet oder nicht, von der Angst vor ungewollten Schwangerschaften und ihr Interesse an einer verlässlichen Gesundheitsversorgung. Damit war das negative Image der radikalfeministischen Basisbewegung abgestreift, das den Aktivistinnen der Geburtenkontrollbewegung um Sanger angehaftet und ihnen den Zugang zu wissenschaftlichen Kreisen versperrt hatte.[18] Stattdessen war Familienplanung als ein wissenschaftlich anerkanntes Anliegen politisch etabliert, das nun vor allem von Männern vertreten wurde und das sich auch große Teile der Eugenikbewegung zu eigen machen konnten.[19] Die nationalsozialistische Bevölkerungspolitik hatte die eugenische Idee weit über Deutschland hinaus in Misskredit gebracht[20], sodass die Familienplanung der Bewegung nun eine willkommene Möglichkeit bot, verlorenes Prestige zurückzugewinnen. Die britische eugenische Gesellschaft stellte denn auch der International Planned Parenthood in London ihr erstes Büro kostenlos zur Verfügung.[21] In den 1950er Jahren noch relativ unbedeutend, entwickelte sich die IPPF in den Boomjahren der internationalen Bevölkerungspolitik zum internationalen Dachverband der Familienplanungsorganisationen, der in zahlreichen Ländern aktiv war und zunehmend auch Mittel verwaltete, die nicht nur von privaten Geldgebern stammten, sondern auch von Regierungen oder internationalen Organisationen, deren Arbeitsschwerpunkt nicht auf dem Gebiet der Familien- und Bevölkerungsplanung lag. Bis heute hat die IPPF aber immer wieder auch Budget-Einbußen zu verkraften, weil zu ihrem Programm auch Beratungs- und Dienstleistungen gehören, gegen die Abtreibungsgegner Sturm laufen.[22]

Die Historikerin Linda Gordon schildert die Wissenschaftler, die sich zwischen den 1930er und den 1950er Jahren von Eugenikern zu „Bevölkerungs-Kontrolleuren" entwickelten, als „liberal und nicht rassistischer als die Mehrheit der US-Bevölkerung." Doch, so fährt Gordon bezugnehmend auf die Sexualreform- und Geburtenkontrollbewegung von Anfang des 20. Jahrhunderts fort,

---

18 Presser, Harriet B.: Demography, Feminism and the Science Policy Nexus. In: Population and Development Review 23 (1997), Nr. 2, S. 295-323, hier S. 299.
19 Dixon-Mueller, Ruth: Population Policy and Women's Rights. Transforming Reproductive Choice. Westport 1993, S. 41-42.
20 Rao: Imagined Reality, S. PE-47.
21 Hartmann, Betsy: Reproductive Rights and Wrongs. The Global Politics of Population Control. Boston 1995, S. 102.
22 Ebd., S. 118-119.

„weder die Ansätze der Eugenik- noch die der Bevölkerungskontrollbewegung griffen das feministische, individualrechtliche und auf sexuelle Freiheit abzielende Programm auf, das die früheren Kampagnen zur Geburtenkontrolle entwickelt hatten."[23]

Der Population Council und die Rockefeller- sowie die Ford-Stiftungen finanzierten ein Netz von Zentren für Bevölkerungsforschung nach dem Vorbild des Princeton Office. Demographische Forschungsinstitutionen in den USA bildeten Experten aus anderen Ländern aus, die in den 1960er Jahren dann wiederum als Berater für die Außen- und Bevölkerungspolitik der USA Verwendung fanden, sobald entsprechende Programme aufgelegt wurden. Dies diente nicht zuletzt auch der Akzeptanz der Demographen als Politikberater.[24]

***

Der neue Markt für demographisches Wissen wirkte auch auf die Konzeptionierung dieses Wissens zurück.[25] Ein markantes Beispiel ist die Umformulierung des Theorems vom „demographischen Übergang". Diesem Erklärungsmodell zufolge sind in traditionalen Gesellschaften sowohl die Geburten- als auch die Sterberaten hoch, in modernen hingegen deutlich niedriger. Im Zuge von Modernisierung, Urbanisierung, Wirtschaftswachstum und der Entwicklung von Medizin und Hygiene würden sich, so die Theorie, in den traditionalen Gesellschaften zunächst die Sterberaten und erst mit Verzögerung auch die Geburtenzahlen rückläufig entwickeln. In der Übergangsphase, also bei (bereits) gesunkenen Sterbe- und (noch) hohen Geburtenraten, sei das Bevölkerungswachstum jedoch besonders hoch. Damit war eine historisch begründete Theorie zur Erklärung demographischer Veränderungen formuliert, basierend auf der Analyse der Bevölkerungsentwicklung in Nordwest-Europa. Die europäische Entwicklung wurde dabei unhinterfragt auf andere Kontinente übertragen und als linearer Fortschritt begriffen: von der traditionalen zur modernen Gesellschaft. Die der Übergangstheorie zugrunde liegende Annahme, „dass der Geburtenrückgang durch einen Prozess der Verwestlichung verursacht wurde, seinerseits wiederum die weitere Verwestlichung fördern würde und dass eine Verwestlichung der Fortpflanzung gut für alle sei", ist in der feministischen Forschung zurecht als eurozentristisch kritisiert worden.[26] Davon abgesehen ließen sich mit dem Modell auch bestimmte in Europa beobachtete Phänomene nicht schlüssig erklären, wie etwa der Babyboom nach Ende des Zweiten Welt-

---

23 Gordon, Linda: Woman's Body, Woman's Right. Birth Control in America. New York 1990, S. 389.
24 Sharpless: Population Science, S. 184.
25 Greenhalgh, Susan: The Social Construction of Population Science. An Intellectual, Institutional, and Political History of Twentieth-Century Demography. In: Comparative Studies in Society and History 38 (1996), S. 26-66, hier S. 38.
26 Ebd., S. 27. — Siehe auch Karkal, Malini: Can Family Planning Solve Population Problem? Bombay 1989, S. 9, S. 19.

krieges oder die niedrigen Geburtenraten in Frankreich und Bulgarien vor der Industrialisierung.[27]

Obwohl bereits in den späten 1920er Jahren von dem amerikanischen Demographen Warren Thompson entwickelt, erfuhr das Modell erst Mitte der 1940er Jahre breite Aufmerksamkeit, als Notestein und sein Kollege im Office of Population Research der Princeton University, Kingsley Davis, es in die Debatten um die Nachkriegsordnung einbrachten. Die Annahme, dass Urbanisierung, Industrialisierung und ein westlicher Lebensstil zum Rückgang der Geburtenraten führen würden, war geeignet, die Furcht vor der „gelben Gefahr", also einer rasch wachsenden Bevölkerung vor allem in Asien, abzumildern und war quasi das demographietheoretische Pendant zur Modernisierungstheorie, der zufolge eine nachholende Entwicklung in den Ländern der sogenannten Dritten Welt die beste Gewähr gegen die Ausbreitung des Kommunismus sowie revolutionärer Bestrebungen böte.[28] Durch die Verknüpfung von Wirtschaftsentwicklung und demographischem Wandel beflügelten die Bevölkerungsforscher zudem die Nachfrage nach ihrer Expertise und trugen so dazu bei, dass sich die Demographie aus dem Schattendasein am Rande der Soziologie zu einer eigenen Disziplin entfaltete.

Mit der Verschärfung des Kalten Kriegs jedoch vollzog sich im demographischen Fachdiskurs eine 180-Grad-Wende. Vereinfacht ausgedrückt, hätte man, entsprechend der theoretischen Annahme, dass die Bevölkerungszahlen als abhängige Variable in Folge der Modernisierung ohnehin sinken würden, diese Entwicklung einfach abwarten können. Doch solcher Attentismus vertrug sich schlecht mit den Weltuntergangsszenarien eines Hugh Moore und dem politischen Handlungsdruck der Kalten Krieger. Gerade diesen Strömungen aber verdankte die Demographie ihren Bedeutungszuwachs. Während die Demographen aus Princeton sich unmittelbar nach Kriegsende noch jeder Handlungsempfehlung enthalten hatten, so vertraten Notestein und seine Kollegen wenige Jahre später den Standpunkt, dass der Geburtenrückgang die Voraussetzung für eine erfolgreiche wirtschaftliche Entwicklung sei[29], und verbanden dies mit der Empfehlung gezielter Familienplanungskampagnen.

„Dass Demographen bereit waren, politische Maßnahmen voranzutreiben, die im Widerspruch zu ihren theoretischen Grundannahmen zu stehen schienen, zeigt, wie sehr der politische Kontext ihrer Forschungen ihre Annahmen beeinflusste. Ironischerweise wurde die Übergangstheorie auf den Kopf gestellt. Am Ende der 1950er Jahre behaupteten die meisten Demographen, dass Veränderungen des Verhaltens von Individuen (vermutlich aufgrund

---

27 Rao: Imagined Reality, S. P-47. — Siehe auch Sharpless: Population Science, S. 189-190.
28 Greenhalgh: Social construction, S. 38-39.
29 Presser: Demography, S. 300.

von Programmen zur Verbreitung von Verhütungsmitteln) die Situation auf der Makroentwicklungsebene verändern könne. Dies war das Gegenteil dessen, was sie zehn Jahre zuvor behauptet hatten."[30]

Frank Notestein vollzog diese Kehrtwende sogar noch schneller und drängte bereits 1949 auf Geburtenkontrollprogramme, auch ohne dass diese mit irgendwelchen Projekten zur gesellschaftlichen und ökonomischen Entwicklung verknüpft gewesen wären – angeblich als Lehre aus seiner Teilnahme an einer Rockefeller-Mission nach China, wo kurz zuvor der Kommunismus gesiegt hatte.[31]

Die Annahme, dass eine Reduzierung der Geburtenzahlen zu mehr Wohlstand und damit auch zu politischer Stabilität führen würde, stützte sich zwar auf eine dünne Datengrundlage, war aber politisch erwünscht. „Der Erfolg der chinesischen Revolution, die Zugehörigkeit Indiens und Indonesiens zur Bewegung der blockfreien Staaten, die Unabhängigkeitsbewegungen in Afrika und der ökonomische Nationalismus in Lateinamerika – all dies trug zur wachsenden Angst der USA vor der Dritten Welt bei."[32] Das Bevölkerungswachstum und insbesondere der hohe Anteil junger Leute in diesen Ländern, so die Befürchtung, würden nationalistische und revolutionäre Bestrebungen weiter anheizen – und dies zu einem Zeitpunkt, als die USA ein besonderes Interesse am Zugang zu Rohstoffen und Märkten der Dritten Welt hatten und daher an ihnen wohlgesonnenen Regierungen in diesen Ländern.[33] Die amerikanischen Demographen machten sich, um ihren theoretischen Schwenk zu begründen, eine Argumentation zu eigen, die zuvor vor allem Ökonomen vertreten hatten: Ein hohes Bevölkerungswachstum bei weiterhin verbreiteter Armut behindere die Kapitalakkumulation, weil alle wirtschaftlichen Kräfte für die Grundversorgung aufgewandt werden müssten. Ohne Akkumulation von Kapital aber, das zur Steigerung der Produktivität bzw. zum Aufbau einer Industrie investiert werden könne, würde sich die Entwicklung zu einem Teufelskreis von Armut und Überbevölkerung verstetigen.[34] Die Demographie, so der Ökonom Mohan Rao, habe in dieser Zeit ihr sozialwissenschaftliches Erbe abgestreift und sich zur Politikwissenschaft entwickelt, die Vorschriften erteile und aktivistischer geworden sei, gleichzeitig aber weniger akademisch und weniger sorgfältig. Sie habe 60 Jahre Forschung über den Haufen geworfen und nun den Standpunkt vertreten, dass ausgerechnet in bäuerlichen Gesellschaften, von denen man früher gesagt hatte, sie hätten kein Interesse an der Reduktion des Bevölkerungswachstums, nun mit Hilfe von

---

30 Sharpless: Population Science, S. 191.
31 Greenhalgh: Social construction S. 39-40. — Bezugnehmend auf die Auswertung von Notesteins Publikationen in: Szenter, Simon: The Idea of Demographic Transition and the Study of Fertility: A Critical Intellectual History. In: Population and Development Review 19 (1993), Heft 4, S. 659-701.
32 Hartmann: Reproductive Rights and Wrongs, S. 102.
33 Ebd.
34 Rao: Imagined Reality, S. PE-47.

Verhütungsmitteln dieses Wachstum wirksam eingeschränkt werden könne.[35]

Eine 1958 erschienene Studie über den Zusammenhang zwischen Bevölkerungswachstum und Pro-Kopf-Einkommen in Indien[36] hatte Signalwirkung nicht nur für die politische und finanzielle Unterstützung von Familienplanungsprogrammen, sondern auch für die demographische Forschung, in die nun Millionen von Dollar zunächst von privaten Stiftungen, dann von Regierungen investiert wurden.[37] Die neue Version der Übergangstheorie bildete das Credo, das den Familienplanungsprogrammen zugrunde lag, die seit Mitte der 1960er Jahre in zahlreichen Ländern Asiens, Lateinamerikas und Afrikas umgesetzt wurden. Innerhalb weniger Jahre wurden vormals sehr private Themen wie Verhütung oder die Frage, wie viele Kinder eine Frau zur Welt bringt, zum Thema politischer Auseinandersetzungen und schließlich auch zum Gegenstand amerikanischer Außenpolitik. Ein aus der Mathematik entliehenes Fachvokabular stellte dabei eine wichtige Ressource dar. Fragen nach den gesellschaftlichen Rahmenbedingungen der Bevölkerungsentwicklung, etwa nach der Bedeutung, die die Rolle der Frau innerhalb der Familie oder ihre ökonomische Unabhängigkeit für die Entscheidung zu mehr oder weniger Kindern hatte, wurden gar nicht mehr gestellt.

Die komplexen Umstände, unter denen Frauen oder Paare sich entscheiden, Kinder zu bekommen, wurden kategorisiert, in Statistiken oder Graphiken dargestellt und in abstrakte demographische Komponenten verwandelt. „Worte wie ‚Fruchtbarkeitsraten'", so Patricia Hynes, „eliminieren menschliches Handeln aus der Schwangerschaft und suggerieren, daß ein abstrakter Faktor – Fruchtbarkeit – verantwortlich ist für die Umweltzerstörung."[38] Indem die Demographen einzelne Faktoren der gesellschaftlichen Entwicklung aus dem historischen und sozialen Kontext lösten und als isolierte Phänomene miteinander in Beziehung setzten, leisteten sie der Fiktion der Steuerbarkeit Vorschub. Ein solcher wissenschaftlicher Reduktionismus birgt autoritäre Tendenzen in sich, da die Auswirkungen staatlichen oder parastaatlichen Handelns nur noch auf der Makro-Ebene betrachtet werden, ohne die Konsequenzen in Betracht zu ziehen, die derartige Interventionen für die betroffenen Individuen haben. „Alle Erfahrungen zeigen", so die Biologin Regine Kollek,

---

35 Ebd.
36 Coale, Ansley J./Hoover, Edgar M.: Population Growth and Economic Development in Low-Income Countries. A Case Study of India's Prospects. Princeton 1958.
37 Presser: Demography, S. 301.
38 Hynes, H. Patricia: Taking Population out of the Equation. Reformulating I=PAT. In: Silliman, Jael/King, Ynestra (Hgg.): Dangerous Intersections. Feminist Perspectives on Population, Environment and Development. A Project of the Committee on Women, Population, and the Environment. Cambridge, MA 1999, S. 39-73, hier S. 55. In dem Aufsatz dekonstruiert Hynes die gängige Formel, nach der die Auswirkungen der Bevölkerungszahl auf die Umwelt berechnet werden: „The impact of humans on the environment (I) is a product of the number of people (P), the amount of goods consumed per person (A) and the pollution generated by technology per good consumed (T)."

„daß die bevölkerungspolitischen Steuerungsmaßnahmen, die sich auf derart abstrakte Statistiken beziehen, aus ihnen auch die Rechtfertigung ableiten, vorrangig am Frauenkörper anzusetzen, wenn es um Bevölkerungsregulation geht. Implantate, Impfstoffe und Sterilisation zielen auf langfristige oder irreversible Wirkungen und haben den Effekt, die Verfügbarkeit von Frauen über ihre eigene Fruchtbarkeit immer mehr zu minimieren."[39]

Die Menschen in den Ländern des Südens wurden in den Familienplanungskampagnen als primitive, affekt-geleitete Wesen imaginiert, die nicht in der Lage seien, selbst zu entscheiden, was gut für sie sei und denen daher dringend eine „Europäisierung des Fortpflanzungsverhaltens" anzuraten sei.[40] Als nach 1945 Europa als überbevölkert galt, wären derartige Empfehlungen wohl kaum denkbar gewesen. Gegenüber den Ländern der sogenannten Dritten Welt hingegen zeichneten sich die Ratschläge der männlichen Experten aus den Industrienationen durch eine Kolonialherrenattitüde und rassistische Untertöne aus. Statt Migrationsregulierung und Investitionsschub wie in Europa empfahlen sie nun die Senkung der Geburtenzahlen zur Bekämpfung der Überbevölkerung, wodurch vor allem die Frauen in den Fokus gerieten.

***

Etwa zeitgleich mit der Revision der Theorie vom demographischen Übergang und der Gründung der bevölkerungspolitischen Stiftungen und Lobbyorganisationen wurden auch auf praktischer Ebene die bevölkerungspolitischen Interventionsmöglichkeiten im rein instrumentellen Sinne erweitert. Ende der 1950er Jahre erreichten mit der Anti-Baby-Pille und einer zuverlässigeren Variante der Spirale neue Massenverhütungsmittel die Vermarktungsreife. Insbesondere die „Pille" galt als ein perfektes Mittel der Geburtenkontrolle. Sie hatte zudem den Vorteil, dass sie einfach zu handhaben war und keinerlei Übung oder Vertrautheit mit dem eigenen Körper voraussetzte. Dies begünstigte, so Linda Gordon, „eine passive Einstellung zur Geburtenkontrolle als etwas, das man kaufen konnte, nicht etwas, das man tun musste." Zudem wurden Nebenwirkungen und gesundheitliche Gefahren heruntergespielt.[41]

Sowohl die demographische Forschung als auch die Unterstützung von Familienplanungskampagnen waren zunächst noch weitgehend von privaten Stiftungen und Non-profit-Organisationen getragen worden, deren Lobbyarbeit jedoch zunehmend auch in Regierungskreise hineinwirkte, insbesondere ins State Department.

---

39 Kollek, Regine: Der Single – Inbegriff der Überbevölkerung. In: Mittelweg 36, 1 (1992), April/Mai, S. 8-13, hier S. 11.
40 Schubnell, Hermann: Ursache, Umfang und Bedeutung der sogenannten Bevölkerungsexplosion. In: Bevölkerungsexplosion, Familienplanung und Geburtenkontrolle. Ein Tagungsbericht. Veröffentlichung Nr. 51 der Evangelischen Akademie Hessen und Nassau. O.O.u.J. (ca. 1961), S. 20-21.
41 Gordon: Woman's Body, S. 421.

Das Sicherheitskonzept der USA hatte seit Beginn des Kalten Kriegs vor allem darin bestanden, im Rahmen der Auslandshilfe das Militär verbündeter Staaten aufzurüsten und auszubilden. Damit gaben sich manche Kongressabgeordnete in den späten 1950er Jahren jedoch nicht mehr zufrieden und forderten flankierende Maßnahmen zur Stabilisierung des Bündnisses. 1958 beauftragte der US-Präsident Dwight D. Eisenhower eine Kommission damit, Empfehlungen für eine Neuorientierung der militärischen Auslandshilfe der USA insbesondere für die sogenannten Entwicklungsländer zu erarbeiten.[42] Das Expertengremium, dem der Präsident diese Aufgabe übertrug, bestand aus zehn Männern, die hochrangige Positionen im Regierungsapparat innegehabt hatten und sowohl über wirtschaftliche als auch über militärische Erfahrungen verfügten. Zu ihnen gehörte der Jurist und Bankier John McCloy, der zuvor Präsident der Weltbank und Hochkommissar für Deutschland gewesen war. Kopf und Namensgeber der Kommission war der Investment-Banker General William Draper Jr., der in den ersten Nachkriegsjahren dem Militärgouverneur der US-amerikanischen Besatzungszone in Deutschland, General Lucius Clay, als Wirtschaftsberater gedient hatte und zugleich an verantwortlicher Stelle für die Umsetzung des Marshall-Plans zuständig war.

Eigentlich hatte das Draper-Komitee nicht vorgehabt, sich mit demographischen Belangen zu beschäftigen; so erklärt sich denn auch, dass unter den Mitgliedern niemand war, der über eine entsprechende Expertise verfügte. Doch nachdem Hugh Moore bei Draper interveniert und auch Eisenhower ihn ermahnt hatte, das Bevölkerungsproblem bei der Entwicklung der neuen Konzeption unbedingt zu berücksichtigen, setzte Draper gegen eine katholische Fraktion in seinem Komitee durch, dass der Schlussbericht die Bekämpfung des Bevölkerungswachstums in anderen Ländern als Teil der US-Sicherheitspolitik empfahl. Es war der erste Bericht einer Regierungskommission, in dem bevölkerungspolitische Empfehlungen ausgesprochen wurden.[43] Doch Eisenhower verwarf die Ratschläge der Kommission letztlich, um einen Konflikt mit der Katholischen Kirche zu umgehen.[44]

Gleichwohl war mit dem Bericht des Draper-Komitees ein Anfang gemacht. In der Folgezeit begann ausgerechnet unter der Präsidentschaft des Katholiken John F. Kennedy die US-Regierung damit, Familienplanungsprogramme in Ländern des Südens aus dem Staatshaushalt zu finanzieren. 1963 gründeten Hugh Moore und General Draper gemeinsam das *Population Crisis Committee*, später

---

42 Zum Folgenden siehe Piotrow, Phillis T.: World Population Crisis. The United States Response. New York 1973, S. 36-42.
43 Heim, Susanne/Schaz, Ulrike: „Das Revolutionärste, was die Vereinigten Staaten je gemacht haben". Vom Aufstieg des Überbevölkerungsdogmas. In: Wichterich, Christa (Hg.): Menschen nach Maß. Bevölkerungspolitik in Nord und Süd. Göttingen 1994, S. 129-150, hier S. 138.
44 Piotrow: World Population Crisis, S. 36-42.

umbenannt in *Population Action International*, das mit Unterstützung prominenter Honoratioren aus Wirtschaft, Politik und Militär Werbung für eine aktive Bevölkerungspolitik machte.[45] Wenig später etablierte die Regierung unter Lyndon B. Johnson Bevölkerungspolitik als festen Bestandteil ihrer Auslandshilfe. Von 1964 an bewilligte der US-Kongress jährlich steigende Summen für die Familienplanung. Allein bei der staatlichen Behörde für Entwicklungszusammenarbeit US *Agency for International Development* (US-AID) wuchs der entsprechende Etat von 2,3 Millionen Dollar im Jahr 1965 auf mindestens 60 Millionen im Jahr 1970.[46] Für den Zeitraum von 1965 bis 1975 bezifferte die AID ihre Ausgaben für „population assistance" auf 750 Millionen Dollar.[47] 1966 gilt als das Jahr des großen Durchbruchs, in dem die gesetzlichen Grundlagen geschaffen wurden, nicht nur die demographische Forschung aus öffentlichen Geldern zu finanzieren, sondern auch auf Anfrage „Unterstützung für Bevölkerungsprogramme" in den sogenannten Entwicklungsländern zu gewähren. Sowohl die US-AID als auch die meisten anderen auf bevölkerungspolitischem Gebiet tätigen Organisationen gingen dabei nach dem Schema vor, zunächst führende Persönlichkeiten in den jeweiligen Ländern von der Existenz eines demographischen Problems zu überzeugen, dann freiwillige Organisationen für die Einführung von Familienplanungsdiensten zu etablieren und schließlich, wenn die Ober- und Mittelschicht Familienplanung generell akzeptiert hatten, staatliche Programme einzuführen, die sich an die Unterschichten richteten.[48]

In der zweiten Hälfte der 1960er Jahre hatte sich das Thema auch in der UNO durchgesetzt, die in ihrer Entwicklungsabteilung u.a. auf Betreiben von General Draper den *United Nations Fund for Population Activities* (UNFPA) schuf und diesen nach und nach mit einem immer größeren Budget ausstattete. Ziel war es, mit den Mitteln des Fonds sogenannte Entwicklungsländer bei der Durchführung von bevölkerungspolitischen Maßnahmen zu unterstützen. Bis dahin hatten zwar nur wenige Länder einen entsprechenden Bedarf geltend gemacht, doch die Zweckbindung der Gelder ließ die Nachfrage allmählich wachsen.

Was nach außen hin als eine lineare Ausbreitung eines politischen Interven-

---

45 Hartman: Reproductive Rights and Wrongs, S. 122.
46 Laut Sharpless beliefen sich die Ausgaben der US-Regierung für Familienplanung und Verhütungsmittel im Jahr 1970 auf 60 Millionen Dollar. Sharpless: Population Science, S. 195. — In einer Studie der Ford Foundation werden die Ausgaben von US-AID für bevölkerungspolitische Zwecke im selben Jahr sogar auf 75 Millionen Dollar veranschlagt. The Ford Foundations Work on Population (Confidential. For Internal Use Only). Ford Foundation Archives # 001976, Sept. 1970. Abgedruckt in: Heim, Susanne/Schaz, Ulrike: Bevölkerungsexplosion. Marketing einer Ideologie. Dokumentation. Hg. vom Feminist International Network of Resistance to Reproductive and Genetic Engineering (Finrrage) in Zusammenarbeit mit der Frauenanstiftung. O.O. 1993, Dok. 24.
47 U.S. Population-Related Assistance. Analysis and Recommendations, Washington D.C. April 1976, US-AID Archiv, PN-AAH-419.
48 Ravenholt, Reimert T.: An Overview of Population Policies and Programs in Developing Countries. In: War on Hunger, No. 4, April 1968.

tionsfeldes erscheint, war in Wirklichkeit ein diplomatischer Drahtseilakt. Die stark katholisch geprägten Staaten hatten moralische Bedenken gegen einen UN-Fonds für Familienplanung, kommunistische Regierungen misstrauten dem Vorhaben als einem vermeintlichen Schachzug des US-Imperialismus und einige der Blockfreien verfolgten einen pronatalistischen Kurs, überzeugt, dass hohe Bevölkerungszahlen Ausdruck nationaler Stärke seien. In manchen Ländern standen auch die einheimischen Eliten einer Einmischung von außen skeptisch gegenüber. Derartige Widrigkeiten jedoch spornten den Tatendrang der bevölkerungspolitischen Lobby eher an. Die 1960er Jahre, in denen ihr der Durchbruch in die Regierungsetagen gelang, beschreibt Peter Donaldson als Zeit der „rationalen Allmacht", in der die US-Regierung „beinahe alle Probleme, auch die der Regulierung von Geburten unter der armen Landbevölkerung der Dritten Welt, lediglich für ein rein technisches oder Verwaltungsproblem hielt."[49]

***

In der Praxis erwies sich die vermeintliche Allmacht jedoch bald als brüchig. In der zweiten Hälfte der 1960er Jahre führten US-AID, Ford- und Rockefeller Foundation vor allem in Südostasien Familienplanungskampagnen im großen Stil durch. In Indien, wo die Ford Foundation schon seit den 1950er Jahren die Erforschung von Verhütungsmitteln gefördert hatte, wurden mit Mitteln der Stiftung im Jahr 1966 fast einer Million Inderinnen im gebärfähigen Alter Spiralen eingesetzt; für das darauffolgende Jahr war eine Vervierfachung dieser Quote anvisiert. Nachdem jedoch Gerüchte über Krebserkrankungen, starke Blutungen, Schwangerschaften trotz Spirale und sogar Todesfälle die Runde machten, wuchsen die Vorbehalte nicht nur gegen das neu eingeführte Verhütungsmittel, sondern auch gegen die ausländischen Sponsoren.[50] Die indische Regierung fürchtete eine zu starke Einmischung von außen und verlangte die Kontrolle über die im Land eingesetzten Gelder für Familienplanung. 1967 führte die US-AID ein Versuchsprojekt durch, bei dem in jedem indischen Bundesstaat 5.000 bis 10.000 Monatspackungen mit Anti-Baby-Pillen verteilt wurden. Später stellte sich heraus, dass es sich vermutlich um eine ausgelaufene Serie von Pillen des Pharmakonzerns Searle handelte, deren Wirkstoff, zumal für Frauen mit geringem Körpergewicht, sehr hoch dosiert war, sodass 75 Prozent der Frauen den Versuch wegen der Nebenwirkungen abbrachen.[51]

Groß angelegte Kampagnen, bei denen Massensterilisationen in transporta-

---

49 Donaldson, Peter J.: Nature against us. The United States and the World Population Crisis, 1965–1980. Chapel Hill/London 1990, S. 19.
50 McCarthy, Kathleen D.: The Ford Foundation's Population Programs in India, Pakistan and Bangladesh, 1959–1981. Working Paper. City University New York o.J., S. 15-16.
51 Greer, Germain: Die heimliche Kastration. Berlin 1984, S. 463. Der englische Originaltitel des Buchs „Sex and Destiny. The Politics of Human Fertility" trifft dessen Inhalt sehr viel besser als der vom Ullstein-Verlag gewählte deutsche Titel.

blen Operationszelten durchgeführt und Spiralen oder hormonelle Verhütungsmittel verteilt wurden, hatten für die als „consumer" bezeichneten Betroffenen, insbesondere für Frauen, oft verheerende Folgen – zumal in ländlichen Armutsregionen, in denen es keine Infrastruktur für eine medizinische Nachsorge gab. In der Regel waren Frauen die Hauptadressatinnen der Familienplanungskampagnen. In Indien allerdings richteten sich die Massensterilisationskampagnen der Regierung Indira Gandhis Mitte der 1970er Jahre auch an ein männliches Publikum, vor allem an arme Menschen aus den unteren Kasten, die mit kleinen Geschenken für Eingriffe geködert wurden, deren Tragweite ihnen oftmals nicht bekannt war. Die unsachgemäße Durchführung der Massensterilisationen forderte auch unter indischen Männern zahlreiche Todesopfer.[52]

In Pakistan wurden, beginnend mit der Etablierung eines National Family Planning Board im Jahr 1966, in landesweiten Kampagnen nicht nur Vasektomien durchgeführt, sondern vor allem auch Spiralen eingesetzt, um das Bevölkerungswachstum zu bremsen. Die Regierung plante, innerhalb von zwei Jahren mehr als die Hälfte der Bevölkerung zur Anwendung von Verhütungsmethoden zu bewegen. Sie ließ 345 Familienplanungskliniken errichten und zahlte Erfolgsprämien sowohl an das medizinische Personal, das die Eingriffe durchführte, als auch an diejenigen, die in den Dörfern für Verhütung warben und den Kliniken die Klienten zuleiteten.

Gegen Ende der 1960er Jahre war die Abneigung gegen das ehrgeizige Programm so massiv, dass mancherorts die Familienplanungsbüros gestürmt und die Kliniken niedergebrannt wurden. Die Spirale blieb als Verhütungsmittel bis in die 1980er Jahre hinein unpopulär. Auch sonst war die Bilanz eher negativ: Der Einfluss der Kampagne auf die Geburtenrate war gering, die in den Statistiken aufgeführten Sterilisationszahlen stellten sich als weit übertrieben heraus. Eine Umfrage im Jahr 1968 ergab, dass zwar 66 Prozent der Befragten schon von der einen oder anderen Methode zur Familienplanung gehört hatten, doch nur sieben Prozent hatten jemals eine angewandt und nur drei bis vier Prozent taten dies zum Zeitpunkt der Umfrage.[53]

In Bangladesch setzten die bevölkerungspolitischen Aktivitäten der US-AID Anfang 1972 ein, unmittelbar nach der Unabhängigkeit des Landes von Pakistan. Dort wurden vor allem Frauen sterilisiert, nicht zuletzt, weil die Männer fürchteten, durch die Vasektomie kastriert zu werden. Während der neunwöchigen Sterilisationskampagne war noch eine knappe Mehrheit der 112.000 Sterilisierten Männer, 1980 waren es bereits zu 92 Prozent Frauen. Die Spirale

---

52 Hartmann: Reproductive Rights and Wrongs, S. 252. — Eindrücklich geschildert wird eine solche Sterilisationskampagne auch in dem Roman von Mistry, Rohinton: Das Gleichgewicht der Welt. Frankfurt am Main 1998.
53 U.S. Agency for International Development (Hg.): U.S. Assistance to the Family Planning and Population Program in Bangladesh 1972–1980. Washington D.C./Dacca, Bangladesh April 1981, S. 42 und S. 98.

war aufgrund der Erfahrungen, die die Frauen mit der Zwangskampagne der pakistanischen Regierung gemacht hatten, extrem unpopulär, sodass viele sich stattdessen für die Sterilisation entschieden. Allerdings stellte sich bei einer Evaluierung der Programme heraus, dass die erwünschten demographischen Effekte damit nicht unbedingt gewährleistet waren. Denn viele der „Field Workers", die die Familienplanung in ländlichen Regionen verbreiten sollten, waren untätig geblieben oder hatten Personen zur Sterilisation überredet, die bereits über 60 Jahre alt waren und ohnehin keine Kinder mehr haben konnten oder wollten.[54]

***

Während nicht nur in Asien, sondern auch in vielen lateinamerikanischen und einigen afrikanischen Ländern Familienplanungskampagnen im großen Stil durchgeführt wurden[55], kamen unter den Demographen erste Zweifel am Erfolg einer rein auf die Senkung der Geburtenraten fixierten Kampagnenpolitik auf. In einem viel beachteten Aufsatz aus dem Jahr 1967 gab Kingsley Davis zu bedenken, dass die Familienplanungsprogramme sich letztlich an den Prioritäten und Lebensentscheidungen der einzelnen Paare oder Familien orientieren würden, die zwar oft ein Interesse an der Verfügbarkeit wirksamer Verhütungsmittel hätten, aber unter Umständen auch an größeren Familien, als dies unter globalen demographischen Gesichtspunkten wünschenswert sei. Mit anderen Worten würden durch die Verteilung von Verhütungsmitteln lediglich diejenigen Geburten verhindert, die aus der Perspektive der Familien ohnehin ungewollt seien, die grundsätzliche Motivation zur Begrenzung der Kinderzahl aber werde nicht gefördert. Um eine effektive Bevölkerungskontrolle zu gewährleisten, müsse man hingegen die Möglichkeiten staatlicher Einflussnahme voll ausschöpfen. Dies könne geschehen, indem etwa die steuerliche Begünstigung von Familien gegenüber Unverheirateten abgeschafft, Sterilisationen honoriert oder Frauen zur Berufstätigkeit gezwungen würden.[56] Der Artikel löste eine Debatte über Sinn und Unsinn des bisherigen technokratischen Ansatzes aus, der vor allem darauf gerichtet war, die sogenannten Entwicklungsländer mit Verhütungsmitteln und Familienplanungskampagnen zu überziehen. Unter dem Schlagwort „beyond family planning" wurden nun alle möglichen Interventionsstrategien diskutiert. Damit verbunden war nicht nur eine neuerliche Reflexion über die gesellschaftlichen Rahmenbedingungen, die die Entscheidung für oder gegen Kinder beeinflussten, sondern auch eine Enttabuisierung

---

54 Ebd., S. 101. — Huhle, Teresa: Bevölkerung, Fertilität und Familienplanung in Kolumbien. Eine transnationale Wissensgeschichte im Kalten Krieg. Bielefeld 2017.
55 Mass, Bonnie: Population Target. The Political Economy of Population Control in Latin America. Ontario 1976.
56 Davis, Kingsley: Population Policy: Will Current Programs Succeed? Grounds for skepticism concerning the demographic effectiveness of family planning are considered. In: Science, Nov. 10, 88 (1967), S. 730-739.

restriktiver Bevölkerungspolitik. Während in den Publikationen etwa des *Population Office* der US-AID immer wieder betont wurde, dass man bei der Familienplanung strikt auf dem Prinzip der Freiwilligkeit beharre, die Programme weder die Souveränität der Nationalstaaten verletzen, noch zur Voraussetzung für Hilfslieferungen gemacht werden dürften[57], war die interne Diskussion weniger behutsam. Bernard Berelson von der Ford Foundation listete in einem Arbeitspapier im August 1968 denkbare Maßnahmen auf: Dazu gehörten alle möglichen Formen der finanziellen Anreize für Verhütung und Sterilisation sowie Strafzahlungen bei der Nichteinhaltung eines Mindestheiratsalters oder bei Überschreitung der vorab festgelegten Kinderzahl. Zudem könnten Familienplanungsprogramme mit Gesundheitsprogrammen verknüpft und Lebensmittelhilfen an die Durchführung bevölkerungspolitischer Maßnahmen gebunden werden. Frauenorganisationen könnten eine wichtige Rolle spielen – „nicht zuletzt, indem sie Ehemänner, Väter sowie sonstige Verwandte und Freunde in Machtpositionen für die Programme gewinnen könnten".[58]

Die Weltbevölkerungskonferenz 1974, die in Bukarest stattfand, wurde erstmals vom UNFPA ausgerichtet. Im Unterschied zu früheren Konferenzen dieser Art nahmen diesmal, entsprechend der Politisierung des Themas, nicht nur akademische Fachleute, sondern auch Abgesandte von Regierungen teil. Der vorab entworfene Aktionsplan enthielt ein Statement im Sinne der neu formulierten Übergangstheorie, der zufolge Bevölkerungswachstum das Haupthindernis für die wirtschaftliche Entwicklung sei, sowie konkrete Zielvorgaben, wie eine Stabilisierung der Weltbevölkerung erreichbar sei.[59] Doch anders als von den Organisatoren erwartet, insistierte „eine Mehrheit der Delegierten aus den nichtindustrialisierten Ländern [...] auf dem Vorrang entwicklungspolitischer Maßnahmen gegenüber einer an demographischen Sollzahlen orientierten Bevölkerungskontrolle und forderte eine ‚neue internationale Wirtschaftsordnung'."[60] Die zweite Überraschung brachte der Auftritt von John D. Rockefeller III, der in seiner Rede für eine grundlegende Neubewertung der bisherigen Bevölkerungspolitik plädierte. Er forderte, dass alle Staaten ihre Entwicklungs- und Bevölkerungsprobleme auf jeweils eigene Weise lösen und Frauen größere Wahlmöglichkeiten erhalten müssten, um ihre Rolle in der Gesellschaft selbst zu bestimmen.[61] Das Manuskript zu der Rede hatte Rockefellers Assistentin Joan

---

57 Gaud, William S.: AID's Population Policy. In: War on Hunger, No. 3, March 1968, S. 3.
58 Berelson, Bernard: Beyond Family Planning. In: The Ford Foundation's Activities in Population, August 1968, Ford Foundation Archive #001405. Abgedruckt in: Heim/Schaz: Bevölkerungsexplosion, S. 85-87.
59 Hartmann: Reproductive Rights and Wrongs, S. 109.
60 Heim, Susanne/Schultz, Susanne: Feministische Debatten um Bevölkerungspolitik. Die Weltbevölkerungskonferenz in Kairo 1994. In: Die großen UN-Konferenzen der 90er Jahre – eine frauenpolitische Bilanz. Hg. vom Feministischen Institut der Heinrich-Böll-Stiftung in Kooperation mit der DGVN. Berlin 2001, S. 72-93, hier S. 74.
61 Hartmann: Reproductive Rights and Wrongs, S. 109.

Dunlop gemeinsam mit anderen Feministinnen ausgearbeitet, die sich klar von einer Bevölkerungspolitik à la Draper abgrenzten.[62] Der Aktionsplan von Bukarest wurde nur in modifizierter Form verabschiedet; Sollzahlen für die Senkung des Bevölkerungswachstums wurden in der neuen Fassung des Abschlussdokuments verworfen. Bevölkerungspolitische Zielvorgaben gehörten damit jedoch ebenso wenig der Vergangenheit an wie Zwangsmaßnahmen. Neben zahlreichen anderen bevölkerungspolitischen Stiftungen und staatlichen Institutionen zählte nun auch der Bevölkerungsfonds der UNO, an dem sich seit 1970 auch die Bundesrepublik Deutschland beteiligte, zu den Akteuren, die eine Senkung der Geburtenzahlen vor allem in den Ländern des Südens mit hoher Priorität verfolgten und dabei mitunter auch die Grenze zur Menschenrechtsverletzung überschritten. 1976 wurde in der Zeitschrift des UNFPA *Populi* eben dieses Problem diskutiert. Während der Autor, Luke T. Lee, Zwangssterilisationen ablehnte, stellte er die Frage, ob nicht eine staatlich verordnete Begrenzung der Kinderzahl ebenso legitim sei wie Impfzwang oder Polygamieverbot.[63] In den 1980er Jahren verlieh der UNFPA seinen „Bevölkerungspreis" an Regierungen, die eine Senkung der Geburtenzahlen auch unter Anwendung von Zwang erreicht hatten, darunter Indira Gandhi, die für Zwangssterilisationen in Indien verantwortlich zeichnete oder der chinesische Familienplanungsminister Qian Xinhong, der für die rigide Ein-Kind-Politik seines Landes prämiert wurde.[64]

***

Binnen nicht einmal drei Jahrzehnten war aus der zunächst nur in privaten Stiftungen und kleinen Zirkeln innerhalb der US-Administration verfolgten Idee einer globalen Bevölkerungsregulierung ein UN-Programm geworden. Am Anfang dieser Entwicklung hatten malthusianische Kassandrarufe gestanden, die sich inhaltlich nicht wesentlich von früheren Überbevölkerungsszenarien unterschieden, ebenso emotional geprägt waren und einer soliden wissenschaftlichen Grundlage entbehrten. Dass sie nicht genauso kurzlebig und regional begrenzt waren, hatte verschiedene Ursachen: Der zurückliegende Weltkrieg und die Etablierung einer neuen Weltordnung unter den Vorzeichen des Kalten Kriegs beförderten die Vorstellung, dass es nötig und möglich sei, nicht nur den Ressourcenverbrauch, sondern auch die Zahl der Verbraucher in den bevölkerungsreichen Staaten administrativ zu regeln. Hinzu kamen technische Neuerungen auf dem Gebiet der Verhütungsmittel sowie der Machbarkeitsoptimismus der 1960er Jahre. Der technokratisch-instrumentelle Ansatz und die Orientierung an globalen demographischen Zielen führten bei der Umsetzung der Familienplanungskampagnen in vielen Fällen zu einem Desaster, da die Bedürf-

---

62 Heim/Schaz: Berechnung und Beschwörung, S. 184.
63 Lee, Luke T.: Compulsery Sterilization and Human Rights. In: Populi, 3 (1976), Nr. 4, S. 1-8.
64 Heim/Schaz: Berechnung und Beschwörung, S. 169.

nisse der betroffenen Frauen und Männer oft völlig übergangen wurden und weder auf ihre Gesundheit noch auf die langfristigen sozialen Folgen der drastischen Reduzierung von Kinderzahl und Familiengröße Rücksicht genommen wurde. Eine nicht zu unterschätzende Rolle bei der Durchsetzung der globalen Bevölkerungspolitik spielten zudem die personellen Voraussetzungen, vor allem die enge Verbindung zwischen Industrie, Politik und Wissenschaft, sowie eine äußerst aktive und finanzstarke Lobby. Diejenigen, die das Konstrukt Überbevölkerung auf die Agenda der Weltpolitik brachten, waren fast ausschließlich Männer. Die Maßnahmen hingegen, die sie zur Beseitigung dieses eher empfundenen als wissenschaftlich erforschten vermeintlichen Missstands propagierten, richteten sich vor allem an Frauen. Während Katastrophenrhetorik und ein am Globalziel orientierter rigoroser Pragmatismus die Hemmschwelle zur Gewaltanwendung senkten, lieferte die Demographie nicht Daten, die aus der Beobachtung der sozialen Realität gewonnen wurden und als Korrektiv des Globalansatzes hätten dienen können, sondern passte ihre Theorie den politischen Vorgaben an und trug so zur Legitimation massenhafter Menschenrechtsverletzungen bei.

Hans-Jörg Rheinberger

Nationales und Internationales, Lokales und Globales in der Geschichte der Molekularbiologie[1]

Die Geschichte der Molekularbiologie war im Laufe der vergangenen Jahrzehnte Gegenstand einer intensiven historiographischen Auseinandersetzung, an der nicht nur Wissenschaftshistoriker, sondern vor allem zu Beginn auch Wissenschaftler und Wissenschaftsjournalisten beteiligt waren, und sie hat dementsprechend auch mehrere Phasen durchlaufen.[2] Wie zu erwarten, standen und stehen Fragen der Periodisierung im Mittelpunkt der Debatte, aber die meisten Beobachter, ob nun aus dem Lager der Historiker, der Philosophen, der Soziologen oder der Wissenschaftler selbst, sind sich wohl darin einig, dass sich die Geschichte der Molekularbiologie der zwei letzten Drittel des 20. Jahrhunderts in drei Hauptphasen einteilen lässt. Die erste dieser Phasen war gekennzeichnet durch eine neue Konjunktur zwischen Physik, Chemie und Biologie und überspannte die beiden Jahrzehnte zwischen 1930 und 1950. Diese Periode war gekennzeichnet durch die Einführung einer Reihe von innovativen biophysikalischen und biochemischen Forschungstechnologien mit einem Schwerpunkt auf der Analyse von biologischen Makromolekülen. Die zweite Phase dauerte

---

1 Dieser Aufsatz hat eine längere Geschichte. Eine erste Fassung wurde auf dem Internationalen Kongress für Wissenschaftsgeschichte in Peking 2006 vorgetragen und in den Annals of the History and Philosophy of Biology (Rheinberger, Hans-Jörg: Internationalism and the History of Molecular Biology. In: Annals of the History and Philosophy of Biology 11 (2007), S. 249-254) publiziert. Eine erweiterte Fassung dieses Textes erschien in einer von Jürgen Renn herausgegebenen Publikation des Max-Planck-Instituts für Wissenschaftsgeschichte 2012 (Rheinberger, Hans-Jörg: Internationalism and the History of Molecular Biology. In: Renn, Jürgen (Hg.): The Globalization of Knowledge in History. Max Planck Research Library of the History and Development of Knowledge. Studies 1. Berlin 2012, S. 737-744). Der vorliegende Text ist die deutsche Version einer erneuten Überarbeitung des Aufsatzes anlässlich einer von Martina Merz und Philippe Sormani in Luzern organisierten Tagung über die lokale Konfiguration neuer Forschungsfelder 2012 (Rheinberger, Hans-Jörg: Patterns of the International and the National, the Global and the Local in the History of Molecular Biology. In: Merz, Martina/Sormani, Philippe (Hgg.): The Local Configuration of New Research Fields. On Regional and National Diversity. Cham u.a. 2016, S. 193-204).
2 Um nur einige dieser Stationen zu benennen: Stent, Gunther: That Was the Molecular Biology That Was. In: Science 160 (1968), S. 390-395. — Jacob, François: Die Logik des Lebenden. Eine Geschichte der Vererbung. Frankfurt am Main 2002 [1970]. — Thuillier, Pierre: Comment est née la biologie moléculaire. In: La Recherche N°. 23 (Mai 1972), S. 439-448. — Olby, Robert: The Path to the Double Helix. Seattle 1974. — Judson, Horace F.: The Eighth Day of Creation: The Makers of the Revolution in Biology. New York 1979. — Kay, Lily E.: The Molecular Vision of Life: Caltech, the Rockefeller Foundation, and the Rise of the New Biology. Oxford/New York 1993. — Morange, Michel: A History of Molecular Biology. Cambridge, MA 1998. — Rheinberger, Hans-Jörg: Eine kurze Geschichte der Molekularbiologie. In: Jahn, Ilse (Hg.): Geschichte der Biologie. Jena 1998, S. 642-663. — Chadarevian, Soraya de/Rheinberger, Hans-Jörg (Hgg.): Disciplinary Histories and the History of Disciplines: The Challenge of Molecular Biology (Special Issue), Studies in the History and Philosophy of Biological and Biomedical Sciences 40 (2009).

etwa von 1950 bis 1970 und war charakterisiert durch die Etablierung einer neuen, molekularen Genetik. Sie erstreckte sich von der physikalischen Aufklärung der Struktur der DNS-Doppelhelix 1953 über die biochemische Entschlüsselung des genetischen Codes in den frühen 1960er Jahren bis zu den Anfängen der molekularen Gentechnologie in den ersten Jahren des darauf folgenden Jahrzehnts. Die dritte Phase begann mit der Darstellung der ersten transgenen DNS-Moleküle zu Beginn der 1970er Jahre und mündete ein Jahrzehnt später im Humangenomprojekt, dessen Ziel es war, die Primärstruktur des gesamten menschlichen Genoms zu entschlüsseln. Seitdem hat sich die gentechnikbasierte Biologie zu einer Wissenschaft entwickelt, die an der dezidiert konstruktiv orientierten Veränderung lebender Zellen und vielzelliger Organismen auf der molekularen Ebene der Erbinformation arbeitet, und an deren Horizont sich eine als synthetisch verstehende technische Biologie abzeichnet.[3]

Die Geschichte der Molekularbiologie hat viele Facetten. Ich konzentriere mich hier nicht auf Periodisierungsfragen, sondern bewege mich innerhalb des skizzierten Rasters. Auch geht es mir weniger um epistemologische Details als vielmehr um die im weitesten Sinne politische wie im engeren Sinne wissenschaftspolitische Frage nach der Beziehung zwischen Internationalität und nationaler Forschungsausrichtung sowie dem Verhältnis von globalen und lokalen Mustern in der Produktion von Wissen auf diesem bedeutenden Feld der Wissenschaftsentwicklung im 20. Jahrhundert. Den Zwecken dieses Überblicks entsprechend sollen die Bezeichnungen „global" und „international" sowie „lokal" und „national" nicht weiter differenziert werden, obwohl sich zumindest als Tendenz festhalten lässt, dass man das Globale als jenseits des Internationalen und das Lokale diesseits des Nationalen angesiedelt betrachten kann. Zudem bleibt meine Analyse auf die Interaktionen zwischen Europa und den Vereinigten Staaten beschränkt, wo das Phänomen der Molekularisierung der Biologie ja auch seinen Ausgang nahm.[4] Doch es heißt auch, vorsichtig mit Kategorien wie dem Globalen und dem Lokalen, dem Nationalen und dem Internationalen umzugehen, denn deren Form und Bedeutung ist selbst einem ständigen histo-

---

3 Vgl. etwa Bensaude-Vincent, Bernadette/Benoit-Browaeys, Dorothée: Fabriquer la vie: Où va la biologie de synthèse? Paris 2011.

4 Mittlerweile gibt es auch Ansätze zu einer Geschichte der Molekularbiologie in der Sowjetunion (Abdrakhmanov, Igor: Die Anfänge der Molekularbiologie in der Sowjetunion: Das Institut für Biophysik der Akademie der Wissenschaften der UdSSR in den Jahren 1953 bis 1965. In: Kaasch, Michael/Kaasch, Joachim/Wissemann, Volker (Hgg.): Netzwerke. Beiträge zur 13. Jahrestagung der DGGTB in Neuburg an der Donau 2004. Berlin 2006, S. 333-339), Mexico (Barahona, Ana: Transnational Science and Collaborative Networks. The Case of Genetics and Radiobiology in Mexico, 1950–1970. In: Dynamis 35 (2015), S. 333-358) sowie Argentinien (Kreimer, Pablo: Co-producing Social Problems and Scientific Knowledge. Chagas Disease and the Dynamics of Research Fields in Latin America. In: Merz, Martina/Sormani, Philippe (Hgg.): The Local Configuration of New Research Fields. On Regional and National Diversity. Cham u.a. 2016, S. 173-190).

rischen Wandel unterworfen. So hat sich auch ihre Bedeutung im Kontext der drei genannten Perioden gewandelt. Darauf will ich im Weiteren etwas ausführlicher eingehen. Zum einen hängen diese unterschiedlichen Formen eng mit der sich ändernden nationalen und internationalen politischen Situation im Laufe der genannten Zeitperioden zusammen: der Zwischenkriegszeit und dem Zweiten Weltkrieg, der Zeit des Kalten Krieges und der Zeit der nachkommunistischen Globalisierung. Zum anderen sind, wie wir sehen werden, diese Formen von Globalisierung und lokaler Einbettung, von Internationalität und nationaler Nischenbildung auch eine epistemische Folge der sich entwickelnden und diversifizierenden Gegenstände und Forschungsverfahren der Molekularbiologie selbst und somit eng mit dieser Entwicklung verbunden.

Erste Phase: 1930 bis 1950

Werfen wir zunächst einen Blick auf die 1930er und 1940er Jahre. Wissenschaftshistoriker haben wiederholt darauf hingewiesen, dass international agierende philanthropische Organisationen – insbesondere die *Rockefeller Foundation* mit Warren Weaver als dem Chef ihrer Abteilung für die Naturwissenschaften – eine entscheidende Rolle bei der Herausbildung der Agenda spielten, die den Boden für die Molekularbiologie bereitete. Wie Pnina Abir-Am (1993), Robert Kohler (1991), Lily Kay (1994) und andere gezeigt haben[5], war Weaver dazu entschlossen, eine interdisziplinäre Forschung über „Vitalprozesse", wie er es nannte, auf den Weg zu bringen. Dementsprechend finanzierte der Projekte von Physikern, Chemikern und Mathematikern, die bereit waren, sich mit biologischen Fragestellungen zu beschäftigen und ihre oft völlig neuen Forschungsinstrumente – die Ultrazentrifuge, das Elektronenmikroskop, die Röntgenstrukturanalyse – an biologischen Objekten zu erproben. Proteinforschung und Genetik standen ganz oben auf seiner Forschungsagenda. Weaver dachte nicht nur in interdisziplinären, sondern auch in transnationalen Kategorien. Mit der Hilfe Wilbur Tisdales und Harry Millers, den Rockefeller-Vertretern in ihrem Pariser Büro, spannte er ein Fördernetzwerk auf, das weit über die Vereinigten Staaten hinausreichte und interdisziplinäre Kollaborationen in praktisch allen europäischen Forschungszentren umfasste. Die Rockefeller Foundation trug so auch entscheidend dazu bei, die internationalen wissenschaftlichen Beziehungen wiederherzustellen, die durch die Feindseligkeiten des Ersten Weltkrieges und die politischen Unruhen in den ersten Nachkriegsjahren schwer beein-

---

5   Abir-Am, Pnina: From Multidisciplinary Collaboration to Transnational Objectivity: International Space as Constitutive of Molecular Biology, 1930–1970. In: Crawford, Elizabeth/Shinn, Terry/Sörlin, Sverker (Hgg.): Denationalizing Science. Dordrecht 1993, S. 153-186. — Kohler, Robert E.: Partners in Science: Foundations and Natural Scientists 1900–1945. Chicago 1991. — Kay: Molecular Vision of Life.

trächtigt worden waren. Interessanterweise waren jedoch die meisten während dieser Zeit geförderten Forschungsprojekte auf die *lokale* Zusammenarbeit an größeren Universitäten und Forschungszentren ausgerichtet und als solche keineswegs internationale Kooperationen. Um diesen – durchaus wahrgenommenen – Mangel zu kompensieren, förderte die Rockefeller Foundation zusätzlich internationale Workshops und Konferenzen. Schließlich ermöglichte sie es durch ihr Fellowship-Programm jungen Wissenschaftlern aus Europa, eine Zeit lang in angesehenen amerikanischen Forschungsstätten zu verbringen.

Als 1933 in Deutschland die Nationalsozialisten an die Macht kamen und einen beispiellosen Exodus jüdischer sowie politisch liberaler und linksorientierter Wissenschaftler aus Deutschland – und aus anderen, später von Nazideutschland besetzten oder dem NS-Regime freundlich gesinnten Ländern – erzwangen, half die Rockefeller Foundation vielen von ihnen, sich in ihrer neuen Umgebung wissenschaftlich neu zu orientieren. Dieser Exodus hatte so etwas wie einen „erzwungenen" Internationalismus zur Folge, der einen tiefgreifenden Einfluss auf die frühe Geschichte der Molekularbiologie haben sollte. Ein kurzer Blick auf die Liste der Personen, die zu den Begründern der neuen Disziplin gezählt werden, zeigt, dass viele der führenden Wissenschaftler der ersten Generation entweder unfreiwillige oder freiwillige Emigranten waren: Erwin Chargaff, ein Chemiker aus Czernowitz, später an der Columbia University in New York; Max Delbrück, ein Physiker aus Berlin, später am *California Institute of Technology* in Pasadena (zunächst Rockefeller Fellow); Salvador Luria, ein Mediziner aus Turin, später an der University of Indiana (zunächst Guggenheim Fellow) und dann an der University of Illinois; Severo Ochoa, ein Mediziner aus Asturien, später an der University of New York; Max Perutz, ein Chemiker aus Wien, später an der Cambridge University; Gunther Stent, ein Flüchtling aus Berlin und später Physikochemiker in Berkeley; Fritz Lipmann, ein Chemiker aus Königsberg, später am *Massachusetts General Hospital* in Boston und dann an der Rockefeller University in New York – um nur einige prominente Namen zu nennen.[6] Dieser Verkehr war jedoch eine Einbahnstraße, und der nachfolgende Zweite Weltkrieg hatte eine massive internationale Isolation eines Großteils der Wissenschaftler auf dem europäischen Kontinent zu Folge. Im Ergebnis nahm die Molekularbiologie vor allem in den Vereinigten Staaten und in Großbritannien Gestalt an.

Es gibt allerdings auch einen *epistemischen* Aspekt der Internationalität in dieser Frühphase der Geschichte der Molekularbiologie, und zwar einen mit einer ausgeprägten nationalen, ja sogar lokalen Kehrseite. Wie bereits erwähnt, beruhte die sich herausbildende neue Biologie technisch vor allem auf einer

---

6   Vgl. dazu Deichmann, Ute: Biologists Under Hitler. Cambridge, MA 1996. — Dies.: Flüchten, mitmachen, vergessen: Chemiker und Biochemiker in der NS-Zeit. Weinheim 2001.

Reihe neuer analytischer Instrumente wie der Ultrazentrifuge, dem Elektronenmikroskop, der Elektrophorese, dem Röntgenkristallographen, dem UV-Spektrometer, der Radioisotopen-Markierung und weiteren ausgeklügelten Apparaturen, die es erlaubten, verschiedene Lebenserscheinungen auf der makromolekularen Ebene zu untersuchen. Tatsächlich waren diese Technologien allererst für die Ausprägung des Begriffs eines Makromoleküls selbst verantwortlich. Zu Beginn gab es nur einige wenige privilegierte Orte auf der Welt, wo Prototypen dieser verschiedenen avancierten Instrumente existierten und an biologischem Material erprobt werden konnten. Das bedeutete, dass das Wissen, das mit ihrer Handhabung verbunden war, durch und durch lokal, wenn nicht sogar – zumindest für eine Zeit lang – durch ein einziges Forscherteam monopolisiert war, wie das etwa mit Theodor Svedbergs analytischer Ultrazentrifuge in Uppsala der Fall war.[7] In dieser frühen Phase der technischen Entwicklung waren es keineswegs die Technologien, die sich ausbreiteten – sie konnten nicht einfach vervielfältigt werden. Umgekehrt mussten die Wissenschaftler, die solche Geräte bauen oder mit ihnen zu arbeiten lernen wollten, auf Reisen gehen und dabei nationale ebenso wie disziplinäre Grenzen überschreiten, da die Bedienung der meisten dieser Instrumente eine Zusammenarbeit zwischen Physikern, Chemikern und Biologen erforderte.

Die Proteinkristallographie hatte ihr Zentrum in Cambridge und in London (England) sowie am California Institute of Technology in Pasadena; die erste analytische Ultrazentrifuge stand in Uppsala; die UV-Spektroskopie war in Stockholm und in New York beheimatet; die Elektronenmikroskopie in der *Radio Corporation of America* in ihren Laboratorien in New Jersey und bei Siemens in Berlin – um nur ein paar Beispiele zu nennen. Diese epistemo-technische Konstellation dauerte bis in das erste Jahrzehnt nach dem Zweiten Weltkrieg. Erst im Laufe der 1950er Jahre nahmen zumindest einige dieser Apparaturen mehr oder weniger die Gestalt einer *black box* an, wurden industriell hergestellt und breiteten sich in der Forschungslandschaft aus. Damit vergemeinschafteten sie auch die mit ihnen verbundenen spezifischen Fähigkeiten des Wissenserwerbs, die bis dahin nur punktuell verfügbar gewesen waren, zu einer globalen Massenerscheinung im Bereich der Lebenswissenschaften. Diese Beobachtung kann durchaus zu der Behauptung verallgemeinert werden, dass die Verwandlung dieser Instrumente in *black boxes*, die ihre massive Dissemination erst ermöglichte, die Molekularbiologie selbst veränderte: Sie wandelte sich von einer Individuen-zentrierten internationalen Zusammenarbeit, die ganz auf der lokalen Verfügbarkeit von Wissen beruhte, zu einer globalen wissenschaftlichen Forschungsbewegung.

---

7 Widmalm, Sven: A Machine to Work in: The Ultracentrifuge and the Modernist Laboratory Ideal. In: Baraldi, Enrico/Fors, Hjalmar/Houltz, Anders (Hgg.): Taking Place: The Spatial Contexts of Science, Technology, and Business. Sagamore Beach, MA 2006, S. 59-80.

Zweite Phase: 1950 bis 1970

Nach dem Zweiten Weltkrieg änderte sich nicht nur die allgemeinpolitische, sondern auch die wissenschaftspolitische Situation grundlegend. In den Vereinigten Staaten begannen die biologischen Wissenschaften in einem bisher ungekannten Ausmaß staatlich finanziert zu werden.[8] Was die Molekularbiologie betraf, so bildete sich innerhalb weniger Jahre um einige wenige Zentren herum ein zwar relativ kleines, aber ausgesprochen internationales Netzwerk heraus. Zu diesen Zentren gehörten die Phagengruppe um Max Delbrück am Caltech mit ihrem jährlichen Phagenkurs in Cold Spring Harbor; die Laboratorien von Linus Pauling und von George Beadle am gleichen Ort; das Viruslabor mit Wendell Stanley und Heinz Fraenkel-Conrat in Berkeley; die Einheit des britischen *Medical Research Council* für das Studium der molekularen Struktur biologischer Systeme um Max Perutz und John Kendrew an der Cambridge University; die Gruppe am *Institut Pasteur* um Jacques Monod und André Lwoff in Paris; aber auch einige weniger bekannt gewordene wie die Gruppen um Paul Zamecnik und um Fritz Lipmann am Massachusetts General Hospital in Boston; die Elektronenmikroskopie um Jean Weigle an der Universität Genf; die Rouge-Cloître-Gruppe von Biologen, Physikern und Biochemikern mit Jean Brachet an der Freien Universität Brüssel oder die Proteinchemie um Kai Linderstrøm-Lang am Carlsberg-Laboratorium in Kopenhagen. Zwischen diesen Gruppen gab es einen regen informellen Austausch vor allem auch jüngerer Wissenschaftler, sobald der Verkehr über den Atlantik wieder aufgenommen werden konnte. Auch internationale Wissenschaftlerfiguren wie Leo Szilard – ausgebildet in Budapest und Berlin, dann nach Großbritannien und schließlich in die Vereinigten Staaten emigriert – dürfen dabei nicht vergessen werden. Szilard war einer jener Physiker, die sich bei Kriegsende der molekularen Biologie zuwandten, die er dann auf seinen Reisen um die Welt unermüdlich propagierte. Dieser Austausch kam zwar auf dem Höhepunkt des Kalten Krieges während der McCarthy-Ära etwas ins Stocken, als – um nur zwei Beispiele zu nennen – Linus Pauling vom *California Institute of Technology* 1952 eine Reise nach London untersagt wurde und Jacques Monod vom Institut Pasteur in Paris kein Visum für die Vereinigten Staaten bekam.

Die jeweils besondere Geschichte der meisten dieser Gruppen ist inzwischen gut dokumentiert: Es gibt Fallstudien von Lily Kay zum Caltech, Denis Thieffry zu Brüssel, Angela Creager zu Berkeley, Soraya de Chadarevian zu Cambridge,

---

8   Vgl. zu verschiedenen Aspekten dieses Wandels Kay, Lily E.: Who Wrote the Book of Life? A History of the Genetic Code. Stanford 2000. — Vettel, Eric J.: Biotech. The Countercultural Origins of an Industry. Baltimore 2006. — Creager, Angela N.H.: Life Atomic. A History of Radioisotopes in Science and Medicine. Chicago 2013.

Jean-Paul Gaudillière zum Institut Pasteur, Bruno Strasser zu Genf sowie meine eigene zum Massachusetts General Hospital in Boston.[9] Das in ihnen versammelte reichhaltige Material lässt ein wiederkehrendes Muster erkennen, das für unseren Diskussionszusammenhang von Bedeutung ist. Es betrifft die hartnäckige Persistenz bestimmter lokaler – oft geradezu idiosynkratischer – Eigenheiten in der jeweiligen Forschung. Diese standen der Entfaltung der Molekularbiologie nicht entgegen, sondern fungierten vielmehr als je besondere Ausgangspunkte für die Produktion neuen Wissens. Soraya de Chadarevian hat das Phänomen für das britische Zentrum in Cambridge wie folgt beschrieben:

„Es ist betont worden, dass die Molekularbiologie immens von der Mobilität profitierte, die mit der Wissenschaftspolitik und ihren Fördermaßnahmen in der Periode des Kalten Krieges einherging und sich damit gewissermaßen in einem internationalen Raum konstituieren konnte. Aus meiner Sicht trifft es zwar zu, dass die Zunahme des internationalen Austausches die Beziehungen zwischen den lokalen Einrichtungen und damit die lokalen Einrichtungen selbst veränderten, sie hoben ihren Charakter jedoch keineswegs auf".[10]

Für das Institut Pasteur in Paris hat Jean-Paul Gaudillière ganz Ähnliches beobachtet, nämlich

„eine wissenschaftliche Strategie, die sich ein lokales System zunutze machte, das sich markant von den Dispositiven unterschied, die in den Vereinigten Staaten bevorzugt waren. [...] Auf der einen Seite die Mobilisierung einer breiten Palette menschlicher und materieller Ressourcen, wie sie für die Vereinigten Staaten charakteristisch war; auf der anderen Seite die Aufrechterhaltung eines hausgemachten Zugangs, der nicht nur die eigene Autonomie garantierte, sondern auch die Möglichkeit in sich barg, eine Alternative zur Bakteriengenetik zu entwickeln, wie sie am Caltech, in Cold Spring Harbor oder an der Columbia University betrieben wurde".[11]

In ihrer Beurteilung der Geschichte der Molekularbiologie im Nachkriegseuropa sprechen de Chadarevian und Strasser in diesem Zusammenhang von einem „glokalen" Bild und betonen die gegenseitige Durchdringung und Interdependenz von Globalität und Lokalität, was avancierte Forschung an den Fron-

---

[9] Kay: Molecular Vision of Life. — Thieffry, Denis (Hg.): Special Issue on the Research Programs of the Rouge Cloître Group, History and Philosophy of the Life Sciences 19 (1997). — Creager, Angela N.H.: The Life of a Virus: Tobacco Mosaic Virus as an Experimental Model, 1930–1965. Chicago 2002. — Chadarevian, Soraya de: Designs for Life. Molecular Biology after World War II. Cambridge 2002. — Gaudillière, Jean-Paul: Inventer la biomédecine: La France, l'Amérique et la production des savoirs du vivant (1945–1965). Paris 2002. — Strasser, Bruno: L'invention d'une nouvelle science: La biologie moléculaire à Genève 1945–1970. Florence 2005. — Rheinberger, Hans-Jörg: Toward a History of Epistemic Things. Synthesizing Proteins in the Test Tube. Stanford 1997.
[10] Chadarevian: Designs for Life, S. 247.
[11] Gaudillière: Inventer la biomédicine, S. 259.

ten eines neuen Forschungsfeldes wie dem der Molekularbiologie angeht.[12] Das lässt sich verallgemeinern: Die Produktion neuen Wissens beruht immer auf der Artikulation von Differenzen, und Differenzen sind zunächst immer singulär und daher anfänglich immer lokal; wenn sie jedoch lokal bleiben, dann werden sie keinen Einfluss auf die weitere Entwicklung des Feldes haben. Um einen solchen Einfluss ausüben zu können, müssen sie sich verbreiten. Was bedeutet das aus einer breiter gefassten epistemologischen Perspektive?

Wir haben es hier offensichtlich mit einem Muster zu tun, das für die Entwicklung der Molekularbiologie in den gut zwei Jahrzehnten nach dem Zweiten Weltkrieg charakteristisch zu sein scheint, einer Zeit, in der die neuen Zugänge zu den molekularen Grundlagen lebender Systeme wissenschaftlich sichtbar wurden und während der das Etikett „Molekularbiologie" von all jenen aufgegriffen wurde, die sich als Partisanen der neuen biologischen Bewegung verstanden. In dieser Phase weitete sich das Forschungsfeld der molekularen Biologie zu einem Patchwork verschiedener Experimentalsysteme aus, die oft, aber nicht ausschließlich auf eine besondere Forschungstechnologie fokussiert waren. Manchmal war das ein massives und anspruchsvolles Forschungsinstrument wie etwa das bereits erwähnte Elektronenmikroskop oder eine Röntgenstrahlkanone, manchmal waren es aber auch kleinteilige Forschungswerkzeuge wie die Papierchromatographie oder der biochemische In-vitro-Versuch. Letztere waren nicht minder wichtig und in ihrer Feinabstimmung nicht weniger herausfordernd als die Großinstrumente. Jede dieser Technologien hatte zunächst eine lokale Einbettung, aber zusammen bildeten diese Experimentalsysteme eine vernetzte Experimentier-Landschaft, in der benachbarte Systeme durch einen materiellen Austausch – etwa von bestimmten Bakterien- oder Phagenstämmen – miteinander verbunden waren, die zwischen den Laboratorien zirkulierten. Für weiter voneinander entfernte Systeme waren die Anknüpfungspunkte hingegen vermittelter und indirekter und bisweilen auf Analogien reduziert. Global war das Netzwerk selbst, seine Knoten jedoch behielten ihr lokales Kolorit. Was dem Netzwerk zugrunde lag, war die differentielle Nutzung des breiten Spektrums an Forschungstechnologien, deren Prototypen in der vorhergehenden Periode entwickelt worden waren. Zunächst wurden diese Technologien, wie beschrieben, weitgehend getrennt und in weit voneinander entfernten Kontexten entwickelt. Aber in ihrer Ausrichtung auf biologische Phänomene näherten sie sich einander an und fanden in bestimmten Experimentalsystemen mitunter auch komplementäre Anwendungen. Ein gutes Beispiel dafür sind die In-vitro-Systeme zur Erforschung der Biosynthese von biologi-

---

12 Strasser, Bruno J./Chadarevian, Soraya de: Molecular Biology in Postwar Europe: Towards a „Glocal" Picture. In: Introduction to the Special Issue Molecular Biology in Postwar Europe. Studies in History and Philosophy of Biological and Biomedical Sciences 33C (2002/3), 361-365.

schen Makromolekülen wie Nukleinsäuren und Eiweißen, die von der Ultrazentrifugation ebenso profitierten wie von der Radioisotopen-Markierung.

Zweitens beruhte diese Experimentallandschaft auf der Kultivierung einiger weniger Modellorganismen, insbesondere niederer Pilze wie Hefe, Bakterien und einer Reihe verschiedener Viren und Phagen. Sie alle verlangten zwar ein gewisses Maß an idiosynkratischem, manipulativem Wissen. Aber die Standardisierung wie etwa die des Stammes K 12 von *Escherichia coli* diente zugleich als Referenzpunkt nicht nur für die wachsende Gruppe derer, die sich seiner bei ihrer Arbeit bedienten, sondern auch derjenigen, die ihre Ergebnisse mit anderen Organismen damit verglichen. So verbanden sich die Modelle auch untereinander. Auch diese standardisierten Modellorganismen – ähnlich den *black boxes* der Instrumente – verkörperten Wissen, das mit ihnen wanderte.

Aus einer dritten Perspektive schließlich erforderte die Herausbildung dieser Forschungslandschaft die Kombinierung verschiedener disziplinärer Fertigkeiten sowohl biophysikalischer als auch biochemischer, biomedizinischer, biomathematischer und genetischer Fertigkeiten. Ihre Zusammenfügung bot ein reiches Potential an verschiedenen lokalen Kombinationen.

Zusammengenommen resultierte diese dreifache Zirkulation – von Forschungstechnologien, Forschungsobjekten und Fertigkeiten in der Form zunächst erzwungener, dann geförderter Mobilität der Forscher – in den ersten zwei Jahrzehnten nach dem Zweiten Weltkrieg in einer internationalen Vernetzung von ziemlich beispiellosem Ausmaß. In der Tat, wenn wir einen Blick auf die wichtigsten wissenschaftlichen Befunde werfen, die die Formierung der molekularen Biologie zu einer neuen Disziplin in den 1950er und den 1960er Jahren begleiteten, dann stellen wir fest, dass fast alle aus internationalen und interdisziplinären Kollaborationen hervorgingen. Meist waren es zwei oder drei individuelle Forscher, die ihr Wissen, das sie in lokal unterschiedlich gefärbten disziplinären Kulturen und in verschiedenen Ländern erworben hatten, in ein gemeinsames Experimentalsystem einbrachten. Ein paar Beispiele mögen hier genannt werden, um den Sachverhalt zu verdeutlichen. Beginnen wir mit der Aufklärung der Doppelhelix-Struktur der DNS 1953, die das Ergebnis der Zusammenarbeit eines britischen und eines amerikanischen Wissenschaftlers, Francis Crick und James Watson war, der eine von seiner Ausbildung her Physiker, der andere Biologe. Die Arbeit, die zur Identifizierung der Boten-RNS führte, vereinte den Mikrobiologen Jacques Monod und den Mediziner und Virologen François Jacob aus Paris mit dem Biochemiker Arthur Pardee aus Berkeley, dem aus Südafrika stammenden Mediziner Sidney Brenner von der Universität Cambridge und dem Chemiker Matthew Meselson am Caltech. Eine weitere Gruppe mit dem gleichen Ziel scharte sich um James Watson und François Gros aus Paris an der Harvard University. Die Entzifferung der ersten Codewörter ergab sich an den *National Institutes of Health* in Bethesda aus der Zusammenarbeit des amerikanischen Biochemikers Marshall Nirenberg mit dem deutschen Physiologen Heinrich Matthaei. Der Schweizer Physiker Jean Weigle aus Genf publizierte Phagenarbeiten mit dem zum Virologen gewordenen Physiker Delbrück und dem Chemiker Meselson aus Pasadena. Der Chemiker Frederick Sanger arbeitete an der Universität Cambridge über die Primärstruktur des Insulins – dem ersten komplett sequenzierten Protein – zusammen mit dem österreichischen Biochemiker Hans Tuppy. Viele weitere internationale und interdisziplinäre Paare und Gruppen wie die genannten könnten hier gelistet werden. Über die ganzen 1950er Jahre hinweg verliehen sie der Molekularbiologie ihre Erscheinung als Paradebeispiel und Inbegriff einer Wissenschaft, die von einem internationalen Zirkel von Forschern getragen und in einem transnationalen Raum vorangetrieben wurde. Gleichzeitig aber beruhte sie auf distribuierten, lokal verankerten Ressourcen. Und häufig war es so, dass ein kleiner Input von außen, die Übertragung eines Inkrements durch einen aus einem anderen Arbeitszusammenhang kommenden Wissenschaftler diese Ressourcen zur Erzielung ungeahnter Ergebnisse zu mobilisieren vermochte.

Um 1960 war die Sichtbarkeit der aufstrebenden Molekularbiologie mit der molekularen Genetik in ihrem Zentrum auch in Europa so prominent geworden, dass sie die Planungszirkel der zentralen kontinentalen Regierungen erreicht hatte und gewissermaßen zu einer Staatsangelegenheit wurde.[13] In der darauffolgenden Dekade rückte die Molekularbiologie dementsprechend ins Zentrum der europäischen Wissenschaftspolitik und löste allenthalben Pläne zur Reorganisation von Lehre und Forschung in den biologischen und biomedizinischen Wissenschaften aus. Das führte zur Gründung molekularbiologischer Forschungsinstitute in allen forschungsintensiven europäischen Ländern. In Deutschland war es Max Delbrück, der eine leitende Funktion in diesem Prozess übernahm, in Frankreich war es Jacques Monod, und in Großbritannien waren es John Kendrew und seine Kollegen aus Cambridge. Das Bedürfnis, gegen die Vormachtstellung der Vereinigten Staaten in diesem Feld etwas zu unternehmen, führte vor allem unter den beteiligten Wissenschaftlern auch zur Forderung, die molekularbiologische Forschung auf transnationaler, europäischer Ebene zu fördern. Beteiligt waren an der Initiative alle bekannten Molekularbiologen der ersten Generation aus ganz Europa mit Kendrew und Perutz an der Spitze. Diese Bemühungen führten schließlich zur Gründung einer Europäischen Organisation für Molekularbiologie (*European Molecular Biology Organisation*, EMBO) und in deren Folge, aber mit einiger Verspätung, zu einem Europäischen Labor für Molekularbiologie *(European Molecular Biology Labo-*

---

13 Vgl. Strasser/Chadarevian (Hgg.): Molecular Biology in Post-War Europe.

ratory, EMBL) in Heidelberg.[14] John Krige hat argumentiert, dass es nicht – wie manchmal behauptet – der vergleichsweise kleinteilige Charakter molekularbiologischer Technologien war, der die Schaffung einer molekularbiologischen Einrichtung vergleichbar derjenigen für Teilchenphysik in Genf (CERN) verzögerte. Vielmehr war es ihm zufolge die Wahrnehmung nationaler Defizite in den einzelnen europäischen Ländern, die den nationalen molekularbiologischen Agenden als prioritär und ein gemeinsames europäisches Laboratorium – mit nur einem nationalen Standort – als eine Frage des nächsten Schrittes erscheinen ließen.[15] Aber ganz abgesehen von Kriges Argument hat diese zeitliche Ordnung der Ereignisse ihre Wurzel in der bereits erwähnten lokalen Verankerung der Forschung in einer Periode der Geschichte der Molekularbiologie, die man aus der Perspektive der späteren Entwicklung als ihre klassische bezeichnen könnte.

Dritte Phase: Von den 1970er Jahren bis zum Ende des Millenniums

Nach diesem äußerst komprimierten Überblick über die Entstehung und die Verbreitung der Molekularbiologie sowie der dabei auftretenden Formen von Internationalismus und Nationalismus und den Beziehungen zwischen lokalen und globalen Effekten, die sie mit sich brachten, möchte ich kurz noch auf die darauf folgende dritte Phase zu sprechen kommen, die Ära der Gentechnologie.[16] Ihr Auslöser war die Identifizierung und anschließende Transformation einer Anzahl von Enzymen, die die grundlegenden molekulargenetischen Prozesse vermittelten, in molekulare Instrumente zur Bearbeitung – und Sequenzierung[17] – von Nukleinsäuren. Nach einem kurzzeitigen, durch die Wissenschaftlergemeinschaft selbst herbeigeführten Moratorium brachten die rekombinanten DNS-Technologien, wie sie auch genannt wurden, in den Vereinigten Staaten im Verlauf der 1970er Jahre eine grundlegende Reorganisation des ganzen Feldes mit sich.[18] Kaum etabliert, begann im Gefolge dieser Entwicklung die Molekularbiologie sich als eine mehr oder weniger gut umgrenzte akade-

---

14   Vgl. Strasser, Bruno J.: The Transformation of Biological Sciences in Post-war Europe: EMBO and the Early Days of European Molecular Biology Research. In: EMBO Reports 4 (2003), S. 540-543. — Auch Rheinberger, Hans-Jörg: Die Stiftung Volkswagenwerk und die Neue Biologie. Streiflichter auf eine Förderbiographie. In: Globig, Michael (Hg.): Impulse geben – Wissen stiften. 40 Jahre VolkswagenStiftung. Göttingen 2002, S. 197-235.
15   Krige, John: The Birth of EMBO and the Difficult Road to EMBL. In: Studies in History and Philosophy of Biological and Biomedical Sciences 33C (2002), S. 547-566.
16   Für einen frühen Überblick vgl. etwa Cook-Deegan, Robert: The Gene Wars: Science, Politics, and the Human Genome, New York 1994. — Siehe auch Speaker, Susan L./Lindee, M. Susan/Hanson, Elizabeth: Guide to the Human Genome Project: Technologies, People, and Information. Philadelphia 2005.
17   García-Sancho, Miguel: Biology, Computing, and the History of Molecular Sequencing: From Proteins to DNA, 1945–2000. Basingstoke 2012.
18   Vettel: Biotech.

mische Disziplin innerhalb der Biowissenschaften wieder aufzulösen[19] und die Form einer Gentechnologie anzunehmen, die aus makromolekularen Werkzeugen bestand und im zellulären Raum des Organismus selbst wirksam wurde. Als Technologie drang sie nun in die Welt der Agrikultur und des biomedizinischen Komplexes ein und wurde Bestandteil eines globalen internationalen ökonomischen Wettbewerbs.

Einerseits brachte die massenhaft versuchte Patentierung von Genen in diesem Kontext neue Beschränkungen für die Zusammenarbeit über institutionelle und nationale Grenzen hinweg mit sich. Andererseits eröffnete die Entwicklung leistungsstarker Gensequenzierungs-Technologien die Perspektive großformatiger Projekte – wie etwa das Humangenomprojekt mit seinen hyperbolischen medizinischen Versprechungen. Aufgrund ihres Umfangs und ihres Charakters verlangten diese Projekte nach einer stringenten und weitreichenden internationalen Zusammenarbeit und Kontrolle auf globaler Ebene. Diese einander entgegengesetzten Aspekte ließen sich nicht einfach miteinander vereinbaren.[20] 1989 wurde die *Human Genome Organization* (HUGO) mit dem Ziel gegründet, die internationale Zusammenarbeit im Bereich der Humangenetik zu fördern und zu festigen. War die Phase der klassischen Molekularbiologie gekennzeichnet durch die weitgehend spontane Aktivität individueller Forscher, die sich zwischen den Laboren verschiedener Länder bewegten, so ging es nun um eine koordinierte Anstrengung der wichtigsten Projektbeteiligten mit systematischem Anspruch. Die molekulare Genetik trat in die Ära einer globalen, geplanten und großkalibrigen Kollaboration ein. Parallel dazu und als eine Bedingung für ihre Verwirklichung erforderten die großen genomischen Datenmengen, die diese Projekte generierten, neue Formen von kollektiv benutzbaren Datenspeichern. Die Schaffung solcher Strukturen bildet bis heute eine Herausforderung für die Bioinformatik. Sie vernetzen die biomolekularen Laboratorien auf der ganzen Welt in einem virtuellen Raum und ermöglichen – im Prinzip jedenfalls – eine bisher nicht dagewesene Form wissenschaftlicher Kommunikation auf der Basis eines exponentiell wachsenden Pools an geteilten Informationen.[21]

Was sich jedoch parallel dazu beobachten lässt, ist auch eine Art der Re-Nationalisierung molekularer Forschung, und zwar in zweierlei Form. Auf der einen Seite hatte die ständig größer werdende Effizienz des Sequenzierens zur

---

19 Chadarevian/Rheinberger (Hgg.): Disciplinary Histories.
20 Hilgartner, Stephen: Information Control in Genome Research: On Selective Flows of Knowledge in Technoscientific Interaction. In: The British Journal for History of Science 45 (2012), S. 267-280. — Hilgartner, Stephen/Miller, Clark/Hagendijk, Rob (Hgg.): Science and Democracy: Making Knowledge and Making Power in the Biosciences and Beyond. London u.a. 2015. – Zuletzt Hilgartner, Stephen: Reordering Life. Knowledge and Control in the World of the Genome. Cambridge, MA 2017.
21 Vgl. u.a. Leonelli, Sabina: Integrating Data to Acquire New Knowledge: Three Modes of Integration in Plant Science. In: Studies in the History and Philosophy of the Biological and Biomedical Sciences 44 (2013/4), Part A, S. 503-514. — Dies.: Data-Centric Biology: A Philosophical Study. Chicago 2016.

Folge, dass *nationale* Genomprojekte aufgelegt wurden und sich weiter ausbreiteten. Sie zielen auf eine mehr oder weniger vollständige Erfassung der genetischen Konstitution potentiell der Gesamtheit der Individuen einer ganzen Population wie z.B. Island[22], Estland oder Großbritannien. Hier sieht es so aus, als hätte die Molekularbiologie, die einmal auszog, um die *allgemeinsten* Lebenserscheinungen aufzudecken und zu verstehen, nun ganz im Gegenteil den Versuch zum Ergebnis, die *besonderen* Lebensformen bis hin zum einzelnen Individuum zu kartieren – gewissermaßen eine Naturgeschichte höherer Ordnung, wie es der Wissenschaftshistoriker Bruno Strasser beschreibt.[23]

Auf der anderen Seite sind wir mit möglichen Anwendungen der Gentechnologie in der Reproduktionsmedizin konfrontiert, die aufgrund ihres weitreichenden Potentials dringend nach internationaler Regulierung verlangen. Die internationale Gemeinschaft ist heute jedoch weit von diesem Ziel entfernt. Verschiedene Länder in der Welt antworten auf diese Herausforderungen mit ganz unterschiedlichen oder auch gar keinen Regeln.[24] Das könnte einen neuen Nationalismus mit einem korrespondierenden „Internationalismus" einer ganz besonderen Art zur Folge haben: eine Art Wissenschaftstourismus, der ambitionierte Wissenschaftler, die sich durch ihre nationalen Regulierungen behindert fühlen, in Länder ausweichen lässt, in denen solche Regelungen nicht bestehen.

Schluss

Aus dem Vorstehenden kann der Schluss gezogen werden, dass Internationalismus in der Wissenschaft nicht eine einheitliche, wohldefinierte Erscheinung oder Beziehung ist, genauso wenig wie die damit verbundenen Formen der Globalisierung ein für allemal gegeben sind. Sie können ganz im Gegenteil sehr unterschiedliche Gestalt annehmen, und es ist die Aufgabe der Wissenschaftsgeschichte, diese zeitgebundenen Varianten im Detail zu analysieren. Das gleiche gilt für die Formen nationaler und lokaler Entwicklung, gleich ob sie nun eine Voraussetzung für oder eine Konsequenz von Tendenzen zur Internationalisierung oder Globalisierung darstellen. Die beiden Phänomene – Lokalität und Globalität – schließen einander in der Regel nicht strikt aus, sondern bedingen sich vielmehr in ihren spezifischen Formen. Wie wir gesehen haben, bietet die Geschichte der Molekularbiologie eine Reihe von interessanten Formen, die das

---

22 Fortun, Michael A.: Promising Genomics: Iceland and deCODE Genetics in a World of Speculation. Berkeley 2008.
23 Strasser, Bruno J.: Data-Driven Sciences: From Wonder Cabinets to Electronic Databases. In: Studies in the History and Philosophy of Biological and Biomedical Sciences 43 (2012), S. 85-87. — Ders.: Practices, Styles, and Narratives: Collecting in the History of the Life Sciences. In: Osiris 27 (2012), S. 303-340.
24 Vgl. UNESCO Division of the Ethics of Science and Technology: National Legislation Concerning Human Reproductive and Therapeutic Cloning. Paris 2004.

Verhältnis zwischen dem Globalen und dem Lokalen in der Entwicklung der Wissenschaften im Laufe der langen zweiten Hälfte des 20. Jahrhunderts angenommen hat. Und wie wir gesehen haben, verweist sie auf die Existenz von Mustern, die einerseits sich verändernde globale politische Entwicklungen reflektieren, andererseits – was vielleicht noch wichtiger ist – sich verändernde epistemische Konfigurationen.

Im Hinblick auf diese epistemischen Konfigurationen seien noch ein paar abschließende Bemerkungen gestattet. Die Geschichte der Molekularbiologie ist ein gutes Beispiel dafür, wie solche Konfigurationen sich in einem bestimmten Forschungsfeld im Lauf der Zeit tiefgreifend verändern können. Die Einschnitte in dieser Geschichte, die ich hier vorgestellt habe, reflektieren diese Veränderungen in besonderer Weise. Die erstgenannte Phase war durch die Herausbildung einer Anzahl neuer Forschungstechnologien charakterisiert, die es erlaubten, die molekulare Struktur biologischer Großmoleküle zu erkunden. Diese Entwicklungen vollzogen sich lokal; in diesem Stadium über Molekularbiologie zu sprechen konnte eigentlich nur bedeuten, eine Dachbezeichnung für solche sich lokal und mehr oder weniger isoliert voneinander vollziehenden Entwicklungen zu haben. Die Molekularbiologie war noch kein kohärentes Feld von Forschungsaktivitäten. Lokalität definierte ihre Struktur. Die zweite Phase war bestimmt durch den Zusammenschluss dieser Technologien. Epistemisch war sie charakterisiert durch die Identifizierung der genetischen Funktion dieser Makromoleküle und ihrer Beziehung zueinander, technisch durch ein *blackboxing* dieser Verfahren und ihrer damit einhergehenden umfassenden Diffusion. Die Molekularbiologie wurde zu einem mehr oder weniger vereinheitlichten Feld, das kurzfristig die Struktur einer Disziplin annahm, die sich als solche international konstituierte und sich als ein globales Unternehmen verstand, das dazu bestimmt war, die Biowissenschaften grundlegend umzugestalten. Die dritte Phase war durch drei voneinander verschiedene Trends markiert – einen epistemischen, einen ökonomischen und einen politischen. Der epistemische Trend bestand in der Schaffung einer Reihe molekularer Forschungswerkzeuge, die es erlaubten, praktisch alle disziplinären Spezialitäten der Lebenswissenschaften von der Taxonomie bis zur Evolutionsforschung zu molekularisieren. Der ökonomische Trend bestand in der sofort einsetzenden Verwendung dieser Werkzeuge für kommerzielle biotechnologische wie auch medizinische Zwecke. Der politische Trend schließlich führte zur Bildung internationaler Konsortien mit dem Ziel, die molekulare Genetik in eine neue Form von Großforschung auf der Basis einer globalen Netzwerkstruktur zu transformieren. Zusammengenommen verstärkten diese Trends einerseits den globalen Charakter molekularbiologischer Forschung. Andererseits schufen sie aber auch neue Nischen für lokale Entwicklungen. In allen drei Phasen, die natürlich nicht scharf begrenzt sind und deren Übergänge sich je nach nationalem Kontext auch zeitlich unterschiedlich gestalteten, kamen also globale und lokale Aspekte in je besonderen Mischungen vor.

Die Geschichte der Wissenschaften wurde lange Zeit als das Paradebeispiel einer kulturellen Entwicklung gesehen, die aufgrund des Charakters ihrer Wissensform von vornherein global ausgerichtet war. Die hier eingenommene Position versteht sich als ein *caveat* hinsichtlich einer enthistorisierten Verwendung der ins Spiel gebrachten Verallgemeinerungen. Vergessen wir zudem nicht, dass Globalität und Lokalität nicht nur objektivierbare Kennzeichen historischer Entwicklungen, sondern auch Erzählformen darstellen. So tendieren Langzeitgeschichten dazu, die globalen Aspekte der Entwicklung – einer Wissenschaft im vorliegenden Kontext – zu betonen, während Fallstudien dazu neigen, ihre lokalen Aspekte in den Vordergrund zu stellen. Meine hier gegebene Darstellung fällt gewissermaßen zwischen diese beiden Pole. Daher rührt auch ihre janusköpfige Oszillation zwischen globalen und lokalen Perspektiven in der Geschichte der Molekularbiologie.

Dittmar Dahlmann

„Eine öffentliche Verbeugung vor der Wissenschaft". Alexander von Humboldts Reise nach Sibirien 1829[1]

Am frühen Nachmittag des 5. bzw. 17. August 1829 traf Alexander von Humboldt am russisch-chinesischen Grenzfluss, dem Irtyš, mit zwei chinesischen Grenzoffizieren zusammen. Der Kommandant namens Tsing-fu stattete dem weltberühmten Gelehrten kaum eine Stunde später einen Gegenbesuch ab und überreichte chinesische Bücher, die Alexander von Humboldt seinem Bruder Wilhelm mitbringen wollte. Auf Bitten Humboldts schrieb Tsing-fu, „ein feiner gebildeter Mann, was aus seinem ganzen Benehmen hervorleuchtete," mit einem Bleistift, der ihm überreicht wurde, seinen Namen und eine Widmung in eines der Bücher. „Der Bleistift war ihm neu, er betrachtete ihn mit Wohlgefallen, und nahm ihn gern an, als er ihm geschenkt wurde." Gustav Rose, einem der Reisebegleiter Humboldts, verdanken wir diese Beschreibung.

Hier fand wohl das statt, was wir eine Kulturbegegnung und einen Kulturtransfer nennen können, der beiden Seiten nützlich war: Wilhelm von Humboldt konnte mit neuem Material seine Sprachstudien fortsetzen, der Bleistift fand, so ist anzunehmen, seine Verbreitung in der chinesischen Kultur.

Alexander von Humboldt, Universalgelehrter, Forschungsreisender, Mitbegründer der Geographie als Wissenschaft, der, wie es Ottmar Ette formulierte, „einen neuen Wissens- und Reflexionsstand des Wissens von der Welt" schuf, wurde am 14. September 1769 in Schloss Tegel bei Berlin als Sohn eines preußischen Offiziers und einer aus einer Hugenottenfamilie stammenden Mutter geboren und starb in Berlin, fast 90-jährig, am 6. Mai 1859. Seine Reise in die „Äquinoktial-Gegenden des Neuen Kontinents", vulgo als *Amerikanische Forschungsreise* bezeichnet, von 1799 bis 1804 – machte ihn weltberühmt, er war befreundet und bekannt mit den Größen seiner Zeit und hatte einen mindestens ebenso berühmten Bruder.

Über die sogenannte russisch-sibirische Reise des 60-jährigen Alexander von Humboldts sind wir in mancherlei Hinsicht ganz ausgezeichnet unterrichtet: Sie begann am 12. April 1829 um 23.00 Uhr Ortszeit in Berlin und endete

---

[1] Der Vortrag wurde in einer Erstfassung im Mai 1999 im Moskauer Puškin-Museum und in einer wesentlich überarbeiteten Fassung im November 2011 auf einer gemeinsamen Veranstaltung der Alexander von Humboldt-Stiftung und des Generalkonsulats der Russischen Föderation im Bonner Generalkonsulat und im Mai 2012 am Dies academicus der Rheinischen Friedrich-Wilhelms-Universität Bonn gehalten. Die Vortragsform wurde beibehalten und auf Fußnoten verzichtet. Die wichtigste Literatur ist am Ende des Textes verzeichnet. Ich danke Dr. Diana Ordubadi und Helena Pivovar, MA, beide Bonn, für ihre Hilfe bei der Recherche.

dort am 28. Dezember 1829 um 22.00 Uhr. Die Reisenden, darüber gleich mehr, legten in diesen rund acht Monaten etwa 19.000 Kilometer zurück auf 12.244 Pferden, die ihnen an 568 Poststationen zur Verfügung gestellt wurden. So ordne sich mit Fakten und Zahlen die Wirrnis zur Begrifflichkeit und man fasse Mut, hat Daniel Kehlmann in *Die Vermessung der Welt* solche Überlieferungen ironisch kommentiert.

Diese russisch-sibirische Reise galt bis zu Hanno Becks zweibändiger Humboldt-Biographie, die 1959 bzw. 1961 erschien, und seiner Dokumentation darüber aus dem Jahr 1983, die mittlerweile in 6. Auflage vorliegt, als weit weniger bedeutsam als die große Forschungsreise durch Amerika, die Humboldt gemeinsam mit dem Botaniker Aimé Bonpland von 1799 bis 1804 durchführte und die seinen Weltruhm als Forschungsreisender und Wissenschaftler begründete. Ganz gewiss führte die russisch-sibirische Reise nicht in bis dahin fast gänzlich unbekannte Regionen, war weit weniger gefährlich und erbrachte nicht jene Erträge der Forschung, wie sie Humboldt, teilweise gemeinsam mit Bonpland, in dem 30-bändigen Werk *Voyage aux régions équinoxiales du Nouveau Continent*, das zwischen 1807 und 1834 erschien, vorlegte. Doch hat die zweite große Reise Alexander von Humboldts, die er auf Einladung des aus Hessen stammenden russischen Finanzministers Georg Graf von Cancrin und des russischen Kaisers Nikolaj I. 1829 unternahm, durchaus einen wichtigen Stellenwert in Humboldts Leben und Werk. Die anlässlich des 150. Todestages Humboldts erschienene kommentierte Edition der Briefe aus Russland und die zeitgleich publizierte Neuedition von Humboldts Werk *Zentral-Asien*, das 1843 zunächst im französischen Original und 1844 in deutscher Fassung, die der Übersetzer verändert hatte, veröffentlicht worden war, erleichtern nunmehr die Beschäftigung mit dieser Reise ganz erheblich und ermöglichen einige neue Einblicke. Dennoch gilt immer noch die Feststellung Christian Suckows, des langjährigen Leiters der Alexander von Humboldt-Arbeitsstelle an der Berlin-Brandenburgischen Akademie, aus dem Jahre 1999, dass der wissenschafts-, geistes- und kulturgeschichtliche Ort dieser Reise nicht verlässlich bestimmt werden könne, da ein Großteil des Materials noch nicht erschlossen worden sei.

Reisepläne nach Sibirien verfolgte Alexander von Humboldt, soweit uns die Quellen die Einsicht gestatten, seit den frühen 1790er Jahren. In einem Brief an einen russischen Kommilitonen der Freiberger Bergakademie griff er dessen Angebot eines Besuches in Sibirien auf und schrieb, dass er kommen werde, aber wohl erst in 20 Jahren, da er vorher noch ein großes Ziel vor Augen habe. Gemeint war damit die Reise in die Tropen. In den folgenden Jahren erwähnte Humboldt immer wieder Reisemöglichkeiten nach Asien, auch auf seiner Amerika-Reise, doch blieben sie zunächst wenig konkret. Seit 1807 schwankte Humboldt dann zwischen einer Expedition in die tropischen Regionen Asiens, um sie mit denen Amerikas zu vergleichen, und einer Reise nach Zentralasien, um sich mit Gebirgsfaltungen zu befassen. Einmal sprach er vom Bajkal, vom Irtyš, vom Kaukasus und vom Kaspischen Meer, ein anderes Mal vom Himalaja, von Indien, vom Ganges oder von Tibet. 1811 bot ihm Graf Nikolaj Rumjancev, Außenminister und Reichskanzler Russlands, bei einer Begegnung in Paris die Unterstützung seiner Regierung bei einer Expedition über Kašgar nach Tibet an. Der 1812 ausbrechende Krieg zwischen Russland und dem Napoleonischen Frankreich ließ alle diese Pläne Makulatur werden. Rumjancev finanzierte wenige Jahre später, 1815 bis 1818, aus eigenen Mitteln die zweite russische Weltumsegelung unter Otto von Kotzebue, dem Sohn August von Kotzebues, an der auch Adelbert von Chamisso und Johann Friedrich von Eschscholtz als Naturforscher teilnahmen. Auch weitere Reisepläne Humboldts am Ende der 1810er Jahre konnten nicht realisiert werden und scheiterten teils an finanziellen Fragen, vor allem aber am Widerstand Britanniens bzw. der Britischen Ostindien-Compagnie.

1826, das Werk über die Südamerikareise näherte sich der Vollendung, wünschte König Friedrich Wilhelm III. von Preußen die Rückkehr seines Kammerherrn Alexander von Humboldt aus Paris. Im Frühjahr 1827 kehrte er nach 20-jähriger Abwesenheit zurück; einerseits konnte er sich den Wünschen des Königs kaum entziehen, andererseits lockte auch das gebotene Gehalt von 5.000 Talern, denn finanziell war er fast ruiniert, nicht nur von den hohen Lebenshaltungskosten in Paris, sondern auch von den Herstellungskosten seines Reisewerkes. Nur wenige Monate nach seiner Rückkehr begann er mit Vorlesungen an der Universität, wozu er als Akademiemitglied das Recht besaß, zugleich aber auch mit den berühmten öffentlichen Vorlesungen zur „Physikalischen Geographie", später als „Kosmos-Vorlesungen" bekannt geworden. Die 16 öffentlichen Vorträge im großen Saal der Berliner Singakademie, Unter den Linden 6, fanden zwischen dem 6. Dezember 1827 und dem 27. März 1828 vor überfülltem Haus statt. Der Zutritt war unbeschränkt und kostenlos. Humboldt sprach in freier Rede und sorgte für die umfassende Verbreitung naturwissenschaftlicher Erkenntnisse.

Ende August und Ende Oktober 1827 sandte der russische Finanzminister Georg von Cancrin zwei Schreiben an Alexander von Humboldt, in denen er um dessen Rat in der Frage des Für und Wider einer Einführung der Platinwährung im Russischen Reich bat – Platin war im Ural gefunden worden – und zugleich, sehr vage, eine Expedition ins Zarenreich anbot. Humboldt griff dieses Angebot in seiner Antwort vom 19. November 1827 auf und schrieb in einem Nachtrag von eigener Hand: „Mein heißester Wunsch ist, Ihnen in Rußland selbst meine Aufwartung zu machen. Der Ural und der nun bald russische Ararat, ja selbst der Baikal-See schweben mir als liebliche Bilder vor." Cancrin antwortete zügig am 17. Dezember 1827, dass er seinem Kaiser, also Nikolaj I., Humboldts Bitte vorgetragen habe, „eine gelehrte Reise nach unserm Osten zu unternehmen. Der Monarch wünscht es, da der Gewinn für die Wißenschaft und das Reich nur sehr groß sein kann." Ohne Umschweife offerierte Cancrin, der wohl um Humboldts finanzielle Situation wußte, „Hülfsmittel pekuniärer Natur". Er könne versichert sein, dass der Kaiser „Mittel freigebig bewilligen wird." Danach ging er sogleich auf die möglichen Ziele der Reise ein, den Ural, das Kolyvansche Gebirge, den Ararat und den Bajkal. Reisen könne man in Russland schnell und sicher; für alles werde gesorgt und „dem Zoll wird vorgeschrieben werden Ihren Eintritt in Rußland nicht zu erschweren."

Cancrin hatte es ganz offenkundig eilig, während Humboldt zögerte. Gegenüber Cancrin verwies er auf den Abschluss seines „amerikanischen Reisewerks" und auf die im Anschluss an die Kosmos-Vorlesungen begonnene Arbeit an einer „Physischen Weltbeschreibung", aus der schließlich Humboldts Alterswerk *Kosmos. Entwurf einer physischen Weltbeschreibung* hervorgehen sollte.

Schließlich verständigten sich Cancrin und Humboldt, auch wegen des Krieges mit dem Osmanischen Reich, auf einen Reisebeginn im Frühjahr 1829. Der Ton der Korrespondenz wurde im Laufe des Jahres immer vertrauter. Cancrin bot sein Haus als Quartier an, wollte sich um Bücher bemühen, die Humboldt interessierten, darunter Peter Simon Pallas' *Zoographia Rosso-Asiatica* und empfahl, um „sich für Verkältung zu hüten" einen „wattirten Ueberrock und Mantel," da ein „leichter Anzug" schon vielen Ausländern geschadet habe.

Schließlich sprachen der Minister und Humboldt die Reiseroute ab, wobei, wie Cancrin Ende Januar 1829 schrieb, es „ganz von Ew. Hochwohlgeboren" abhängt, „wohin in welchen Richtungen, zu welchen Zwekken Sie die Reise vornehmen wollen." Dann folgte jener immer wieder in der Literatur zitierte Satz: „Der Wunsch der Regierung ist einzig die Wißenschaft zu befördern, und, so weit es angeht, der Gewerbsamkeit Rußlands besonders im Bergfach dabei zu nüzzen." Er war die Antwort des Ministers und Nikolajs I. auf Humboldts Wunsch, aus dem vorangegangenen Schreiben, „das russische Volk (ich meine die gemeinen Landleute, die mir immer als sehr liebenswürdig geschildert worden sind) in ihrer primitiven Einfachheit und kräftigen Lebendigkeit zu sehen."

Humboldt und seine Begleiter hatten dann allerdings der russischen Regierung gegenüber zugesichert, so sieht es die Forschung bis heute, sich in ihren späteren Publikationen „nur auf die tote Natur zu beschränken und alles zu vermeiden, was sich auf Menschen-Einrichtungen, Verhältnisse der unteren Volksklasse bezieht", wie es Alexander von Humboldt in einem bereits während der Reise geschriebenen Brief im Juli 1829 ausdrückte. Allerdings wäre es durchaus der Mühe wert, diese Äußerung im Kontext des Briefes zu erörtern, wofür hier allerdings die Zeit fehlt. In jedem Falle haben sich Rose und Humboldt, die später „Reisewerke" vorlegten, daran gehalten, jedoch ist es durchaus angebracht, in Humboldts Briefen und Publikationen auch zwischen den Zeilen zu lesen. Es war von Beginn an kaum daran zu denken, dass Humboldt aufgrund der Kürze der zur Verfügung stehenden Forschungszeit eine derart umfassende Analyse der russischen Verhältnisse würde leisten können, wie dies auf seiner süd- und mittelamerikanischen Reise der Fall gewesen war. Er hatte sich jedoch, wie kaum anders zu erwarten, auf diese Reise intensiv vorbereitet. Die Reiseberichte und Forschungsergebnisse über Sibirien waren ihm teilweise seit seiner Jugend bekannt, zudem begann er eine umfangreiche Korrespondenz mit Experten und holte bei Freunden und Bekannten Informationen in mündlicher und schriftlicher Form ein. Auch damals schon gab es bei Bekanntwerden der Humboldt'schen Reisepläne im europäischen Raum ein lebhaftes Medienecho und zahlreiche Anfragen, ihn zu begleiten, die Alexander von Humboldt jedoch alle ablehnte.

Ich möchte Sie nun im Folgenden einladen, mit Alexander von Humboldt auf seine Reise zu gehen und werde dazu vor allem aus den Briefen an seinen Bruder Wilhelm, bisweilen auch an andere Personen, zitieren. Die Vorgehensweise ist ein wenig unwissenschaftlich, aber unterhaltsam. Danach werde ich zusammenfassend die wichtigsten Ergebnisse und Folgen der Forschungsreise darlegen.

Wie schon deutlich geworden ist, handelte es sich um keine „gewöhnliche" Expeditionsreise. Kaiser Nikolaj I., verheiratet mit Charlotte von Preußen, der ältesten Tochter Friedrich Wilhelms III., offerierte 10.000 Rubel als Reisekosten, doch erhielt Humboldt bei seiner Ankunft 20.000 Rubel, von denen er allerdings 7.050 Rubel vor seiner Rückkehr nach Berlin zurückgab. Für Humboldt und seine Begleitung wurden zwei Kutschen gebaut, eine zum Personen- sowie eine eher zum Gepäck- und Materialtransport, eine dritte gekauft. Für alles war auf der Reise gesorgt; die örtliche Administration erhielt die strikte Anweisung, Humboldt wie einen General zu behandeln.

Humboldts Mitreisende waren der von Beginn an vorgesehene Mineraloge Gustav Rose, außerordentlicher Professor an der Berliner Universität, der Mediziner, Paläontologe und Zoologe Christian Gottfried Ehrenberg, ebenfalls außerordentlicher Professor an der Berliner Universität, und Humboldts Kammerdiener Johann Seifert. Von russischer Seite wurden die Forscher von dem Bergbeamten Dmitrij Stepanovič Men'šenin begleitet. Hinzu kam selbstverständlich ein entsprechendes Begleitpersonal als Bedeckung; von anderen Personen wird noch die Rede sein.

Gustav Rose, 1798 geboren, sollte vor allem mineralogische Forschungen im Ural, im Altaj und am Kaspischen Meer durchführen; den Wunsch an ihn, den offiziellen Reisebericht zu verfassen, äußerte Humboldt erst zwei Jahre nach der Rückkehr. Er erschien allerdings erst sechs bzw. zehn Jahre später in zwei Bänden. Rose entwickelte sich später zu einem Spezialisten für Meteoriten und publizierte dazu umfassend. Christian Gottfried Ehrenberg, geboren 1795, war einer der produktivsten Wissenschaftler seiner Zeit und mit Humboldt befreundet. Von 1820 bis 1825 hatte er eine ertrag- und erfolgreiche Expedition in den Nahen Osten und nach Arabien unternommen, er gilt als Begründer der Mikrobiologie und Mikropaläontologie.

Etwa zwei Wochen vor Beginn der Reise starb am 26. März Alexander von Humboldts Schwägerin Caroline, Wilhelms Frau; am 6. April wurde Alexander zum Wirklichen Geheimen Rat mit dem Prädikat Exzellenz ernannt; am 12. April 1829 um 23.00 Uhr brach die Reisegesellschaft in Berlin auf.

Der erste große Halt auf der Reise war am 27. und 28. April die russisch-deutsche Universitätsstadt Dorpat, ein nicht nur wissenschaftliches Scharnier zwischen den beiden Ländern und Wissenschaftskulturen. An unserer Abteilung beginnen wir mit den Forschungen zu diesem Thema. In der Mehrheit lehrten hier Deutschbalten, von denen einige sich an den ersten russischen Weltumsegelungen im ersten Viertel des 19. Jahrhunderts beteiligt hatten. Andere hatten Teile Sibiriens, insbesondere die Ural- und die Altaj-Region erforscht. Alexander schrieb an seinen Bruder: „Professoren-Besuche von 8 Uhr Morgens bis 9 Uhr Abends, ein ungeheuer labendes Diner, welches uns die ganze Universität gab, mit allen obligaten toasts, daneben aber doch wieder Belehrung, interessante Menschen (Kruse, Engelhardt, der als Geognost im Ural, Ledebour, der als Botaniker im Altay gewesen war, Eschscholtz, Chamisso's Begleiter, ein trefflicher Zoologe, vor allem aber Struve mit seinen 2000 Doppelsternen und dem herrlichen Fernrohr)."

Vom 1. bis zum 20. Mai weilten die Forschungsreisenden in der Hauptstadt St. Petersburg; Humboldt wurde fast täglich von Kaiser Nikolaj I. und dessen Gemahlin, auch allein, empfangen, traf sich häufiger mit Minister Cancrin und seine Wahl in die St. Petersburger Akademie wurde per Akklamation bestätigt. Hinzu kamen die üblichen Empfänge und Einladungen, denen Humboldt nicht entkommen konnte. Rose und Ehrenberg studierten derweil das städtische Leben auf Straßen und Plätzen und ließen sich unter anderem auch die Sammlungen der Akademie der Wissenschaften zeigen. An seinen Bruder schrieb Alexander am 3. Mai 1829: „Heute Morgen bin ich noch am Hof gewesen. Es war das Fest der Kaiserin. ... Der Raum ist prächtiger als Versailles." Am 19. Mai teilte er Friedrich Wilhelm Bessel, dem Direktor der Sternwarte in Königsberg mit: „Die Stadt und der Hof haben mir hier so wenig eigene Willens Kraft gelassen, dass ich mich durch das Eis (denn hier ist noch von keinem Grün die Rede) alle Tage auf die Aptheka Insel geflüchtet, um dort wo ich meine Instrumente aufgestellt, einige ruhige Stunden arbeiten zu können."

Am gleichen Tag schrieb er an Wilhelm von Humboldt: „Wir reisen morgen über Nowgorod und Moscau (dort jetzt nur 2 Tage) nach Kasan, 28. Mai alten Styls, Perm, Catharinburg, 9. Juni. Von da nach dem nördlichen Theil des Urals, Bogoslowsk, der Goldwäsche von Tobolsk und zurück nach Catharinburg." „Man hat mich hier von 8 Uhr morgens bis in tiefe Nacht von Haus zu Haus getrieben, und ich sehne mich nach der freien Luft fern von den Städten." Aus Moskau teilt er dem Bruder eine Woche später mit: „Diese schöne Stadt hat zum großen Teil die Individualität ihres Charakters verloren, jedoch ist der Kreml noch immer unendlich interessant. Der Architekturstil in Moskau ist nicht zu begreifen. Die großen Worte byzantinisch, gotisch charakterisieren ihn gar nicht. Es gibt in Moskau Türme in Pyramidenform mit Etagen wie in Indien und auf Java."

Über Kazan', wo Humboldt die ersten Moscheen in seinem Leben und die „vollständig tatarischen Vorstädte und Dörfer" sah, erreichte die Reisegruppe am 13. Juni Perm und wenige Tage später Ekaterinburg. Man befand sich im Ural und besichtigte Hüttenwerke, Gold- und Kupfergruben sowie Platin- und Goldseifen. Proben wurden genommen, es wurde gemessen und untersucht; dazu gab es die obligatorischen Empfänge, Visiten und offiziellen Essen. An den Bruder schrieb er: „Die Vorsorge der Regierung für unsere Reise ist nicht auszusprechen, ein ewiges Begrüßen, Vorreiten und Vorfahren von Polizeileuten, Administratoren, Kosakenwachen aufgestellt. Leider aber auch fast kein Augenblick des Alleinseins, kein Schritt, ohne dass man ganz wie ein Kranker unter der Achsel geführt wird. ... Eine sibirische Reise ist nicht entzückend wie eine südamerikanische, aber man hat das Gefühl etwas Nützliches unternommen und eine große Länderstrecke durchreist zu haben. ... Eine solche Reise, eine solche Ansicht so vieler Völker, Tataren, Baschkiren, Waiteken, Wogulen, Kalmücken, Kirgisen, Buklaren wird angenehme Erinnerungen hinterlassen."

Bei der Abreise aus Ekaterinburg, im Ural hielten sich die Forschungsreisenden bis zum 18. Juli auf, mussten zwölf Kisten der Sammlungen verpackt und auf Staatskosten nach St. Petersburg geschickt werden, was die Abreise verzögerte. Zudem führten die Wissenschaftler täglich, bisweilen mehrmals, barometrische Messungen und astronomische Ortsbestimmungen durch. Im Ural klagte Ehrenberg über die „Berlinische Vegetation", da unter 300 Pflanzen kaum 40 sibirische waren, wie Humboldt an Cancrin schrieb, der, offensichtlich mit gutem Humor begabt, in seiner Antwort Professor Ehrenberg eine recht antiberlinische Flora wünschte.

Aus Tobol'sk, nun endlich mitten in Sibirien, schrieb Alexander von den „gewaltigen und schönen Ebenen Asiens" und teilte mit, dass er bis an die Grenze der chinesischen Mongolei reisen werde. Humboldt und seine Begleiter fassten dort den Plan, von der festgelegten Route abzuweichen und über Tara, Barnaul und Kolyvan, nach Baty an der chinesisch-russischen Grenze zu reisen und von dort aus über Semipalatinsk in Omsk wieder auf die alte Route zurückzukehren. Humboldt schrieb dies Cancrin eher beiläufig unter Hinweis darauf, auch das Altai-Gebirge besuchen und erforschen zu wollen, was jener recht gelassen aufnahm.

Die sibirische Landschaft vermochte Humboldt nicht immer zu begeistern. Seinem Bruder berichtete er am 4. August aus Barnaul: „Die Vegetation ist jetzt ... endlich nach und nach sibirisch geworden, doch gleichen, da leider die Bäume allein ein Land charakterisieren, die Ob-Ufer im Ganzen der Havel und dem Tegel'schen See." François Arago, seinem Freund seit Pariser Tagen, beschrieb er wenig später die „liebenswürdigen Maßnahmen" der russischen Regierung, „um den Zweck dieser Exkursion zu erleichtern" und kommentierte sie mit der Bemerkung: „Ich kann dies alles nicht nur als Zeichen des Wohlwollens und persönlicher Achtung betrachten; es ist eine öffentliche Verbeugung vor der Wissenschaft, ein edles Geschenk an die Fortschritte der modernen Zivilisation."

Zwei Tage nach diesem Brief Humboldts traf er am westlichsten Posten der chinesischen Mongolei mit dem eingangs erwähnten chinesischen Kommandanten zusammen und bemerkte in einem Brief an seinen Bruder, dass er sich für den Rest des Lebens daran erinnern werde.

Am 14. September beging Alexander von Humboldt in Miass, auf der asiatischen Seite des Urals, seinen 60. Geburtstag und wurde, „freundlichst gefeiert". Von dort aus reisten die Forscher weiter nach Orenburg, von wo aus Humboldt Cancrin erneut vor vollendete Tatsachen stellte und eine weitere Änderung der Reiseroute mitteilte, da man noch nach Astrachan' an das Kaspische Meer reisen wollte. Die Stadt sei voll asiatischer Völker und habe einige interessante Fabriken und Fische für Dr. Ehrenberg. Pathetisch schrieb er: „Ich kann mich nicht an Ihrem Reiche sättigen, nicht sterben, ohne das Caspische Meer gesehen zu haben."

Statt bei Samara Wolga aufwärts zu reisen, reiste man Wolga abwärts und sah auch die deutschen Wolgakolonien, die Herrnhuter Niederlassung Sarepta sowie den Salzsee Elton (Jalton-Nor). Man blieb acht Tage in Astrachan' bzw. an den „zauberhaften Küsten" des Kaspischen Meeres. Über Humboldts Aufenthalt in dieser Region berichtete auch die „Allgemeine Preußische Staats-Zeitung", denn Alexander hatte Wilhelm eine „kleine Notiz" zur Weitergabe zukommen lassen. Dort war am 24. November 1829 zu lesen, dass dem Königl. Preußischen Wirklichen Geheimen Rath, Freiherr von Humboldt, die angesehensten Russischen und Asiatischen Kaufleute vorgestellt worden waren, ebenso „die Beamten vom Militair- und Civilstande", auch sei „eine Schiffahrt auf dem Meer und auf der Wolga unternommen" worden. Nein, ich mache an dieser Stelle keine Bemerkung über die kleinen Eitelkeiten von Wissenschaftlern.

Auf dem Rückweg nach Moskau traf die Reisegruppe in der Wolgasteppe noch mit einem jungen Chan der Kalmücken zusammen und erreichte schließlich am 3. November abends Moskau, wo man bis zum 9. November blieb und das übliche Programm der Empfänge und Diners durchlief. Über den Empfang in der Universität berichtete Alexander Herzen, damals Student an der Moskauer Universität, in seinen Memoiren: „Der Empfang Humboldts in Moskau und in der Universität war keine Kleinigkeit. Der Generalgouverneur, verschiedene Kommandanten, der Senat – alles erschien: das Ordensband über der Schulter, in voller Uniform, die Professoren kriegerisch mit dem Degen und dem Dreispitz unter dem Arm. Humboldt kam nichtsahnend in seinem blauen Frack mit goldenen Knöpfen angefahren und war, verständlicherweise, verlegen. Vom Vestibül bis zum Saal der Gesellschaft der Naturforscher – überall waren Hinterhalte vorbereitet: hier der Rektor, dort der Dekan, hier ein angehender Professor, dort ein Veteran ..., jeder begrüßte ihn – auf Lateinisch, auf Deutsch, auf Französisch, und das alles in diesen fürchterlichen Korridore genannten steinernen Röhren, in denen man sich keine Minute aufhalten konnte, ohne sich für einen Monat zu erkälten. Humboldt hörte sich entblößten Hauptes alles an und antwortete auf alles. Ich bin überzeugt, daß sämtliche Wilden, bei denen er gewesen war, die rothäutigen wie die kupferfarbenen, ihm weniger Unannehmlichkeiten bereitet haben als der Moskauer Empfang." In der Universität hielt Humboldt einen Vortrag über seine Beobachtungen der Inklination, also des Neigungswinkels des Erdmagnetfeldes, während der Reise. Seinem Bruder berichtete er, dass es auf der ganzen Reise keine gefährliche Situation und keine Erkrankung gegeben habe. „Aus der chinesischen Mongolei zurückgekehrt, glaube ich, wenn ich mich in Moskau befinde, in Spandau zu sein."

Am 13. November erreichten die Wissenschaftler wieder die Hauptstadt St. Petersburg, wo Humboldt gleich bei seiner Ankunft den St. Annenorden 1. Klasse mit Kaiserlicher Krone erhielt. Während und nach seiner Reise wurde Humboldt zudem Mitglied mehrerer wissenschaftlicher Gesellschaften und Universitäten, 1846 Ehrenmitglied der gerade gegründeten *Russischen Geographischen Gesellschaft* und 1856 erhob ihn Alexander II. zum Ritter des Ordens des Heiligen Aleksandr Nevskij.

Da Nikolaj I. erkrankt war, verzögerte sich die Heimreise erheblich, denn der Kaiser wollte Humboldt nicht ohne erneutes Zusammentreffen reisen lassen. Am 28. November sprach Humboldt in der St. Petersburger Akademie der Wissenschaften; eine Stunde zuvor schrieb er an seinen Bruder: „Ich glaube, meine französische Rede über die Vorteile der Ausdehnung Rußlands und seiner Lage für die Naturwissenschaften wird ihre Wirkung haben. Ich schrieb sie in zwei Nächten. ... Meine Gesundheit ist gut, ..., aber man bringt mich um mit Freundlichkeiten." In seiner Rede, bei der der Thronfolger Alexander, die Großfürstin Elena und Großfürst Michail anwesend waren, entwarf er ein Forschungsprogramm der Mineralogie, der Geophysik, der Klimatologie und regte die Errichtung eines Observatoriums an. Er vertraue darauf, dass es in Russland nunmehr eine breite und ungehinderte Entwicklung der Wissenschaft und der Bildung geben werde. Er habe, so schrieb er später an Karl August Varnhagen von Ense, gesagt, was sein sollte.

Erst am 6. Dezember konnte Nikolaj I. Alexander von Humboldt eine Audienz gewähren, in der der russische Kaiser davon sprach, dass Humboldts Ankunft in Russland dem Lande unendliche Fortschritte gebracht habe und er überall Leben verbreite, wo er hinkomme. Einen Tag später bat Humboldt den Kaiser „demütig" um die Freilassung von drei jungen Polen, darunter auch Jan Witkiewicz, die er als Verbannte in Sibirien kennengelernt hatte. Sie wurde zumindest partiell gewährt. Am 11. Dezember wurden Rose, Ehrenberg und Humboldt zunächst von der Zarin, dann vom Zaren empfangen.

Am 15. Dezember begann die Rückreise, die erneut über Dorpat und Königsberg führte. Kurz vor Riga kam es zur einzigen gefährlichen Situation auf der Reise, als der Wagen bei Glatteis auf einer Brücke umfiel und beinahe in den Fluss gestürzt wäre, glücklicherweise wurde niemand dabei ernstlich verletzt, aber die Rückreise verzögerte sich, da die Kutsche repariert werden mußte. Humboldt verlor seinen Humor nicht und schrieb einige Tage später aus Königsberg an Cancrin: „Da 2 Gelehrte und ein gelernter Jäger [gemeint ist Humboldts Diener Johann Seifert] umfielen, so hat es über die Ursache mehrere widersprechende Theorien gegeben. So viel ist gewiß, daß der Wagen schleuderte und daß der Postillon ganz schuldlos war." Am 28. Dezember erreichten die Reisenden Berlin, Humboldts sibirisch-russische Reise war zu Ende.

Ihr Ertrag war erheblich. „Die Reise nach Rußland", so formulierte es Hanno Beck, „hat Humboldts geographische Ideen reifen lassen und zu der Höhe gebracht, die wir klassische deutsche Geographie nennen." Abgesehen davon, dass die russischen Wissenschaftler, soweit dies in ihren Kräften und Möglichkeiten stand, Humboldts Forderungen aus seiner Akademie-Vorlesung umzusetzen suchten, publizierten die drei Forschungsreisenden, wenn auch mit erheblichem zeitlichen Abstand, eine Fülle von Aufsätzen sowie Büchern und hielten Vorträge; Humboldt allein mehr als 30 Aufsätze und Vorträge. Gustav Rose legte in den Jahren 1837 bis 1842 seine zweibändige offizielle Reisebeschreibung vor, der kurz darauf Humboldts dreibändiges Werk *Asie Centrale* folgte, das ein Jahr später in einer deutschsprachigen Bearbeitung erschien. Eine russische Fassung, mit einer ausführlichen Einleitung über Humboldts Reise erschien allerdings erst 1915. Zuvor allerdings waren zahlreiche Schriften Humboldts in russischer Übersetzung veröffentlicht worden. Es kann hier nicht der Ort sein, die Rezeption Humboldts in Russland und in der Sowjetunion aufzuarbeiten, die bisher noch nicht umfassend geleistet wurde. Sie war ausgesprochen groß und erreichte mit den Übersetzungen des „Kosmos" in der zweiten Hälfte des 19. Jahrhunderts einen Höhepunkt.

Weder Rose noch Humboldt verfassten einen Reisebericht im klassischen Sinne. Roses erster Band trug den Untertitel „Mineralogisch-geognostischer Theil und historischer Bericht der Reise", wobei Mineralogie und Geologie überwogen. Humboldts Werk, vorausgegangen waren 1831 die *Fragments de géologie et de climatologie asiatique*, in deutscher Übersetzung ein Jahr später erschienen, trug eine Widmung an Nikolaj I., in der er sich, wohl nicht ohne einen sarkastischen Unterton, unter anderem auch für die „freie Entfaltung der geistigen Fähigkeiten", welche die Expedition geboten habe, bedankte. Bei Humboldt trat die Reise gänzlich hinter der wissenschaftlichen Aufarbeitung zurück. Er zog eine erste Bilanz seiner Forschungen über Gebirge und Vulkanismus, arbeitete die bisherige Forschung zu Sibirien vom frühen 18. Jahrhundert bis zu seinen eigenen Erkenntnissen auf und zog auch immer wieder Vergleiche mit den Verhältnissen und Gegebenheiten in Süd- und Mittelamerika. Erst am Ende des dritten Bandes, in einem kaum fünfseitigen Anhang, tritt Alexander von Humboldt selbst als Reisender auf, allerdings fast nur in der dritten Person, da dort ein kurzer Bericht des französischen Naturforschers Georges Cuvier wiedergegeben wird.

Der größte Ertrag der Humboldt'schen Reise, nicht nur für ihn selbst, sondern auch für seine beiden Begleiter, waren jedoch ihre zahlreichen neuen Kontakte und Beziehungen zu den russischen Kollegen, mit denen sie in den folgenden Jahrzehnten in einen regen und intensiven Gedankenaustausch traten. Und in seiner Korrespondenz mit den Regierenden in Russland, mit Nikolaj I., den Ministern Uvarov und Cancrin und einigen anderen, verwies Humboldt immer wieder auf die Möglichkeiten wissenschafts- und bildungsfördernder staatlicher Einflussnahme, wobei ich nur um der Klarheit willen hinzufügen möchte, dass er den Bildungsbegriff seines Bruders Wilhelm teilte. Sein Wissenschaftsbegriff zielte auf eine ganzheitlich umfassende und interdisziplinäre Sicht, eben auf eine physische Weltbeschreibung oder auf den Kosmos.

Lassen Sie mich schließen mit einem letzten Zitat aus einem Humboldt-Brief; wobei ich mir die Bemerkung erlauben möchte, dass ich einiges gäbe, wenn ich nur halb so geschmeidige, aber dennoch präzise formulierte Briefe schreiben könnte wie er. In seinem schon zitierten Brief an Georg von Cancrin, mit dem er auch nach seiner Rückkehr von der Reise eine enge Beziehung unterhielt, vom 15. September 1829, also einen Tag nach seinem 60. Geburtstag, blickte er bereits zurück auf die Reise und schrieb, „daß dieses Jahr, durch die große Masse von Ideen, die ich auf einem weiten Raume habe sammeln können, mir das wichtigste meines unruhigen Lebens geworden ist. Und was werde ich nicht erst von mineralogischen und geognostischen Merkwürdigkeiten auffinden können, wenn ich in Ruhe in Berlin mit Prof. Rose von den Sammlungen des Urals und Altai werde umgeben sein?" Welch herrliche Aussichten für einen heutigen Wissenschaftler in Ruhe arbeiten zu können.

Literaturverzeichnis

Aranda, Kerstin/Förster, Andreas/Suckow, Christian (Hgg.): Alexander von Humboldt und Russland. Eine Spurensuche. Berlin 2014.

Beck, Hanno: Alexander von Humboldt, 2 Bde. Wiesbaden 1959–1961.

Beck, Hanno (Hg.): Gespräche Alexander von Humboldts. Berlin 1959.

Beck, Hanno: Graf Georg von Cancrin und Alexander von Humboldt. In: Alexander von Humboldt. Gedenkschrift zur 100. Wiederkehr seines Todestages, hg. von der Alexander von Humboldt-Kommission der Deutschen Akademie der Wissenschaften zu Berlin. Berlin 1959, S. 71-82.

Beck, Hanno (Hg.): Alexander von Humboldts Reise durchs Baltikum nach Russland und Sibirien 1829. 6. Aufl., Wiesbaden 2009.

Bies, Michael: Im Grunde ein Bild. Die Darstellung der Naturforschung bei Kant, Goethe und Alexander von Humboldt. Göttingen 2012.

Dahlmann, Dittmar: Deutschbaltische Forschungsreisende und die Universität Dorpat in der ersten Hälfte des 19. Jahrhunderts – Ein Überblick. In: Winterschladen, Matthias/Ordubadi, Diana/Dahlmann, Dittmar (Hgg.): Auf den Spuren der modernen Sozial- und Kulturanthropologie. Die Jesup North Pacific Expedition (1897–1902) im Nordosten Sibiriens. Fürstenberg (Havel) 2016, S. 11-49

Dahlmann, Dittmar: Die Weite Sibiriens und des Ozeans in Berichten und Aufzeichnungen von Forschungsreisenden von der Mitte des 18. bis zur Mitte des 19. Jahrhunderts. In: Zeitschrift für Ostmitteleuropa-Forschung 63 (2014), S. 55-73.

Ette, Ottmar: Alexander von Humboldt und die Globalisierung. Frankfurt am Main/Leipzig 2009.

Geier, Manfred: Die Brüder Humboldt. Eine Biographie. Reinbek bei Hamburg 2009.

Gentz-Werner, Petra: Blutige Pfützen und andere gefärbte Erscheinungen. Über Ergebnisse der russischen Reise von Chr. G. Ehrenberg (1795–1876) mit A. v. Humboldt (1869–1859). In: Kästner, Ingrid/Pfrepper, Regine (Hgg.): „... so ist die Naturwissenschaft das wahre Band der Völker. Wissenschaftsbeziehungen in Medizin und Naturwissenschaften zwischen Deutschland und dem Russischen Reich im 18. und 19. Jahrhundert. Aachen 2004, S. 39-54.

Honigmann, Peter: Alexander von Humboldts Journale seiner russisch-sibirischen Reise 1829. In: Petermanns Geographische Mitteilungen 127 (1983), S. 103-108.

Humboldt, Alexander von: Zentralasien. Untersuchungen zu den Gebirgsketten und zur vergleichenden Klimatologie. Nach der Übersetzung Wilhelm Mahlmanns aus dem Jahr 1844 neu bearbeitet und herausgegeben von Oliver Lubrich. Mit einer Auswahl aus Alexander von Humboldts Reisebriefen und Gustav Roses Reisebericht. Frankfurt am Main 2009.

Humboldt, Alexander von: Die Kosmos-Vorträge 1827/28 in der Berliner Singakademie, hg. von Hamel, Jürgen/Tiemann, Klaus-Harro/Pape, Martin. Frankfurt am Main/Leipzig 2004.

Kehlmann, Daniel: Die Vermessung der Welt. Reinbek bei Hamburg 2005.

Knobloch, Eberhard/Schwarz, Ingo/Suckow, Christian (Hgg.): Alexander von Humboldt. Briefe aus Russland 1829. Berlin 2009.

Kux, Manfred: Alexander von Humboldt im russischen Vielvölkerreich. In: Keller, Mechthild (Hg.): Russen und Rußland aus deutscher Sicht. 19. Jahrhundert: Von der Jahrhundertwende bis zur Reichsgründung (1800–1871). München 1991, S. 174-195.

Panwitz, Sebastian/Schwarz, Ingo/Knobloch, Eberhard (Hgg.): Alexander von Humboldt – Familie Mendelssohn. Briefwechsel. Berlin 2011.

Pläßer, Ulrich/Knobloch, Eberhard (Hgg.): Alexander von Humboldt – Carl Ritter. Briefwechsel. Berlin 2010.

Rose, Gustav: Mineralogisch-geognostische Reise nach dem Ural, dem Altai und dem Kaspischen Meere, 2 Bde. Berlin 1837–1842.

Stadelbauer, Jörg: Alexander von Humboldt und Rußland. In: Dahlmann, Dittmar/Potthoff, Wilfried (Hgg.): Deutschland und Rußland. Aspekte kultureller und wissenschaftlicher Beziehungen im 19. und frühen 20. Jahrhundert. Wiesbaden 2004, S. 29-58.

Suckow, Christian: Alexander von Humboldt und Rußland. In: Ette, Ottmar u.a. (Hgg.): Alexander von Humboldt – Aufbruch in die Moderne. Berlin 2001, S. 247-264.

Treue, Wilhelm: Alexander von Humboldts Sibirienreise. In: Lindgren, Uta (Hg.): Alexander von Humboldt. Weltbild und Wirkung auf die Wissenschaften. Köln/Wien 1990, S. 151-167.

Wulf, Andrea: Alexander von Humboldt und die Erfindung der Natur. München 2015 (engl. Original London 2015).

Andreas Mayer

Freud, Artemidor und „Die Symbolik des Traums": Zum Verhältnis von Philologie und Psychoanalyse

„Tatsache ist es, daß das Interesse am Traum allmählich zum Aberglauben herabsank und sich nur bei den Ungebildeten behaupten konnte. Der letzte Mißbrauch der Traumdeutung noch in unseren Tagen sucht aus den Träumen die Zahlen zu erfahren, die zur Ziehung im kleinen Lotto prädestiniert sind. Dagegen hat die exakte Wissenschaft der Jetztzeit sich wiederholt mit dem Traume beschäftigt, aber immer nur in der Absicht, ihre physiologischen Theorien auf ihn anzuwenden. [...] Der einzig wertvolle Beitrag zur Kenntnis des Traumes, den wir der exakten Wissenschaft verdanken, bezieht sich auf den Einfluß körperlicher, während des Schlafes einwirkender Reize auf den Trauminhalt. [...] Können Sie sich nun denken, was die exakte Wissenschaft dazu sagen würde, wenn sie erführe, daß wir den Versuch machen wollen, den Sinn der Träume zu finden? [...] Bekennen wir uns nur zum Vorurteil der Alten und des Volkes und treten wir in die Fußstapfen der antiken Traumdeuter."[1]

Dieses Plädoyer, das Freud 1915 in seinen *Vorlesungen zur Einführung in die Psychoanalyse* zugunsten der antiken Traumdeutung hielt, setzt die Psychoanalyse in scharfen Gegensatz zur „exakten Wissenschaft". Ausgehend von der durchaus klassisch anmutenden Entgegensetzung eines dem „Volk" zugeschriebenen Aberglaubens und den wissenschaftlichen Theorien des Traums, hat sich der Autor der *Traumdeutung* wiederholt auf die *Oneirocritica* des Artemidor von Daldis aus dem zweiten Jahrhundert bezogen. Freud hat diesem Werk sogar den Status eines Vorläufers im Hinblick auf die Entwicklung der psychoanalytischen Deutungsmethode beigemessen. Im Folgenden soll es darum gehen, die Bedeutung dieser Referenz im Kontext der komplexen Geschichte dieser beiden Texte zu entschlüsseln.

„In den Fußstapfen der antiken Traumdeuter"? Freud und Artemidor

Sowohl Freuds Bekenntnis zu den „antiken Traumdeutern" als auch die Titelgebung *Die Traumdeutung* scheinen angesichts des zugleich formulierten Anspruchs auf Wissenschaftlichkeit der Psychoanalyse zunächst widersprüchlich. Denn von Beginn an insistierte Freud auf dem paradigmatischen Wert seiner

---
1 Freud, Sigmund: Vorlesungen zur Einführung in die Psychoanalyse. (Studienausgabe, Bd. I). Frankfurt am Main 1974, S. 104-105.

Traumstudien für die Wissenschaft und die Medizin, indem er sie im „Umkreis neuropathologischer Interessen" verortete.[2] In der Tat reiht sich das Freud'sche Projekt in eine Genealogie der kontrollierten Selbstbeobachtung von Träumen und anderen nächtlichen Visionen ein, die bis ins 18. Jahrhundert zurückreicht.[3] Das Festhalten des Traums als eines beunruhigenden und flüchtigen Phänomens ging im 19. Jahrhundert mit dem neuen Ethos wissenschaftlicher Objektivität einher.[4] Für eine Reihe von Gelehrten und Wissenschaftlern, die ihre eigenen Träume aufzeichneten, bedeutete das Projekt des Fixierens und Klassifizierens mit der Suche nach Gesetzmäßigkeiten auch eine Kampfansage an Vorstellungen, die die Traumbildung seit der Antike auf übernatürliche Ursachen zurückführten. So galten in den neuen Laboren der Experimentalwissenschaft, die ab den 1880er Jahren gegründet wurden, aufgezeichnete Träume als „Daten", die statistisch zu behandeln waren.[5]

Unter diesem Gesichtspunkt ist es wenig erstaunlich, dass die meisten Vertreter dieser neuen wissenschaftlichen Psychologie von Schlaf und Traum dazu tendierten, sich von Deutungspraktiken zu distanzieren, die sie als „populär" oder „abergläubisch" brandmarkten. Das historische Studium der antiken Traumdeutung wurde dabei als lehrreich angesehen, weil es den Forscher über die Ursprünge gegenwärtigen Irrglaubens in einer fernen Vergangenheit unterrichten konnte. Charakteristisch für diese Einstellung ist etwa das Urteil, das Nicolas Vaschide und Henri Piéron 1901 über die *Oneirocritica* des Artemidor fällten:

> „[It] is simply a manual for the use of oneirocritical diviners, a sort of *Key to Dreams*, of the same type as those published to-day. We shall merely observe that the rules for interpretation here given are but very rarely founded on experience; and that they rest almost entirely on analogies which are more

---

2   Freud, Sigmund: Die Traumdeutung (Studienausgabe, Bd. II). Frankfurt am Main 1972, S. 21 (im Folgenden abgekürzt TD).

3   Zu den Beobachtungen von Träumen im 18. Jahrhundert vgl. Kaufmann, Doris: Dreams and Self-consciousness. Mapping the Mind in the Late Eighteenth and Early Nineteenth Centuries. In: Daston, Lorraine (Hg.): Biographies of Scientific Objects. Chicago 2000, S. 67-85. — Für das 19. Jahrhundert vgl. v.a. Carroy: Jacqueline: Nuits savantes. Une histoire des rêves (1800–1945). Paris 2012. — James, Tony: Dream, Creativity, and Madness in Nineteenth-Century France. Oxford 1995. — Zum Verhältnis von Traumforschung und Psychoanalyse vgl. Mayer, Andreas: Von Galtons Mischphotographien zu Freuds Traumfiguren. Psychometrische und psychoanalytische Inszenierungen von Typen und Fällen. In: Hagner, Michael (Hg.): Ecce Cortex. Beiträge zu einer Geschichte des modernen Gehirns. Göttingen 1999, S. 110-143. — Ders.: Mikroskopie der Psyche. Die Anfänge der Psychoanalyse im Hypnose-Labor. Göttingen 2002, insbes. Kap. 7 und 8. — Marinelli, Lydia/Mayer, Andreas (Hgg.): Die Lesbarkeit der Träume. Zur Geschichte von Freuds Traumdeutung. Frankfurt am Main 2000.

4   Für eine Geschichte der wissenschaftlichen Objektivität (die auf das Thema der Träume nicht eingeht) vgl. Daston, Lorraine/Galison, Peter: Objektivität. Frankfurt am Main 2008.

5   Nach Francis Galtons einflussreichen Studien über Visionen in den 1880er Jahren vgl. im besonderen Calkins, Mary Whiton: Statistics of Dreams. In: American Journal of Psychology 5 (1893), S. 311-343. — De Sanctis, Sante: I sogni. Studi clinici e psicologici di un alienista. Torino 1899.

or less vague, or upon popular traditions of unknown origin. These rules, furthermore, have been religiously handed down from antiquity, and our modern *Keys to Dreams* are in large measure transcripts of the rules found in the book of Artemidorus."[6]

Es ist offensichtlich, dass Freuds Positionierung der *Traumdeutung* in diametralem Gegensatz zu dieser Auffassung steht. Im zweiten Kapitel bespricht Freud die verschiedenen Methoden der aus der Antike stammenden Traumdeutung[7], indem er zwei gegensätzliche Ansätze unterscheidet: die symbolische Methode, die nur bei „artifiziellen Träumen" in der Philosophie oder Literatur zu überzeugenden Ergebnissen gelangen kann, und die sogenannte Chiffriermethode, die den Traum „wie eine Art von Geheimschrift behandelt, in der jedes Zeichen nach einem feststehenden Schlüssel in ein anderes Zeichen von bekannter Bedeutung übersetzt wird".[8] Während die symbolische Methode als „Sache des witzigen Einfalls" und an eine besondere Begabung gebundene „Kunstübung" letztlich von der Intuition des Deuters abhängt, lässt sich die Chiffriermethode, wie sie Freud in den *Oneirocritica* des Artemidor weiterentwickelt sieht, als eine besondere Form der „Deutungsarbeit" erlernen und weitergeben. Als wesentlich gilt dabei das Zerlegen des Traums in einzelne Elemente, um ihn nicht „en masse", sondern „en détail" zu deuten, sie fasst somit „den Traum von vornherein als etwas Zusammengesetztes, als ein Konglomerat von psychischen Bildungen auf".[9]

Trotz Freuds emphatischer Präsentation des Artemidor als Vorläufer der Psychoanalyse haben eine Reihe von Autoren den Einwand vorgebracht, die letztere markiere eher einen Bruch mit der antiken Traumdeutung.[10] Die On-

---

6   Vaschide, Nicolas/Piéron, Henri: Prophetic Dreams in Greek and Roman Antiquity. In: The Monist 11 (Jan. 1901), S. 161-194, hier S. 169. — Während Vaschide 1907 starb und heute weitgehend vergessen ist, gilt Henri Piéron heute als einer der Begründer der französischen Experimentalpsychologie, aber auch der experimentellen Schlafforschung. Vgl. Piéron, Henri: Le problème physiologique du sommeil. Paris 1913.
7   Die Bedeutung von romantischen Traumlehren wie derjenigen von Karl Albert Scherner (Scherner, Karl Albert: Das Leben des Traumes. Berlin 1861) für Freuds Konzeption der Traumsymbolik ist wiederholt betont worden (vgl. Ellenberger, Henry F.: The Discovery of the Unconscious. The History and Evolution of Dynamic Psychiatry. New York 1970, S. 303-305), soll aber hier nicht weiter thematisiert werden. Es sei darauf hingewiesen, dass im Methodenkapitel der Traumdeutung Scherner nur einen Ausgangspunkt bildet, vermutlich weil Freud befand, dessen Buch sei „in einem schwülen und schwülstigen Stil geschrieben, von einer nahezu trunkenen Begeisterung für den Gegenstand getragen, die abstoßend wirken muss, wenn sie nicht mit sich fortzureißen vermag". TD, S. 105.
8   Ebd., S. 118.
9   Ebd., S. 124.
10 Für zwei unterschiedliche Lesarten vgl. Price, S.R.F.: The Future of Dreams. From Freud to Artemidorus. In: Past & Present 113 (1986), S. 3-37. — Armstrong, Richard H.: A Compulsion for Antiquity. Freud and the Ancient World. Cornell 2005, S. 85-92. — Diese Autoren gehen allerdings nicht auf die lange und komplexe Textgeschichte der Oneirocritica ein und vernachlässigen somit den Umstand, dass dieser Text mehrere Jahrhunderte lang in den verschiedensten Übersetzungen sowie in partieller bzw. verstümmelter Form kursierte. Zur Textgeschichte, siehe u.a. Pack, Roger A. (Hg.): Artemidori Daldiani Onirocriticon libri V. Leipzig 1963. — Harris-McCoy, Daniel E.: Artemidorus' Oneirocritica: Text, Translation, and Commentary.

eirocritica unterscheidet zwei Arten des Traums, *enhypnion* und *oneiros*. Da die erste Art einen gegenwärtigen psychischen oder somatischen Zustand des Träumers zum Ausdruck bringt, hat sie keinerlei prophetischen Wert und verlangt nicht nach Deutung. Nur die zweite Form von Träumen verweist auf die Zukunft des Träumers; sie teilt sich in zwei Klassen, die das zukünftige Ereignis unverhüllt (*theorematikos*) oder in allegorischer oder symbolischer Form (*allegorikos*) ankündigen. Die Kunst der Traumdeutung, die nach dem Prinzip von Analogien vorgeht, wird nun allein für diese allegorischen Träume reserviert. Spezifisch für die *Oneirocritica* ist die Bedingung, dass für die Deutung das soziale Profil und die gegenwärtige Situation des Träumers bekannt sein müssten. Alter, Geschlecht, Beruf, Stand, Gewohnheit und Geschmack, sexuelle Präferenzen geben dem Traumdeuter dabei wesentliche Aufschlüsse über den genauen Sinn eines Traums. Im Fall der Inzestträume etwa, die sehr ausführlich diskutiert werden, kann der sexuelle Verkehr mit der Mutter ganz unterschiedliche Bedeutungen haben. Für den Landwirt bedeutet es eine reiche Ernte, für den im Exil lebenden Mann symbolisiert die Mutter das Heimatland und kündigt seine Heimkehr an; für den Kranken wiederum bedeutet die Mutter Rückkehr in die Erde und somit Tod.[11] In diesem Sinn werden hier Traumbilder immer im Kontext der konkreten gegenwärtigen Situation des Träumers im Alltagsleben gesehen und im Hinblick auf gesellschaftliche Normen bewertet. Sie verweisen auf eine soziale Praxis sowie auf eine „Ethik des Subjekts".[12]

Während Freuds Methode mit derjenigen des Artemidor hinsichtlich der Ausrichtung nach individuellen, sozialen oder sexuellen Attributen übereinstimmt, so gibt es eine grundlegende Differenz in Bezug auf die Klassifikation der Träume. In Abgrenzung zur *Oneirocritica* gibt *Die Traumdeutung* die Unterscheidung von zu deutenden und nicht zu deutenden Träumen auf. Es ist einer der distinktiven Züge der Freud'schen Theorie, alle Träume als Wunscherfüllungen aufzufassen – ausgehend von einer sehr weitgefassten Definition des Wunsches, die sowohl einfache somatische Bedürfnisse wie Hunger und Durst, als auch feindselige Regungen oder inzestuöse sexuelle Begierden umfasst. Diese Wünsche lassen sich nur durch gründliche Analyse des sogenannten latenten Trauminhaltes aufdecken, eine „Deutungsarbeit", die nicht mehr in die Zukunft, sondern allein in die infantile Vergangenheit des Träumers führt. Der Sinn des Traumes wird folglich auf dem Weg einer historischen Rekonstruktion gewonnen, die die vermeintliche im Traum projektierte Zukunft als Produkt des Traumwunsches erweist:

Oxford 2012 (im Folgenden abgekürzt: Oneirocritica). — Grenzmann, Ludger: Traumbuch Artemidori. Zur Tradition der ersten Übersetzung ins Deutsche durch W.H. Ryff. Baden-Baden 1980.
11 Oneirocritica, S. 143-144.
12 Foucault, Michel: Die Sorge um sich. Sexualität und Wahrheit, Bd. 3. Frankfurt am Main 1986, S. 27.

„Zwar entbehrt auch der alte Glaube, dass der Traum uns die Zukunft zeigt, nicht völlig des Gehalts an Wahrheit. Indem uns der Traum einen Wunsch als erfüllt vorstellt, führt er uns allerdings in die Zukunft; aber diese vom Träumer für gegenwärtig genommene Zukunft ist durch den unzerstörbaren Wunsch zum Ebenbild jener Vergangenheit gestaltet."[13]

Abgesehen von zwei Gemeinsamkeiten (Zerlegung des manifesten Trauminhalts in einzelne Elemente, Aufmerksamkeit für das individuelle und soziale Profil des Träumers) erweisen sich die beiden Verfahren in ihrer Haupttendenz somit als unterschiedlich, wenn nicht gegensätzlich. Nichtsdestotrotz bekräftigte Freud seine Referenz auf Artemidor in weiteren Auflagen der *Traumdeutung*. So schaltete er in die vierte Auflage (1914) eine lange Fußnote ein, in der er die Bezüge zwischen seiner eigenen und der antiken Deutungstechnik der *Oneirocritica* nochmals hervorhob. Es fällt auf, dass er sich jedoch nicht direkt auf den Text selbst bezog, sondern sich damit begnügte, die Ansichten des berühmten Wiener Altphilologen Theodor Gomperz dazu zusammenzufassen. Diesem Resümee zufolge habe Artemidor Wert darauf gelegt,

„die Deutung der Träume auf Beobachtung und Erfahrung zu gründen, und sonderte seine Kunst strenge von anderen, trügerischen Künsten. Das Prinzip seiner Deutungskunst ist nach der Darstellung von Gomperz identisch mit der Magie, das Prinzip der Assoziation. Ein Traumding bedeutet das, woran es erinnert. Wohlverstanden, woran es den Traumdeuter erinnert!"[14]

Damit wird Artemidor zugestanden, avant la lettre nach den Gesetzen der Assoziationspsychologie gedeutet zu haben. Wenn der Schlüssel zur korrekten Deutung in der Logik der Substitution zu finden ist, der zufolge ein Ding im Traum immer für ein anderes stehen kann, dann ist es nicht erstaunlich, dass Freud die *Oneirocritica* als Vorläufer seiner eigenen *Traumdeutung* verstehen konnte – mit dem Hinweis auf den einzigen kleinen, aber bedeutenden Unterschied, dass die psychoanalytische Technik „dem Träumer selbst die Deutungsarbeit auferlegt. Sie will nicht berücksichtigen, was dem Traumdeuter, sondern was dem Träumer zu dem betreffenden Element des Traumes einfällt."[15]

„Traumdeutung und Zauberei": Theodor Gomperz stellt Artemidor vor

Verweilen wir etwas bei Gomperz' Darstellung der *Oneirocritica*. Dabei handelt es sich um die schriftliche Fassung eines populären Vortrags, den der damals 34jährige Philologe 1866 vor der Schiller-Stiftung in seiner Heimatstadt Brünn gehalten hatte und in Form einer Broschüre unter dem Titel *Traumdeutung*

---

13   TD, S. 588.
14   Ebd., S. 119, n. 1.
15   Ebd.

und Zauberei. Ein Blick auf das Wesen des Aberglaubens drucken ließ.[16] Freuds Verweis betraf somit einen Text, dessen erste Veröffentlichung 1914 fast ein halbes Jahrhundert zurücklag und der als eine frühe Gelegenheitsarbeit scheinen könnte, hätte Gomperz ihn nicht selbst unverändert 1905 in seine Aufsatzsammlung Essays und Erinnerungen aufgenommen, in die zahlreiche andere populäre Vorlesungen dieser Art nicht eingegangen waren.[17] Als Gomperz über Artemidor sprach, stand er erst am Beginn seiner langen und ruhmreichen Karriere. Erst im Jahr darauf erhielt er eine Privatdozentur an der Universität Wien (ohne noch über eine Promotion zu verfügen) und begann in den nächsten Jahren mit dem editorischen Großprojekt der ersten deutschen Übersetzung der Schriften von John Stuart Mill in zwölf Bänden. Der Übersetzer des letzten Bandes war Sigmund Freud, zu dieser Zeit noch Student der Medizin mit einem großen Interesse an Philosophie.[18] Zwar wissen wir nicht, ob Freud Gomperz' Vortrag über Traumdeutung bereits 1879 gelesen hat, aber es erscheint sehr wahrscheinlich.[19] Warum aber bezog Freud sich erst so spät auf diese Darstellung des Artemidor? Eine Antwort darauf lässt sich skizzieren, wenn wir uns Gomperz' Text selbst zuwenden.

Zweifellos reagierte der Philologe mit seinem Vortrag auf die erste Referenzausgabe der Oneirocritica, die im 19. Jahrhundert erschien: 1864 war sie von Rudolf Hercher vorgelegt worden und führte so zu einer ersten Rezeption unter deutschen Gelehrten.[20] Wie viele andere Wissenschaftler seiner Zeit erkannte Gomperz in den Oneirocritica nicht mehr als das historische Zeugnis vom Fortleben eines hartnäckigen Aberglaubens. Sein langes Résumée der Traumlehre des „hochgebildeten Forschers", wie er Artemidor ironisch titulierte („denn ein solcher dünkt er sich"),[21] mündete in das Verdikt, dieses sei trotz aller „grübelnden Verfeinerung" von dem „schlauen Bemühen" gekennzeichnet, „einem wüsten Irrwahn den Schein der Wissenschaft anzutäuschen".[22] Gomperz' Vortrag

---

16 Gomperz, Theodor: Traumdeutung und Zauberei. Ein Blick auf das Wesen des Aberglaubens. Ein Vortrag zum Besten der Deutschen Schiller-Stiftung gehalten zu Brünn am 9. April 1866. Wien 1866.
17 Gomperz, Theodor: Lebenserinnerungen. In: Ders.: Essays und Erinnerungen. Stuttgart/Leipzig 1905, S. 46 (für den Wiederabdruck des Vortrags vgl. S. 72-86).
18 Weinberg, Adelaide: Theodor Gomperz and John Stuart Mill. Genf 1963. — Mill, John Stuart: Vermischte Schriften. Über Frauenemancipation. – Plato. – Arbeiterfrage. – Socialismus, übers. von Sigmund Freud. Leipzig 1880.
19 Vgl. Freuds Brief an Theodors Frau Elise Gomperz vom 12. November 1913, in dem er „die so weiter hin uns liegende Zeit" erwähnt, „da ich jung zaghaft zuerst mit einem der Grossen im Reiche der Denkarbeit einige Worte wechseln durfte. Bald darauf hörte ich zuerst von ihm Bemerkungen über die Rolle des Traumes im Seelenleben der Urmenschen, Dinge, die mich seither so intensiv beschäftigt haben" hörte (Freud, Sigmund: Briefe 1873–1939, ausgew. u. hg. von Ernst und Lucie Freud. Frankfurt am Main 1960, S. 316).
20 Artemidori Daldiano Onirocriticon libri V ex recensione Rudolphi Hercheri. Leipzig 1864. — Vgl. Büchsenschütz, Bernhard: Traum und Traumdeutung im Alterthume. Berlin 1868.
21 Gomperz: Traumdeutung, S. 8.
22 Ebd., S. 25.

mündete dementsprechend in den Aufruf, den Aberglauben mit den Waffen der Wissenschaft zu bekämpfen. Als ein „rettendes Dioskurenpaar" erschienen ihm in diesem Kampf um die geistige Gesundheit der Menschheit „zwei eng verschwisterte Wissenschaften; die zergliedernde Seelenlehre und die vergleichende Geschichtsforschung".[23] Während die erste in die „innere Werkstatt unseres Geistes" eindringe, um „in dem Schacht unserer Natur einige unscheinbare, längst verschüttete Keime" aufzugraben, „aus denen ehedem eine bunte, farbenreiche, vielgestaltige Welt des Irrthums emporschoß",[24] müsse die Geschichtswissenschaft das analytische Projekt zu Ende führen und die Ursprünge des Aberglaubens aufdecken:

„Da tritt die Geschichtswissenschaft hinzu mit ihrer auch das scheinbar Unauflösliche sondernden und zerlegenden Scheidekunst. Sie nimmt uns den von der anpassenden Thätigkeit der Zeit bis zur Vernunftähnlichkeit umgebildeten Irrthum aus den Händen. Allmählig treten die verblichenen Züge eines uns fremden Antlitzes hervor. Dann verfolgt sie – rückwärtsschreitend – seine Spuren durch alle Wandlungen seines Wesens, von Stufe zu Stufe, von Geschlecht zu Geschlecht – die Lücken der Ueberlieferung durch sichere Analogien überbrückend –, bis sie am Endziel ihrer Wanderung angelangt, ein rohes, häßlich abstoßendes Urbild emporhält, das uns wie ein Zerrbild entgegengrinst und in Wahrheit doch die einzige Grundlage jenes Glaubens war."[25]

Als Gomperz diese Zeilen 1866 veröffentlichte, hatte er noch nicht jene Berühmtheit erlangt, zu der dreißig Jahre später seine dreibändige Studie *Griechische Denker* maßgeblich beitragen sollte.[26] Dennoch enthielt der populäre Vortrag bereits wesentliche Elemente seiner späteren ideengeschichtlichen Untersuchung: Obwohl hier nur die Anthropologie Edward Tylors explizit ausgewiesen wurde, steht diese Analyse des Aberglaubens ganz im Zeichen einer Assoziationspsychologie, die der junge Gomperz John Stuart Mill verdankte, sowie des französischen Positivismus von der Prägung Auguste Comtes und seines Anhängers Emile Littré.[27]

---

23   Ebd., S. 31.
24   Ebd.
25   Ebd.
26   Gomperz, Theodor: Griechische Denker. Eine Geschichte der antiken Philosophie. 3 Bde. Leipzig 1896–1909, ein von Freud sehr geschätztes Werk, das er 1907 in einer Umfrage des Buchhändlers Hugo Heller unter den zehn guten Büchern auflistete (Vom Lesen und von guten Büchern. Eine Rundfrage. In: Neue Blätter für Literatur und Kunst. Wien 1907. — Vgl. auch Freud: Briefe, S. 267–268).
27   Gomperz war seit seinem ersten Aufenthalt in Paris 1857 mit Littré in Kontakt. Littrés Übersetzung der Hippokrates zugeschriebenen Schrift über die Apologie der Heilkunst inspirierte ihn zu seinen ersten hellenistischen Arbeiten, die er schon ab 1854 unternommen hatte, aber erst 1890 publizierte (Gomperz, Theodor: Die Apologie der Heilkunst. Eine griechische Sophistenrede des fünften vorchristlichen Jahrhunderts. Wien 1890). Vgl. Gomperz, Theodor: Briefe und Aufzeichnungen, 1869–1912, ausgewählt,

Diesem Ansatz zufolge enthalten die Mythen des primitiven Stadiums der Menschheitsgeschichte die Keime künftiger Wissenschaft: „Der Urmensch ist nicht nur ein Dichter, der an die Wahrheit seiner Dichtungen glaubt, er ist in seiner Art auch ein Forscher; und der Inbegriff der Antworten, die er auf die sich ihm unablässig aufdrängenden Fragen erteilt, verdichtet sich mehr und mehr zu einem allumfassenden Gewebe, dessen einzelne Fäden wir Mythen nennen."[28] Gomperz' Anliegen war es, einen evolutionären Prozess hin zum wissenschaftlichen Denken aufzuzeigen, wie er in der griechischen Kultur und Philosophie von Hesiod bis zu Aristoteles verlief. In diesem Entwicklungsprozess waren Rückschläge unvermeidlich, und der Philologie ließ keinen Zweifel daran, dass er die Traumdeutung der Antike als einen solchen auffasste.[29]

Wenn wir nun zu Freuds Zusammenfassung von Gomperz' Vortrag von 1866 zurückkehren, fällt auf, dass dessen negative Position in Bezug auf die *Oneirocritica* und das medizinische Wissen über Träume in der Antike generell mit keinem Wort Erwähnung findet. Indem Freud Artemidor ein (wenn auch vages) Wissen um die Gesetze der Assoziationspsychologie zuschrieb, nach dem seine Traumdeutungskunst funktioniert, konnte er ihn als einen Forscher sui generis präsentieren. Wo Gomperz nur ein anrüchiges Gewerbe und Zeugnisse des Aberglaubens vorfand, die durch Wissenschaft erklärt und überwunden werden sollten, erkannte Freud auf diesem Feld selbst ein Potential für eine neue wissenschaftliche und therapeutische Methode.

Freuds Privattraumbuch. Gebrauchsweisen von Friedrich S. Krauss' Artemidor-Übersetzung

Warum wartete Freud bis 1914, um eine direkte Referenz auf Gomperz' Vortrag von 1866 einzufügen?[30] Nach dem bisher Gesagten können wir annehmen, dass Freuds Fußnote im Kontext eines Konflikts mit Gomperz und seiner Familie in Bezug auf die *Traumdeutung* als wissenschaftliche Methode zu sehen ist. Der Skepsis des Philologen gegenüber der Psychoanalyse war bereits eine kritische

---

    erläutert und zu einer Darstellung seines Lebens verknüpft von Heinrich Gomperz, Bd. 1 (1832–1868). Wien 1936, S. 243 und S. 329.

28 Gomperz: Griechische Denker, Bd. 1, S. 28-29.

29 Zum vierten Buch ‚Über Träume' der hippokratischen Schrift Von der Diät heißt es etwa: „Es währt nicht lange und unser Autor treibt mit vollen Segeln auf der Flut der kindlichen und durch altkluge (im Stile Artemidors gehaltene) Begründungen kindisch gewordenen Superstition dahin, um zu Zielen zu gelangen, zu denen wir ihm zu folgen nicht begehren." Ebd., S. 233.

30 Als die vierte Auflage der Traumdeutung erschien, war Gomperz verstorben, was zur Spekulation geführt hat, Freud hätte ihm die Ausgabe als Hommage zugedacht bzw. sich ihm identifiziert. Vgl. für diese psychologistische Lesart Le Rider, Jacques: Freud, de l'Acropole au Sinaï. Le retour à l'Antique des Modernes viennois. Paris 2002, S. 120, der in seiner Zusammenfassung von Gomperz' Text über die weiter oben aufgezeigten Differenzen zu Freud stillschweigend hinweggeht.

Haltung gegenüber der hypnotischen Suggestion vorangegangen, mit der Freud seine Frau Elise behandelt hatte.[31] Und als die *Traumdeutung* im Herbst 1899 erschien, war kaum zufällig Gomperz' Sohn, der Philosoph Heinrich Gomperz (1873–1942), einer der ersten kritischen Leser des Buches.[32] Auch Theodor Gomperz stimmte in den Chor der Kritiker ein, wenn er seiner Frau von einer Reise folgendes berichtete: „Recht sehr schlecht geschlafen, mit lauter Träumen, die ihren Freud'schen Charakter von Wunsch-Träumen sehr geschickt zu verstecken wußten."[33] Wie dieser ironische Postkartentext anzeigt, zählte der Philologe zu jenen Lesern der *Traumdeutung*, die die Methode anhand ihrer eigenen Träume testen und widerlegen wollten. Da er bereits der antiken *Traumdeutung* keinerlei Wert zusprach und Freuds Hypnosebehandlung seiner Frau skeptisch gegenüberstand, ist seine Distanz zur neuen psychoanalytischen Methode begreiflich, die ihm wohl als Amalgam aus diesen beiden dubiosen Verfahren erschien.

Es ist allerdings anzunehmen, dass die gegensätzliche Auffassung der *Oneirocritica* bei Theodor Gomperz und dem jungen Freud bereits Anfang der 1880er Jahre gegeben war. Wie die Korrespondenz mit seiner Verlobten Martha Bernays zeigt, hatte der angehende Nervenarzt 1883 ein „Privattraumbuch" angelegt, nach dem er seine Träume auslegte.[34] Die Wortschöpfung bezeichnet wohl so etwas wie ein Traumbuch zum persönlichen Gebrauch, vielleicht auch im Sinne eines Lexikons.[35] Obwohl wir nicht genau wissen, wann Freud die *Oneirocritica* gelesen hat, bietet das Erscheinen der ersten deutschen, auf ein breites Lesepublikum zielenden Übersetzung im Jahr 1881 einen Anhaltspunkt.[36] Der Übersetzer Friedrich Salomo Krauss (1859–1938) hatte Geschichte und klassi-

---

31 Über diese Behandlung, die vermutlich bereits 1886 auf Empfehlung Charcots begonnen hatte und die Theodor Gomperz seiner Frau gegenüber als eine „Schule der Halluzination" verurteilte, ist nur wenig bekannt. Vgl. Appignanesi, Lisa/Forrester, John: Freud's Women. New York ²2000, S. 172-174. — Zum Kontext der Kontroversen um die Hypnose in Wien siehe Mayer: Mikroskopie der Psyche, S. 168-173.

32 Vgl. Marinelli/Mayer: Träume nach Freud, S. 30–32.

33 Vöslau, June 22, 1900 (Postkarte), zit. nach Kann, Robert A. (Hg.): Theodor Gomperz: Ein Gelehrtenleben im Bürgertum der Franz-Josefs-Zeit. Auswahl seiner Briefe und Aufzeichnungen, 1869–1912, erläutert und zu einer Darstellung seines Lebens verknüpft von Heinrich Gomperz. Wien 1974, S. 319-320.

34 „[...] dunkel erinnere ich mich, von Landschaften geträumt zu haben, was nach dem Privattraumbuch, das ich mir aus Erfahrung gebildet, Reisen bedeutet." Sigmund Freud an Martha Bernays vom 19. Juli 1883. In: Freud, Sigmund/Bernays, Martha: Die Brautbriefe. Band 2: Unser ‚Roman in Fortsetzungen', hg. von Gerhard Fichtner u.a. Frankfurt am Main 2013, S. 39.

35 In der biographischen Literatur ist seit Ernest Jones vielfach angenommen worden, diese Wortschöpfung bezeichne ein Notizbuch, das Freud später vernichtet hätte. Vgl. Jones, Ernest: The Life and Work of Sigmund Freud. London 1953, Bd. 1, S. 351, der „Privattraumbuch" als "a private notebook on dreams" übersetzt. — Frank Sulloway folgt Jones und suggeriert sogar, dass mehrere solche Notizbücher existiert hätten und sämtlich von Freud vernichtet wurden (Sulloway, Frank: Freud, Biologist of the Mind: Beyond the Psychoanalytic Legend. Cambridge, MA 1979, S. 321).

36 Artemidoros aus Daldis Symbolik der Träume. Übersetzt und mit Anmerkungen begleitet von Friedrich S. Krauss. Wien/Pest/Leipzig 1881. — Ein Exemplar findet sich in Freuds Bibliothek in London. Davis, J. Keith/Fichtner, Gerhard (Hgg.): Freuds Bibliothek. Vollständiger Katalog. London/Tübingen 2006, Nr. 119.

sche Philologie, unter anderem auch bei Theodor Gomperz studiert. Letzterer verfasste eine detaillierte und unbarmherzige Rezension dieser Übersetzung, in der er nicht nur zahlreiche Fehler korrigierte, sondern auch die Titelwahl *Die Symbolik der Träume* und die apologetische Tendenz des Vorworts missbilligte:[37]

„Der junge Philologe [...] glaubte freilich, auf die beifälligen Äusserungen einiger neueren Philosophen gestützt, in diesem ältesten aller bekannten Traumbücher, dem ehrwürdigen Vorfahren des ‚ägyptischen Traumbuchs' und anderer auf Jahrmärkten und Kirchtagsmessen noch immer heimischen literarischen Erzeugnisse, etwas anderes und besseres erblicken zu sollen als einen immerhin sehr merkwürdigen Beitrag zur Pathologie des menschlichen Geistes."[38]

In der Tat waren die Gewährsleute, die im Vorwort überschwänglich gepriesen wurden, nicht geeignet, Gomperz' Beifall zu finden, dessen eigene Arbeiten mit keinem Wort erwähnt wurden. Krauss erklärte Arthur Schopenhauer und seinen österreichischen Anhänger, Baron Lazar von Hellenbach (1827–1887), zu maßgeblichen Autoritäten in der Frage der Traumsymbolik.[39] Letzterer zählte zu den prominenten Verfechtern des Okkultismus in der österreichisch-ungarischen Monarchie und experimentierte mit den berühmtesten Medien und Bühnenmagnetiseuren seiner Zeit (unter anderem mit Henry Slade, Harry Bastian oder Carl Hansen), um seine vitalistische Theorie von der Existenz eines den Tod überdauernden Metaorganismus zu beweisen.[40] Da Krauss als Student regelmäßig Séancen besuchte, die der Baron in Wiener aristokratischen Zirkeln organisierte,[41] ist es durchaus wahrscheinlich, dass jener zu den Initiatoren der Übersetzung der *Oneirocritica* des Artemidor zählte. Er war zumindest sehr gut darüber informiert, da er die Publikation des Werkes bereits im selben Jahr in einem Aufsatz über die Symbolik der Träume ankündigte.[42] Er empfahl Artemidor als Modell für all diejenigen, die ihre Träume deuten wollten und vergaß nicht darauf hinzuweisen, „dass es kein Traumbuch *für Alle* geben könne,

---

37 Gomperz, Theodor: Artemidoros aus Daldis Symbolik der Träume. Übersetzt und mit Anmerkungen begleitet von Friedrich S. Krauss. Wien/Pest/Leipzig. Hartleben's Verlag 1881. In: Zeitschrift für die österreichischen Gymnasien 32 (1881), S. 501-513.
38 Ebd., S. 501.
39 Artemidoros aus Daldis: Symbolik der Träume, S. III-IV. — Vgl. Schopenhauer, Arthur: Versuch über das Geistersehn und was damit zusammenhängt. In: Sämtliche Werke IV. Parerga und Paralipomena. Kleine philosophische Schriften I. Stuttgart/Frankfurt am Main 1968, S. 273-372. — Hellenbach, Lazar von: Tagebuch eines Philosophen. Wien 1881.
40 Kiesewetter, Karl: Geschichte des neueren Occultismus. Geheimwissenschaftliche Systeme von Agrippa von Nettesheim bis zu Karl du Prel. Leipzig, ²1909, S. 788-839. — Messer, August: Wissenschaftlicher Okkultismus. Leipzig 1927, S. 21-23.
41 Krauss, Friedrich Salomo: Volksglaube und religiöser Brauch der Südslaven, vorwiegend nach eigenen Ermittlungen. Münster 1890, S. 105.
42 Hellenbach, Lazar von: Die Symbolik der Träume. In: Ders.: Tagebuch, S. 216-242.

sondern dass jedes Individuum nur sein eigenes Traumbuch haben kann".[43] Im Gegensatz zu einem philologischen oder historischen Zugang zum antiken Text präsentierte von Hellenbach diesen als modellhaft für die Übung in der Selbstbeobachtung und Auffindung einer individuellen Traumsymbolik. In diesem Sinn scheint Freuds zunächst idiosynkratrisch anmutende Wortschöpfung des „Privattraumbuchs" einer viel weiteren kulturellen Praxis unter den Gebildeten zu entsprechen, und es war diese Praxis, die Theodor Gomperz beunruhigte. Wenn der Philologe in seiner Rezension etwa bemängelte, dass man das Namensverzeichnis zugunsten eines Sachindex geopfert hatte, das in Form eines Traumlexikons angelegt war, so richtete er sich gegen eben solche Formen des Gebrauchs, die auch die von ihm geringgeschätzten Abkömmlinge von Artemidors' Text charakterisierten. Zielscheibe einer solchen Kritik war ein gebildetes Publikum, das aus den Rängen der Großbourgeoisie und der Aristokratie stammte und das neben der Kommunikation mit der Geisterwelt auch für den abergläubischen Gebrauch der antiken Traumbücher empfänglich war.[44]

Zensur und Selbstzensur: Sexuelle Träume in der Traumdeutung und Krauss' Artemidor-Übersetzung

Wir haben bisher die wichtige Thematik der sexuellen Träume noch nicht berührt. Die *Oneirocritica* enthalten mehrere Kapitel, die auf krude Weise eine ganze Palette von sexuellen Handlungen als Trauminhalte schildern und die in der Regel eine nicht-sexuelle Deutung erhalten. Wie verhielten sich Freud und Theodor Gomperz dazu? Die Frage ist umso wichtiger, weil Krauss sich dazu entschieden hatte, diese Träume fast vollständig aus seiner Übersetzung zu tilgen. Gomperz war auch mit dieser Entscheidung nicht einverstanden, doch nahm sein Widerspruch selbst eine durchaus widersprüchliche Form an. So schlug er zwar vor, die zensierten Passagen in eine zweite, revidierte Auflage zumindest in lateinischer Übersetzung aufzunehmen, doch nahm er diesen Vorschlag im nächsten (und letzten) Satz seiner kritischen Besprechung wieder zurück: „Warum aber sollte ein derartiges, für die weiten Kreise der Gebildeten bestimmtes Buch Stellen enthalten, die man den Blicken jeder gesitteten Frau ängstlich entziehen muß?"[45]

---

43 Ebd., S. 241. (Hervorhebung des Autors).
44 Traumbücher waren seit dem 17. Jahrhundert eng mit dem Glücksspiel verbunden. Einer Anekdote zufolge soll der Baron von Hellenbach Selbstmord begangen haben, nachdem er sein Vermögen in Monte Carlo verspielt hatte, im Vertrauen auf die Lehren seines Werkes Die Magie der Zahlen als Grundlage aller Mannigfaltigkeit und das scheinbare Fatum. Wien 1882. Siehe Maissen, Anna Pia: Pferde, Schiffe und eiserne Träume. Die Verkehrsinfrastruktur Kroatiens in der zweiten Hälfte des 19. Jahrhunderts und die Rolle Baron Lazar Hellenbachs in der Eisenbahnfrage. In: Boskovska, Nada u.a. (Hgg.): Wege der Kommunikation in der Geschichte Osteuropas. Köln u.a. 2002, S. 475-502, hier S. 501.
45 Gomperz: Artemidoros aus Daldis' Symbolik der Träume, S. 513. — In der medizinischen Literatur ist der Gebrauch des Lateinischen für die sexuellen ‚Perversionen' geläufig, das bekannteste Beispiel ist

Krauss hatte davon Abstand genommen, all jene Kapitel und Passagen in seine Übersetzung aufzunehmen, die nicht den heterosexuellen Geschlechtsverkehr betrafen. Der Zensur verfielen somit die zahlreichen geschilderten homosexuellen Praktiken sowie auch jene Handlungen, die nach Artemidors' Auffassung gegen das Gesetz verstießen, wie etwa die Träume vom Beischlaf mit der Mutter, oder „widernatürliche" Akte wie sexuelle Handlungen zwischen Frauen, solche, die die Götter betrafen, Tiere, Leichen, oder sich selbst. Von den vier Kapiteln des ersten Buches der *Oneirocritica*, die sexuellen Träumen gewidmet sind, gab Krauss nur ein einziges komplett und ein weiteres zur Hälfte wieder, welches er in der Mitte mit einer langen Fußnote abbrach, in der er die Zensur dieser Passagen rechtfertigte und deren kulturhistorisches Interesse betonte:

„An und für sich betrachtet, ist die übergangene Erörterung für den Culturhistoriker von grösster Wichtigkeit, weil sie uns so recht einen Einblick in das Sittenleben der späteren Kaiserzeit gestattet. Auf die naivste Weise bespricht Artemidoros alle möglichen Details des geschlechtlichen Umganges (...). Interessant ist, dass gerade diese zwei Capitel die grössten im ganzen Buche sind; sie umfassen neun starke Seiten. Artemidoros daraus einen Vorwurf zu machen wäre einseitig und ungerechtfertigt; er schreibt eben im Geiste seiner Zeit. Der Sittlichkeitsbegriff ist überhaupt ein relativer, denn er ist beeinflusst von Klima, Lebensweise und Mode. Unserer Zeit ist der Name vieler von jenen Lastern fast unbekannt, aber nicht – zur Schande der civilisirten Menschheit sei es gesagt – die Laster selbst."[46]

Im Buch V, das mehrere groteske Träume enthält (ein Mann füttert seinen Penis), bediente sich Krauss eines anderen Verfahrens und ersetzte das Original durch einen Text, der seinen obszönen Charakter anzeigte.[47]

Krauss' Übersetzung der *Oneirocritica* stellt somit einen interessanten Fall der Selbstzensur dar, ein Umstand, der Freud nicht entgangen sein konnte. In der ersten Version der *Traumdeutung* befindet sich bezeichnenderweise nur ein einziger direkter Verweis auf diese deutsche Übersetzung. Freud nutzte sie, um seine eigene Zurückhaltung in der Frage der sexuellen Träume zu klären:

„Daß ich die Rolle des sexuellen Vorstellungslebens für den Traum nicht erschöpfend behandelt und die Deutung von Träumen mit offenkundig sexuellem Inhalt vermieden habe, beruht auf einer besonderen Motivierung, die sich vielleicht mit der Erwartung der Leser nicht deckt. Es liegt gerade mei-

---

Krafft-Ebing's Psychopathia sexualis (1886). Auch Freud bedient sich des Lateinischen, als er erstmals in seinem berühmten Brief an Fließ von seinen frühkindlichen sexuellen Gefühlen zu seiner Mutter schreibt. Freud an Fließ, 3./4. Oktober 1897. In: Freud, Sigmund: Briefe an Wilhelm Fließ 1887–1904. Ungekürzte Ausgabe. Hg. von Jeffrey M. Masson, bearb. von Michael Schröter, transkr. von Gerhard Fichtner. 2. Aufl., Frankfurt am Main 1999, S. 288.

46 Artemidoros aus Daldis: Symbolik der Träume, S. 93-94, n. 3 (Anm. d. Ü.).
47 Vgl. O, Kap. 62, 65, 86 und 87. — Artemidoros aus Daldis: Symbolik der Träume, S. 311-312 und S. 318.

nen Anschauungen und den Lehrmeinungen, die ich in der Neuropathologie vertrete, völlig ferne, das Sexualleben als ein Pudendum anzusehen, das weder den Arzt noch den wissenschaftlichen Forscher zu bekümmern hat. Auch finde ich die sittliche Entrüstung lächerlich, durch welche der Übersetzer des Artemidoros aus Daldis über die *Symbolik der Träume* sich bewegen ließ, das dort enthaltene Kapitel über sexuelle Träume der Kenntnis der Leser zu unterschlagen. Für mich war allein die Einsicht maßgebend, dass ich mich bei der Erklärung sexueller Träume tief in die noch ungeklärten Probleme der Perversion und der Bisexualität verstricken müßte, und so sparte ich mir dies Material für einen anderen Zusammenhang."[48]

In der Tat enthielt die erste Auflage der Traumdeutung von 1899 keine Träume mit unverhülltem sexuellem Inhalt und auch in Bezug auf das Aufdecken erotischer Wünsche in seinen eigenen Traumbeispielen zeigte sich Freud durchaus zurückhaltend. Er hatte es bewusst offengelassen, „ob die Forderung des Sexuellen und Infantilen auch für die Theorie des Traums erhoben werden darf" und ließ diese darum „hier unvollendet".[49] Die Passagen, die sich explizit mit der Sexualsymbolik im Traum befassten, füllten gerade drei Seiten.[50]

Der Begriff der Zensur, der im Zentrum der Freud'schen Traumtheorie steht, bezeichnet jene mentalen Mechanismen, die für die augenscheinliche Inkohärenz und Absurdität von unbewussten Bildungen wie dem Traum verantwortlich sind. Diese Zensur ist bei Freud in ihrer negativen Form stets in einer sehr konkreten Weise aufgefasst und wird mit den entsprechenden Metaphern ausgestattet: Sie „verfährt ganz analog der russische Zeitungszensur an der Grenze, welche ausländische Journale nur von schwarzen Strichen durchsetzt in die Hände der zu behütenden Leser gelangen lässt."[51] Um den Mechanismus der Traumentstellung zu verdeutlichen, gebraucht Freud die Analogie mit der Briefzensur, die die als anstößig erachteten Stellen durch Überstreichen unlesbar macht.[52] In beiden Fällen handelt es sich um das direkte Eingreifen in einen Text oder ein Text-Bild-Gefüge, in dem die Spuren des Auslöschens sichtbar bleiben. Erst die Spuren der Zensurarbeit machen die psychoanalytische Deutungsar-

---

48 TD, S. 575, n. 2.
49 TD, S. 575.
50 Vgl. Freud, Sigmund: Die Traumdeutung. Leipzig/Wien 1900, S. 233-235. (TD, S. 342-344). — Vgl. dazu auch Marinelli/Mayer: Träume nach Freud, S. 80-92. — Bekanntlich hat Freud während der Arbeit an der Traumdeutung nach Fließ' Kritik an ihren Indiskretionen den großen Beispieltraum im zweiten Kapitel durch einen neuen (von ‚Irmas Injektion') ersetzt. Vgl. die Briefe von Freud an Fließ vom 9. Juni 1898 und 20. August 1899. — Forrester, John: „Porträt eines Traumlesers". In: Marinelli/Mayer (Hgg.): Lesbarkeit der Träume, S. 9-36.
51 TD, S. 507.
52 TD, S. 159, n. 1 (Zusatz aus dem Jahr 1919).

beit möglich und führen zur Aufdeckung des skandalösen Inhalts.⁵³

Krauss' Zensurpraktiken bedienten sich eines etwas anderen Verfahrens, das jedoch auf dieselbe Wirkung abzielte: Die entsprechenden Stellen wurden nicht nur getilgt, sondern durch Texte ersetzt, die ihre Abwesenheit rechtfertigen sollten. Obwohl ihr Inhalt dem Leser im Detail verborgen bleiben musste, wurde ihr sexueller Charakter dennoch grob umrissen (die Auseinandersetzung über das „Beilager bei der Mutter" und den „unnatürlichen Beischlaf") oder leicht über den Sachindex (etwa durch den Eintrag „Geschlechtsglied") erschließbar. Aus diesem Grund verweilte Freud vermutlich solange bei dem Unterschied zwischen einer aus sittlicher Entrüstung hervorgehender Zensur der als ‚pervers' klassifizierten Sexualakte und seiner eigenen, aus wissenschaftlichen Motiven erfolgten Fortlassung dieses Materials. Auf der Ebene der textuellen Praktiken tat die erste Auflage der *Traumdeutung* aber letztlich nichts anderes als die deutsche Übersetzung der *Oneirocritica*. Doch während Artemidors Text bei Krauss im Namen der Moral verstümmelt wurde, ließ Freud seine eigene Traumtheorie durch einen Akt des Aufschiebens unvollendet, der im Namen des seines Erachtens höheren Ethos der Wissenschaft erfolgte.

Zurück zu Artemidor. Rivalisierende Lesarten in der psychoanalytischen Bewegung

Freuds Selbstzensur beim Deuten seiner Träume in der *Traumdeutung* verweist auf mehr als eine rein theoretische Entscheidung des Autors. Sie resultiert letztlich aus der Methode der Selbstanalyse, die den Traumdeuter zur Selbstentblößung verpflichtet, jedoch ohne seine wissenschaftliche Autorität vollständig zu untergraben: „Und auch beim Leser, darf ich annehmen, wird das anfängliche Interesse an den Indiskretionen, die ich begehen muss, sehr bald der ausschliesslichen Vertiefung in die hiedurch beleuchteten psychologischen Probleme Platz machen."⁵⁴ 1930 fügte Freud bemerkenswerterweise in einer Fußnote hinzu, er hätte „fast niemals die mir zugängliche vollständige Deutung

---

53 Aus der Perspektive einer komparativen Geschichte der Zensur (wie sie etwa Darnton, Robert: Censors at Work. How States Shaped Literature. New York 2014 entwirft), beruht Freuds Zensurverständnis auf dem nachaufklärerischen liberalen Ideal der freien Rede. Im Sinne eines Unterdrückens oder Entstellens der Wahrheit ist die Arbeit der Zensur eine überwiegend negative, ihre Produkte gelten als zu entziffernde Symptome. Es ist wichtig auf die Relativität dieses Zensurbegriffs (und die Existenz anderer, positiver Formen, etwa im Ancien Régime) hinzuweisen, da dieser in den meisten Diskussionen zu Freuds Gebrauch von Analogien der Brief- oder Pressezensur als selbstverständlich angesehen wird. — Für ein neueres Beispiel einer solchen, letztlich ahistorischen Lektüre, siehe Galison, Peter: Blacked-out Spaces: Freud, Censorship, and the Re-Territorialization of the Mind. In: British Journal for the History of Science 45 (2012), S. 235-266.

54 TD, S. 125.

eines eigenen Traumes mitgeteilt. Ich hatte wahrscheinlich recht, der Diskretion der Leser nicht zuviel zuzutrauen."[55]

Diese Unvollständigkeit der analytischen Deutungen sollte bald zum Problem werden, insbesondere im ersten Jahrzehnt der Geschichte der psychoanalytischen Bewegung. Da *Die Traumdeutung* lange als Ersatz für ein Methodenhandbuch diente, das letztlich nie geschrieben wurde, geriet sie bald auch aus den eigenen Reihen in die Kritik, insbesondere durch C. G. Jung. Freud antwortete auf diese Kritiken sogar mit dem Plan, die *Traumdeutung* nicht mehr aufzulegen, sondern durch ein neues „unpersönliches" Buch zu ersetzen, das er mit Otto Rank verfassen wollte und in dem die vielfachen Bezüge zwischen Traumdeutung und Neurosenlehre durch das Hinzuziehen von Material aus Literatur und Mythenforschung erhellt werden sollten. Auch wenn dieses Projekt nie realisiert wurde, hinterließ es doch Spuren in den weiteren Auflagen der *Traumdeutung*.[56]

Die erste größere Revision betraf die Verknüpfung der Sexualtheorie mit der Traumdeutung. Mit der neuen Doktrin vom Ödipuskomplex wurde die Wunscherfüllungstheorie nun dergestalt formuliert, dass der Akzent sich auf den erotischen und inzestuösen Charakter der Traumwünsche verschob. Die zweite Revision war ebenso grundlegend, denn sie kehrte – im Gegensatz zu Freuds anfänglicher Position – zur Annahme einer universellen Symbolik zurück.

In diesem Zusammenhang kamen auch mehrere Mitglieder der frühen psychoanalytischen Bewegung auf Artemidor und die antiken Traumbücher zurück. So las Wilhelm Stekel etwa 1908 eine Reihe von charakteristischen Passagen aus den *Oneirocritica* im Kreis der Wiener Psychoanalytischen Gesellschaft vor.[57] Drei Jahre später veröffentlichte er *Die Sprache des Traumes*, ein Buch, das eine moderne Traumsymbolik einführen wollte und auf diesem Feld direkt mit Freuds dritter Auflage der *Traumdeutung* (1911) in Konkurrenz trat.[58] Stekel erklärte die von ihm konsultierten Traumbücher zu „willkürlichen Machwerken", mit Ausnahme desjenigen des Artemidor, dessen deutsche Übersetzung er lobte und die er vielfach zitierte.[59]

Stekels Buch unterscheidet sich von der Freud'schen *Traumdeutung* durch dieses Anknüpfen an die nicht sexuelle Deutung von manifesten sexuellen In-

---

55 Freud, Sigmund: Die Traumdeutung. 8. Aufl., Wien 1930, S. 74 (In TD, S. 125 ist hier keine Datierung angegeben).
56 Vgl. dazu ausführlicher Marinelli/Mayer: Träume nach Freud. — sowie Mayer, Andreas: Textbook Psychoanalysis – an Impossible Genre? In: Pomata, Gianna/Wübben, Yvonne (Hgg.): Towards a History of Epistemic Genres. Amsterdam (im Erscheinen).
57 Nunberg, Hermann/Federn, Ernst (Hgg.): Protokolle der Wiener Psychoanalytischen Vereinigung, Bd. 2. Frankfurt am Main 1977, S. 70.
58 Stekel, Wilhelm: Die Sprache des Traumes: Eine Darstellung der Symbolik und Deutung des Traumes in ihren Beziehungen zur kranken und gesunden Seele für Ärzte und Psychologen. Wiesbaden 1911.
59 Ebd., S. 1, n. 1, S. 4.

halten in den Analysen seiner eigenen Patienten: „‚Jemand vollzieht an ihm eine Fellatio. Er ärgert sich sehr.' Einfache Analyse: Ich bin der Jemand. Ich sauge ihn aus. Bezieht sich auf die hohen Kosten der Behandlung. *Sperma* bedeutet nach der zweiten symbolischen Gleichung der Neurotiker Geld. Besonders deutlich: Der Blutsauger für den Wucherer."[60] Wie in vielen anderen Fällen stützt sich Stekel hier auf eine Passage in den *Oneirocritica*, der zufolge das Spucken von Blut oder Schleim Gewinn für die Armen und Verlust für die Reichen bedeutet.[61]

Stekels Rückkehr zu Artemidor führte so zur Empfehlung von Deutungspraktiken, die in deutlichem Gegensatz zur Wunscherfüllungstheorie der *Traumdeutung* standen. Gegenüber solcher drohender Revisionen seiner Traumtheorie verlagerte Freud das Terrain zunehmend auf das Sammeln von Material, das aus der Ethnologie und der Volkskunde stammte, um die Willkür des intuitiven Interpreten, als deren Prototyp Stekel vorgeführt wurde, zu korrigieren. In diesem Kontext kam es auf überraschende Weise zu einer neuen Begegnung zwischen Freud und Krauss: Letzterer hatte sich inzwischen von der klassischen Philologie abgewendet und befasste sich mit Studien der slawischen Volkskunde. Nachdem es ihm nicht gelungen war, eine Stelle an der Universität zu bekommen, wirkte er als Privatgelehrter und publizierte nicht nur ethnographische Dokumentationen, sondern auch erotische Romane und mit Aktphotographien gefüllte Sachbücher wie *Die Anmut des Frauenleibes*.[62] 1904 gründete Krauss die *Anthropophyteia. Jahrbücher für folkloristische Erhebungen und Forschungen zur Entwicklungsgeschichte der geschlechtlichen Moral*, eine selbstfinanzierte Zeitschrift, die nur im Kreis von ausgewählten Gelehrten zirkulierte. Freud zählte bald gemeinsam mit Franz Boas oder Karl von den Steinen ebenfalls zu den Mitarbeitern. Als Krauss 1910 wegen seiner Publikationen zunehmend unter Druck geriet und als Pornograph denunziert wurde,[63] schrieb der Psychoanalytiker einen offenen Brief, um dessen gewagtes Dokumentationsprojekt der menschlichen Sexualität in kulturanthropologischer Perspektive zu würdigen.[64]

Im Kontext dieser Allianz von Volkskunde und Psychoanalyse wurden die zunächst aus den *Oneirocritica* getilgten Passagen schließlich übersetzt, zwar nicht von Krauss selbst, sondern von dem Kunsthistoriker und Philologen Paul Brandt (unter dem Pseudonym Hans Licht) und 1912 in der *Anthropophyteia*

---

60 Stekel: Sprache des Traumes, S. 176-177.
61 O, Buch IV, Kap. 26.
62 Krauss, Friedrich S.: Die Anmut des Frauenleibes. Mit nahe an dreihundert Abbildungen nach Originalphotographien. Leipzig 1904.
63 Vgl. Burt, Raymund L.: Friedrich Salomo Krauss (1859-1938). Wien 1990, S. 90-101.
64 Freud, Sigmund: Brief an Dr. Friedrich S. Krauss über die Anthropophyteia. In: Gesammelte Werke Bd. VIII, S. 224-225. — Krauss nahm zu dieser Zeit auch an Diskussionen über die Sexualsymbolik in der Wiener Vereinigung teil. Vgl. Protokolle der Wiener Psychoanalytischen Vereinigung, Bd. 3, S. 178 und 188-193.

abgedruckt.[65] Allerdings sollten diese nachgereichten Übersetzungen, die insbesondere die Träume vom Beischlaf mit der Mutter betrafen, in keiner Weise in den weiteren Auflagen der *Traumdeutung* oder in anderen psychoanalytischen Publikationen zum Traum erwähnt werden.[66]

Anstatt zu Artemidor zurückzukehren, hielt sich Freud an dessen Übersetzer und das von letzterem zusammengetragene Material sexueller Anekdoten, Märchen, Witze und Traumberichte, um zu zeigen, dass eine große „Anzahl dieser Träume vom Volke so gefasst wird, wie sie auch die Psychoanalyse deuten würde, nämlich nicht als Hinweise auf eine zu enthüllende Zukunft, sondern als Wunscherfüllungen, Befriedigung von Bedürfnissen, die sich während des Schlafzustandes regen".[67] Das Arbeitsmanuskript dieses Projekts unternahm Freud mit dem Gymnasiallehrer David Ernst Oppenheim, der Passagen aus der *Anthropophyteia* exzerpierte, die von Freud jeweils knapp kommentiert wurden. Bereits das erste Beispiel stellte den Autoren zufolge einen „Hohn auf die prophetische und ein Plädoyer für die psychologische Traumdeutung" dar:

„Eine Traumdeutung.

Ein Mädchen erhob sich von ihrer Bettstatt und erzählt der Mutter, wie ihr ein gar wunderbarer Traum geträumt.

Nun, was hat dir da geträumt? fragt sie die Mutter.

Wie soll ich es dir nur sagen, ich weiß selber nicht wie, so etwas Langes, Rotes und Abgestumpftes.

Das Lange bedeutet einen Weg, sagte die Mutter nachsinnend, einen langen Weg, das Rote bedeutet Freude, doch weiß ich nicht, was ihm das Abgestumpfte bedeuten mag!

Des Mädchens Vater, der sich inzwischen ankleidete und alles mit anhörte, was Mutter und Tochter daherredeten, murmelte da mehr in sich hinein: ‚Das gleicht ja einigermaßen meinem Prächtigen!'"[68]

Freud verfolgt hier offensichtlich die Strategie, die symbolischen Deutungen der antiken Traumbücher als schlecht verhüllte sexuelle Wünsche zu entlarven (in diesem Fall den inzestuösen Wunsch des Mädchens nach dem Phallus des Va-

---

65 Erotische Träume und ihre Symbolik. Aus dem Griechischen des Artemidoros übersetzt von Dr. Hans Licht, Leipzig. In: Anthropophyteia 9 (1912), S. 316-328. — Zu Paul Brandt vgl. Sigusch, Volkmar/Grau, Günter (Hgg.): Personenlexikon der Sexualforschung. New York/Frankfurt am Main, S. 80-82.

66 Angesichts von Freuds Theorie des Ödipuskomplexes ist dies wenig erstaunlich. Brandts Übersetzung von Artemidorus' sexuellen Träumen war Teil eines ganz anderen sittengeschichtlichen Projekts, das er später in mehreren Bänden vorlegen sollte (Licht, Hans: Sittengeschichte Griechenlands. 3 Bde. Dresden/Zürich 1925-1928). — Bekanntlich hat Michel Foucault in seiner Geschichte der Sexualität später Artemidorus in ähnlicher Weise als Quelle über die Sexualpraktiken in der griechischen Antike gelesen, vermutlich ohne direkte Kenntnis von Brandts früherer Arbeit.

67 Freud, Sigmund/Oppenheim, David Ernst: Träume im Folklore. In: Gesammelte Werke. Nachtragsband. Texte aus den Jahren 1885 bis 1938, hg. von Angela Richards unter Mitarbeit von Ilse Grubrich-Simitis. Frankfurt am Main 1987, S. 576.

68 Freud/Oppenheim: Träume im Folklore, S. 577.

ters). Da diese Texte keine Deutungen realer Wünsche sind, sondern „Schwänke", die „sich als Träume verkleiden, zur Lust dessen, der sie vorbringt, wie dessen, der sie anhört", setzen sie Freud zufolge „die Deutung ungescheut zum Symbol hinzu": „Sie freuen sich der Blosslegung der verhüllenden Symbole."[69] Angesichts Freuds theoretischer Einsicht, dass die Lust der Mitteilung eines Witzes sich stets auf eine dritte abwesende Partei bezieht, die als Zielscheibe fungiert, bleibt zu fragen, um wen es sich dabei handelt.

Ein Hinweis findet sich im Motto aus Horatius' *Ars Poetica* (vers 342), das dem Manuskript vorangestellt ist: „Celsi praetereunt austera poemata ramnes" und das auf ironische Weise den Wert der rohen Produkte des Volksgeistes hervorhebt, der von den arroganten, sich gebildet wähnenden Eliten verschmäht wird.[70] Freuds Anrufung der vox populi richtet sich eindeutig gegen die Abtrünnigen in seiner eigenen Bewegung: Das primäre Ziel war Alfred Adler, der nach Freuds Auffassung die prophetische Traumdeutung in einem psychologischen Register neu belebt hatte. Adlers Theorie zufolge bereitet der Traum den Träumer auf künftige Ereignisse vor, namentlich auf die Lösung von Konflikten und erstellt so einen symbolisch verschlüsselten ‚unbewussten Lebensplan' für den Neurotiker.[71] Zur Erhärtung seiner Theorie berief er sich wiederholt auf berühmte Traumdeutungen aus der Antike, unter anderem auf den Traum des Hippias vom Beischlaf mit seiner Mutter bei Herodot, den er als den Wunsch deutete, seine Mutterstadt zu erobern. Der Ödipuskomplex wird auf diese Weise zum „Symbol des Herrschenwollens" erklärt.[72]

Eine ähnliche Revision der Freud'schen Wunscherfüllungstheorie wurde zur selben Zeit von den Schweizer Psychoanalytikern, insbesondere von Alphonse Maeder propagiert, der dem Traum eine „teleologische" oder „prospektive" Tendenz zusprach, um den Träumer für künftige nützliche Aufgaben vorzubereiten. Jedes Symbol hätte somit eine retrospektive und prospektive Bedeutung: „Der Acker ist nicht nur ein Sexualsymbol, er ist auch ein Symbol des Feldes seiner Tätigkeit (sc. des Träumers), seiner *Lebensaufgabe* überhaupt. Den Acker bebauen heisst nicht nur Koitieren, sondern ‚*sein Werk tun*'".[73]

---

69 Ebd., S. 577-578.
70 Freud und Oppenheim schrieben den Vers fälschlich Persius zu, der ihn in seinen Satirae paraphrasiert, aber mit einer anderen Bedeutung versieht. Vgl. Hooley, Daniel M.: The Knotted Thong. Structures of Mimesis in Persius. Ann Arbor, MI 1997, S. 42.
71 Adler, Alfred: Traum und Traumdeutung. In: Zentralblatt für Psychoanalyse 3 (1913), S. 574-583.
72 Adler, Alfred: Über den nervösen Charakter. Wiesbaden 1912, S. 35, n. 1. Es folgt daraus, dass der Ödipuskomplex nichts als eine „leitende Fiktion" ist, eine sexualisierte Konstruktion des männlichen Neurotikers, in dem sich der Wille zur Beherrschung des Weiblichen ausdrückt.
73 Maeder, Alphonse: Über das Traumproblem. In: Jahrbuch für Psychoanalytische und Psychopathologische Forschungen 5 (1913), S. 647-686, hier S. 675-676. (Hervorhebung des Autors.) Zwischen Adler und Maeder entbrannte daraufhin ein Plagiatsstreit. Vgl. den Brief Maeders und Adlers Antwort (Offener Sprechsaal). In: Zentralblatt für Psychoanalyse 3 (1913), S. 562-567).

Der Gegensatz zwischen der Freud'schen Traumanalyse und einem Ansatz, der die Patienten am Ende der Kur mithilfe einer „psychologischen Synthese" veredeln wollte, wurde zu einem der Hauptstreitpunkte innerhalb der Auseinandersetzungen in der frühen psychoanalytischen Bewegung, die letztlich zur Spaltung zwischen der Wiener und Schweizer Gruppe führen sollten. Aus der Sicht beider Lager war es entweder der Freud'sche Ansatz oder die Psychosynthese, die als eine Form der Regression erschienen: Für die Schweizer barg die Beschränkung auf das Aufdecken der Traumsymbole mit der Rückführung in die Kindheitsgeschichte das Risiko, den Patienten in einer infantilen Situation ohne positive Lösung für seine Konflikte zurückzulassen. Für Freud hingegen mussten alle Versuche, die auf eine Synthese der Persönlichkeit abzielten, notwendigerweise in die Illusionen der Religionen und den Glauben an einen „höheren" Sinn der Träume zurückfallen. In Übereinstimmung mit seinem Festhalten an einem Ideal der schrankenlosen Offenheit, das keinerlei moralisches oder religiöses Bekenntnis kannte, lehnte er beharrlich den Ruf nach einer Entwicklung der Ethik der Psychoanalyse ab.[74] Dieser Moment des Bruchs ist zweifellos der Punkt, an dem die Ambiguität des Traums als eines mit widersprüchlichen, epistemischen, therapeutischen und moralischen Werten aufgeladenen Mediums sich in vollem Ausmaß zeigt.

***

Als Freud 1909 brieflich von Oskar Pfister über das Traumbuch des Sophisten Aelius Aristides in dessen *Hieroí lógoi* befragt wurde, verwechselte er diesen zunächst mit Artemidor. In der Folge bekannte er sein großes Unwissen über seine „Vorgänger in der Tr[aum]deutung" und erwartete von seinem Korrespondenten „als Plagiator schlecht empfangen" zu werden. Die sprichwörtliche Neugier des Forschers diente ihm als Rechtfertigung: „Aber es ist so ein Vergnügen das Ding selbst zu befragen anstatt die Literatur darüber".[75]

Es ist bekannt, dass Freud bei der Entwicklung der Psychoanalyse nicht immer ein sehr genauer, sondern oft ein selektiver Leser war. Dies trifft auch auf seine Lektüre des Artemidor zu, die aus einer großen Distanz heraus erfolgte. Hier ging es allerdings nicht darum vorzuführen, dass Freud die von Theodor Gomperz vertretenen Ansichten bewusst verfälscht hat. Die Präsentation von Artemidor als Vorläufer der psychoanalytischen Deutungsmethode war Teil einer rhetorischen Strategie, die miteinander in Konflikt liegende Lesarten des antiken Traumbuches betraf. Freuds Referenzen auf die Antike sind somit stets auf ein Netzwerk von Deutungspraktiken bezogen, in dem Medien, Übersetzer

---

74 Vgl. Philip Rieffs scharfsinnige Bemerkungen zum Paradox der Freud'schen Psychoanalyse als einer „science whose very nature as a moral science it denies" (Rieff, Philip: Freud: The Mind of the Moralist. 3. Aufl., Chicago 1979, S. 324). — Marinelli/Mayer: Träume nach Freud, S. 103-112.

75 Sigmund Freud an Oskar Pfister vom 12. Juli 1909. In: Noth, Isabelle (Hg.): Sigmund Freud–Oskar Pfister. Briefwechsel 1909–1939. Zürich 2014, S. 51.

und Leser eine aktive und oft unvorhersehbare Rolle spielen.[76] Die Rückkehr Artemidors, ironischerweise durch die Übersetzung von Theodor Gomperz einstigem ungeliebten Studenten Krauss ermöglicht, führte zu widersprüchlichen und abweichenden Lesarten innerhalb der psychoanalytischen Bewegung und brachte so Freuds eigene Verbindung der freien Assoziationstechnik mit der symbolischen Traumdeutung ins Wanken.

---

76 Vgl. für ein anderes berühmtes Beispiel aus Freuds persönlichem Pantheon, Mayer, Andreas: Gardavia's Gait: Tracing the Figure of a Walking Woman. In: Critical Inquiry 38/3 (2012), S. 554-578.

Axel C. Hüntelmann

Paul Ehrlich und die Macht des Netzwerkes. Die Beziehungen des Instituts für experimentelle Therapie nach Osteuropa um 1900

Zwischen 1899 und 1914 pflegte das *Königlich Preußische Institut für experimentelle Therapie* (IET) zahlreiche Verbindungen zu bakteriologischen Instituten sowie Serum produzierenden Einrichtungen in Ost- und Ostmitteleuropa. Die Beziehungen erstreckten sich auf die Zusendung von Standardserum als Referenzgröße zur Wertbestimmung von Seren; den wissenschaftlichen Austausch in Briefen, auf Tagungen und die gegenseitige Rezeption in der Literatur; Gastaufenthalte und persönliche Kontakte sowie wissenschaftliche Kooperationen. Darüber ist jedoch nur wenig bekannt. Obwohl in den vergangenen Jahren eine Fülle an Publikationen zur Geschichte Ost- und Ostmitteleuropas erschienen ist, haben Veröffentlichungen zur osteuropäischen Wissenschaftsgeschichte nach wie vor Seltenheitswert.

Der vorliegende Aufsatz untersucht daher die verschiedenen Beziehungsebenen des IET zu Einrichtungen in Osteuropa, in denen um 1900 auf dem Gebiet der Mikrobiologie und Immunologie geforscht wurde, Seren hergestellt oder geprüft wurden. Ausgangspunkt sind eine Reihe von Fragen: Wie kamen die Beziehungen zwischen dem preußischen IET und den osteuropäischen Einrichtungen zustande und wie waren sie organisiert? In welchem Ausmaß und auf welchen Beziehungsebenen fand ein wissenschaftlicher Austausch statt? Eine weitere Frage ist allgemein darauf gerichtet, welche Bedeutung wissenschaftliche Netzwerke haben und wie sie funktionieren. Anhand der Beziehungen des deutschen Instituts zu ähnlichen osteuropäischen Einrichtungen soll exemplarisch das Knüpfen und Funktionieren von (wissenschaftlichen) Netzwerken, der Ausbau der Netzwerkstruktur und die Verbreitung von Wissen über Netzwerke verfolgt werden.

Bevor die Beziehungen zwischen dem deutschen und den osteuropäischen Einrichtungen untersucht werden, sollen eingangs ein Blick auf die Quellenbasis und die Literatur geworfen, die mit der Beziehungsgeschichte einhergehenden Schwierigkeiten erörtert und die Vorgeschichte der institutionellen Beziehungen skizziert werden. In den folgenden Abschnitten werden die Beziehungsebenen nachgezeichnet: ein formalisiertes Abonnementsystem von Standardserum auf der institutionellen Ebene, der Aufenthalt von osteuropäischen Gastwissenschaftlern am IET auf der persönlichen Ebene und die wissenschaftliche Kooperation auf einer inhaltlichen Ebene. Abschließend werden die Beziehungen des preußischen Instituts zu osteuropäischen Einrichtungen diskutiert und die Bildung von Netzwerken analysiert.

Zeitraum, Verortung, Quellenbasis, Forschungsstand

Der Untersuchungszeitraum setzt mit der Entwicklung des Diphtherieheilserums in Deutschland und Frankreich in den 1890er Jahren und der Gründung des IET ein; das Ende markiert der Ausbruch des Ersten Weltkrieges. Nach 1914 veränderten sich die Beziehungen so grundlegend, dass die Darstellung dieser Veränderung den Rahmen des Beitrages sprengen würde. Der Beitrag, dessen Quellengrundlage im Wesentlichen aus den Akten und Aufzeichnungen aus dem IET beruht (und daher weitgehend dessen Perspektive widerspiegelt), beschränkt sich deswegen auf die Etablierung und Stabilisierung der Kontakte. Neben russischen Einrichtungen werden auch solche aus Ostmitteleuropa in die Untersuchung einbezogen. Die dort tätigen Wissenschaftler waren oftmals „Grenzgänger", die während oder nach ihrem Studium die Universitäten und zentralen medizinischen Institutionen in Berlin, München, Wien oder Paris besucht hatten und so maßgeblich zur Zirkulation und zum Transfer von medizinischen Praktiken und Wissen von West- nach Osteuropa beitrugen.[1]

Zu den Beziehungen zwischen deutschen und osteuropäischen (Lebens-)Wissenschaftlern im späten 19. und frühen 20. Jahrhundert liegen bislang kaum Veröffentlichungen vor.[2] Während seit den 1990er Jahren die Literatur zur Geschichte Osteuropas mit unterschiedlichen politik-, kultur- und sozialgeschichtlichen Schwerpunkten außerordentlich angewachsen ist, erschienen nur wenige Publikationen zu wissenschaftshistorischen Themen.[3] Die Medizingeschichte ist für viele Osteuropahistorikerinnen und -historiker „noch immer ein exotisches

---

1 Vgl. z.B. die Biographien von Constantin Levaditi und Victor Babes aus Rumänien. Igirosianu, Joseph: Un Grand Contemporain de Pasteur. Victor Babès (1859–1926). In: Histoire des Sciences Médicale 8 (1974), S. 549-558. — Kalantzis, George u.a.: Constantin Levaditi (1874–1953). A Pioneer in Immunology and Virology. In: Journal of Medical Biography 14 (2006), S. 178-182. — Zu Marceli Nencki aus Krakau und Ludwik Hirsfeld aus Warschau siehe den biographischen Artikel von Niemierko, Wlodzimierz im Dictionary of Scientific Biography. Bd. 10, S. 22-23. — Sowie Hirszfeld, Ludwik: The Story of One Life, hg. von Balińska, Marta A./Schneider, William H. Rochester 2010. (OA poln. 1946).
2 Eine der wenigen Ausnahmen: Schneck, Peter: Paul Ehrlich (1854–1915) und Osteuropa bei der Erprobung von Chemotherapeutika zu Beginn des 20. Jahrhunderts. In: Archiwum Historii i Filosofii Medycyny 59 (1996), S. 41-48.
3 Ebenso werden wissenschaftshistorische Themen in Überblickswerken zur Geschichte Osteuropas meist ausgespart (im Gegensatz zu Theater, Literatur, Kunst!), siehe exemplarisch die Leerstellen in Torke, Hans-Joachim: Einführung in die Geschichte Russlands. München 1997. — Oder Schmidt, Christoph: Russische Geschichte 1547–1917. 2. Aufl., München 2009.

Nischenfach".[4] Es sind vereinzelt Arbeiten zu ost- und ostmitteleuropäischen Ärzten erschienen, die während ihres Studiums oder im Anschluss daran im letzten Drittel des 19. und Anfang des 20. Jahrhunderts zu Forschungszwecken nach Frankreich gegangen waren. Unter den wenigen russischen Lebenswissenschaftlern wiederum, deren Lebensgeschichte ein größeres Interesse hervorgerufen hat, sind die Nobelpreisträger Ivan Pavlov und Il'ja Mečnikov hervorzuheben.[5] Es gibt Publikationen zum deutsch-russischen Transfer von medizinischem Wissen im 18. Jahrhundert[6] sowie sozialhistorische Arbeiten zur medizinischen Profession in Russland im 19. Jahrhundert.[7] Darüber hinaus sind für die Jahrzehnte um 1900 Studien zur Geschichte einzelner medizinischer Disziplinen und ihrer Protagonisten entstanden, so zur Geschichte der Pathologie (Virchow und Virchow-Rezeption)[8], zur Physiologie[9] und zur Bakteriologie.[10] In den vergangenen Jahren wurden vermehrt Arbeiten zur Hygiene und öffentlichen Gesundheitspflege[11] zwischen 1880 und den 1930er Jahren publiziert, wobei der Schwerpunkt

---

4 So Kreuder-Sonnen, Katharina/Renner, Andreas: Einleitung. Gesellschaft, Kultur und Hygiene in Osteuropa. In: Jahrbücher für Geschichte Osteuropas 61 (2013), S. 481-488, hier S. 481.

5 Zu Pavlov siehe Mette, Alexander: J. P. Pawlow. Sein Leben und Werk. München 1958. — Eher zur politischen Rezeption von Pavlovs Arbeiten in der Sowjetunion Rüting, Torsten: Pavlov und der Neue Mensch. Diskurse über Disziplinierung in Sowjetrussland. München 2002. — Zuletzt Todes, Daniel P.: Ivan Pavlov. A Russian Life in Science. Oxford 2014. — Zu Mečnikov siehe Zeiss, Heinz: Elias Metschnikow. Leben und Werk. Jena 1932. — Tauber, Alfred I./Chernyak, Leon: Metchnikoff and the Origins of Immunology. From Metaphor to Theory. New York 1991. — Rossiianov, Kirill: Taming the Primitive: Elie Metchnikov and his Discovery of Immune Cell. In: Intelligensia Science: The Russian Century, 1860–1960 = Osiris Bd. 23, (2008), S. 213-229. — Sofern sich die Personen nicht eindeutig identifizieren ließen, werden die russischen Personennamen in der Schreibweise der (deutschen) Quellen wiedergegeben.

6 Zu den deutsch-russischen Wechselbeziehungen hat Heinz E. Müller-Dietz einige biographische Skizzen berühmter Mediziner zusammengestellt, die nahezu 250 Jahre umfassen, vgl. Müller-Dietz, Heinz E.: Ärzte zwischen Deutschland und Russland. Lebensbilder zur Geschichte der medizinischen Wechselbeziehungen. Stuttgart 1995. — Weiterhin Renner, Andreas: Russische Autokratie und europäische Medizin. Organisierter Wissenstransfer im 18. Jahrhundert. Stuttgart 2010.

7 Vgl. Frieden, Nancy Mandelker: Russian Physicians in an Era of Reform and Revolution, 1856–1905. Princeton 1981.

8 Vgl. Lichterman, Boleslav L.: Virchow Goes East. Russian-German Links in Pathology and Neuropathology in Nineteenth and Twentieth Century. In: Prüll, Cay-Rüdiger (Hg.): Traditions of Pathology in Western Europe. Theories, Institutions and their Cultural Setting. Herbholzheim 2000, S. 55-73.

9 Siehe z.B. Todes, Daniel P.: Pavlov's Physiology Factory. Experiment, Interpretation, Laboratory, Entreprise. Baltimore 2002. Pavlovs serielle Untersuchungen und die arbeitsteilige Organisation des Instituts weisen strukturelle Ähnlichkeiten zur chemotherapeutischen Forschung im IET auf.

10 Vgl. die herausragende Dissertation von Kreuder-Sonnen, Katharina: Wie man Mikroben auf Reisen schickt. Zirkulierendes bakteriologisches Wissen, polnische Seuchenpolitik und biomedizinische Wissenschaften, 1885–1939, phil. Diss. Gießen 2016. — Dies.: Wie die Mikroben nach Warschau kamen. Wissenstransfer in der Bakteriologie in den 1880er Jahren. In: NTM. Zeitschrift für Geschichte der Wissenschaften, Technik und Medizin 20 (2012), S. 157-180.

11 Vgl. Hutchinson, John F.: Politics and Public Health in Revolutionary Russia, 1890–1918. Baltimore 1990. — Ders./Salomon, Susan Gross (Hgg.): Health and Society in Revolutionary Russia. Bloomington 1990, hier Part I. — Salomon, Susan Gross (Hg.): Doing Medicine Together. Germany and Russia Between the Wars. Toronto 2006. — Sowie das oben zitierte Themenheft von Kreuder-Sonnen, Katharina/Renner, Andreas (Hgg.): Öffentliche Hygiene in Osteuropa. Stuttgart 2013. — Zur Eugenik in Ostmitteleuropa siehe Bucur,

auf Russland oder auf der Eugenik lag. Besser ist der Forschungsstand zur Geschichte der Medizin in der Sowjetunion ab den 1930er Jahren und vor allem zur Züchtungsforschung und zum Lyssenkoismus im Kontext der internationalen Eugenik.[12] Hervorzuheben ist die 2016 abgeschlossene Dissertation von Katharina Kreuder-Sonnen über die Etablierung der Bakteriologie in Polen zwischen 1880 und den 1930er Jahren. Sie diskutiert die mit dem Transfer bakteriologischen Wissens und entsprechender Praktiken zwischen Deutschland und Polen verbundenen Schwierigkeiten und schildert en passant die Gründung des Instituts für Hygiene in Warschau nach dem Ersten Weltkrieg. Nach Kreuder-Sonnen traten bei dem Transfer von Akteurs-Netzwerken und Labor- und Wissenspraktiken mannigfache, ortsgebundene Schwierigkeiten auf, sodass sich bakteriologische Praktiken und das damit verbundene Wissen in der polnischen Ärzteschaft nur langsam durchsetzten und beispielsweise Mitarbeiter des IET kaum Beziehungen zu Bakteriologen auf dem Gebiet des späteren Polen pflegten.[13] Zusammenfassend lässt sich festhalten, dass nur wenige Studien den Zeitraum um 1900 fokussieren, in dem sich Bakteriologie und Hygiene als medizinische Leitdisziplinen etablieren und institutionalisieren. Die vorhandenen Studien legen den Schwerpunkt meist auf (Rassen- und Sozial-)Hygiene bzw. Eugenik oder erörtern Diskurse zur öffentlichen Gesundheitspflege. Um diese Lücke zu schließen, geht der vorliegende Beitrag den Beziehungen zwischen Wissenschaftlern des deutschen IET und ähnlichen ost- und ostmitteleuropäischen Einrichtungen nach, um den Transfer bakteriologischer und immunologischer Wissenspraktiken und die diesem Transfer zugrundeliegenden Netzwerke, Motivationen und Beziehungsökonomien aufzuzeigen.

Vorgeschichte: Das IET und die Wertbestimmung von Serum vor 1900

Im August 1894 wurde das Diphtherieserum auf dem Arzneimittelmarkt eingeführt. Es galt als erstes Heilmittel gegen die wegen ihrer hohen Kindersterblich-

---

Maria: Eugenics and Modernization in Interwar Romania. Pittsburgh 2002. — Turda, Marius: The Idea of National Superiority in Central Europe, 1880–1918. Lewiston 2004. — Ders.: Modernism and Eugenics. Basingstoke 2010. — Sowie Promitzer, Christian u.a. (Hgg.): Health, Hygiene and Eugenics in South Eastern Europe to 1945. Budapest 2011.

12 Vgl. zur Biologie, Vererbung und zum Lyssenkoismus z.B. Flitner, Michael: Agrarische Modernisierung im genetischen Diskurs. Ansatzpunkte zu einem internationalen Vergleich, 1925–1939. In: Heim, Susanne (Hg.): Autarkie und Ostexpansion. Pflanzenzucht und Agrarforschung im Nationalsozialismus. Göttingen 2002, S. 91-117. — Beyrau, Dietrich (Hg.): Im Dschungel der Macht. Intellektuelle Professionen unter Stalin und Hitler. Göttingen 2000. — Soyfer, Valery N.: Lysenko and the Tragedy of Soviet Science. New Brunswick 1994. — Stanchevici, Dmitir: Stalinist Genetics. The Constitutional Rhetoric of T. D. Lysenko. Amityville 2010. — Roll-Hanson, Nils: Wishful Science. The Persistence of T. D. Lysenko's Agrobiology in the Politics of Science. In: Intelligensia Science: The Russian Century, 1860–1960 = Osiris Bd. 23, (2008), S. 166-188.

13 Vgl. Kreuder-Sonnen: Mikroben auf Reisen.

keit gefürchteten Diphtherie, das nicht nur die Symptome linderte, sondern die Krankheitsursache wirksam bekämpfte. Der Herstellungsprozess des Serums, das aus dem Blutserum von Pferden gewonnen wurde, die man zuvor mit langsam steigenden Dosen Diphtherietoxin immunisiert hatte, war kompliziert. Die Hersteller, denen es gelang, einen stabilen Produktionsprozess zu installieren und das Diphtherieserum zu vermarkten, konnten angesichts des Bedarfs auf hohe Gewinne hoffen. Wegen der prospektiven Gewinnaussichten befürchtete man jedoch, dass skrupellose Hersteller auch minderwertiges Serum auf dem freien Markt anbieten könnten. Darüber hinaus herrschte aufgrund der Neuartigkeit des Arzneimittels und des Therapieprinzips Unklarheit über dessen Wirkungsweise, über langfristige Auswirkungen und etwaige unerwünschte Nebenwirkungen. Aus diesen Gründen trafen sich kurz nach der Markteinführung des Serums hohe Medizinalbeamte aus dem Deutschen Reich, um die staatliche Regulierung des Diphtherieserums zu diskutieren. Einerseits begrüßte die Medizinalverwaltung die Entwicklung eines neuen Therapeutikums, andererseits sollten die mit der Einführung des Serums verbundenen Risiken für die öffentliche Gesundheit abgeschätzt und minimiert werden. Nach intensiver Beratung wurde die Regulierung des Arzneimittels beschlossen. Die Kontrolle umfasste vor Ort die Überwachung der Produktion des Serums und die Prüfung aller für den deutschen Markt bestimmten Seren in einer zentralen staatlichen „Controlstation". Das Serum wurde auf mögliche Verunreinigungen mit Bakterien sowie auf den in Immunisierungseinheiten angegebenen Wirkungswert getestet, um dessen Unschädlichkeit und Wirksamkeit zu garantieren.[14]

Eine maßgebliche Schwierigkeit bei der Bestimmung der Wirksamkeit bestand darin, dass das Serum auf einem biologisch-organischen Inhaltsstoff basierte, dessen genaue Zusammensetzung unklar war und der sich nicht exakt messen oder wiegen ließ, sodass man von einer quantitativen Veränderung des Inhaltsstoffes nicht auf eine entsprechende Veränderung der Wirkung hätte schließen können.

In den ersten Jahren nach der Markteinführung des Diphtherieserums existierten in Europa uneinheitliche Bemessungsgrundlagen zur Ermittlung der therapeutischen Serumwirkung. In Großbritannien kursierten beispielsweise Seren aus dem Pariser *Institut Pasteur* und dem Brüsseler *Institut Sérothérapique*, die mit mehreren Tausend Immunisierungseinheiten gekennzeichnet waren; Seren deutscher Hersteller, die mehrere Hundert Immunisierungseinheiten aufwiesen; sowie Seren britischer Hersteller, die wiederum anders bemessen und gekennzeichnet worden waren, obwohl alle Seren eine ähnliche

---

14   Vgl. zur Einführung der staatlichen Kontrolle Hüntelmann, Axel C.: Hygiene im Namen des Staates. Das Reichsgesundheitsamt 1876–1933. Göttingen 2008, S. 238-261. — Und Throm, Carola: Das Diphtherieserum. Ein neues Therapieprinzip, seine Entwicklung und Markteinführung. Stuttgart 1995.

Wirkung zeigten. Praktizierende Ärzte konnten aufgrund der vielfältigen Angaben die Wirksamkeit der Seren nicht unterscheiden und einschätzen, sodass es zu fehlerhaften Dosierungen kam und das Serum als unwirksam abqualifiziert wurde. Um die Wirksamkeit der Serumtherapie zu überprüfen, wurde 1896 in London eine Kommission aus angesehenen Lebenswissenschaftlern gebildet, die das Heilprinzip beurteilen sollten. Die therapeutische Wirksamkeit verschiedener Seren wurde miteinander verglichen und grundsätzlich bestätigt, wobei die Kommissionsmitglieder nach der deutschen Methode der Wertbestimmung verfuhren.[15]

Die Schwierigkeiten bei der Wertbestimmung von Serum veranlassten den Direktor des deutschen Instituts für Serumkontrolle 1897, ein „objektives" Verfahren zur Bestimmung der zu erwartenden therapeutischen Wirkung eines Serums zu entwickeln, mit dem unabhängig von Zeit, Ort und der ausführenden Person gleiche Ergebnisse erzielt werden sollten. Die neue Methode stellte ein komplexes Referenzsystem zwischen dem zu prüfenden Serum, einem definierten Standardgift sowie einem Standardserum dar. Der Wert an Immunisierungseinheiten wurde aufgrund einer prognostizierten Schutzwirkung des Serums auf einen biologischen Organismus ermittelt. Die entscheidende Bezugsgröße war ein ursprünglich beliebig definiertes Standard- oder Normalserum, welches von Paul Ehrlich durch Vakuumtrocknung konserviert worden war.[16] Das Standardserum wurde den Serumproduzenten ebenfalls als Bezugsgröße zur Verfügung gestellt. Das Verfahren war schriftlich detailliert fixiert, sodass die Produzenten nach der gleichen Methode wie das Prüfinstitut vorgehen konnten, um Unstimmigkeiten bei der Wertbemessung des Serums zu vermeiden. Idealerweise konnte das Verfahren zur Bestimmung des Wirkwertes von Diphtherie- und später auch von anderen Seren von einer entsprechend geschulten Person, die den Anweisungen folgte und über das Standardserum verfügte, adaptiert und somit auch in anderen Ländern ausgeführt werden. Nachdem der dänische Bakteriologe Thorvald Madsen 1897 die französische, britische und deutsche Methode zur Wertbestimmung von Serum verglichen hatte, schlug er die deutsche Methode, über die sich nach Madsens Ansicht am zuverlässigsten und genauesten der Heilerfolg bestimmen ließ, als internationalen Maßstab vor.[17]

---

15 Vgl. The Report of the Lancet Special Commission on the Relative Strength of Diphtheria Antitoxic Serums. The Lancet 18.7.1896, S. 182-193. — Die Berichte wurden im IET ausgewertet, siehe Paul-Ehrlich-Institut (PEI), Abt. Vc, Nr. 5, Bd. 1 und Abt. Va, Nr. 1, Bd. 1.
16 Vgl. Ehrlich, Paul: Die Wertbemessung des Diphtherieheilserums und deren theoretische Grundlagen. In: Klinisches Jahrbuch 6 (1897), S. 299-326. — Otto, Richard: Die staatliche Prüfung der Heilsera. In: Arbeiten aus dem Königlichen Institut für experimentelle Therapie zu Frankfurt am Main 2 (1906), S. 1-86.
17 Vgl. Madsen, Thorvald: Ueber Messung der Stärke antidiphtheritischen Serums. In: Zeitschrift für Hygiene 24 (1897), S. 425-442. — Sowie der zusammenfassende Bericht über den Artikel von Thorvald Madsen von Wilhelm Dönitz, 11.3.1897, PEI, Abt. Va, Nr. 1, Bd. 1.

Bei der Wertbestimmung des Diphtherieserums handelte es sich nicht nur um eine arzneimitteltechnische Prüfmethode. In doppelter Hinsicht ist die Prüfung und Wertbestimmung von Serum als biopolitisches Sicherheitsdispositiv[18] in den Kontext der öffentlichen Gesundheitspflege einzuordnen. Mit dem Diphtherieserum war ein Arzneimittel entwickelt worden, mit dem man erstmalig die Ursache der Erkrankung wirksam bekämpfen konnte. Zudem wurde das Diphtherieserum nicht nur kurativ zur therapeutischen Behandlung einer Infektion, sondern auch präventiv nach Ausbruch einer Epidemie verwendet. Eine Epidemie stellte somit nicht mehr ein die öffentliche Gesundheit und Ordnung bedrohendes Ereignis dar, sondern sie konnte wirksam bekämpft werden. Das IET sollte jedes für den deutschen Markt bestimmte Serum auf Reinheit, Wertigkeit und Unschädlichkeit prüfen, um den Patienten und die Bevölkerung vor minderwertigen oder bakteriell verunreinigten Seren zu schützen. Überdies sollte auch das Arzneimittel selbst und dessen Reputation vor Fälschung, Verunreinigung und unsachgemäßer Herstellung geschützt werden, damit das Vertrauen der Öffentlichkeit in die neue Therapieform keinen Schaden nahm. In diesem Sinne kann man die aufwendige Praxis der Wertbestimmung und dessen staatliche Kontrolle als eine *technology of trust* interpretieren.[19]

Versendung von Standardserum

Bereits um 1900 war das IET international führend auf dem Gebiet der Serologie, und das von Ehrlich entwickelte System der Wertbestimmung von Diphtherieserum wurde sowohl von privaten Serumherstellern als auch von Serum produzierenden staatlichen oder universitären Einrichtungen in der ganzen Welt übernommen.[20] In diesem Zusammenhang schrieb im Sommer 1900 Professor Aleksandr Pavloskij[21] aus dem *Bakteriologischen Institut* in Kiev an den Direktor des IET in Frankfurt. Pavlovskij hatte in Paris auf einer Tagung vermutlich Paul Ehrlich getroffen und auf der Rückreise von Paris nach Kiev in Frank-

---

18 Hier im Sinne eines Foucault'schen Sicherheitsdispositivs bzw. einer Sicherheitstechnologie zur Prävention und Abwendung von Schaden der Bevölkerung gedacht. Siehe Jäger, Siegfried: Dispositiv. In: Kleiner, Marcus S. (Hg.): Michel Foucault. Eine Einführung in sein Denken. Frankfurt am Main 2001, S. 72-89. — Foucault, Michel: Geschichte der Gouvernementalität I: Sicherheit, Territorium, Bevölkerung. Frankfurt am Main 2004.

19 Zur technology of trust vgl. Porter, Theodore M.: Trust in Numbers. The Pursuit of Objectivity in Science and Public Life. Princeton 1995.

20 Vgl. Hüntelmann, Axel C.: Eigenartige Sonderstellung in der Welt. Das Königlich Preußische Institut für Experimentelle Therapie und das Georg Speyer-Haus im Deutschen Kaiserreich. In: Ders./Schneider, Michael C. (Hgg.): Jenseits von Humboldt. Wissenschaft im Staat, 1850–1990. Frankfurt am Main 2010, S. 189-215.

21 Im Schriftverkehr sind die Briefe adressiert an A. D. Pawlowsky. Vermutlich handelt es sich um Aleksandr Dmitrievic Pavlovskij (1857–1944), Dozent für Histologie, siehe Biographischer Index Rußlands und der Sowjetunion, Bd. 3. München 2005, S. 1568.

furt eine Zwischenstation eingelegt, um sich dort von einem Mitarbeiter des Instituts die neue Methode der Wertbestimmung zeigen und erklären zu lassen. Zurück in Kiev, bedankte sich Pavlovskij für die ihm zuteilgewordene „Liebenswürdigkeit" und informierte Ehrlich, dass er vor zehn Tagen das Standardserum erhalten habe. Er habe sofort die Methode der Wertbestimmung überprüft, jedoch beunruhigende Resultate erhalten: Sowohl das Meerschweinchen, dem das Standardserum verabreicht worden war, als auch das Tier, dem man das zu prüfende Serum injiziert habe, seien bereits nach 36 bzw. 44 Stunden gestorben anstatt nach vier Tagen. Pavlovskij fragte, ob Ehrlich ihm die „unangenehmen Resultate" erklären könne.[22]

Wenngleich die Antwort aus dem IET nicht überliefert ist, lässt sich anhand von vergleichbaren Briefen an Serumhersteller oder Kollegen im westeuropäischen Ausland ein mutmaßlicher Schriftverkehr rekonstruieren, der ähnliche Fragen thematisiert haben wird. Vor Pavlovskij hatten bereits zahlreiche Serumhersteller und öffentliche Einrichtungen Standardserum und -toxin erhalten. Den ersten Lieferungen von Standardserum waren Instruktionen zur Wertbestimmungsmethode beigefügt und es wurde auf gelegentlich auftretende Probleme hingewiesen. Differenzen im Prüfergebnis wurden entweder brieflich besprochen oder bei andauernden Schwierigkeiten besuchte ein Mitarbeiter der Serum produzierenden Einrichtung das IET, um die Ursache für die Unstimmigkeiten zu ergründen und um in dem Verfahren geschult zu werden.

In Kiev konnten die Schwierigkeiten offensichtlich ausgeräumt werden, denn in einem Brief im Herbst 1900 bat Pavlovskij, ihm zukünftig jährlich das Standardserum und -gift zukommen zu lassen. Die Zahlung der dafür fälligen Gebühren in Höhe von 120 Mark habe Pavlovskij bereits veranlasst. Zugleich machte er den Absender des Briefes auf ein „Missverständiss" aufmerksam, das ein Schlaglicht auf die Anbahnung der Beziehung des IET zu osteuropäischen Instituten wirft. Anscheinend wurde ebenfalls Standardserum an einen Vladimir Vysokovic[23] geschickt und an das *Bakteriologische Institut* in Kiev adressiert. Vysokovic müsse, folgerte Pavlovskij, wohl ebenfalls mit Ehrlich gesprochen und um Standardserum gebeten haben.

Die Beziehungen des deutschen IET zu den Serum produzierenden Einrichtungen in Osteuropa setzten im Vergleich zu Instituten aus westeuropäischen Ländern um einige Jahre verzögert ein. In der bakteriologischen scientific community in Osteuropa sprach sich rasch herum, dass man Standardserum vom deutschen Institut beziehen konnte. So bat N. Koslov vom Städtischen Kranken-

---

22 Prof. Dr. A. D. Pawlowsky an Paul Ehrlich, 30.8.1900, PEI Abt. Vc, Nr. 5, Bd. 1.
23 Vysokovic, auf den sich mehrere Adressaten beziehen, wird mehrfach unterschiedlich zitiert, in diesem Fall als Wissorowicz, er selbst zeichnet als W. Wysorowcz, bei Marcel Nencki heißt er Professor Wycokowitsch. Vermutlich handelte es sich um den Bakteriologen und Pathologen Vladimir Konstantinovic Vysokovic (1854–1912), siehe Biographischer Index Rußlands und der Sowjetunion, Bd. 4, S. 2265.

haus in Rostov am Don Anfang September 1900 in einem Brief an das IET, ihm regelmäßig Standardserum und -toxin zukommen zu lassen. Die Information über das Abonnement habe Koslov von dem oben erwähnten Professor Vysokovic erhalten.[24] Auf Vysokovic bezog sich ebenfalls Marcel Nencki, Leiter des Chemischen Laboratoriums des *Institut Impérial de Médecine Expérimentale* in St. Petersburg.[25] Nencki sei von Vysokovic darüber informiert worden, dass man aus Frankfurt Standardserum und -toxin beziehen könne und er bat ebenfalls darum, ihm dies regelmäßig alle zwei Monate zukommen zu lassen.[26]

Vysokovic erkundigte sich im Februar 1901 bei Paul Ehrlich, ob russische Institute ihn kontaktiert hätten. Vysokovic habe alle russischen Serum-Institute informiert, dass man aus Frankfurt Standardserum beziehen könne, „um endlich eine gemeinsame und ähnliche Serumbestimmung [in Russland] einzuführen".[27] Vysokovic hatte offensichtlich das Institut in Frankfurt besucht und sah sich als Mittler, der die neuesten serotherapeutischen Verfahren in Russland etablieren wollte. Vysokovic kann somit als eine der Kräfte gelten, die den Modernisierungsschub in Russland mit Blick auf Westeuropa vorantreiben wollten.

Wie die Organisation der Serumproduktion und -distribution ausgesehen haben mag, darüber kann an dieser Stelle nur spekuliert werden. Es ist allerdings nicht unwahrscheinlich, dass das französische Modell Pate gestanden hat, weil es traditionell enge (sprachliche und soziokulturelle) Verbindungen zwischen Frankreich und Russland gab und Frankreich als Vorbild gesehen wurde. Der Besuch von Pavlovskij in Paris, wo er Ehrlich getroffen hatte oder die Verbindungen und Ausbildung ost- und ostmitteleuropäischer Lebenswissenschaftler nach Paris erhärten diese Vermutung. Abgesehen vom Pariser *Institut Pasteur*, das Serum in großen Mengen herstellte, das zur Versorgung der Krankenhäuser und Apotheken der Stadt diente, aber auch exportiert wurde, gab es noch zahlreiche andere regionale Serumproduzenten in Frankreich. Bei diesen handelte es sich meist um die medizinische Fakultät einer Universität, die im Auftrag und auf Rechnung der Regionalverwaltung Serum herstellte, das in zentralen Depots gelagert und im Krankheitsfall unentgeltlich an die Krankenhäuser und Ärzte der Region abgegeben wurde.[28] Da es sich in Osteuropa

---

24   Koslow, Städtisches Krankenhaus Rostow am Don, 1.9.1900, PEI Abt. Vc, Nr. 5, Bd. 1.
25   Zu Marcel Nencki siehe den biographischen Artikel von Włodzimierz Niemierko im Dictionary of Scientific Biography. Bd. 10:, S. 22-23.
26   Marcel Nencki an das IET, 3.1.1901, PEI Abt. Vc, Nr. 5, Bd. 1.
27   W. Wysorowcz an Paul Ehrlich 5/18.2.1901, PEI Abt. Vc, Nr. 5, Bd. 1.
28   Die Finanzierung wurde durch Spenden und kommunale Zuschüsse gesichert, vgl. zur Produktion und Distribution von Serum in Frankreich Hüntelmann, Axel C./Simon, Jonathan: Two Models for Production and Regulation. The Diphtheria Serum in Germany and France. In: Quirke, Vivianne/Slinn, Judy (Hgg.): Perspectives on Twentieth Century Pharmaceuticals. Frankfurt am Main 2010, S. 37-61. — Hess, Volker: The Administrative Stabilization of Vaccines: Regulating the Diphtheria Antitoxin in France and Germany, 1894–1900. In: Science in Context 21 (2008), S. 201-227.

bei den Empfängern von Standardserum ebenfalls um Laboratorien von Bakteriologischen Instituten oder Medizinischen Fachgesellschaften in öffentlicher oder halböffentlicher Trägerschaft handelte, kann man vermuten, dass es sich um ein ähnliches Modell gehandelt haben wird. Die Vergleichbarkeit der in den unterschiedlichen Regionen produzierten Seren sollte offensichtlich durch das deutsche Standardserum sichergestellt werden.

Die Werbung für die deutsche Wertbestimmungsmethode zeitigte Erfolg. In den nächsten Monaten erhielt das IET weitere Anfragen von Professor N. Lubinoff aus dem Bakteriologischen Institut zu Kasan (Abteilung für Serotherapie);[29] und von Stefan Korschun aus der Bakteriologischen Station der Medizinischen Gesellschaft in Charkov.[30] Auf einer ersten Liste von Abonnenten, die Standardserum erhalten sollten, waren bereits die Institute in Rostov, Kiev und Charkov als Empfänger genannt. Im Februar 1901 gingen somit ein Drittel der Sendungen mit Standardserum an russische Institute.[31] Neben russischen Einrichtungen baten bald auch Serumanstalten aus ostmitteleuropäischen Ländern um Standardserum, wie beispielsweise das *Institut für Pathologie und Bakteriologie* in Bukarest.[32] Über die nächsten Jahre wurde die Liste ausländischer Empfänger von Standardserum immer länger und auch die Anzahl osteuropäischer Einrichtungen stieg weiter an. Von den weltweit insgesamt 48 Einrichtungen, die 1910 Standardserum aus Frankfurt bezogen, kamen 19 aus Ost- und Ostmitteleuropa (nahezu 40 Prozent). Die Zunahme an Abonnenten erklärt sich auch mit der Gründung neuer Einrichtungen auf dem Gebiet der Serumtherapie und Immunologie.[33]

Die zunehmende Versendung von Standardserum lässt – auch ohne Kenntnis osteuropäischer Quellen – einige Rückschlüsse zu. Ähnlich wie in Westeuropa wurden bakteriologische und serotherapeutische Institute, Abteilungen und Einrichtungen gegründet, die das neue Arzneimittel produzierten und zu der neuen Therapieform forschten. Die Grundlage der wissenschaftlichen Arbeit in den osteuropäischen Instituten wird, wie überall, in der Rezeption der

---

29 Professor Lubinoff an den Direktor des IET, 9.10.1902, PEI Abt. Vc, Nr. 5, Bd. 1.
30 Stefan Korschun an den Direktor des IET, 19.12.1900 und 3/16.3.1901, PEI Abt. Vc, Nr. 5, Bd. 1.
31 Verteilerliste (mit Anschreiben) vom 23.2.1901, PEI Abt. Vc, Nr. 5, Bd. 1.
32 Abonnentenliste vom 28.2.1903, PEI Abt. Vc, Nr. 5, Bd. 1.
33 Die Abonnentenliste vom 7.3.1904 listet unter den 26 Adressaten insgesamt die Bakteriologische Station in Charkov, die Bakteriologischen Institute in Asov am Don, Kiev, Kasan, Odessa, Budapest, Bukarest, das Institut für experimentelle Medizin in St. Petersburg und das Institut für Hygiene in dem damals zu Österreich gehörenden Krakau. Von den 26 Abonnenten kam ein Drittel aus Osteuropa. Die Verteilerliste vom 21.2.1910 und 21.2.1911 listen zudem das Bakteriologische Institut der Universität Moskau, das Bakteriologische Institut in Perm, das Bakteriologische Laboratorium des Gouvernements Samara, die Gouvernementale Landschaftsstation in Ufa, die Bakteriologische Station des Gouvernements Zemstwo in Tula und das Laboratorium der Russischen Pharmazeutischen Gesellschaft auf. Darüber hinaus bezogen das Bakteriologische Laboratorium von Dr. Palmirski in Warschau und das Bakteriologische Institut in Sofia Standardserum, die Verteilerlisten ebd.

frei zugänglichen Forschungsliteratur, in der Wiederholung der in der Literatur beschriebenen Methoden zur Herstellung von Serum und in der Anpassung an die jeweiligen Laborverhältnisse und gegebenenfalls in der Verbesserung der Herstellungsmethode bestanden haben. Während der Adaptions- und Modifikationsprozesse korrespondierten die Parteien häufig, wie zum Beispiel Ehrlich und Pavlovskij, um die Wertbestimmungsmethode zu erläutern oder Probleme auszuräumen. Doch bei der Umsetzung dieser Techniken traten oft Schwierigkeiten auf, weil das über die Versuchswiederholungen und die alltäglichen Praktiken angeeignete Erfahrungswissen nicht in die Literatur eingeschrieben war. Daher war immer wieder der direkte Austausch notwendig, wie er beispielsweise auf Tagungen stattfand. Zudem konnte es notwendig sein, dass osteuropäische Lebenswissenschaftler nach Deutschland reisten, um sich dort in den Praktiken fortzubilden und sich das *tacit knowledge* anzueignen.[34]

Gastaufenthalte

Das Abonnement von Standardserum stellte eine relativ formale Beziehungsebene zwischen dem deutschen IET und osteuropäischen Serumanstalten dar. Nach Abstimmung des Verfahrens beschränkte sich die Korrespondenz auf die turnusmäßige Versendung von Standardserum und die Zusendung eines Schecks für die Gebühren. Eine intensivere Beziehung entstand, wenn Mitarbeiter oder Leiter osteuropäischer Serumanstalten das deutsche Institut besuchten. Die Besuche konnten sich auf kürzere Zwischenaufenthalte beschränken, beispielsweise um auf dem Weg zu einer Tagung in Westeuropa die Laboratorien des deutschen Instituts zu besichtigen. So hatte etwa Marcel Nencki im Sommer 1900 eine kurze Zeit im Frankfurter IET verbracht.[35]

Anders verhielt es sich bei Vysokovic und Korschun. Sie verweilten länger im deutschen Institut. Seit dessen Gründung waren gelegentlich auswärtige Wissenschaftler Gast am Institut – sei es, um sich auf dem neuen Gebiet der Serologie und Immunologie fortzubilden, sei es, um Schwierigkeiten bei der Wertbestimmung von Serum auszuräumen. Handelte es sich um die Klärung von Differenzen bei der Wertbestimmung, wurde den Mitarbeitern von privaten oder öffentlichen Serumherstellern aus dem In- und Ausland die von Ehrlich entwickelte Methode der Wertbemessung demonstriert und sie wurden bei Erlernung der Methode angeleitet. Die anfangs eher unstrukturierten Gastaufenthalte wurden zunehmend im Sinne eines Praktikums oder einer Fortbildung

---

34 Zu tacit knowledge vgl. Polanyi, Michael: Implizites Wissen. Frankfurt am Main 1985.
35 Marcel Nencki an den Direktor des IET, 3.1.1901, PEI Abt. Vc, Nr. 5, Bd. 1. In dem Brief brachte Nencki sein Bedauern zum Ausdruck, dass er Ehrlich bei seinem Besuch im vergangenen Sommer nicht angetroffen hatte.

institutionalisiert, da sich die Anfragen in- und ausländischer Wissenschaftler häuften. Seit der Jahrhundertwende waren zwei, drei oder mehr sogenannte Laboranten im IET tätig.[36]

Die osteuropäischen Gastwissenschaftler kehrten nach ihrer Fortbildung an ihr Heimatinstitut zurück und trugen dort zur Etablierung und Verbreitung des neu erworbenen immunologischen Wissens bei. In den folgenden Jahren konnte die praktische Ausbildung der Verfahren und Techniken durch die ehemaligen Gastwissenschaftler an die Einrichtungen in Moskau, St. Petersburg, Kiev oder Charkov selbst vermittelt werden. An diesem Beispiel lässt sich zeigen, wie sich innerhalb eines Jahrzehnts das Wissen und die Praktiken der deutschen Wertbestimmungsmethode und die zugrundeliegenden Theorien in Osteuropa bzw. weltweit ausgebreitet haben.

Ausländische Gastaufenthalte und der Austausch von Wissenschaftlern waren um die Jahrhundertwende nicht ungewöhnlich. Zahlreiche Wissenschaftler aus Europa, Nordamerika und Japan hatten das *Kaiserliche Gesundheitsamt* oder das *Königlich Preußische Institut für Infektionskrankheiten* besucht, und auch das *Institut Pasteur* in Paris beherbergte zahlreiche ausländische Wissenschaftler. Osteuropäische Medizinstudenten bzw. Mediziner gingen während oder nach ihrem Studium zur weiteren Ausbildung nach Wien, Berlin und Paris.[37] Berühmte Wissenschaftler des *Institut Pasteur* kamen ursprünglich aus Osteuropa, wie der aus Odessa stammende Nobelpreisträger Il'ja Mečnikov oder der Rumäne Constantin Levaditi.[38] Im Anschluss an sein Studium arbeitete Levaditi unter Victor Babes im *Institut für Pathologie und Bakteriologie* in Bukarest. Nach einigen Jahren ging Levaditi 1898 nach Paris und nach Frankfurt an das IET, um anschließend nach Paris zurückzukehren, wo er in der Abteilung von Mečnikov am *Institut Pasteur* arbeitete.[39]

Wie Levaditi kamen die jungen Mediziner aus dem europäischen Ausland an das IET, um ihre Dissertation auf dem Gebiet der Immunologie zu verfassen oder um ein spezielles wissenschaftliches Thema auf dem Gebiet der Serumtherapie zu verfolgen, wie beispielsweise die biochemische Zusammensetzung von Antikörpern. Einer dieser Wissenschaftler war Stefan Korschun aus der Bakteriologischen Station der Medizinischen Gesellschaft in Charkov. Durch die Bestellung und den regelmäßigen Bezug von Standardserum hatte Korschun bereits Kontakt mit dem Frankfurter Institut. Im März 1901 teilte er dem Direk-

---

36 Vgl. die Akte „Laboranten", PEI Abt. I, No. 6, Bd. 1. Für das Praktikum wurde ein Vertrag abgeschlossen und die Laboranten mussten für die entstandenen Kosten der Ausbildung eine Gebühr entrichten.
37 In den 1880er Jahren kamen bereits elf Prozent der Mediziner, die ein Praktikum im Labor von Robert Koch absolvierten, aus Osteuropa. Vgl. Schneck: Paul Ehrlich.
38 Zu Il'ja Mečnikov siehe Zeiss: Metschnikow. — Tauber/Chernyak: Metchnikoff.
39 Siehe den Artikel zu Constantin Levaditi von Denise Wrotnowska im Dictionary of Scientific Biography. Bd. 8, S. 273-274.

tor des IET mit, dass die Universität Charkov ihn für ein Jahr freigestellt habe. Er wolle, so Korschun, in dieser Zeit eine bakteriologische Arbeit unter Ehrlichs Leitung beginnen. Er interessiere sich aus biologischer Perspektive für die Messung der Diphtherietoxine, allerdings werde er sich nach Ehrlichs Wünschen richten.[40] Zwischen Oktober 1901 und Juni 1902 war Korschun als Gastwissenschaftler im Institut[41], wo er zu verschiedenen immunologischen Themen, unter anderem zur Konstitution von Antikörpern im Kontext der sogenannten Seitenkettentheorie, arbeitete.[42] In späteren Jahren forschten die im Institut gastierenden Wissenschaftler vermehrt zu Themen auf dem Gebiet der experimentellen Therapie, d.h. sie prüften die Wirkung chemischer Substanzen auf Krankheitserreger und den menschlichen Organismus.[43]

Die Anwesenheit der osteuropäischen Wissenschaftler im IET veränderte ihre Beziehung zu den dortigen Kollegen. Bereits ein kurzer Besuch im Frankfurter Institut verstärkte lose Bande, die man während eines Konferenzbesuchs geknüpft hatte. So lernte Pavlovskij im Frankfurter Institut auf seiner Rückreise von Paris nach Kiev weitere Mitarbeiter kennen, mit denen er später hinsichtlich des Standardserums korrespondieren sollte.[44]

Wissenschaftliche Kooperation – Klinisch-therapeutische Prüfung

Die Ebenen einer institutionalisierten Beziehung wie der regelmäßige Bezug von Standardserum und die persönliche Beziehung im Rahmen einer Fortbildung in den Techniken der Wertbestimmung konnten ineinander übergehen. Darüber hinaus gab es noch die Ebene der wissenschaftlichen Zusammenarbeit, die sich bereits in einem Gastaufenthalt andeuten konnte. In einigen Fällen stellte die Fortbildung oder ein Gastaufenthalt im IET den Beginn einer längerfristigen Kooperation dar.

Um 1900 pflegte der Direktor des IET Kontakte zu osteuropäischen Medizinern, die mit parasitären Infektionskrankheiten befasst waren, die im Deutschen Reich nicht oder nur sporadisch auftraten. Ehrlich knüpfte an zehn Jahre zurückliegende Arbeiten auf dem Gebiet der experimentellen Therapie an, in denen er beobachtet hatte, dass sich Methylenblau positiv bei Malaria auswirkte und der Azo-Farbstoff parasitäre Krankheitserreger abzutöten in der Lage

---

40 Stefan Korschun an den Direktor des IET, 12/25.3.1901, PEI, Abt. I, No. 6, Bd. 1.
41 Liste mit Laboranten, PEI, Abt. I, No. 6, Bd. 1.
42 Vgl. hierzu die Arbeitsanweisungen von Paul Ehrlich an Stefan Korschun in den Kopierbüchern des Instituts im Rockefeller Archive Center, 650 Eh 89 Paul Ehrlich Collection (RAC PEC), Box 8 f. und 21.
43 Vgl. Hüntelmann: Paul Ehrlich. Leben, Forschung, Ökonomien, Netzwerke. Göttingen 2011. — Ders.: Eigenartige Sonderstellung.
44 Pavlovskij dankte in einem Brief für die freundliche Unterstützung durch Stabsarzt Ernst Marx, der die Prüfung von Serum verantwortete. Pawlowsky an Paul Ehrlich, 30.8.1900, PEI Abt. Vc, Nr. 5, Bd. 1.

war.⁴⁵ Der Farbstoff löste allerdings unangenehme Nebenwirkungen wie Übelkeit und Kopfschmerzen aus. Nach längerer Unterbrechung nahm Ehrlich die chemotherapeutischen Arbeiten Ende der 1890er Jahre wieder auf. Er suchte nach einem alternativen Farbstoff, der die gleiche sterilisierende Wirkung auf Parasiten hatte und zugleich vom Patienten ohne Nebenwirkungen vertragen wurde. Die Farbstoffe, die ihm die chemische Industrie und ihm bekannte Chemiker zur Verfügung stellten, wurden im Institut *in vitro* und anschließend im Tierversuch auf ihre physiologischen Eigenschaften und die therapeutische Wirkung getestet. Im nächsten Schritt galt es nun, die therapeutische Wirkung bestimmter Farbstoffe am Menschen in der Klinik zu testen.

Das IET hatte allerdings keine eigene Krankenabteilung, wie beispielsweise das *Institut für Infektionskrankheiten* in Berlin oder das *Institut Pasteur* in Paris.⁴⁶ Aus diesem Grund fragte Ehrlich Kollegen im In- und Ausland wie zum Beispiel Ivanoff in Zaretskaya, ob sie Patienten mit dem Krankheitsbild Malaria behandeln würden und ob sie bereit wären, an klinisch-therapeutischen Versuchen mit einem neu entwickelten Farbstoff mitzuwirken.⁴⁷ Anscheinend ging Ivanoff auf den Vorschlag Ehrlichs ein⁴⁸, denn einige Wochen später sandte Ehrlich ihm Fläschchen mit Farbstoffen und Informationen zum weiteren Vorgehen mit detaillierten Anweisungen zur Dosierung und Organisation der klinischen Versuche.⁴⁹ Im Gegenzug sollte Ivanoff über die Ergebnisse der klinischen Versuche berichten. Nach einer ungeduldigen Rückfrage Ehrlichs im Mai 1899⁵⁰ sandte Ivanoff einen Rapport: Mit der Gabe von Brilliantblau habe man zwar bei Malaria einen therapeutischen Erfolg erzielt, allerdings klagten die Patienten über Blasenbeschwerden. Ehrlich vermutete in seinem Antwortschreiben, dass es sich um eine Blasenreizung handele. Er riet Ivanoff, dem Farbstoff bei der nächsten Verabreichung Muskatnuss beizufügen und er stellte in Aussicht, ihm demnächst besser verträgliche Kapseln zusenden zu können.⁵¹ Zudem ermunterte er Ivanoff, auch Versuche mit Neo-Methylenblau vorzunehmen und

---

45 Vgl. Ehrlich, Paul/Guttmann, Paul: Über die Wirkung des Methylenblau bei Malaria (1891). In: Ehrlich, Paul: Gesammelte Arbeiten in vier Bänden. Bd. III: Chemotherapie, hg. von Fred Himmelweit. Berlin 1960, S. 9-14.
46 Vgl. hierzu Hüntelmann, Axel C.: Paul Ehrlich. — Ders.: Eigenartige Sonderstellung.
47 Paul Ehrlich an Dr. Iwanoff, 10.2.1899, RAC PAC Box 4. — Ehrlich sandte Anfragen an das Institut für Tropenmedizin in Hamburg, an Kollegen in Österreich (resp. Bosnien-Herzegowina), Italien, Ägypten, Indien und Russland, siehe RAC PEC, Box 4 und 5.
48 Es sind in der Regel nur die Ausgangsbriefe erhalten. Die Antwort des Empfängers kann aus den daraus resultierenden Handlungen (Zusendung von Farbstoffen) oder Antwortbriefen geschlossen werden.
49 Paul Ehrlich an Dr. Iwanoff, ca. 27.2. und 24.4.1899, RAC PEC Box 5.
50 Paul Ehrlich an Dr. Iwanoff, 11.5.1899, RAC PEC Box 5.
51 In diesem Aufsatz stehen die Beziehungen zwischen dem IET bzw. Ehrlich und ähnlichen ost(-mittel) europäischen Einrichtungen im Vordergrund. — Zur Ambivalenz der Humanexperimente siehe Hüntelmann: Paul Ehrlich.

ihm darüber zu berichten.[52] Mitte Juni erinnerte Ehrlich an die ausstehende Antwort und betonte, dass regelmäßige Korrespondenz eine unabdingbare Voraussetzung für die Zusammenarbeit sei.[53] Die kurze Zeit später eintreffenden Auskünfte zum Versuchsverlauf beantwortete Ehrlich postwendend. Er diskutierte erneut die Ergebnisse der klinischen Versuche und drang darauf, die Behandlung trotz sich abzeichnender Erfolge nicht zu früh abzubrechen, da man sonst eine Wiederkehr des Fiebers befürchten müsse. Da Ivanoff zwischenzeitlich nach Petrovsk umgezogen war, erkundige sich Ehrlich, ob er an seiner neuen Wirkungsstätte auch Malaria-Patienten behandeln würde.[54] Ehrlich klagte, dass die nach Petrovsk adressierten Briefe und Sendungen zurückgekommen seien, wobei das IET selbst von Berlin nach Frankfurt verlagert worden war.[55] In einem letzten Brief an Ivanoff dankte Ehrlich ihm für die zugesandten Fieberkurven, Krankenakten und die Informationen über den klinischen Versuchsverlauf.[56]

Aus mehreren Gründen wurden die klinischen Versuche abgebrochen: Erstens waren die Versuche nicht erfolgreich, denn es konnte keine Verbesserung im Vergleich zum Methylenblau erzielt werden. Etwaige Heilungen gingen mit schweren Nebenwirkungen einher. Zweitens zog das deutsche Institut in der zweiten Jahreshälfte von Berlin nach Frankfurt, wodurch die Versuche und deren Betreuung unterbrochen wurden. Zudem verlagerte sich der Arbeitsschwerpunkt in Frankfurt auf immunologische Fragestellungen.[57] Drittens erwies sich die Koordination der klinischen Versuche, die Organisation und Weiterleitung der Farbstoffe, die Betreuung und intensive Korrespondenz mit den ausführenden Klinikern als außerordentlich zeitaufwendig.

Später korrespondierte Ehrlich regelmäßig über einen längeren Zeitraum mit Julius Iversen, der in St. Petersburg an klinisch-therapeutischen Versuchen zu Arsen-Präparaten beteiligt war.[58] Ehrlich sandte ihm die in seinem Institut synthetisierten Präparate, erläuterte deren Zusammensetzung, die Indikation und er instruierte Iversen hinsichtlich der Dosierung und Anwendung des Präparats. Im Gegenzug sandte ihm Iversen Informationen über die ausgeführten Versuche, den veränderten Zustand der Patienten, den Krankheitsverlauf, er berichtete über aufgetretene Komplikationen und schickte gegebenenfalls Krankenakten. Analog zu Kooperationen mit anderen Klinikern wird Ehrlich auf Grundlage der übermittelten Daten die Versuche und mögliche Änderungen

---

52   Paul Ehrlich an Dr. Iwanoff, 24.5.1899. Die Sendung mit Glutoid-Kapseln und einer genauen Dosierungsanleitung datiert auf den 6.6.1899, RAC PEC Box 4.
53   Paul Ehrlich an Dr. Iwanoff, 16.6.1899, RAC PEC Box 4.
54   Briefe von Paul Ehrlich an Dr. Iwanoff, 26.6., 29.6., 30.6. ca. 12.7. und 14.7.1899, RAC PEC Box 4.
55   Paul Ehrlich an Dr. Iwanoff, 10.12.1899. Der Brief ist an die Adresse nach Zaretskaya adressiert, RAC PEC Box 4.
56   Paul Ehrlich an Dr. Iwanoff, 12.1.1900, RAC PEC Box 6.
57   Vgl. Hüntelmann: Eigenartige Sonderstellung.
58   Siehe Schneck: Paul Ehrlich.

in der Versuchsanordnung, die Einbeziehung neuer Patienten, zu verändernde Dosierung oder Applikationsweise mit Iversen diskutiert haben. Die klinischen Versuche begannen im Herbst 1909, und am 4. März 1910 referierte Iversen erste Ergebnisse „über die Behandlung von an Rekurrenz Erkrankten" mit Dioxydiamidoarsenobenzol vor der Gesellschaft russischer Ärzte in St. Petersburg.[59] Die Kooperation ging über den brieflichen Austausch hinaus und war wesentlich stabiler und intensiver, als beispielsweise die Beziehung zu Ivanoff zehn Jahre zuvor, denn im Juli 1910 war Iversen Gast in Frankfurt.[60]

Wissenschaftliche Beziehungsökonomien zwischen Deutschland und Osteuropa

Bis zum Beginn des Ersten Weltkrieges bestanden zahlreiche Verbindungen zwischen dem deutschen IET in Frankfurt und osteuropäischen wissenschaftlichen Einrichtungen, in denen Serum produziert oder geprüft wurde oder deren Mitarbeiter auf dem Gebiet der experimentellen Therapie forschten. Neben Ivanoff und Iversen könnte man noch viele weitere ergänzen. Die Wissenschaftler waren auf drei verschiedene Arten miteinander verbunden. Auf institutioneller Ebene bezogen osteuropäische Institute regelmäßig Standardserum und -toxin aus Frankfurt. In diesem Kontext gab es, zumeist in der Anfangsphase, Schriftverkehr betreffend die Technik und Methode der Wertbestimmung. Eine zweite Ebene stellen die persönlichen Beziehungen dar. Die Kontakte waren auf Konferenzen geknüpft worden und/oder resultierten aus Besuchen oder Gastaufenthalten der osteuropäischen Wissenschaftler in Frankfurt, um sich in den Techniken der Wertbestimmung fortzubilden, ihre Dissertation oder Forschungsprobleme auf dem Gebiet der experimentellen Therapie zu bearbeiten. Auf einer dritten Ebene kooperierten die deutschen und osteuropäischen Wissenschaftler im Rahmen eines gemeinsamen Projektes, wie es am Beispiel der klinisch-therapeutischen Versuche chemischer Substanzen dargestellt wurde. Die drei Beziehungsebenen waren nicht klar voneinander getrennt, sondern überlagerten sich.

Die Beziehung Ehrlichs und seiner Mitarbeiter zu osteuropäischen Wissenschaftlern waren nicht außergewöhnlich in dieser Zeit. Ähnliche Kontakte pflegte Ehrlich zu Lebenswissenschaftlern in Westeuropa, Japan und den USA. Allerdings orientierte sich das IET vor allem an vergleichbaren Instituten im Westen: Seit den 1890er Jahren war Ehrlich mehrfach in Großbritannien ge-

---

59 Vgl. Iversen, Julius: Chemotherapie des Recurrens. In: Die experimentelle Chemotherapie der Spirillosen (Syphilis, Rückfallfieber, Hühnerspirillose, Frambösie), hg. von Paul Ehrlich/Sahachiro Hata. Berlin 1910, S. 90-108. — Ders.: Ueber die Wirkung des neuen Arsenpräparates (606) Ehrlichs bei Rekurrenz (OA 1910). In: Abhandlungen über Salvarsan (Ehrlich-Hata-Präparat gegen Syphilis) Bd. 1, hg. von Paul Ehrlich, München 1911, S. 343-351.
60 RAC PEC Box 45: Eintrag Julius Iversen in das Gästebuch der Familie Ehrlich am 31.7.1910.

wesen und unternahm 1904 eine längere Besuchsreise nach Nordamerika – Russland oder andere ost(mittel)europäische Länder besuchte Ehrlich dagegen nicht. Die Beziehungen zu westeuropäischen Kollegen waren überdies intensiver, wechselseitiger und dauerhafter.[61] Ost- und Ostmitteleuropa dagegen galt deutschen Wissenschaftlern als Peripherie und wurde im Vergleich zu Westeuropa und Deutschland als wissenschaftlich zweitklassig erachtet. Die Lebenswissenschaftler des Deutschen Kaiserreichs sahen sich allenfalls in Konkurrenz zu ihren britischen und französischen Kollegen, mit denen sie sich verglichen und um wissenschaftliche „Entdeckungen" wetteiferten.

An den Beziehungen zwischen dem IET und kooperierenden osteuropäischen Einrichtungen kann ferner das Knüpfen und Funktionieren von Netzwerken exemplifiziert werden.[62] Die Kontakte wurden auf Konferenzen oder durch die Rezeption der gegenseitigen Literatur geknüpft oder über gemeinsame Bekannte vermittelt. Die lockere Beziehung wurde durch Briefwechsel oder weitere persönliche Kontakte gefestigt – oder sie gingen wieder verloren, wenn sie nicht gepflegt wurden. Im IET ergab sich eine stete Bande durch die regelmäßige Versendung von Standardserum und den daraus resultierenden Schriftverkehr bei Unstimmigkeiten. Diese Verbindungen wurden gegebenenfalls durch Gastaufenthalte osteuropäischer Wissenschaftler im IET vertieft. Über diese Gastaufenthalte wurden neue Kontakte geknüpft und bestehende Netzwerke ausgebaut. Aus den persönlichen Verbindungen konnte sich wiederum eine umfassendere wissenschaftliche Zusammenarbeit ergeben. Je mehr Ebenen in das Beziehungsnetzwerk einbezogen wurden und je regelmäßiger die Kontakte waren, desto engmaschiger und belastbarer war das Netzwerk. Für die Institute und Personen, die in das Netzwerk des IET eingebunden waren, stellte das deutsche Institut vice versa selbst einen wichtigen Anknüpfungspunkt für das jeweilige Beziehungsnetzwerk dar. Ein Beziehungsnetzwerk wird jedoch weder einfach geknüpft, noch ist ein solches Netzwerk das Produkt eines strategisch-gezielten networking, sondern vielmehr Ergebnis einer kontingenten Entwicklung, in der ein Anlass die Kontaktaufnahme ermöglichte und sich der Kontakt über gemeinsame Interessen zur Beziehung verstetigte. Die Kontakte mussten für beide Seiten einen Sinn, einen (langfristigen) Vorteil ergeben.

---

61 Zu Ehrlichs Netzwerken allgemein Hüntelmann: Paul Ehrlich. — Zu den skandinavischen Beziehungen Ehrlichs siehe Ders.: Network Transfer. Paul Ehrlich and German-Scandinavian Scientific Relationships around 1900. In: Hansson, Nils/Wistrand, Jonatan (Hgg.): Bridging the Baltic (im Druck).

62 Zu Beziehungsnetzwerken vgl. Keupp, Heiner/Röhrle, Bernd (Hgg.): Soziale Netzwerke. Frankfurt am Main 1987. — Weyer, Johannes (Hg.): Soziale Netzwerke. Konzepte und Methoden der sozialwissenschaftlichen Netzwerkforschung. München 2000. — Jansen, Dorothea: Einführung in die Netzwerkanalyse. Grundlagen, Methoden, Forschungsbeispiele. 2. Aufl., Opladen 2003. — Barkhoff, Jürgen u.a. (Hgg.): Netzwerke. Eine Kulturtechnik der Moderne. Köln 2004. — Fangerau, Heiner/Halling, Thorsten (Hgg.): Netzwerke. Allgemeine Theorie oder Universalmetapher in den Wissenschaften? Ein transdisziplinärer Überblick. Bielefeld 2009.

Und in der Tat zogen beide Seiten Vorteile aus der Beziehung, was deutlich wird, wenn man die Netzwerke des IET zu den Serum produzierenden Instituten in Osteuropa unter dem Aspekt eines wechselseitigen Gebens und Nehmens bewertet.[63] Auf der einen Seite übernahmen die osteuropäischen Einrichtungen ein Wertbestimmungssystem, das die Standardisierung von Seren und ihre internationale Vergleichbarkeit und Kontrolle ermöglichte. Weiterhin eigneten sich die osteuropäischen Gastwissenschaftler technische Praktiken und aktuelles Wissen auf dem Gebiet der Serologie, Immunologie und experimentellen Therapie an und konnten so soziales und kulturelles Kapital akkumulieren[64], denn das IET zählte weltweit zu den renommiertesten wissenschaftlichen Einrichtungen. Die mit dem IET kooperierenden wissenschaftlichen Einrichtungen und Krankenhäuser in Moskau, St. Petersburg und anderen osteuropäischen Städten erhielten aus dem Frankfurter Institut neu entwickelte Präparate, um deren therapeutische Wirkung klinisch zu testen. Mit der Kooperation wurde Ehrlich wiederum Teil des Netzwerkes osteuropäischer Wissenschaftler, die sich somit als Pioniere der Forschung und genealogisch als Schüler Ehrlichs positionieren konnten.

Auf der anderen Seite war die Beziehung zu den osteuropäischen Instituten und den dort tätigen Wissenschaftlern auch für das deutsche Institut vorteilhaft. Zwar wurde das deutsche Verfahren der Wertbestimmung von Diphtherieserum international als „objektiv" und zuverlässig anerkannt und als Standard übernommen, was das IET zu einer internationalen Autorität aufwertete. Doch war dies nur möglich, weil das deutsche Institut über internationale Netzwerke verfügte, die wiederum Standardserum bezogen und die Wertbestimmung nach der deutschen Methode vollzogen. Darüber hinaus trugen die ausländischen Gastwissenschaftler zur internationalen Verbreitung der deutschen Wertbestimmungsmethode bei, wenn Wissenschaftler wie Vysokovic oder Pavlovskij die Methode in Russland als Standard etablierten. Über die Schulung von Wissenschaftlern und die Bereitstellung von Standardserum als international anerkannte Referenzgröße durch die Organisation eines Abonnentensystems gelang es dem IET, sich weltweit als obligatorischen Passage-Punkt zu etablieren.[65] Im

---

63 Vgl. zum Prinzip der Reziprozität Mauss, Marcel: Die Gabe. Form und Funktion des Austauschs in archaischen Gesellschaften. Frankfurt am Main 1990 (OA 1923/1924). — Adloff, Frank/Mau, Steffen (Hgg.): Vom Geben und Nehmen. Zur Soziologie der Reziprozität. Frankfurt am Main 2005. — Moebius, Stephan/Papilloud, Christian (Hgg.): Gift – Marcel Mauss' Kulturtheorie der Gabe. Wiesbaden 2006. — Caillé, Alain: Anthropologie der Gabe. Frankfurt am Main 2008.
64 Zur Differenzierung zwischen ökonomischem, sozialem und kulturellem Kapital siehe den Aufsatz Ökonomisches Kapital in Bourdieu, Pierre: Die verborgenen Mechanismen der Macht. Hamburg 1992. — Wissenschaftler, die längere Zeit im deutschen Institut verbracht haben, bezeichneten sich auch als „Schüler" von Paul Ehrlich, um über diese genealogische Linie Bedeutung zu generieren.
65 Die Ehrlich'sche Methode der Wertbestimmung und die Prüfung des deutschen Serums durch das IET wurden weltweit als Qualitätsmerkmal erachtet. Das Standardserum und die deutsche Methode der

imperialen Zeitalter (Eric J. Hobsbawm) stellte dieser obligatorische Passage-Punkt eine Möglichkeit dar, den Einflussbereich (in diesem Fall nach Osteuropa bzw. nach Russland) auszudehnen und im internationalen wissenschaftlichen Wettstreit die Deutungshoheit über ein Gebiet an der Grenze zwischen Wissenschaft und Wirtschaft zu gewinnen.

Darüber hinaus zog das Institut Vorteile aus der Fortbildung der in- und ausländischen Gastwissenschaftler. Zum einen übernahmen die Praktikanten, je nach Dauer ihres Aufenthalts, Routinetätigkeiten und wissenschaftliche Aufgaben im Institut. Zum anderen vermehrten sie die Reputation des Frankfurter Instituts, wenn dessen Bedeutung und Tätigkeit international anerkannt wurde und ein Gastaufenthalt für die eigene Karriere als erstrebenswert galt. Schließlich versetzte die Kooperation mit den osteuropäischen Klinikern Ehrlich und die von ihm geleiteten Institute in die Lage, seine chemotherapeutischen Versuche durchzuführen. Denn in Ermangelung einer eigenen Krankenabteilung und eigener Patienten stellten die vielfältigen Verbindungen zu osteuropäischen Einrichtungen eine unabdingbare organisatorische Voraussetzung dar, um überhaupt chemotherapeutische Arzneimittel gegen Spirillosen entwickeln zu können.

Der Ausgleich in der Beziehungsökonomie zwischen dem IET und seinen osteuropäischen Partnern wurde besonders deutlich, als Ehrlich 1910 und 1911 zum Ehrenmitglied und zum Auswärtigen Mitglied zahlreicher russischer medizinischer Institute ernannt worden war, unter anderem vom *Institut Impérial de Médecine Expérimentale* in St. Petersburg.[66] Aufgrund der mannigfachen Ehrbezeugung fragte Ehrlich beim preußischen Kultusministerium an, „ob es sich nicht empfehlen würde, wenn auch von preußischer Seite ein engerer Zusammenschluss mit den wenigen führenden, gleiche Zwecke verfolgenden ausländischen Instituten durch [die] Wahl der Direktoren zu Ehrenmitgliedern des Instituts für experimentelle Therapie angestrebt werden könnte."[67] Der erste Schritt sei von russischer Seite bereits erfolgt. Im Gegenzug schlug Ehrlich vor, den Direktor des Petersburger Instituts zum Ehrenmitglied des Frankfurter Instituts zu ernennen.[68]

Wertbestimmung wurden insofern zu einem obligatorischen Passage-Punkt für Diphtherieserum, d.h. dass Diphtherieserum nach der deutschen Methode bemessen sein musste, um als wirksames Arzneimittel anerkannt zu werden. Zum Obligatory Passage Point im Kontext der Actor-Network-Theory vgl. Callon, Michel: Some Elements of a Sociology of Translation. Domestication of the Scallops and the Fishermen of Saint Brieuc Bay. In: Law, John (Hg.): Power, Action and Belief: A New Sociology of Knowledge? London 1986, S. 196-233.

66 Vgl. Marquardt, Martha: Paul Ehrlich. Berlin 1951, S. 227-228.
67 Paul Ehrlich an das preußische Kultusministerium, 7.3.1911, PEI Abt. III Nr. 1 Bd. 1.
68 Eine ähnliche gegenseitige Ernennung zum Ehrenmitglied bezog sich auf das Rockefeller Institute for Medical Research in New York, PEI Abt. III Nr. 1 Bd. 1.

In diesem Sinn sind die oben erwähnten Beziehungsökonomien als wechselseitige Vorteilsnahme zu verstehen. Auch wenn die Beziehungen zwischen dem deutschen und den osteuropäischen Instituten zuweilen asymmetrisch erscheinen, weil der Transfer von Wissen eher von West nach Ost floss, so profitierte auch das deutsche Institut auf vielfache Weise von diesen Kontakten. Nur Netzwerke und Beziehungen, in denen die Verbindungen langfristig ausgeglichen waren, hatten über eine längere Dauer Bestand.

Nina Balcar

Karl Wilker – Wanderer zwischen den Welten. Kinderforschung und Jugendbewegung um 1900

Karl Wilker (1885–1980) ist heute nur noch einigen wenigen Pädagogen oder (Bildungs-)Historikern ein Begriff, auch wenn Christian Niemeyer ihn unlängst in die Riege der Klassiker der Sozialpädagogik aufgenommen hat.[1] Er hinterließ weder eine Theorie, noch ein bedeutendes Werk oder eine Institution. Trotzdem habe ich ihn als Fallstudie für diesen Beitrag ausgewählt – und das aus gutem Grund.

Wilker war eine zutiefst widersprüchliche und vielseitige Figur. In seiner Person spiegelte sich die ganze Exaltiertheit der bürgerlichen Jugendbewegung und ihrer verschiedenen Facetten wie in einem Brennglas. Er war, um mit Niemeyer zu sprechen: „Romantiker, Humanist, Kulturkritiker, Idealist, Quäker, Asket, Lebensreformer und Feind jeder Parteipolitik, also ein – abzüglich des Quäkertums – Wandervogel par excellence."[2] Es ist nicht leicht, ihn und seine Arbeit zu verorten. Er könnte als Sozial-, Heil- oder als Reformpädagoge etikettiert werden, nur würde man ihm damit nicht gerecht. Dieser Beitrag behandelt Wilker als beispielhaften Vertreter der Kinderforschung der Jahrhundertwende, die sich zwischen Pädagogik und Psychiatrie bewegte. Die Interdisziplinarität dieses Forschungsgebietes verkörpert kein anderer so eindrucksvoll wie Wilker. Nach einem Pädagogikstudium und einer Promotion bei Wilhelm Rein, dem reichsweit einzigen Lehrstuhlinhaber für Pädagogik, studierte er Medizin. Deswegen galt er seinen Zeitgenossen bald als einer der besten Kenner der Kinderseele.[3]

Zeitweilige Berühmtheit erlangte Wilker durch seine Tätigkeit als Direktor des Städtischen Erziehungshauses in Berlin-Lichtenberg, einer ehemaligen Zwangserziehungsanstalt, aus der er seinen reformpädagogischen *Lindenhof* machte. Dem Lindenhof-Projekt hat Wilker es zu verdanken, dass er seit der Weimarer Republik zu den Klassikern der Sozialpädagogik zählt. Diese disziplinäre Engführung gilt es zu durchbrechen, indem Wilker und der Lindenhof im Kontext von Kinderforschung, Jugendbewegung und Lebensreform interpretiert wird. Die pädagogische Revolution, die Wilker anstrebte, seine utopischen Ideale werden nämlich nur begreiflich, wenn seine Erfahrungen als Kinderfor-

---

1 Niemeyer, Christian: Klassiker der Sozialpädagogik. Einführung in die Theoriegeschichte der Wissenschaft. Weinheim/München 2005, S. 183.
2 Ebd., S. 193.
3 So etwa Schauer, Richard, Rez.: Karl Wilker. Alkoholismus, Schwachsinn und Vererbung in ihrer Bedeutung für die Schule. Langensalza 1912. In: Zeitschrift für Kinderforschung 18 (1913), S. 433.

scher, insbesondere seine enge Zusammenarbeit und Freundschaft mit Johannes Trüper, dem Direktor der ersten Anstalt für „psychopathische" Kinder in Jena, seine jugendbewegte Zeit sowie seine traumatisierenden Fronterlebnisse im Ersten Weltkrieg mitberücksichtigt werden. Die Freundschaft zwischen Trüper mit dem wesentlich jüngeren Wilker, die immerhin mehr als ein Jahrzehnt bestand, ist bislang nicht untersucht worden. Dabei spiegelt die Beziehungsgeschichte zwischen den beiden Männern die Entwicklung der Kinderforschung von ihrer Hochphase bis zu ihrem Niedergang. Auch für Wilkers persönliche Entwicklung und berufliche Laufbahn hatte die Freundschaft zu Trüper große, ja prägende Bedeutung.

Dieser Beitrag analysiert den Kinderforscher Karl Wilker und seinen Lindenhof auf Grundlage bisher unbekannter Archivalien.[4] Die Zeitspanne, die hierbei betrachtet wird, umfasst vornehmlich die Jahre 1909 bis 1921. 1909 veröffentlichte Wilker seine Promotion, zugleich markiert das Jahr den Moment der ersten Begegnung zwischen ihm und Trüper, aus der sich eine für die Kinderforschung folgenreiche Freundschaft entwickeln sollte. Das Jahr 1921 bildet den Endpunkt, es steht für das Scheitern des Lindenhofes und zugleich für das Ende einer Freundschaft und eines Lebens.

Bewegte Jugend

Karl Wilker entstammte einem liberalen und religiösen Elternhaus aus Osnabrück. Der Vater war Englischlehrer, Mitglied im evangelischen Kirchenvorstand seiner Gemeinde und in der nationalliberalen Partei. Die Mutter, die ein besonders inniges Verhältnis zu ihrem ältesten Sohn gehabt haben soll, wurde in ihrer Jugend durch die Frauenrechtlerin Helene Lange geprägt und stand „modernen" Erziehungsideen aufgeschlossen gegenüber. Wilker hatte eine behütete Kindheit und keine größeren Probleme in der Schule. In späteren Jahren stilisierte er seine Jugend zum Kampf gegen den Alkohol. So will er im Alter von sieben oder acht Jahren gesehen haben, wie ein Mann vor einem Wirtshaus in seiner Nachbarschaft erstochen wurde. Eine andere Erinnerung verband er mit einem Schulausflug, auf dem ein Klassenkamerad von den Mitschülern zum Trinken animiert worden sei, bis er volltrunken während eines tosenden Gewittersturmes auf einer selbstge-

---

4   Zu Karl Wilker liegen kleinere biographische Skizzen vor, etwa Hillenbrand, Clemens: Reformpädagogik und Heilpädagogik unter besonderer Berücksichtigung der Hilfsschule. Bad Heilbrunn 1994, hier S. 165-188. — Jantzen, Hinrich: Namen und Werke. Biographien und Beiträge zur Soziologie der Jugendbewegung Bd. 3. Frankfurt am Main 1975. — Niemeyer: Klassiker der Sozialpädagogik, hier S. 183-194. — Alle biographischen Angaben basieren auf Pape-Balling, Christiane: Biographisches Nachwort. Karl Wilkers Leben und Wirken 1885–1930. In: Wilker, Karl: Der Lindenhof – Fürsorgeerziehung als Lebensschulung, neu hg. und ergänzt von Hildegard Feidel-Mertz und Christiane Pape-Balling. Frankfurt am Main 1989, S. 221-257. — Eine ausführliche kritische Biographie steht noch aus.

bastelten Trage zum Bahnhof gebracht werden musste. Schon als Schüler wurde Wilker, wie viele andere Jugendliche seiner Generation auch, Mitglied in den Abstinenzvereinigungen Guttempler-Orden und Germania.[5]

Kurz vor seinem Abitur nahm Wilker im Jahre 1905 Kontakt zu dem angesehenen Biologen Ernst Haeckel auf, um dann schließlich bei ihm in Jena das Studium der Naturwissenschaften aufzunehmen.[6] Nach nur einem Jahr überredeten ihn seine Eltern, nach Göttingen zu wechseln. In Göttingen trat Wilker dem Wandervogel und der Freien Studentenschaft bei und studierte Philosophie mit dem Schwerpunkt Pädagogik. Wieder ein Jahr später entschied er, diesmal aus freien Stücken, nach Jena zurückzukehren.[7] Wahrscheinlich hing seine Entscheidung mit dem Herbartianer Wilhelm Rein zusammen, der seinerzeit der einzige Lehrstuhlinhaber für Pädagogik war, wenn auch nur als Honorarprofessor. Für Studenten war Rein insbesondere durch sein pädagogisches Seminar und die angeschlossene Übungsschule attraktiv, weil sie sich dort selbst als Lehrer erproben konnten.[8] Nicht jeder Student durfte indes in der Übungsschule lehren. Doch Wilker wurde nicht nur dieses Privileg zuteil, er avancierte zudem zu Reins Assistentem. Die Übungsschule war eine einzigartige Einrichtung im Kaiserreich, die Reins Vorgänger, die Professoren und Herbart-Schüler Karl Volkmar Stoy und Tuiskon Ziller, bereits zeitweilig eingeführt hatten. Das Besondere an dieser Übungsschule war ihr nichtstaatlicher Status, der ihr einen größeren Freiraum für pädagogische und psychologische Experimente gewährte. So dienten die Schüler der Übungsschule Wissenschaftlern – darunter befanden sich Psychiater, Psychologen, Pädagogen – als „Beobachtungsmaterial". Wilker forschte unterdessen im Rahmen seiner Dissertation über die Ursachen des „Schwachsinns" bei Kindern. Er versuchte statistisch zu belegen, dass der Alkohol eine der maßgeblichen Ursachen für dessen Entstehung sei. 1908 promovierte Wilker im Alter von 23 Jahren bei Wilhelm Rein über die „Bedeutung und Stellung der Alkoholfrage in der Erziehungs-Schule".[9]

Erste Begegnung mit Johannes Trüper

Wie und wo die erste Begegnung zwischen Karl Wilker und Johannes Trüper (1855–1921) stattfand, ist nicht überliefert. Vermutlich kam der Kontakt über

---

5 Siehe Pape-Balling: Biographisches Nachwort, S. 223.
6 Karl Wilker an Ernst Haeckel vom 14. Februar 1905, Ernst-Haeckel Haus Jena.
7 Pape-Balling: Biographisches Nachwort, S. 225.
8 Zur Übungsschule siehe Rein, Wilhelm: Übungsschule. In: Ders. (Hg.): Enzyklopädisches Handbuch der Pädagogik. Bd. 9: Strafe–Vortrag, mündlicher. 2. Aufl., Langensalza 1909, S. 363-367.
9 Wilker, Karl: Bedeutung und Stellung der Alkoholfrage in der Erziehungs-Schule. München 1908. — Für weitere Arbeiten zur Alkoholfrage siehe Ders.: Alkoholismus, Schwachsinn und Vererbung in ihrer Bedeutung für die Schule. Langensalza 1912. — Ders.: Alkohol und Jugendpflege. Hamburg 1913. —Ders.: Der Flaschenbierhandel. Stuttgart 1914.

Rein zustande. Jena war ein kleines akademisches „Nest" und Trüper hatte ebenfalls bei Rein studiert und in dessen Übungsschule gearbeitet, allerdings schon Ende der 1880er Jahre. Mittlerweile hatte Trüper selbst eine gewisse Berühmtheit erlangt. 1890 hatte der frühere Volksschullehrer aus Norddeutschland eine Heilerziehungsanstalt für „schwer erziehbare" Kinde in Jena gegründet. Diese Anstalt für „schwachbegabte" Kinder aus Adel und Bürgertum sollte das Pendant zur Hilfsschule für die ärmeren Gesellschaftsschichten darstellen. Die Hilfsschule war ihrerseits eine noch sehr junge Institution, die erst in den 1880er Jahren eingeführt wurde, zu der Zeit, als Volksschullehrer angesichts der hoffnungslos überfüllten Schulklassen, zumal auf dem Lande, begannen, diejenigen Kinder gesondert zu unterrichten, die im Regelunterricht nicht mithalten konnten oder sich „auffällig" verhielten oder als „schwachsinnig" galten.[10] Trüper war anfangs noch Mitglied in der Hilfsschulbewegung und unterstützte den Ausbau der Hilfsschulen. Gleichwohl schwebte ihm eine heilpädagogische Einrichtung für „schwer erziehbare" Kinder vor, die die Erkenntnisse aus Pädagogik, Psychologie und Medizin berücksichtigte. Die Hilfsschulklassen schienen ihm hingegen eher „Neben- und Entlastungsklassen" zu sein.[11] Er forderte Heilanstalten. Seine Heilerziehungsanstalt war im Kaiserreich die erste Einrichtung für Kinder, die im Niemandsland von Gesundheit und Krankheit angesiedelt waren – „Störenfriede" im Unterricht, aber im engeren Sinne nicht als krank zu bezeichnen. Die genauen Umstände der Anstaltsgründung interessieren hier nicht, wichtig ist lediglich, dass Trüper dabei von den Psychiatrieprofessoren Otto Binswanger, Theodor Ziehen und von Wilhelm Rein unterstützt wurde.[12] Seine Anstalt, die sich seit 1892 auf der Sophienhöhe bei Jena befand, erlangte damit die wissenschaftlichen Weihen, auf die Trüper nicht ohne Stolz hinwies. Die Sophienhöhe, wie sie stets nur genannt wurde, zog Besucher aus dem In- und Ausland an. Auch Wilker war ein großer Bewunderer der Sophienhöhe und kannte sie aus eigener Anschauung. Dass er dort gearbeitet hat, wie es oft zu lesen ist, ist jedoch unwahrscheinlich.[13]

Wie dem auch sei, die berufliche Zusammenarbeit begann für beide vielversprechend. Zu Beginn ihrer Bekanntschaft bestand ein gemeinsames Arbeits-

---

10 Zur Hilfsschule siehe Ellger-Rüttgardt, Sieglind Luise: Geschichte der Sonderpädagogik. Eine Einführung. München/Basel 2008.
11 Trüper, Johannes: Zur Erziehung geistig-schwacher und geistig-leidender Kinder. In: Evangelisches Schulblatt 34 (1890), S. 109-113, Zitat S. 111.
12 Zur Anstaltsgeschichte siehe Schotte, Alexandra: Heilpädagogik als Sozialpädagogik. Johannes Trüper und die Sophienhöhe bei Jena. Jena 2010. — Zur Einbettung der Sophienhöhe in den zeitgenössischen Kontext der Kinderforschung siehe Balcar, Nina: Kinderseelenforscher. „Psychopathische" Schuljugend zwischen Pädagogik und Psychiatrie. Wien/Köln/Weimar 2018, im Druck.
13 So schreibt Trüper in einem Empfehlungsschreiben von 1916, dass Wilker nie bei ihm gearbeitet habe. Heilpädagogisches Archiv der Humboldt Universität zu Berlin (im Folgenden HPA), Nachlass Johannes Trüper, Kart. 7, Nr. 45–47, Nr. 46 diverse Briefe.

feld in der Bekämpfung der „Schmutz- und Schundlektüre" und des Alkohols. Der Kampf gegen den Alkohol wurde zeitweise zum Dreh- und Angelpunkt im Leben beider Männer.

Kampf gegen Karl May

Doch zunächst legte Wilker das Staatsexamen für das höhere Lehramt ab und verließ das beschauliche Jena, um nach einem kurzen freudlosen Aufenthalt als Lehrer in Chemnitz nach Berlin zu gehen. In der Reichshauptstadt arbeitete er als Journalist für pädagogische Zeitschriften, vor allem für die *Zeitschrift für Kinderforschung*, die von Trüper herausgegeben wurde. Er stand mit dem Herausgeber in regem Briefverkehr und war sich bewusst, dabei etwas übereifrig zu sein, wenn er schreibt, „ich möchte ja gern Sie entlasten, nicht immer belasten."[14] Womit glaubte er, ihn zu belasten? Wilker nutzte die Zeit in Berlin vorrangig, um sich wissenschaftlich weiterzubilden. Sein Interesse galt nach wie vor in erster Linie der „Alkoholfrage", daneben – angeregt durch die Freundschaft zu Helene Stöcker – engagierte er sich für eine kindgerechte Sexualerziehung und beschäftigte sich mit Psychologie und Kunsterziehung. Er bat Trüper daher regelmäßig, ihm Schriften zu diesen Themen zu schicken, um sie für die Zeitschrift für Kinderforschung zu rezensieren. Sein eigentlicher Hintergedanke, den er Trüper gegenüber auch unverhohlen zugab, war, sich auf eine Dozententätigkeit vorzubereiten. Er hoffte darauf, Vorlesungen an der Freien Hochschule in Berlin halten zu können.[15] Aber vor allem bat er Trüper immer wieder um Rat bei seiner Arbeit über Karl May, den er für einen der größten „Jugendverderber" hielt.[16] Karl May stand denn auch im Mittelpunkt seines Kampfes gegen die sogenannte Schmutz- und Schundliteratur. Im Frühjahr 1910 fand in Berlin-Charlottenburg ein aufsehenerregender Prozess statt, in dem sich Karl May gegen die Behauptung des Schriftstellers und Gewerkschaftlers Rudolf Lebius, er sei ein geborener Verbrecher, zunächst erfolglos zur Wehr setzte. Die beiden Kontrahenten standen sich nicht zum ersten und auch nicht zum letzten Mal vor Gericht gegenüber. Die gerichtliche Auseinandersetzung endete erst ein Jahr später in Berlin-Moabit mit der Verurteilung des Angeklagten Lebius. Dieser Gerichtsprozess weckte die Aufmerksamkeit des Kinderforschers Wilker, da er ein Licht werfe „auf den ganzen Schundlektürefabrikations- und -verbreitungsbetrieb".[17]

---

14 Karl Wilker an Johannes Trüper vom 21. Juli 1910, HPA Berlin, Nachlass Johannes Trüper, Kart. 7, Nr. 45–47, Nr. 46 diverse Briefe.
15 Karl Wilker an Johannes Trüper vom 10. Dezember 1909, HPA Berlin, Nachlass Johannes Trüper, Kart. 7, Nr. 45–47, Nr. 46 diverse Briefe.
16 Wilker, Karl: Karl May – ein Volkserzieher? Eine dringende Abwehr zum Schutze unserer Jugend gegen die Verherrlichung Mays. Langensalza 1910.
17 Ebd., S. 7.

Er „würdigte" den vielgelesenen Schriftsteller mit einem Individualitätenbild.

Schon im frühen 19. Jahrhundert hatten die Pädagogen Johann Friedrich Herbart und seine Schüler Ziller und Stoy das Individualitätenbild konzipiert, um die Entwicklung und Charakterzüge ihrer Schüler zu dokumentieren und die Erziehung auf jeden Einzelnen individuell abstimmen zu können. Im späten 19. Jahrhundert erweiterten Pädagogen die Individualitätenbilder um die medizinische Anamnese. So wurden darin auch etwa Informationen zur erblichen Gesundheit der Vorfahren festgehalten. Wilker hatte die praktische Anwendung der Individualitätenbilder in Reins Übungsschule und Trüpers Sophienhöhe kennen- und schätzen gelernt. Er beteiligte sich an einer flächendeckenden Einführung der Individualitätenbilder in dem Bewusstsein, damit auch den Rassenhygienikern entgegenzukommen.[18] Das Individualitätenbild war also keineswegs bloß ein harmloses Instrument, um den Unterricht individuell gestalten zu können und dem „Schematismus in der Behandlung der Schulkinder" entgegenzutreten.[19] Es begünstigte die Ausgrenzung der angeblich psychopathischen Kinder.

In seinem Individualitätenbild stellte Wilker Karl May als letzten Spross einer degenerierenden Familie hin. Vom blinden, schwachen und elenden Knaben sei May zum stehlenden Jugendlichen herangewachsen, um schließlich ein ausgewachsenes Räuberleben in den Wäldern Sachsens zu führen. Die skandalumwitterte Scheidung von seiner ersten Frau komplettierte das Bild des „degenerierten" Verbrechers.[20] Wilkers ebenso erbitterte wie vergebliche Bemühungen, die Karl-May-Lektüre in der Bevölkerung einzudämmen, sollten nicht nur die Jugend vor einem vermeintlich verderblichen Einfluss beschützen, sondern auch die Wertschätzung der universitären Pädagogik fördern. Denn die Pädagogik fristete an den Universitäten damals noch ein stiefmütterliches Dasein. Wilker hatte es sich zur Aufgabe gemacht, den Ruf der Pädagogik zu verbessern, indem er zum Beispiel klarstellte, dass ein Karl May kein Volkserzieher sei. Ebenso entschieden distanzierte er sich von der Sozialdemokratie, die „alle Pädagogik in den Dreck" zerre, wenn sie gegen die „Verpfaffung der Schule" wettere.[21] Wilker war zwar wie jeder andere akademisch gebildete und reformorientierte Pädagoge gegen die geistliche Schulaufsicht der Volksschule, doch wollte er dieses Feld nicht den Sozialdemokraten überlassen. Am liebsten hätte er selbst als Volksschullehrer gearbeitet, schrieb er Trüper. Auf dessen Aufforderung kehrte Wilker schließlich 1911 nach Jena zurück.

---

18 Wilker, Karl: Über das Individualitätenbild. In: Zeitschrift für Schulgesundheitspflege 23 (1910), S. 384-393, hier S. 389.
19 Pape-Balling: Biographisches Nachwort, S. 227.
20 Wilker: Karl May, S. 8.
21 Karl Wilker an Johannes Trüper vom 19. September 1910, HPA Berlin, Nachlass Johannes Trüper, Kart. 7, Nr. 45–47, Nr. 46 diverse Briefe.

Vortrupp und Vorkrieg in Jena

Jena verhieß Wilker vornehmlich eine neue berufliche Perspektive, denn er nahm dort das Medizinstudium auf. Von Trüper ermuntert, strebte er à la longue eine Professur für Psychopathologie an, heute bekannt als Heilpädagogik. Auch durch die Errichtung eines Lehrstuhles für Psychopathologie sollte letztlich die Stellung der Pädagogik an den Universitäten gestärkt werden. Die Jenenser Zeit erwies sich für Wilker als fruchtbare Schaffensphase. Seit 1912 war er Mitherausgeber der *Zeitschrift für Kinderforschung*, im gleichen Jahr gründete er eine *Vortruppbund*-Gruppe und war für die Vorbereitung des 1913 stattfindenden Fests auf dem Hohen Meißner maßgeblich mitverantwortlich. Doch der Reihe nach. Das Jahr 1911 begann für Wilker mit einem großen persönlichen Erfolg. In Dresden fand die Internationale Hygiene-Ausstellung statt, auf der Wilker mit einem Vortrag und Tafeln über Alkoholgenuss und Schulleistungen vertreten war, die die Guttempler hatten herstellen lassen.[22] Dass Wilkers Tafeln für die Internationale Hygiene-Ausstellung ausgewählt worden waren, empfand er als große Auszeichnung, da kein geringerer als der Doyen der deutschen Psychiatrie, Emil Kraepelin, und der österreichische Hygieniker Max Gruber in der Jury gesessen hatten.[23] Stolz berichtete er seinem Mentor Trüper von dem Erfolg, der seinerseits ebenfalls Grund zur Freude hatte: Die Sophienhöhe erhielt für ihre „hygienischen" Einrichtungen immerhin die silberne Medaille.[24]

In der *Zeitschrift für Kinderforschung* trat Wilker immer häufiger mit Kongressberichten und Beiträgen zu den Missständen in den Jugendfürsorgeerziehungsanstalten in Erscheinung. Daneben schrieb er für diverse andere Zeitschriften über den Alkoholismus.[25] Es blieb nicht bloß bei diesen Veröffentlichungen. 1912 gründete Wilker eine Vortruppbund-Gruppe in Jena. Der *Deutsche Vortruppbund* war aus der Zeitschrift *Der Vortrupp* hervorgegangen, die von Hermann Popert und Hans Paasche herausgegeben wurde. Hermann Popert, ein vormaliger Amtsrichter aus Hamburg, hatte 1910 mit *Helmut Harringa* den Wandervogel-Roman schlechthin geschrieben.[26] In seinem Roman malt Po-

---

22 Wilker, Karl: Die internationale Hygiene-Ausstellung Dresden 1911. In: Deutsche Blätter für erziehenden Unterricht 38 (1911), S. 510-513 und S. 522-525.
23 Karl Wilker an Johannes Trüper vom 14. Februar 1911, HPA Berlin, Nachlass Johannes Trüper, Kart. 7, Nr. 45–47, Nr. 46 diverse Briefe.
24 Urkunde des Direktoriums der Internationalen Hygiene-Ausstellung Dresden 1911, HPA Berlin, ungeordneter Bestand.
25 Eine Auflistung sämtlicher Publikationen von Wilker für den Zeitraum 1909–1921 findet sich im Literaturverzeichnis von Feidel-Mertz, Hildegard/Pape-Balling, Christiane (Hgg.): Karl Wilker. Der Lindenhof. Frankfurt am Main 1989, S. 274-278.
26 Bock, Bertram G.: Gesund genug, um fühlen zu können. Hermann Poperts Helmut Harringa (1910). In: Scheuer, Helmut/Grisko, Michael (Hgg.): Liebe, Lust und Leid. Zur Gefühlskultur um 1900. Kassel 1999, S. 147-162.— Herrmann, Ulrich: „Ein Krieger im Heere des Lichts". In: Jahrbuch des Archivs der deutschen Jugendbewegung 16 (1986/87), S. 45-62. — Sievers, Kai Detlev: Antialkoholismus und Völkische

pert in schillernden Farben die Gefahren von Alkoholkonsum und außer- bzw. vorehelichem Geschlechtsverkehr. So begegnet der gesunde junge Protagonist nordischer „Rasse" alkoholisierten, syphilitischen und liederlichen Personen, die ihn in seinem Kampf gegen den Alkohol stählen. Die Artikel im *Vortrupp* waren im gleichen belehrenden, deutschtümelnden Duktus gehalten und können als Dauerfortsetzung von *Helmut Harringa* gelten.[27] Roman wie Zeitschrift stehen für die völkisch-lebensreformerische Ausrichtung der Jugendbewegung, die sich klar zur Abstinenz bekannte und ein neues, gesundes Menschengeschlecht anstrebte. Dazu gehörten in letzter Konsequenz auch rassenhygienische Maßnahmen. Das zeigt bereits die Szene aus dem Roman *Helmut Harringa*, in der der Bruder des Protagonisten den Freitod wählte, weil er sich mit Syphilis infiziert hatte. Wilker hielt Zwangssterilisierungen bei Fürsorgezöglingen zumindest für „ein[en] höchst beachtenswerte[n] und durch weiteren Ausbau der Vererbungslehre wohl auch durchführbar zu machende[n] Vorschlag!"[28]

In Jena prangerte Wilker gemeinsam mit Hans Paasche die Trinksitten der Jenenser Studentenschaft an, die ihrer Ansicht nach für einen Großteil der „Degeneration" der Bevölkerung verantwortlich waren und wollten ihnen eine alkoholfreie Studentenkultur entgegensetzen. Ihr Engagement beschränkte sich nicht allein auf die Studenten. Als 1912 in Jena die Wahl des zweiten Bürgermeisters anstand, brüskierten Wilker und Paasche einen der Kandidaten während einer öffentlichen Veranstaltung, indem sie sich nach seiner Haltung in der Alkoholfrage erkundigten. Die *Jenaische Volkszeitung* spottete:

„Ein Bürgermeisterkandidat wird gefragt, wie er sich persönlich zur Alkoholfrage stelle. Das erklärt er mit Recht als eine nicht zur Sache gehörige Frage und lehnt die Beantwortung ab. Mit Recht: denn andere hätten kommen können und fragen können, wie er sich persönlich zur Impffrage [...] stelle."[29] Die Anwesenden erheiterte der Vorstoß der Abstinenzler, Trüper aber schimpfte, Wilker sei lächerlich gemacht worden.[30]

In der darauffolgenden Zeit bereiteten maßgeblich die Vortruppler – darunter auch Wilker – das Fest auf dem Hohen Meißner für Oktober 1913 vor. Jugendbewegte sämtlicher Couleur wollten mit dem Fest auf dem Hohen Meißner eine Gegenfeier zur offiziellen Gedenkfeier anlässlich der hundertsten Wiederkehr der Leipziger Völkerschlacht veranstalten, die zudem mit dem 25. Jahres-

---

Bewegung. Hermann Poperts Roman Helmut Harringa. In: Internationales Archiv für Sozialgeschichte der deutschen Literatur 29 (2004), S. 29-54.

27 Linse, Ulrich: Der Vortrupp. Ein lebensreformerisches Organ des fortschrittlich-liberalen Konservatismus. In: Grunewald, Michel/Puschner, Uwe (Hgg.): Das konservative Intellektuellenmilieu in Deutschland. Seine Presse und seine Netzwerke (1890–1960). Bern 2003, S. 377-406.
28 Goddard, Henry: Die Familie Kallikak. In: Zeitschrift für Kinderforschung 19 (1914), S. 276.
29 Bürgermeister und Alkoholfrage. In: Jenaische Zeitung. Ausgabe vom 2. Mai 1912.
30 Johannes Trüper an einen Major, undatiert, HPA Berlin, Nachlass Johannes Trüper, Kart. 7, Nr. 45–47, Nr. 46 diverse Briefe.

tag des Regierungsantritts von Kaiser Wilhelm II. zusammenfiel. Im Sommer 1913 kamen in Jena die Delegierten der einzelnen Bünde (u.a. Wandervogel, Deutscher Vortruppbund, Germania, Sera-Kreis, Freie Schulgemeinde Wickersdorf, Burschenschaft Vandalia Jena) zusammen, um das Programm für das Fest festzulegen.[31] Viele Delegierte mussten zu dieser Zusammenkunft keinen weiten Weg zurücklegen, denn Jena war ein Zentrum jugendbewegter Bünde. Besonders aktiv war der freistudentische Sera-Kreis um den Verleger Eugen Diederichs, dem auch Wilker nahestand.

Nach anfänglichen Meinungsverschiedenheiten zwischen Schulreformern und Lebensreformern bei der vorbereitenden Sitzung auf der Burgruine Hanstein an der Werra fand das Fest, das als Höhepunkt der Jugendbewegung gilt, ohne Konflikte statt und mündete in der bekannten Meißner-Formel:

> „Die Freideutsche Jugend will aus eigener Bestimmung, vor eigener Verantwortung mit innerer Wahrhaftigkeit ihr Leben gestalten. Für diese innere Freiheit tritt sie unter allen Umständen geschlossen ein. Zur gegenseitigen Verständigung werden Freideutsche Jugendtage abgehalten. Alle gemeinsamen Veranstaltungen der Freideutschen Jugend sind alkohol- und nikotinfrei."[32]

So unterschiedlich die Interessen der einzelnen Teilnehmer auch gewesen sein mögen, die Meißner-Formel war ein eindeutiges und einendes Bekenntnis zur Jugend. Der letzte Satz konnte insbesondere von den Lebensreformern in den Jugendbewegungen, denn im Grunde ist die Jugendbewegung nur im Plural zu denken, als großer Sieg verbucht werden. Für Wilker wurden diese Worte lebensbestimmend. Er ruhte sich indes nicht auf diesem Etappensieg aus, sondern reiste als Redner im Auftrag der Guttempler nach Christiana und Oslo, um seine Zuhörerschaft zur Abstinenz zu bekehren.[33] Der Beginn des Ersten Weltkrieges bereitete dieser Vortragsreise ein jähes Ende.

Ernüchternde Fronterlebnisse

Karl Wilker betrachtete es als seine nationale Pflicht, sich freiwillig zum Kriegsdienst beim Roten Kreuz zu melden. Das Physikum hatte er noch vor Kriegsbeginn abgeschlossen, sodass er als Feldunterarzt arbeiten konnte. Zunächst wurde er ab Herbst 1914 als Krankenpfleger an der Westfront in Laon in der

---

31 Zum Fest auf dem Hohen Meißner siehe Mogge, Winfried/Reulecke, Jürgen (Hgg.): Hoher Meißner 1913. Der Erste Freideutsche Jugendtag in Dokumenten, Deutungen und Bildern. Köln 1988, darin v.a. den Beitrag von Mogge, Winfried: Der Freideutsche Jugendtag 1913: Vorgeschichte, Verlauf, Wirkungen, S. 33-62.
32 Ein authentischer Wortlaut der Meißnerformel findet sich in: Mittelstraß, Gustav/Schneehagen, Christian (Hgg.): Freideutscher Jugendtag 1913 – Reden von Gottfried Traub, Gustav Wyneken, Ferdinand Avenarius. Hamburg 1913, S. 8.
33 Pape-Balling: Biographisches Nachwort, S. 232.

Nähe von Reims eingesetzt. In den ersten Monaten meldete er sich kaum noch bei Trüper. Die Arbeit von früh morgens bis spät in die Nacht zerrte an seinen Nerven, vor allem aber der „Maulwurfskampf" in den Schützengräben, den er für zwei Tage am eigenen Leib zu spüren bekam. „Granate um Granate schlug in unserer Nähe ein. Die eine platzte ganz nahe bei mir; ein grosser Granatsplitter, der unmittelbar vor mir niederschlug, mahnt mich den Augenblick."[34] Tief erschüttert war er angesichts der vielen verwesenden Toten im Niemandsland, die niemand begrub, da es den sicheren Tod bedeutet hätte. „Vielleicht ist nie ein Krieg unhumaner [sic!] geführt als dieser – dank unsern Gegnern."[35] Wilker klammerte sich an seinen Glauben an Gott. Zu all den Schrecken des Krieges gesellte sich sein „alter Feind", der Alkohol. Die „forensischen Fälle" unter seinen Verletzten waren ihm eindrückliche Beweise für die zerstörerische Kraft des Alkohols. Ein Alkoholverbot vermochte er jedoch nicht durchzusetzen.

Das Jahr 1915 verbrachte Wilker größtenteils im Elsass und betätigte sich in einer psychiatrischen Abteilung.[36] Wahrscheinlich ab Oktober 1915 arbeitete er in der russischen Festung Novo Georgievsk (deutsch: Modlin), die im August von den Deutschen erobert worden war, in einem Lazarett für Syphilitiker. „Für ihn ein unerfreulicher Dienst […]."[37] Es fiel ihm schwer, sich in die Arbeit einzufinden, zumal die „Leiden der Luetiker" ein „trostloses Ding" seien. „Und wirken können wir auf den Einzelnen auch nur wenig."[38] Im Frühjahr 1916 erkrankte Wilker schwer. „Seine Krankheit fasse man als durch Thyreotoxie bedingte Nerven- und Kreislaufstörungen auf; sein Fieber speziell als Adrenalinfieber."[39] Nur langsam erholte er sich von seinem Leiden und geriet darüber in eine Lebenskrise. Missmutig blickte er in die Zukunft. Die Habilitationspläne gab er gänzlich auf. Er wolle sich nach dem Krieg einen praktischen Beruf suchen: als Oberlehrer oder Arzt. Abgesehen von finanziellen Nöten, die ihn zu einem festen Broterwerb zwangen, konnte er sich nicht vorstellen, in der Wissenschaft Fuß zu fassen. Trüper ermutigte seinen verzweifelten Freund, eine wissenschaftliche Karriere nicht von vornherein auszuschließen. Da er bereits einen Nachfolger für die Sophienhöhe suchte, verfolgte er damit zugleich ein persönliches Interesse. Auf der Sophienhöhe wollte Trüper ein psychologisches Laboratorium errichten. Wilker würde die Psychopathologie, der Psychologe und

---

34 Karl Wilker an Johannes Trüper vom 16. Dezember 1914, HPA Berlin, Nachlass Johannes Trüper, Kart. 7, Nr. 45–47, Nr. 46 diverse Briefe.
35 Ebd.
36 Aus dieser Zeit liegen keine Briefe vor. Wo er sich genau befand, lässt sich nicht mehr rekonstruieren.
37 So heißt es in einem Brief von Trüper an Theodor Ziehen aus dem Jahre 1916, HPA Berlin, ungeordneter Bestand.
38 Karl Wilker an Johannes Trüper vom 19. Dezember 1915, HPA Berlin, Nachlass Johannes Trüper, Kart. 7, Nr. 45–47, Nr. 46 diverse Briefe.
39 Karl Wilker an Johannes Trüper vom 28. Mai 1916, HPA Berlin, Nachlass Johannes Trüper, Kart. 7, Nr. 45–47, Nr. 46 diverse Briefe.

Wundt-Schüler Walter Moede die experimentelle Psychologie vertreten, während Trüper die Kosten bestreite. „Dann haben wir etwas, was noch nicht da ist", verkündete er erwartungsvoll. Vorerst bot er Wilker eine Assistenzarztstelle bei seinem Anstaltsarzt Giese an.[40] Wilker zeigte sich verschlossen und lehnte alle Vorschläge trotzig ab. „Der Krieg hat mich aus allem ausgeschaltet, hat mich jetzt gesundheitlich ziemlich ruiniert – das macht müde und unlustig zu Taten, die Frische und Wagemut verlangen."[41] Trüper insistierte, wie wichtig es sei, sich nicht alles zu verbauen und kritisierte vorsichtig Wilkers Beschränkung auf den Antialkoholismus. Nun bot er ihm auch noch eine Stelle als Oberlehrer auf der Sophienhöhe an.[42] Wilker lehnte weiterhin alle Stellenangebote ab. Noch fühlte er sich gesundheitlich zu schwach.[43] Trüper versuchte ihn mit allen Mitteln zur Mitarbeit an seinen Plänen zu gewinnen. Er spielte seine beste Karte aus und legte seinem Brief ein Empfehlungsschreiben an den von Wilker hochgeschätzten Psychiater Theodor Ziehen bei, in dem Trüper von Wilker in den höchsten Tönen spricht.[44] Der Umworbene zeigte sich merklich geschmeichelt, hielt sich in Jena allerdings für „völlig erledigt." Außerdem werde er im Lazarett gebraucht. Gesundheitlich sei er wiederhergestellt.[45] Bis zum Jahresende arbeitete er als Arzt im Lazarett.

Von der Lichte zum Lindenhof

Ende Januar 1917 erfuhr Wilker aus der Zeitung, dass er vom Berliner Magistrat zum Direktor des Städtischen Erziehungshauses in Berlin-Lichtenberg gewählt worden war. So ganz aus heiterem Himmel war diese Entscheidung indes nicht gefallen. Bereits vor dem Krieg hatte sich Wilker auf die vakante Leitungsstelle der Fürsorgeerziehungsanstalt beworben.[46] Die Städtische Waisen-Deputation hatte Trüper im Frühjahr 1915 um ein Referenzschreiben gebeten. Mitte Januar 1917 musste Wilker im Roten Rathaus einen Vortrag halten, er referierte über „Gemütspflege in Anstalten für schulentlassene männliche Fürsorgezöglinge" –

---

40 Johannes Trüper an Karl Wilker vom 2. Juni 1916, HPA Berlin, Nachlass Johannes Trüper, Kart. 7, Nr. 45–47, Nr. 46 diverse Briefe.
41 Karl Wilker an Johannes Trüper vom 5. Juni 1916, HPA Berlin, Nachlass Johannes Trüper, Kart. 7, Nr. 45–47, Nr. 46 diverse Briefe.
42 Johannes Trüper an Karl Wilker vom 10. Juni 1916, HPA Berlin, Nachlass Johannes Trüper, Kart. 7, Nr. 45–47, Nr. 46 diverse Briefe.
43 Karl Wilker an Johannes Trüper vom 15. Juni 1916, HPA Berlin, Nachlass Johannes Trüper, Kart. 7, Nr. 45–47, Nr. 46 diverse Briefe.
44 Johannes Trüper an Karl Wilker vom 24. Juli 1916, HPA Berlin, Nachlass Johannes Trüper, Kart. 7, Nr. 45–47, Nr. 46 diverse Briefe.
45 Karl Wilker an Johannes Trüper vom 29. Juli 1916, HPA Berlin, Nachlass Johannes Trüper, Kart. 7, Nr. 45–47, Nr. 46 diverse Briefe.
46 Siehe Pape-Balling: Biographisches Nachwort, S. 230.

und bekam die Stelle. „Ich kenne Lichtenberg ja noch kaum, hoffe aber, dass ich dort ein Arbeitsfeld finde, wie ich's mir oft ersehnt habe, vor allem aber, dass es mir so vielleicht doch noch möglich wird, mir auch als Dozent einen Wirkungskreis zu schaffen."[47] Trüper konnte seine Enttäuschung über Wilkers Abkehr von Jena und seinen Plänen kaum verbergen und dämpfte dessen Freude, indem er ihn vor den vielseitigen Verpflichtungen warnte, die die Anstaltsleitung mit sich bringen würde, die „möglicherweise mit Ihren Neigungen in Widerspruch geraten."[48] Er riet ihm erneut, sich zu habilitieren, wenn schon nicht in Jena, dann doch wenigstens in Berlin. Wilker ließ sich seine Vorfreude nicht nehmen, zeigte sich vielmehr beflügelt. Er hege „die grössten Hoffnungen für mich dort. Die Idee, mich in Berlin zu habilitieren, wurde auch schon von anderer Seite angeregt. Ich rechne auch damit, vor allem aber mit einer einflussreichen Stellung im Lehrerverein."[49] Die Lebenskrise war wie weggeblasen, stattdessen erwachte sein beruflicher Ehrgeiz wieder.

Bevor die eigentliche Arbeit in der Fürsorgeerziehungsanstalt begann, musste Wilker zurück an die Ostfront, diesmal nach Alexandrov. Im April 1917 wurde er schließlich als Direktor der Fürsorgeerziehungsanstalt Berlin Lichtenberg eingesetzt, die seit 1896 – zunächst als Zwangserziehungsanstalt für „verwahrloste" und „kriminelle", schulentlassene Knaben – bestand. Die Erziehungsanstalt war unter den Berliner Jugendlichen, die sie kurz „die Lichte" nannten, verrufen und gefürchtet.[50] Als Wilker zum ersten Mal nach Lichtenberg hinausfuhr, verirrte er sich und hielt die Irrenanstalt Herzberge für die Erziehungsanstalt. Ausgerechnet ein „Irrer" habe ihm den Weg gewiesen. Die Zöglinge seien an der „Longe", also mit einem Strick um die Handgelenke versehen, zur „Lichte" geführt worden. Im Rückblick auf seine ersten Eindrücke beschwor Wilker bewusst das Bild einer veralteten „Irrenanstalt" herauf, wollte er sich doch als großer „Befreier" stilisieren.[51]

Zu Beginn von Wilkers Amtszeit beherbergte die „Lichte" rund 300 Jungen im Alter von 14 bis 19 Jahren, dabei war die Anstalt für höchstens 205 Insassen ausgelegt. Die schiere Größe des Anstaltsbetriebes flößte ihm anfangs Respekt ein. Zwar halbierte sich die Zahl der Jungen in den folgenden Monaten vorläufig, doch blieb die ungewohnte Anstaltsarbeit für ihn eine Herausforderung. Vor allem die „Überwachung des ganzen wirtschaftlichen Betriebes" und die „Beam-

---

47 Karl Wilker an Johannes Trüper vom 26. Januar 1917, HPA Berlin, Nachlass Johannes Trüper, Kart. 7, Nr. 45–47, Nr. 46 diverse Briefe.
48 Johannes Trüper an Karl Wilker vom 30. Januar 1917, HPA Berlin, Nachlass Johannes Trüper, Kart. 7, Nr. 45–47, Nr. 46 diverse Briefe.
49 Karl Wilker an Johannes Trüper vom 4. Februar 1917, HPA Berlin, Nachlass Johannes Trüper, Kart. 7, Nr. 45–47, Nr. 46 diverse Briefe.
50 Siehe Wilker, Karl: Der Lindenhof. In: Kuckei, Max (Hg.): Lebensstätten der Jugend. Kettwig an der Ruhr 1923, S. 16-20, S. 16.
51 Wilker, Karl: Der Lindenhof. Werden und Wollen. Heilbronn 1921, S. 12.

tenschwierigkeiten" setzten ihm zu. Als zusätzliche Belastung erwies sich sein Dienst als Revierarzt beim Garde-Ersatz-Bataillon in Lichtenberg.[52]

Wilker glaubte, in den Zöglingen Leidensgenossen zu finden. Gerade erst zurückgekehrt aus dem noch andauernden Krieg, steckte ihm der Schrecken und das große Leid, das er an der Front erlebt hatte, noch in den Knochen. Er meinte zunächst, dass bei den Fürsorgezöglingen, denen das Leben übel mitgespielt hatte, jegliches ethische Empfinden abgetötet sei. „Sind Sie nicht vergewaltigt, genau so brutal vergewaltigt, wie man uns Soldaten draußen vergewaltigte? Gewalt, und immer wieder Gewalt! Disziplin, Disziplin und immer wieder Disziplin!"[53] Die Zöglinge seien der Fürsorgeerziehung nur „Menschenmaterial".[54] Auch hier schwingen offenbar die traumatischen Erlebnisse aus dem enthumanisierenden Krieg mit, die aus Wilker einen überzeugten Pazifisten gemacht hatten. Er setzte die alte preußische Fürsorgeerziehung mit dem Krieg gleich, beide waren in seinen Augen jeglicher Menschlichkeit beraubt. Die Erziehungsmittel der alten „Lichte" erinnerten Wilker an mittelalterliche Folter und irregeleitete Sexualbefriedigung.[55] Die „Lichte" stand für Prügelstrafe, militärischen Drill und vergitterte Fenster. Das wollte Wilker von Grund auf ändern. Ihm schwebte nicht nur eine Reform, sondern nichts Geringeres als eine Revolution vor: Sein Ziel war der Neue Mensch.

Wilker hatte indes kaum Erfahrungen als Lehrkraft gesammelt. Die wenigen Erziehungsanstalten oder Schulen, die er aus eigener Anschauung kannte und ihm als würdige Vorbilder für die Veränderungen der „Lichte" dienen konnten, beschränkten sich auf Trüpers Heilerziehungsanstalt auf der Sophienhöhe und die Landerziehungsheime von Hermann Lietz, einem ehemaliger Mitarbeiter der Sophienhöhe. Zudem hatte er für einige Zeit in Berthold Ottos Hauslehrerschule hospitiert. Trüper, Lietz und Otto gehörten zu den reformfreudigen Pädagogen, denen aber eine Ellen Key oder ein Ludwig Gurlitt zu radikal waren.[56] Sie empfanden sich als gemäßigt. Die Sophienhöhe, die Landerziehungsheime und die Hauslehrerschule zeichneten sich durch eine starke Individualisierung des Unterrichts aus. Darin bestand der gemeinsame Nenner. Wilkers großes menschliches Vorbild war Hermann Lietz.[57]

In der „Lichte" begann Wilker mit den äußeren Veränderungen, entfernte die

---

52 Karl Wilker an Johannes Trüper vom 3. Juni 1917, HPA Berlin, Nachlass Johannes Trüper, Kart. 7, Nr. 45–47, Nr. 46 diverse Briefe.
53 Wilker, Der Lindenhof. Werden und Wollen, S. 17.
54 Ebd., S. 11.
55 Ebd., S. 10.
56 Siehe etwa Berthold Otto an Johannes Trüper vom 20. März 1907, HPA Berlin, Nachlass Johannes Trüper, Kart. 4, Nr. 30–33, Nr. 30c Briefe und Karten an Freunde und Kollegen von 1879 bis 1920.
57 Wilker: Der Lindenhof. Werden und Wollen, S. 165.

Gitter vor den Fenstern[58], strich die Wohnräume in bunten Farben, für jede „Familie" à 25 bis 30 Jungen in einer anderen Farbe. Die „blutrünstigen Kriegsbilder" und jeglichen Kitsch ersetzte er durch „bunte lachende Steinzeichnungen". Auf die Tische legte er weiße Bettlaken als Tischdecken und stellte Vasen mit Blumen aus dem Anstaltsgarten darauf.[59] Alles Uniformierte, Anstaltsmäßige sollte aus den Räumlichkeiten verbannt werden. Die eigentlichen Veränderungen reichten allerdings viel tiefer: Die tägliche religiöse Andacht ersetzte Wilker durch weltliche Ansprachen, in denen er die Klassiker Goethe und Schiller, aber auch die „Helden" der Wandervögel wie Friedrich Nietzsche oder Rabindranath Tagore rezitierte.[60] Literatur spielte ohnehin eine große Rolle. An den Sonntagen organisierte Wilker Vortragsveranstaltungen, für die seine Schüler den Namen „Gemeinschaft Jugendland" wählten. Zu den Festen der Gemeinschaft Jugendland, die regelmäßig stattfanden, kamen Wandervögel zu Besuch. Gemeinsam sangen sie dann Zupfgeigenhansl-Lieder. Als Ausdruck des „neuen Geistes" einigten sich Wilker und die Knaben zudem auf den Namen Lindenhof anstelle der despektierlichen Bezeichnung „Lichte". Wilkers Herzstück war ein gesondertes Lese- und Spielzimmer, in dem er den Jungen mit Vorliebe die Romane und Novellen des Kriegsgegners Leonhard Frank vorlas.[61] Ironischerweise hatte sich Frank von dem von Wilker so verhassten Karl May inspirieren lassen.

So wie es Wilker während seiner Wandervogeljahre kennengelernt hatte, turnten und spielten seine Schüler täglich, wenn die Wetterlage es zuließ, nackt im Freien. Die Körper braun gebrannt und gesund – und „rein". „Wir liefen im ersten Morgendämmern in aller jugendlichen Frische durch Garten und Park. Gefrierfleischkolonne sagte Otto. Und jeder scherzte so. Wußte aber: dahinter steckt ein eisernes Will. Stahlharten Körper, fest, geschmeidig – auch er ein Ich – ein Teil im Ganzen: Mensch."[62] Dieses Pathos gepaart mit Körperkult war ein Signum der Jugendbewegung, die in Fidus' Lichtgebet ihre Ikone fand. Die Nacktheit rief erwartungsgemäß die „Sittenrichter" auf den Plan. Ihnen entgegnete er: „Starrtet ihr nicht sinnengierig auf die hundert Spitzenstrumpfwaden, die um den Preis der Schönheit konkurrieren?"[63] Selbstredend waren Alkohol und Nikotin im Lindenhof strikt verboten, während Wilker wegsah, wenn ein Zögling Besuch von seiner „heimlichen Braut" hatte. Jegliche Prüderie lehnte er ab und setzte sich für eine altersgerechte Sexualerziehung ein.

---

58 Die Beseitigung der Gitter erinnert Niemeyer an das Vorgehen Johann Friedrich Wicherns beim Rauhen Haus in Hamburg. Niemeyer, Christian: Die Schlacht um die Jugendwohlfahrt oder Intention und Wirkung Wicherns. In: Ders. u.a. (Hgg.): Grundlinien Historischer Sozialpädagogik. Weinheim/München 1997, S. 71-93, hier S. 73.
59 Wilker: Der Lindenhof. Werden und Wollen, S. 20-21.
60 Ebd., S. 36.
61 Ebd., S. 74.
62 Ebd., S. 70.
63 Ebd.

Die radikalste Änderung war wohl die Einführung der reformpädagogischen Selbstverwaltung, durch die die Jungen ein demokratisches Miteinander lernen sollten. Aus England und Nordamerika sowie insbesondere durch Hospitationen bei Berthold Otto hatte Wilker praktische Beispiele kennengelernt. Der festen Überzeugung, dass nur ein Kind ein anderes Kind wirklich verstehen und Fehlverhalten beurteilen könne, ließ er jeweils zehn Knaben einen Vertrauensschüler wählen, aus denen dann der Jungenrat gebildet wurde. Schließlich gründeten diese ein Jungensgericht mit eigener Satzung, in der die Strafen festgelegt waren. Auch beim Unterricht orientierte sich Wilker an Ottos Gesamtunterricht, in dem die Interessen der Kinder die Unterrichtsgegenstände bestimmen. So unternahm er mit seinen Schülern oftmals Ausflüge, beispielsweise in den Zoo. Schüler und Lehrer sollten auf Augenhöhe sein, dazu gehörte auch das „Du" statt des förmlichen „Sie". All diese Veränderungen bewirkte Wilker noch in seinem ersten Jahr im Lindenhof.

Im Dezember 1917 wurde er endlich aus dem Heeresdienst entlassen. Doch die Arbeitsbelastung nahm nicht ab, sodass Wilker sich „nach dem stillen Jena" zurücksehnte. Für diese Arbeit müsse man ein „Riese" sein. „Ich habe immer gegen 300 Jungen hier. Es ist der richtige Taubenschlag. […] Ärger über Ärger! Und da ist man dann doch immer wieder und mehr abhängig von seiner Behörde, als man das sein möchte."[64] Trüper kannte als langjähriger Anstaltsdirektor diese Schwierigkeiten mit Behörden nur zu gut. Er beobachtete die Entwicklung des Lindenhofes aus der Ferne mit großem Wohlwollen, schien Wilker doch den „traditionellen Geist der Sophienhöhe" und Trüpers Ideale zu vertreten.[65] Der alternde Anstaltsdirektor konnte sich keinen geeigneteren Nachfolger für die Sophienhöhe vorstellen. Wilker lehnte jedoch abermals ab, in dem Wissen, „dass alle massgebenden Stellen mich ausserordentlich schätzen und deshalb auch alles tun würden, mich zu halten, vielleicht auch mich hier vorwärts zu bringen."[66] In Berlin fand er, anders als in Jena, Anklang und Verständnis, so glaubte er zumindest. Den Direktorenposten hielt er nur für etwas Vorübergehendes. Schon aus gesundheitlichen Gründen konnte er sich nicht vorstellen, langfristig als Anstaltsleiter zu arbeiten.[67] Es war freilich nicht allein die Gesundheit, die ihm Sorgen bereitete.

Bis zum Ende von Krieg und Revolution bestand das Hauptproblem in der Personalknappheit und im Wäschemangel. Wilker teilte sich zeitweise mit

---

64 Karl Wilker an Johannes Trüper vom 6. Januar 1918, HPA Berlin, Nachlass Johannes Trüper, Kart. 7, Nr. 45–47, Nr. 46 diverse Briefe.
65 Johannes Trüper an Karl Wilker vom 10. Januar 1918, HPA Berlin, Nachlass Johannes Trüper, Kart. 7, Nr. 45–47, Nr. 46 diverse Briefe.
66 Karl Wilker an Johannes Trüper vom 11. Januar 1918, HPA Berlin, Nachlass Johannes Trüper, Kart. 7, Nr. 45–47, Nr. 46 diverse Briefe.
67 Ebd.

nur einem Lehrer den Tagesdienst. Es gelang ihm nicht, die Behörde davon zu überzeugen, weitere Lehrer einzustellen. Zudem fiel die Hausschwester wegen Krankheit aus und niemand kümmerte sich mehr um die Wäsche. Da die Jungen „nur in Lumpen zu kommen pflegen"[68], gab es großen Bedarf an einer Stopf- und Flickfrau. Die Stopffrau, die Wilker anstelle der Hausschwester einstellen durfte, blieb jedoch nur einen Tag. Für einen derart geringen Lohn war sie nicht bereit zu arbeiten. Wilker beschwerte sich daraufhin bei der städtischen Waisendeputation Berlins.[69] Daraufhin entbrannte ein zäher Streit um die Gehaltserhöhung und Weiterbeschäftigung der Stopffrau. Das lag nicht nur an den Kriegsnöten, sondern auch an dem Landerziehungsheim der Stadt Berlin in Struveshof, das während des Krieges erbaut und 1917 eingeweiht worden war.[70] Wilker wurde dazu angehalten, einige Mitarbeiter nach Struveshof zu entsenden.[71] Für die entstandene Lücke kam der Berliner Magistrat nicht auf, da er eine Überschreitung des Haushaltsplans fürchtete. Der Engpass führte letztlich dazu, dass auch die ungeübten Zöglinge mithelfen mussten, die Wäsche auszubessern und über mehr als ein Vierteljahr hinweg die Wäsche überhaupt nicht gewechselt werden konnte.[72] Unter diesen widrigen Bedingungen, das darf nicht übersehen werden, gelang es Wilker, aus einer ehemaligen Fürsorgeerziehungsanstalt eine pädagogische Einrichtung zu machen, in der sich die allermeisten Knaben wohlzufühlen schienen.

Die Jungen gegen die Alten

In Anbetracht der alltäglichen Sorgen und Nöte wird verständlich, warum Wilker sich nach einer neuen Perspektive umzusehen begann. Am liebsten wollte er ein kleines Waisenhaus gründen. Das Wohlfahrtsministerium lehnte seine Ersuche jedoch aus finanziellen Gründen ab. Im Herbst 1920 verfasste Wilker gemeinsam mit gleichgesinnten Mitarbeitern einen Brief an das städtische Jugendamt, dessen Leiterin die SPD-Stadtverordnete Klara Weyl war. Aus dem Schreiben geht hervor, dass schon lange ein Konflikt unter den Mitarbeitern des Lindenhofs schwelte. Die Belegschaft war gespalten. Eine kleine Minderheit, angeführt von Wilker, die sich als die „Jungen" bezeichnete, stand den sogenannten „Alten" unversöhnlich entgegen. Gewiss wurde dieser Gegensatz bewusst

---

68 Karl Wilker an Johannes Trüper vom 7. April 1918, HPA Berlin, Nachlass Johannes Trüper, Kart. 7, Nr. 45–47, Nr. 46 diverse Briefe.
69 Karl Wilker an die städtische Waisendeputation Berlin vom 9. März 1918, Tarifvertragsamt Pers. Abt. Martha Granholm, Landesarchiv Berlin, A Rep. 001–06, Nr. 7805.
70 Siehe hierzu Tosch, Frank: Zur Geschichte von Struveshof. Potsdam 1995.
71 Karl Wilker an die städtische Waisendeputation Berlin vom 28. November 1918, Pers. Abt. Martha Granholm, Landesarchiv Berlin, A Rep. 001–06, Nr. 7805.
72 Karl Wilker an die städtische Waisendeputation Berlin vom 24. Januar 1919, Tarifvertragsamt Pers. Abt. Martha Granholm, Landesarchiv Berlin, A Rep. 001–06, Nr. 7805.

geschärft, um die eigenen Ideale herauszustellen. Denn unter „jung" verstanden die Idealisten, wie sie sich auch nannten, ein „Mehr an Lebensbejahung, Lebensfrische, Tatendrang, Unternehmungsgeist, Verantwortungsfreudigkeit, Selbstständigkeit, Hoffnungsfreudigkeit oder auch an Wagemut, Vertrauensseligkeit und gläubiger Zuversicht."[73] Die „Alten" standen hingegen für Materialismus, die überkommene Prügelstrafe und Autoritätsgläubigkeit. Der Brief endete mit der Kündigung der „Jungen" – der freiwilligen Kündigung, wie Wilker gegenüber Trüper betonte.[74] Er sah sich eins mit Friedrich Muck-Lamberty, genannt Muck, der sich ebenfalls im Wandervogel- und *Vortrupp*-Milieu bewegt hatte. „Oft habe ich gesagt: die ganze Jugendbewegung ist eine religiöse, und das ist auch durchaus bei Muck. Und wir Jungen wissen alle, dass Deutschland nur frei werden kann durch religiöse Begeisterung und Neubelebung."[75] Allerdings meinte er damit nicht die konfessionsgebundene Religion. So nahm Wilker bereitwillig die eschatologischen Ausführungen Muck-Lambertys auf. Dessen „Revolution der Seele" taucht nicht zufällig auch in Wilkers Schriften zum Lindenhof auf.[76] Die Seele als Ausdruck des Inneren sollte über alles Materielle triumphieren. In diesem Gegensatzpaar ist unschwer der Einfluss des lebensreformerischen Zirkels um die *Vortrupp*-Gruppe zu erkennen. Unter Muck-Lambertys Führung zog die „Neue Schar" – ein Zusammenschluss hunderter, vielleicht sogar tausender junger Menschen – durch Franken und Thüringen. Während des Winters 1920, den die „Neue Schar" gemeinsam auf der Leuchtenburg in Thüringen verbrachte, kam es zum Skandal, als Muck der Haremswirtschaft bezichtigt wurde.

Ein eher konservativer Mann in seinen Sechzigern wie Trüper konnte die Begeisterung um Muck nicht nachvollziehen und erst recht nicht gutheißen. Auf diesem neuen Weg der Jugend sah er tiefe Abgründe. Immerhin suchte er das Gespräch und die Auseinandersetzung mit einer Muck-Anhängerin, einer Freundin seiner ältesten Tochter Änne. In Muck-Lambertys Handeln sah er vor allem ein Bekenntnis zur Freien Liebe, das von Ellen Key vorbereitet worden sei. Die „Freie Schar" war für ihn der Inbegriff einer fehlgeleiteten Jugend, die sich Genüssen hingab, ihre Triebe befriedigte und blind ihrem Führer Muck folgte. Dessen „Versündigung" an einem Mädchen, das er angeblich geschwängert und dann nicht geheiratet hatte, verurteilte er aufs Schärfste und hielt Muck für eine typische Zeiterscheinung. Beweis war ihm die steigende Zahl der unehelichen Kinder.[77] Wie es scheint, entfremdete sich Trüper von der nachfolgenden Generation, seinen Freund und Protegé Wilker eingeschlossen.

---

73 Brief abgedruckt in: Wilker: Lindenhof. Werden und Wollen, S. 92.
74 Karl Wilker an Johannes Trüper vom 22. Oktober 1920, HPA Berlin, Nachlass Johannes Trüper, Kart. 7, Nr. 45–47, Nr. 46 diverse Briefe.
75 Ebd.
76 Wilker: Lindenhof. Werden und Wollen, S. 160.
77 Johannes Trüper an Clara Führ vom 28. Februar 1921, ungeordneter Bestand, HPA Berlin.

Den Konflikt am Lindenhof konnte Trüper zumindest nicht verstehen, vor allem nicht die schematische Gegenüberstellung der „Jungen" gegen die „Alten". „Der Gegensatz, den Sie charakterisieren, besteht doch nur dort, wo das Familienverhältnis nicht ein blankes ist, wo Zerwürfnisse vorliegen. Auch hier halte ich die Evolution für günstiger und gesünder. Den Gegensatz, den Sie hervorkehren, bedeutet aber mehr oder weniger Revolution."[78] Der Konflikt hatte sich inzwischen zugespitzt, die Tageszeitungen griffen den „Fall" Lindenhof begierig auf. Tags darauf wehrte sich die „alte Beamtenschaft" – das Lehrer- und Erzieherpersonal, das noch aus der Zeit vor Wilker stammte – mit einer Denkschrift gegen ihren Direktor. Ihm wurde darin vorgeworfen, nicht ausreichend ausgebildet zu sein. Die Vorsitzende des Jugendamtes Weyl, die Adressatin der Schmähschrift, gab vor, belastendes Material gegen ihn in der Hand zu haben. Als problematisch galten sein Privatleben und sein Umgang mit den Zöglingen. Die Denkschrift selbst bekam Wilker jedoch nie zu Gesicht. Es kursierten lediglich Gerüchte. Den Mitarbeitern, die Wilker eingestellt hatte, sollte gekündigt werden. Aus diesem Grund verließen Wilker und seine Mitstreiter den Lindenhof vorzeitig und „freiwillig". Einige der Zöglinge wandten sich empört an das Jugendamt, seien von Weyl jedoch brüsk abgewiesen worden.[79] Am 21. November 1920 demonstrierten daraufhin tausende von Jugendlichen, männliche wie weibliche, vor dem Lehrervereinshaus gegen die Stadtverwaltung Berlin. Die Demonstranten organisierten eine wohlgeordnete Versammlung, in der sie, unter der Leitung eines 16-Jährigen, ihre Forderungen vorbrachten. Sie verlangten erstens die Sicherung der Berliner Fürsorgeerziehungsanstalt, die nicht wieder zur Prügelanstalt und zum Gefängnis werden dürfe, zweitens die Errichtung freier Versuchsschulen, drittens die öffentliche Anerkennung und Durchsetzung einer freiheitlichen Erziehungsweise, die Achtung vor der Menschenwürde Jugendlicher und das Recht auf Selbstverwaltung.[80]

Anfang 1921 tagte ein Untersuchungsausschuss, vor dem Wilker sich zu den Beschuldigungen äußern durfte. „Verqualmtes Stadtratszimmer, dicker Rauch und fünf Herrn darin. Kein menschliches Verstehen, auch gar kein Willen dazu. Maschinen ..." resümierte er die Anhörung.[81] Das Ergebnis der Untersuchung bestand in der Annahme von Wilkers Kündigung. Trüper nutzte die Gelegenheit und versuchte, Wilker zurück nach Jena zu locken. Wilker hatte jedoch mit der Wissenschaft, zumal mit der Kinderforschung, gänzlich abgeschlossen. Das bedeutete auch, dass er seine Mitarbeit an der *Zeitschrift für Kinderforschung* aufkündigte. Sein Name sollte nicht länger auf dem Titelblatt erscheinen, da er den

---

78 Johannes Trüper an Karl Wilker vom 13. November 1920, HPA Berlin, Nachlass Johannes Trüper, Kart. 7, Nr. 45–47, Nr. 46 diverse Briefe.
79 Die Vorgänge in der Fürsorgeanstalt „Lindenhof". In: Berliner Volkszeitung vom 22. November 1920.
80 Ebd.
81 Wilker: Der Lindenhof. Werden und Wollen, S. 122.

politischen Ansichten Trüpers nicht mehr folgen wollte.[82] Trüper sprach in dem Geleitwort des 26. Jahrgangs seiner Zeitschrift von den sadistischen Erzfeinden Deutschlands, während Wilker „alles Gewaltpolitische" ablehnte.[83] Wilker zog sich in die Berge zurück, um die Neuen Menschen zu finden.[84] Trüper starb im selben Jahr an den Folgen einer Operation. Er hatte niemanden gefunden, der auf der Sophienhöhe ein Laboratorium errichten würde. Wilker habilitierte sich nicht für Heilpädagogik, sondern blieb bei der praktischen Erziehungsarbeit.

***

Das Engagement in Jugendbewegung, Lebensreform und Kinderforschung sowie das Kriegstrauma bilden den prägenden Erfahrungshorizont für Wilkers pädagogische Arbeit. Aus seiner jugendbewegten Schul- und Studienzeit blieben nicht nur die Wandervogel-Freunde, die ihn im Lindenhof tatkräftig unterstützten, sondern auch die Vorliebe fürs Wandern ohne Zwang und ohne Kleidung, die gemeinschaftlichen Feste, das Musizieren, die Wandervogelliteratur, die Naturliebe. Die deutlichsten Verbindungslinien zur Lebensreform markierten das strikte Verbot von Alkohol und Nikotin. Durch die Nähe zu Popert und Paasche war Wilker in den rassenhygienisch-völkischen Kreis der Lebensreformbewegungen geraten. Sein pädagogisches Konzept im Lindenhof gleicht somit einem Kaleidoskop. Wilker, als Kinderforscher zugleich Psychologe, Pädagoge und Psychiater in einer Person, war in mehrfacher Hinsicht ein Grenzgänger.

Darüber hinaus ist Wilker ein Beispiel für die Generation der um 1885 Geborenen, die im Gegensatz zu jener älteren Generation steht, die zwischen 1853 und 1865 das Licht der Welt erblickt hatte. Letztere bezeichnet Martin Doerry – den Begriff hat er Schriftsteller Hermann Conradi entlehnt – als „Übergangsmenschen".[85] Trüper verkörperte jene „Übergangsmenschen", die die Ambivalenzen der Moderne als Krise begriffen, sich nach dem Bismarckreich zurücksehnten und in der Sozialdemokratie den größten Feind erblickten, da diese den sozialen Wandel forcierte. Wilker hingegen zählte zur bürgerlichen Wandervogel-Generation, die ich – im Kontrast zu den „Übergangsmenschen" – als Aufbruchsmenschen begreife. Diese Generation war in der Hochphase der Moderne sozialisiert worden, sie rebellierte gegen den autoritären Erziehungsstil und den Untertanengeist ihrer Eltern. Hermann Hesses „Unterm Rad" ist dafür nur eines der bekannten Beispiele. Die Aufbruchsmenschen schlossen sich Jugendbewegungen an und begriffen ihre Jugend erstmals als eigenstän-

---

82   Karl Wilker an Johannes Trüper vom 25. Januar 1921, HPA Berlin, Nachlass Johannes Trüper, Kart. 7, Nr. 45–47, Nr. 46 diverse Briefe.
83   Trüper, Johannes: Zum Geleit. In: Zeitschrift für Kinderforschung 26 (1921), S. 1-7, hier S. 1.
84   Karl Wilker an Johannes Trüper vom 10. Mai 1921, HPA Berlin, Nachlass Johannes Trüper, Kart. 7, Nr. 45–47, Nr. 46 diverse Briefe.
85   Siehe Doerry, Martin: Übergangsmenschen. Die Mentalität der Wilhelminer und die Krise des Kaiserreichs. Tübingen 1985.

dige Lebensphase. Sie fanden ihre geistigen Führer in Nietzsche oder Lagarde. Die „Welt von Gestern" (Stefan Zweig) war die ihrer Eltern. Die Aufbruchsmenschen fürchteten die Moderne nicht, sie erträumten sich die Welt von Morgen. Für viele Männer dieser Generation endete der Traum in den Schützengräben des Ersten Weltkrieges. Diejenigen, die zurückkehrten, waren mehr oder weniger traumatisiert und radikalisierten sich. Wilker flüchtete sich in das utopische Erziehungsprojekt im Lindenhof. Andere wie Muck-Lamberty zogen als Inflationsheilige durchs Land.[86] Zwar lehnte diese Generation jegliche Parteipolitik ab, das heißt jedoch nicht, dass sie unpolitisch war. Die Gemeinschaftserfahrungen in den Jugendbünden, die traumatisierenden Kriegserlebnisse und die Hoffnungen auf den Neuen Menschen ergaben eine explosive Mischung. Die Totalitarismen des 20. Jahrhunderts fanden hierin einen Nährboden.

---

86 Zu den Inflationsheiligen siehe Linse, Ulrich: Barfüßige Propheten. Erlöser der zwanziger Jahre. Berlin 1983.

Dietrich Beyrau

Kriegsgefangenschaft und Umerziehung. Deutsche Kriegsgefangene in der UdSSR

„Sie brauchen nichts sagen. Sie lügen doch"[1]

1. Die „abwesende Präsenz" der Kriegsgefangenen

Gefangenschaft als „andere Kriegserfahrung" ist in den letzten Jahrzehnten nach langer Vernachlässigung immerhin ein Gegenstand der Militärgeschichte geworden. Sie steht, von manchmal mythisch überhöhten Aufstands- und Ausbruchsversuchen abgesehen, aber nach wie vor nicht im Vordergrund der Aufmerksamkeit der Öffentlichkeit wie der Historiographie. Denn es geht um die unangenehmen Seiten von Niederlage, Unterwerfung und Demütigung und – mit Blick auf männliches Selbstbewusstsein – um oft recht unansehnliche Formen von Passivität und Abhängigkeit: Der Mann nicht als Akteur, und sei es auch nur als Schräubchen in der Kriegsmaschine, sondern fast ausschließlich als Objekt des Feindes.

Der Umgang mit den eigenen Kriegsgefangenen auf russischer und deutscher Seite im Ersten Weltkrieg und mehr noch während und nach dem Zweiten Weltkrieg war bestimmt durch die jeweiligen politischen und kulturellen Konstellationen. Das autokratische Russland, die Sowjetunion unter Stalin und NS-Deutschland rückten die Kriegsgefangenschaft der eigenen Soldaten mit unterschiedlicher Rigidität in die Nähe des Verrats. Darüber hinaus blieb Kriegsgefangenschaft in der Sowjetunion – von heroischen Widerstandsaktionen abgesehen – bis zum Ende tabuisiert und bleibt bis heute in der Erinnerungskultur marginalisiert. Dass solche Einstellungen nicht nur für diktatorische Regime gelten, zeigt das offizielle Verhalten Italiens im Ersten Weltkrieg. Seine Kriegsgefangenen wurden auch als Verräter stigmatisiert und nach der Heimkehr diskriminiert.[2]

Der deutsche Fall nach dem Zweiten Weltkrieg weist insofern besondere Merkmale auf, als es nicht nur um eine Niederlage ging, sondern auch um eine Niederlage in einem Krieg, der auf deutscher Seite genozidal geführt worden war. Neben die übliche Demütigung durch die Niederlage stellte sich für die Nachkriegsgesellschaft einschließlich der Kriegsgefangenen die Frage nach der

---
1 Reck, Michael: Tagebuch aus sowjetischer Kriegsgefangenschaft 1945–1947, 1. Beiheft. München 1967, S. 239: Ein sowjetischer Politoffizier zu einem deutschen Kriegsgefangenen im Verhör.
2 Kramer, Alan: Dynamic of Destruction. Culture and Mass Killing in the First World War. Oxford 2007, S. 66.

Verantwortung für den Holocaust und die Kriegsverbrechen im besetzten Europa, besonders in Jugoslawien, in Polen und der Sowjetunion. Die Nachkriegsjahre waren zunächst bestimmt durch eine von den Siegermächten „verordnete Vergangenheitsbewältigung" in Deutschland wie in den Lagern der Kriegsgefangenen.[3] Hier soll die Frage interessieren, wie die deutschen Kriegsgefangenen in der Sowjetunion mit dieser Herausforderung umgegangen sind.[4]

Warum spielte Kriegsgefangenschaft in der UdSSR in der frühen Bundesrepublik eine so große Rolle? Die nahe liegende Antwort liegt in der Quantität und Dauer der Kriegsgefangenschaft. Zunächst ein paar Zahlen.

Kriegsgefangene (der Wehrmacht) in sowjetischem Gewahrsam (in Tausend):[5]
1. Jan. 1944:   Kriegsgefangene (weiter als Kgf) der Wehrmacht: 66,4
1. Jan. 1945:   710,8 Kgf, davon der Wehrmacht: 476,0
1. Jan. 1946:   1.822,0 Kgf, davon der Wehrmacht: 1.439,0
1. Jan. 1947:   1.747,3 Kgf, davon der Wehrmacht: 1.121,6
1. Jan. 1948:   1.200,6 Kgf der Wehrmacht
1. Jan. 1949:   542,6 Kgf der Wehrmacht

Gegen die immer noch zirkulierenden Zahlen von ca. einer Million in sowjetischer Kriegsgefangenschaft gestorbenen deutschen Soldaten hat Rüdiger Overmans schon lange nach sorgfältigen Berechnungen festgestellt, dass in sowjetischer Gefangenschaft von den insgesamt über drei Millionen Kriegsgefangen etwa 363.000 gestorben sind, also knapp 12 Prozent. Wegen mangelnder Beachtung der hohen Todesraten in den Gefechten gegen die Rote Armee 1945 hatte die Maschke-Kommission, auf die ich später zu sprechen komme, die Anzahl der in sowjetischer Gefangenschaft gestorbenen Soldaten noch auf über eine Million berechnet, eine Zahl, die bis heute u. a. bei Wikipedia zirkuliert.[6]

---

3   Moeller, Robert G.: War Stories. The Search for a Usable Past in the Federal Republic of Germany. In: American Historical Review 101 (1996), S. 1008-1048. — Tenbruck, Friedrich H.: Von der verordneten Vergangenheitsbewältigung zur intellektuellen Gründung der Bundesrepublik. Die politischen Rahmenbedingungen. In: Albrecht, Clemens u.a. (Hgg.): Die intellektuelle Gründung der Bundesrepublik. Eine Wirkungsgeschichte. Frankfurt am Main/New York 1999, S. 78-96. — Bock, Michael: Metamorphosen der Vergangenheitsbewältigung. In: Ebd., S. 530-566.

4   Der Verf. stützt sich auf die wichtigsten Untersuchungen zur Kriegsgefangenschaft der Wehrmachtsoldaten in der Sowjetunion, die z. T. auch russische Archivalien benutzten, hier besonders auf: Lehmann, Albrecht: Gefangenschaft und Heimkehr. Deutsche Kriegsgefangene in der Sowjetunion. München 1986. — Hilger, Andreas: Deutsche Kriegsgefangene in der Sowjetunion 1941–1956. Kriegsgefangenenpolitik, Lageralltag und Erinnerung. Essen 2000. Siehe auch die Bände der Maschke-Kommission.

5   Zagorul'ko, M. M. (Hg.): Voennoplennye v SSSR 1939–1956. Dokumenty i materialy, Bd. 1. Moskau 2000. Priloženie (Beilage) 5, S. 1038, Priloženie 11, S. 1041. — Overmans, Rüdiger: Deutsche militärische Verluste im Zweiten Weltkrieg. München 1999, S. 286.

6   Die Angaben der Maschke-Kommission: Maschke, Erich u.a.: Die deutschen Kriegsgefangenen des Zweiten Weltkrieges. Eine Zusammenfassung. München 1974, S. 224. — Siehe noch Steinbach, Peter: Deutsche Kriegsgefangene in der Sowjetunion. Ein Beitrag zur deutsch-sowjetischen Beziehungsgeschichte. In: Aus Politik und Zeitgeschichte B 24/91 (7. Juni 1991), S. 37-52, hier S. 47: Angeblich seien 40 Prozent der deutschen Kriegsgefangenen in sowjet. Lagern umgekommen. — Siehe auch „Die Kriegsgefangenen

Nach dem Besuch Konrad Adenauers zur Aufnahme der Beziehungen zwischen der Bundesrepublik und der UdSSR 1955 – nicht analoger Besuche der ostdeutschen Führung in Moskau (!) – wurden die letzten über 30.000 Kriegsgefangenen, zumeist zu Recht oder Unrecht als Kriegsverbrecher in der UdSSR verurteilt, deutsche Strafgefangene und Zivilinternierte nach Deutschland entlassen.

Da die hohen Todesraten der Wehrmacht im Jahre 1945 der breiteren Öffentlichkeit nicht bekannt waren, ging diese nach dem Krieg zunächst von sehr viel höheren Zahlen von Kriegsgefangenen in der SU aus, als tatsächlich die Kämpfe gegen die Rote Armee überlebt hatten. Die recht lautstarke „abwesende Präsenz"[7] der Kriegsgefangenen in der deutschen Nachkriegspolitik hatte viele Ursachen: In der Bundesrepublik organisierten sich die Heimkehrer und machten sich zum Sprachrohr der immer noch in Gefangenschaft befindlichen Kameraden und ihrer Angehörigen. Das Leiden der Kriegsgefangenen in der UdSSR ließ sich ebenso wie das Leid der Flüchtlinge, Vertriebenen und Repatrianten als Gegenrechnung aufmachen gegen das Leiden der Völker unter deutscher Besatzung, öffentlich gemacht 1945 bis 1948 in den Kriegsverbrecher-Prozessen der Alliierten im In- und Ausland. Die Argumentation lautete: Auch die deutsche Bevölkerung habe unter Hitlers Krieg gelitten. Kriegsgefangenschaft, Flucht und Vertreibung und der Bombenkrieg wurden auf diese Weise ein konstitutiver Teil eines seit 1947/48 dominanten Viktimierungsdiskurses. Er bildete den westdeutschen Beitrag zu Kaltem Krieg und Antikommunismus.

2. Die Maschke-Kommission

Diese Stimmungen waren nach Entlassung der letzten Kriegsgefangenen aus der Sowjetunion der politische Hintergrund, als auf Initiative verschiedener Instanzen 1957 eine wissenschaftliche Kommission, die sogenannte Maschke-Kommission, eingerichtet wurde. Sie sollte die Geschichte der deutschen Kriegsgefangenen des Zweiten Weltkrieges dokumentieren, übrigens nur ein Jahr vor der Gründung der Ludwigsburger Zentrale zur Aufklärung von NS-Verbrechen.[8]

Zu den Initiatoren der Etablierung der Maschke-Kommission gehörte der Verband der Heimkehrer Deutschlands (VdH). Seine Bedeutung bestand vor allem in der Durchsetzung sozialpolitischer Maßnahmen für Heimkehrer und ihre Familien und für deren Reintegration in die Nachkriegsgesellschaft der

---

    des Zweiten Weltkrieges". In: Wikipedia (letzter Zugriff 28. 01. 2015). — Lowe, Keith: Savage Continent. Europe in the Aftermath of World War II. London 2013, S. 117.

7 Biess, Frank: Homecomings. Returning POWs and the Legacies of Defeat in Postwar Germany. Princeton, N.J./Oxford 2006, S. 179 („the strong public presence of absent POWs and MIAs").

8 Der offizielle Name lautet: Zentrale Stelle der Landesjustizverwaltungen zur Aufklärung der nationalsozialistischen Verbrechen, gegründet am 6. November 1958 in Ludwigsburg bei Stuttgart.

Bundesrepublik.⁹ Der Geldgeber für die Maschke-Kommission war das Bundesministerium für Vertriebene, Flüchtlinge und Kriegsgeschädigte, später das Bundesministerium des Innern. Das politische Interesse der Bundesregierung bestand darin, für den Fall eines Friedensvertrages einen Überblick zu gewinnen über die Arbeits- und Reparationsleistungen deutscher Kriegsgefangener, die sich vielleicht mit den Forderungen der Alliierten verrechnen ließen.

Die Maschke-Kommission existierte bis 1974. Der Leiter und die Mitarbeiter/innen der Kommission bestanden auf ihrem wissenschaftlichen Herangehen. Sie stützten sich zwar auf Zeugnisse der ehemaligen Kriegsgefangenen – Material aus der Sowjetunion blieb unzugänglich –, aber sie verstanden sich nicht als Stimme der Heimkehrer. Unter dem Einfluss des von Werner Conze propagierten sozialgeschichtlichen Zugangs zur Geschichte wollten sie eine „wissenschaftliche" Distanz zwischen Zeitzeugen, Politik und Wissenschaft behaupten. Sie hofften, durch die Verbindung von „Dokument, Analyse, Synthese, Wort und Bild, Text und Statistik" und nicht zuletzt durch Interviews den Anforderungen einer sozialgeschichtlichen Untersuchung von „Massenschicksalen in zeitgenössischem Rahmen" zu genügen.¹⁰ Da sie sich im Falle der Kriegsgefangenen in der Sowjetunion nur auf Zeugnisse der deutschen Seite seit Beginn der 1950er Jahre stützen konnten, waren sie sich der „Erinnerungsveränderungen" im Zeitabstand bewusst.¹¹ Entgegen den Intentionen der Auftraggeber und der betroffenen Interessengruppen wollten sie keine Gegenrechnung aufmachen; aber sie unterließen es nicht, die Zahl der Arbeitstage der Kriegsgefangenen in westlichem und östlichem Gewahrsam hochzurechnen.¹² Das Beharren auf Unabhängigkeit verursachte Konflikte mit dem VdH und führte später – bei der Frage der Publikation der Dokumentationen und Berichtsbände – zu Auseinandersetzungen mit den Bundesbehörden. Insbesondere das Auswärtige Amt fürchtete bei Veröffentlichung der Bände negative Rückwirkungen vor allem in den östlichen Nachbarstaaten und der Sowjetunion. Es war inzwischen – um 1970 – die Zeit der Entspannung.¹³

Aus heutiger Sicht entbehrt der Konflikt mit dem VdH – der Zeitzeuge als Feind des Historikers – insofern nicht eines kuriosen Aspekts, als der Hauptverantwortliche für die Serie und viele Mitarbeiter ehemalige Kriegsgefangene waren. Sie bekannten immerhin, dass sie „durch lebendige Eigenerfahrung" als

---

9   Schwelling, Birgit: Heimkehr – Erinnerung – Integration. Der Verband der Heimkehrer, die ehem. Kriegsgefangenen und die westdeutsche Nachkriegsgesellschaft. Paderborn 2010.
10 Maschke u.a.: Zusammenfassung, S. 22-23.
11 Ebd., S. 103-183.
12 Ebd., S. 212-221.
13 Schwelling, Birgit: Zeitgeschichte zwischen Erinnerung und Politik. Die wissenschaftliche Kommission für Kriegsgefangenengeschichte, der Verband der Heimkehrer und die Bundesregierung 1957–1975. In: Vierteljahrshefte für Zeitgeschichte 56 (2008), S. 227-265.

Zeithistoriker ihrem Untersuchungsgegenstand „subjektiv verhaftet blieben."[14] Sie waren mithin selber Zeitzeugen und Kinder ihrer Zeit, was sich in manchen Texten unschwer erkennen lässt.

Der Leiter der Kommission war Erich Maschke (1900–1982). Als junger Historiker war er tief involviert in die völkisch-bündische Bewegung. Er gehörte zur zunächst nicht so großen Gruppe der vom Sicherheitsdienst der SS und dem Reichssicherheitshauptamt favorisierten Historiker.[15] Er widmete sich nicht zufällig der Geschichte des Deutschen Ordens, der Ostkolonisation und später der Staufer. Er war 1933 der SA und 1937 der NSDAP beigetreten. Als Geschichtsprofessor in Königsberg, Jena und seit 1942 in Leipzig hatte er sich ganz der nationalsozialistischen Propagierung deutscher Herrschaft im Osten zur Verfügung gestellt, Schulungskurse geleitet und im Amt Rosenberg gearbeitet. 1945 bis 1953 befand er sich in sowjetischer Kriegsgefangenschaft. Die konkreten Gründe für seine Verhaftung in Leipzig durch die sowjetische Besatzungsmacht sind unklar.[16] Nach seiner Entlassung arbeitete er zunächst in Speyer, dann wurde er wohl auf Initiative Conzes 1956 nach Heidelberg auf den Lehrstuhl für Sozial- und Wirtschaftsgeschichte berufen. Zusammen leiteten die beiden Kriegskameraden das Institut für Wirtschafts- und Sozialgeschichte. Maschke wurde auch in die Heidelberger Akademie aufgenommen. Dass er zum Leiter der Kommission zur Aufarbeitung der Kriegsgefangenen-Geschichte ernannt wurde, dürfte mit seiner Biographie, aber auch mit der Reputation und dem Einfluss Werner Conzes zu tun gehabt haben. Zuvor war Conze mit der Dokumentation der Geschichte der Flüchtlinge und Vertriebenen aus den Oder-Neiße-Gebieten und dem östlichen Europa befasst gewesen.[17]

Schwerpunkte der Bände über die Kriegsgefangenen bildeten – insofern folgten sie dem sozialhistorischen Anspruch – die Lagergesellschaften in der Sowjetunion: soziale Strukturen und soziale Schichtung, der Faktor Arbeit, Ernährung, Hunger und medizinische Versorgung, Kultur und Religion und zuletzt auch die „antifaschistische" Umerziehung in den Lagern. Dies war mit dem Versuch verbunden, auch die subjektive Seite von Erfahrung der unterschiedlichen Kategorien von Gefangenen zur Geltung zu bringen. Wir haben es also mit zusätzlichen Elementen einer frühen Form von *oral history* zu tun, wie sie auf

---

14 Maschke u.a.: Zusammenfassung, S. 28.
15 Lerchenmueller, Joachim: Die „SD-mäßige" Bearbeitung der Geschichtswissenschaft. In: Wildt, Michael (Hg.): Nachrichtendienst, politische Elite und Mordeinheit. Der Sicherheitsdienst des Reichsführers SS. Hamburg 2003, S. 160-189.
16 Schneider, Barbara: Erich Maschke. Im Beziehungsgeflecht von Politik und Geschichtswissenschaft. Göttingen 2016. — Zum weiteren Zusammenhang siehe Beyrau, Dietrich: Eastern Europe as a „Subgermanic Space". Scholarship on Eastern Europe under National Socialism. In: Kritika 13 (2012), S. 685-723.
17 Beer, Mathias: Im Spannungsfeld von Politik und Zeitgeschichte. Das Großforschungsprojekt „Dokumentation der Vertreibung der Deutschen aus Ostmitteleuropa". In: Vierteljahrshefte für Zeitgeschichte 46 (1998), S. 345-389.

deutscher Seite mit der Dokumentation von Flucht und Vertreibung der Deutschen aus dem östlichen Europa oder – mit ganz anderer Zielsetzung – mit der Befragung der *displaced persons* in den Westzonen durch amerikanische Soziologen und Ostexperten durchgeführt worden war.[18] Für eine breitere Öffentlichkeit wurden die Bände allerdings erst freigegeben, als das Thema an Aktualität verloren hatte. Inzwischen fand insbesondere der Holocaust eine größere Aufmerksamkeit als Kriegsgefangenschaft der deutschen Soldaten, Vertreibung und Bombenkrieg.

3. Kriegspropaganda und Umerziehung durch Wiedergutmachung

Bevor ich auf den Umgang mit der Niederlage und der moralischen Katastrophe durch die Kriegsgefangenen in der Sowjetunion eingehe, sind einige Vorbemerkungen nötig, um Themenschwerpunkte und Nicht-Thematisierungen in diesen Bänden einordnen zu können.

Die sowjetische Propaganda gegenüber der eigenen Bevölkerung und der Roten Armee hatte sich während des Krieges erheblich von der gegenüber der Wehrmacht unterschieden. Gegenüber der Bevölkerung und den Rotarmisten spielte nicht erst seit der Befreiung der besetzten Territorien, der „toten Zonen", der unzähligen Zwangsarbeitslager und schließlich auch der Konzentrationslager und Vernichtungsstätten in Polen Rache und Vergeltung eine maßgebliche Rolle: Der Krieg gegen den „Faschismus" war längst ein Krieg gegen die deutschen Untiere und Verbrecher, die bis in ihre Höhlen verfolgt werden sollten, – so eine Standardformel.[19] Auch im Westen war von „Hunnen" die Rede, aber es existierte zugleich hier wie in Polen eine elaborierte Diskussion über deutsche Kollektivschuld, begründet mit der verfehlten preußisch-deutschen Geschichte und dem deformierten, autoritären deutschen Nationalcharakter.[20]

Die Frontpropaganda gegenüber der Wehrmacht, weiter ausdifferenziert durch die des Nationalkomitees „Freies Deutschland" (NKFD) und des „Bundes Deutscher Offiziere" (BDO), schlug aus naheliegenden Gründen andere Töne an: Die sowjetische Propaganda forderte zum Überlaufen auf, operierte unablässig mit dem hohen deutschen Blutzoll, dem unvermeidlichen Sieg der Alliierten und

---

18 Engerman, David C.: Know your Enemy. The Rise and Fall of Soviet Experts. New York/Oxford 2009. — Beyrau, Dietrich: Angst und Neugier. Die Sowjetunion in der historischen Forschung der Bundesrepublik während des Kalten Krieges. In: Osteuropa 63 (2013), Heft 2-3, S. 211-235.
19 Dobrenko, Evgenij: Metafora vlasti. Literatura stalinskoj épochi v istoričeskom osveščenii. München 1993, S. 209-287. — Kondoyanidi, Anita: The Liberating Experience: War Correspondents, Red Army Soldiers and the Nazi Extermination Camps. In: The Russian Review 69 (2010), S. 438-462.
20 Dmitrów, Edmund: Niemcy i okupacja hitlerowska w oczach Polaków. Warschau 1987. — Ninkovich, Frank A.: Germany and the United States. The Transformation of the German Question since 1945. 2. Aufl., New York u.a. 1995. — Eisenberg, Carolyn Woods: Drawing the Line. The American Decision to Divide Germany 1944–1949. Cambridge 1996, S. 14-70.

dem Zynismus der Hitlerclique. Das NKFD und der BDO hatten bis Ende 1943 zum Rückzug der Wehrmacht auf die deutschen Grenzen und zum Sturz Hitlers aufgerufen. Seither propagierten auch sie das Überlaufen. Im einen wie im anderen Fall galt als Leitlinie Stalins Direktive vom 23. Februar 1942 „Die Hitler kommen und gehen, aber das deutsche Volk und der deutsche Staat bleibt", d.h. es wurde im antifaschistischen Sinne zwischen Deutschen und „Faschisten" unterschieden. Kriegsverbrechen der deutschen Seite wurden in der sowjetischen Propaganda wie in der des NKFD und des BDO nur sehr gelegentlich thematisiert, so nachträglich im Fall von Babij Jar oder bei der Befreiung von Majdanek. Daher forderten auch das NKFD und der BDO die Bestrafung der Schuldigen, die ausschließlich in der Gestapo und SS gesehen wurden. Das NKFB und der BDO nahmen die Wehrmacht hiervon aus, ob aus taktischen oder grundsätzlichen Erwägungen sei dahingestellt. Dies wirkte bis weit in die Nachkriegszeit, nicht nur in Westdeutschland.[21]

Für den Grad der Demoralisierung der Kriegsgefangenen war die Situation während ihrer Gefangennahme sehr wichtig: als Folge von Überlaufen, von Einkesselungen, durch kollektive oder Gefangennahme in geschlossenen Verbänden, nach heftigen Abwehrkämpfen oder im Zuge panikartiger Fluchten, vor oder nach der Kapitulation. Schließlich spielten der militärische Status und die Waffengattung eine wichtige Rolle.

Die Aufnahme der deutschen Soldaten durch die sowjetischen Stellen kannte so viele Varianten wie Situationen und menschliches Verhalten sich nur ausmalen lassen – von der Fütterung und medizinischen Betreuung über Demütigungen aller Art bis zum Gefangenenmord. Lebensbedrohlich waren die Transporte und langen Fußmärsche in die Lager.

Die Sowjetunion hatte die Genfer Konvention über Kriegsgefangene von 1929 nicht unterzeichnet. Sie hielt sich aber cum grano salis an ihre Grundsätze. Sie erlaubte (auch nach Kriegsende) keine Hilfeleistungen durch das Internationale Rote Kreuz und verweigerte ihren Vertretern Besuche in den Lagern. Sie ließ aber Kriegsgefangene nicht systematisch umkommen, wie dies mit sowjetischen Kriegsgefangenen auf deutscher Seite geschehen war.[22] Dennoch waren die Überlebensbedingungen besonders für die große Mehrheit der Mannschaftsangehörigen bis 1947/48 äußerst schwer. Sie hatten unter den all-

---

21 Burcev, M. I.: Prozrenie. Moskau 1981. — Ueberschär, Gerd (Hg.): Das „Nationalkomitee Freies Deutschland" und der „Bund Deutscher Offiziere". Frankfurt am Main 1995. — Morré, Jörg: Hinter den Kulissen des „Nationalkomitees Freies Deutschland". Das Institut 99 in Moskau und die Deutschlandpolitik der UdSSR 1943–1946. München 2001. — Kircher, Klaus: Flugblätter aus der UdSSR. Gesamtverzeichnis der strategischen Serie 1941–1945. Bibliographischer Katalog. Erlangen 1995. — Zegers, Peter Kort/Druick, Douglas (Hgg.): Windows on the War. Soviet TASS Posters at Home and Abroad. Chicago/London 2011.
22 Overmans, Rüdiger/Hilger, Andreas/Polian, Pavel (Hg.): Rotarmisten in deutscher Hand. Dokumente zur Gefangenschaft, Repatriierung und Rehabilitierung sowjetischer Soldaten des Zweiten Weltkrieges. Paderborn u.a. 2012.

gemeinen elenden Lebensbedingungen der Jahre 1943 bis 1947 zu leiden und überlebten sie oft nicht. Sie mussten mit den oft willkürlichen und korrupten Lagerobrigkeiten, bei unzulänglicher Ernährung und medizinischer Versorgung, schwerer Arbeit mit primitivem Werkzeug ums Überleben kämpfen.

Stalin hatte sich von den Westalliierten den Arbeitseinsatz deutscher Kriegsgefangener und Zivilinternierter als Reparation zusichern lassen. Diese Pflicht zur Wiedergutmachung wurde nun eines der zentralen Argumente für eine „antifaschistische" Umerziehung: Das deutsche Volk sei insgesamt nicht schuldig am Krieg und seinen Verbrechen, aber es sei doch verantwortlich – und manchmal ist doch die Rede von kollektiver Schuld.[23] Diese müsse nun durch die Kriegsgefangenen abgetragen werden.

Den Lagerkommandanten kam es als Planbeauftragten vor allem auf eine erfolgreiche Erfüllung oder Übererfüllung der Pläne an.[24] Daher wurden Schlagworte und Losungen aus den 1930er Jahren in dem Sinne wieder ausgegraben: Gute Arbeit galt als Ausweis erfolgreicher Umerziehung. Die damit einhergehende Banalisierung des Umerziehungskonzepts angesichts der realen Arbeitsbedingungen und -praktiken muss nicht betont werden. Im Krieg und der unmittelbaren Nachkriegszeit waren oft nur bis zu 50 Prozent der Kriegsgefangenen arbeitsfähig, später bis zu 80 Prozent.[25] Die antifaschistische Rhetorik zeichnete allerdings ein ganz anderes Bild: Arbeit musste nicht einfach geleistet und nach Normerfüllung oder -übererfüllung entlohnt werden; sie sollte „bewusst" erfolgen als Teil der Wiedergutmachung. In einer Wandzeitung hieß es daher:

„Dieser Bau ist für meine Brigade ein Stück Wiedergutmachungsarbeit, auf das (!) meine Leute und auch ich stolz sein dürfen. ... Wir haben das beruhigende Gefühl, dem russischen Volk, dem wir doch unheimlich viel Schaden zugefügt haben, ein Fabrikgebäude aufgestellt zu haben, in dem es wieder für die Friedenswirtschaft produzieren kann".[26]

Arbeitskommandos und Brigaden sollten sich oft durch Unterschrift für den „Wettbewerb" in der Wiedergutmachung verpflichten. Diese Art der Propagierung von Wiedergutmachung dürfte die Glaubwürdigkeit der Antifa-Bewegung

---

23 Zolotarev, M. M. u.a. (Hgg.): Russkij Archiv 24. Velikaja Otečestvennaja 13 (2): Nemeckie voennoplennye v SSSR 1941–1945 gg. Sbornik dokumentov. Kniga pervaja. Moskau 1999, S. 326 (im Folgenden zitiert als RA 13 (2)).

24 RA 13 (2), S. 207-208. — Vgl. die Stellungnahme der KPD zur Schuld und Mitverantwortung der deutschen Bevölkerung: Erler, Peter/Laude, Horst/Wilke, Manfred (Hgg.): Nach Hitler kommen wir. Dokumente zur Programmatik der Moskauer KPD-Führung 1944/45 für Nachkriegsdeutschland. Berlin 1994, S. 390-397.

25 RA 13 (2), S. 213-215. — Erin, M. E./Beranova, N. V.: Nemcy v sovetskom plenu. In: Otečestvennaja Istorija 6 (1995), S. 134-142. — Ratza, Werner: Die deutschen Kriegsgefangenen in der Sowjetunion. Der Faktor Arbeit. München 1973, S. 57-58, 78-86.

26 Zagorul'ko, M. M. (Hg.): Voennoplennye v SSSR 1939–1956, Bd. 3: Tvorčestvo nemeckich voennoplennych o Stalingrade i o sebe/Schaffen der deutschen Kriegsgefangenen über Stalingrad und sich selbst. Volgograd 2006, S. 102 (im Folgenden zitiert als Schaffen/Tvorčestvo).

bei der Masse der Kriegsgefangenen nicht gerade erhöht haben. Sie wurde zumeist wohl als „Bauernfängerei" wahrgenommen.[27] Dass die Freude an guter Arbeit dort, wo dies möglich war, Individuen einen Sinn geben, Anerkennung und vielleicht sogar „Wohlstand" bringen konnte und die Kriegsgefangenschaft erträglich werden ließ, steht auf einem anderen Blatt und hatte kaum einen Bezug zu politischen Überzeugungen und Einsichten.

4. Politische Aspekte des Lagerlebens

Unter sowjetischer Aufsicht bildete sich sehr schnell eine „Lagerprominenz" aus: Zuerst standen viele Lager noch unter der Befehlsgewalt deutscher Offiziere, die bis Kriegsende nicht zu arbeiten brauchten und besser ernährt wurden. Dabei zeigte sich, dass der Gegensatz zwischen Offizieren und Mannschaften nicht so groß war, wie die deutschen kommunistischen Emigranten erwartet hatten. Immerhin scheint es in sowjetischen Lagern nicht – wie in den Lagern unter Aufsicht der westlichen Alliierten – zu Fememorden an Gegnern des Nationalsozialismus oder zur Etablierung nationalsozialistischer Rollkommandos gekommen zu sein. Bis zur Kapitulation wurden im Westen viele Lager der deutschen Kriegsgefangenen von Nationalsozialisten beherrscht, die Gefangenen entsprechend drangsaliert und manchmal terrorisiert.[28] In den sowjetischen Lagern rückten an die Stelle der Offiziere allmählich entweder Unterführer (Feldwebel, Unteroffiziere) oder auf lange Sicht Personengruppen, die für das sowjetische Aufsichtspersonal oder das Lager nützliche Funktionen übernahmen: Gefragt waren Ärzte und Sanitätspersonal, kaufmännisch gebildetes Personal, Facharbeiter und Handwerker, die sich auch materiell bald aus der grauen Masse der einfachen Gefangenen heraushoben. Der Zwang der planökonomischen Auflagen bedeutete, dass auch die sowjetischen Lagerkommandanten auf Kooperation – tatsächliche oder simulierte – angewiesen waren. Arbeitskommandos, die in Fabriken, in städtischen Baustellen oder manchmal in der Landwirtschaft eingesetzt waren, konnten Tauschgeschäfte mit Duldung (oder Partizipation) der Wachen und der Lagerobrigkeit oder heimlich abwickeln.

Dass die Lagergemeinschaften viele soziale Risse entwickelten, hing mit der sozialen Binnendifferenzierung von Funktionen und unterschiedlichen Zugängen zu immer defizitären Ressourcen zusammen. Hinzu kam, dass sich bereits im Krieg, aber auch danach politische und soziale Konflikte auftaten. Während des Krieges war insbesondere auf Offiziere und Generale ein erheblicher Druck

---

27 Reck: Tagebuch, S. 62.
28 Jung, Hermann: Die deutschen Kriegsgefangenen in amerikanischer Hand. USA. München 1972, S. 537-538. — Faulk, Henry: Die deutschen Kriegsgefangenen in Großbritannien. Re-education. München 1970, S. 28-30, S. 84 und S. 689.

ausgeübt worden, sich dem NKFD oder BDO anzuschließen, sodass ein Autor vom „Krieg hinter Stacheldraht" spricht.[29] Dass nach der Entlassung nach Deutschland ein nicht so kleiner Teil von den angeblich etwa 5.000 Absolventen der Antifa-Schulen und Antifa-Kurse[30] sich jedem politischen Engagement entzog oder in den Westen ging[31], deutet auf den begrenzten Erfolg der Antifa-Bewegung in den Lagern hin. Sie war unentbehrlich für die Erziehung von Kadern und ihren Einsatz zunächst in den Lagern, dann in der SBZ bzw. DDR. Dort haben denn auch ehemalige Kriegsgefangene in glühenden Farben ihre erfolgreiche Umziehung gefeiert und den sowjetischen und deutschen (Exil-) Kommunisten überschwängliche Zeugnisse des Dankes hinterlassen.[32]

Auch in den britischen und amerikanischen Lagern gab es spätestens seit der Kapitulation Programme zur Umziehung (und zusätzlich zur Weiterbildung). Wenn ehemalige Wehrmachtsangehörige diese Angebote annahmen, dürften ebenfalls materielle Aspekte und Zukunftserwartungen, also opportunistisches Verhalten, eine Rolle gespielt haben. Die insgesamt besseren materiellen Umstände der Haft und eine weniger mit Zwang oder Androhung von Zwang verbundene politische Überwältigungsrhetorik verliehen den westlichen Umziehungsprogrammen eine größere Überzeugungskraft als der kommunistische Antifaschismus.[33]

Bezeichnend für die sowjetischen Verhältnisse war ein offenbar ausuferndes Spitzelwesen unter den Kriegsgefangenen. Auch wenn wohl kaum davon auszugehen ist, dass ein Drittel aller Kriegsgefangenen sich freiwillig oder unfreiwillig für Spitzeldienste hergaben, so entsolidarisierte das Spitzelwesen und wurde daher als sehr belastend erlebt. Spitzel wurden als „Holzauge" (Holzauge sei wachsam!) bezeichnet.[34] Da sich die Wehrmachtsangehörigen bis 1945 und darüber hinaus mehrheitlich als resistent gegenüber der sowjetischen Propaganda, auch der des NKFD und BDO erwiesen hatten, diente das Spitzelwesen nach 1945 nicht zuletzt dazu, Kriegsverbrecher unter den Kriegsgefangenen

---

29　Frieser, Karl-Heinz: „Nationalkomitee Freies Deutschland". Der Krieg hinter Stacheldraht in sowjetischen Gefangenenlagern. In: Michalka, Wolfgang (Hg.): Der Zweite Weltkrieg. München 1989, S. 728-744. — Zolotarev, V. A. u.a. (Hgg.): Russkij Archiv t. 24: Velikaja Otecestvennaja 13 (3): Nemeckie voennoplennye v SSSR 1941–1945 gg. Sbornik dokumentov i materialov. Kniga vtoraja. Moskau 2002 (im Folgenden zitiert als RA 13 (3)), S. 418-446.
30　Burcev: Prozrenie, S. 99.
31　Biess: Homecomings, S. 126-152.
32　Liebermann, Mischket: Aus dem Ghetto in die Welt. Autobiographie. Berlin 1977, S. 219-315. — Rühle, Otto: Genesung in Elabuga. Autobiographischer Bericht. Berlin 1967.
33　Jung: USA, S. 205-238. — Faulk: Re-education.
34　Cartillieri, Diether: Die deutschen Kriegsgefangenen in der Sowjetunion. Die Lagergesellschaft. Eine Untersuchung der zwischenmenschlichen Beziehungen in den Kriegsgefangenenlagern. München 1967, S. 116-129. – Steinbach, Peter: Deutsche Kriegsgefangene. In: Aus Politik und Zeitgeschichte B 24/91 (7. Juni 1991), S. 47. — RA 13 (3), S. 308-313.

herauszufiltern. Der Druck der Antifa-Aktive (Ausschüsse)[35], die sich nach dem Krieg zunehmend als subalterne (deutsche) Leitungsgremien etablierten, sorgte zudem dafür, dass es zu Gegensolidarisierungen kam. Die Anzeige von Kriegsverbrechern galt zunehmend als „Verrat" und konnte durchaus mit Sanktionen von Seiten der Mitgefangenen geahndet werden. Dies glaubten wenigstens die sowjetischen Kontrolleure und Angehörige des Antifa-Ausschüsse nicht so selten zu beobachten.[36] Dass sich in den Baracken, Arbeitsbrigaden und Lagern Solidargemeinschaften bilden konnten, die sich gegen die Lagerobrigkeit abzuschotten versuchten, hatte oft allerdings wenig mit Politik, sondern viel mit innerer Disziplinierung z.B. gegen Diebstahl, für gerechte Nahrungsverteilung, interne Aufgabenverteilung etc. zu tun.

5. Antifaschistische Umerziehung

Seit dem Krieg hatten die Exilkommunisten mit Unterstützung der Politischen Verwaltung der Roten Armee und den Nachfolgeeinrichtungen der Kommunistischen Internationale damit begonnen, die Kriegsgefangenen politisch umzuerziehen. Es ging darum, geeignete Kandidaten für die Antifa-Bewegungen zu rekrutieren und sie politisch zu schulen. Danach sollten sie entweder an den Fronten als Propagandisten oder in den Lagern zur Umerziehung der Kriegsgefangenen und später in der Heimat eingesetzt werden. Die Formen der politischen Umerziehung und „Aufklärung" folgten ganz dem sowjetischen Stil von Wandzeitungen, Versammlungen (mit Resolutionen), Vorträgen, der gemeinsamen Lektüre von Zeitungen und kanonischer Texte des Marxismus-Leninismus-Stalinismus. Zur schon etwas weitergehenden Schulung von Antifa-Kadern gehörte die obligatorische Lektüre des „Kurzen Lehrgangs der Kommunistischen Partei der Sowjetunion", von Stalins „Über den Vaterländischen Krieg" und eine Einführung in die wichtigsten Grundsätze des Marxismus-Leninismus. Das Ziel war, die Unvermeidlichkeit des sowjetischen Sieges und des Sozialismus überhaupt einsichtig zu machen. Dass Antifa-Schüler und spätere Kader „mit den Wölfen zu heulen"[37] schienen, dass sie zu den Privilegierten der Lager-Gesellschaft gehörten, diente als Vorwand und vielfach als offenbar überzeugendes Argument, ihren politischen Botschaften nicht zu glauben. Dies konnte sich auch auf die Bloßstellung des Nationalsozialismus beziehen. Informationen und Einsichten hierüber wurden mehr abgewehrt als geleugnet. Das Antifa-Aktiv galt als „ein in die Gefangenen hineingegebenes Gesicht, das aus Ohr und

---

35 „Das Aktiv" – im sozialistischen Sprachjargon, vermutlich aus dem Russischen übernommen, bezeichnet eine „fortschrittliche Arbeitsgruppe, die sich besondere Aufgaben stellt", so das Kleine Fremdwörterbuch. Leipzig 1973, S. 19.
36 RA 13 (3), S. 382-387, 423.
37 Reck: Tagebuch, S. 129.

Mund bestand: das Ohr zum Abhören der Meinung, der Mund zum Proklamieren der Ideologie".[38] Der Anschluss an die Antifa-Bewegung wurde pauschal als Opportunismus, als Liebedienerei gegenüber den Sowjets und Privilegienhascherei wahrgenommen. Schlimmer noch, dem Antifa-Aktiv in den Lagern wurde vorgeworfen, durch die Abgabe einer „charakteristika", d.h. einer Beurteilung Einfluss auf die sowjetische Entlassungspolitik genommen zu haben.[39] In den politischen Stunden fühlten sich viele Gefangene durch die ständigen Hinweise auf deutsche Verbrechen und Mitschuld überfordert und gereizt. „Die Ausführungen /des deutschen Lagerältesten/ gipfelten stets in einem bis zum Überdruss wiederholten würdelosen Bekenntnis der eigenen Verbrechen und in kriecherisch-anbetenden Huldigungen und Dankesbezeugungen gegenüber der Siegermacht…".[40] Es folgten dann, so die Erinnerung, gesteuerte Diskussionen und Resolutionen. Die im Russkij Archiv abgedruckten Dankesbriefe aus Lagern und aus Antifa-Schulen entsprechen in ihrem Aufbau und ihrer Semantik in der Tat den bekannten sowjetischen, oft ins Infantile und Untertänige abgleitenden Ritualen von Briefen an die Obrigkeit (und von Wandzeitungen).[41] Sie kombinierten Schuldbekenntnisse mit Dankesbezeugungen. So heißt es in einem Brief der Absolventen der Zentralen Parteischule in Krasnogorsk vom 1. September 1949 an Stalin: „Wir haben begriffen, dass unser Volk auf sich große Schuld geladen hat, weil es sich in ein gehorsames Instrument der faschistischen Aggressoren verwandelt hat, es hat keinen Widerstand geleistet gegen den wortbrüchigen Überfall auf das erste Land des Sozialismus".[42] Dank der sowjetischen Menschlichkeit „hat sich unser Verstand von den Verirrungen befreit, die uns viele Jahre /wie/ in einem Schraubstock festgehalten haben".[43] „Als man uns den Lebensbalsam politischer Aufklärung anbot, erwachte in uns das Bewusstsein, dass auch wir Beteiligte der allgemeinen Schuld sind".[44] Daher „bemühen wir, die deutschen Kriegsgefangenen, uns ehrlich, den Verlust wieder gut zumachen, den wir Ihrem Lande zugefügt haben" – dies in einem Schreiben aus einem Lager aus Anlass des 800. Jubiläums der Stadt Moskau 1947.[45] Des Weiteren wurden immer wieder der fehlende Hass und fehlende Rachegelüste auf russischer Seite als spezifische Merkmale sowjetischer Humanität zelebriert.[46]

---

38   Schwarz, Wolfgang: Die deutschen Kriegsgefangenen in der Sowjetunion. Aus dem kulturellen Leben. München 1969, S. 71.
39   Robel, Gerd: Die deutschen Kriegsgefangenen in der Sowjetunion. Antifa. München 1974, S. 189.
40   Ebd., S. 453.
41   Brooks, Jeffrey: Thank you, Comrade Stalin! Soviet Public Culture from Revolution to Cold War. Princeton, N.J. 2000.
42   RA 13 (3), S. 215.
43   Ebd., S. 211.
44   Ebd.
45   Ebd., S. 210.
46   Ebd., S. 209-215, S. 218-235 und S. 422-438.

Diese antifaschistischen Sendschreiben – ob authentisch oder erzwungen, ist hier nicht von Interesse – lassen erkennen, wie mit der Schuld und Niederlage öffentlich umgegangen wurde: Schuld war einerseits eine Folge von Missbrauch durch die Hitlerclique und von Verirrung, aber doch auch von „Mitschuld", und sei es auch nur durch fehlenden Widerstand. Die Mitschuld durfte abgearbeitet werden durch den Einsatz für den Wiederaufbau der Sowjetunion. Dass Schuld sich vor allem auf den Überfall auf die Sowjetunion bezog und weniger auf das verbrecherische NS-System insgesamt, ist der Selbstbezogenheit der sowjetischen politischen Diskurse geschuldet. In ihnen ist bekanntlich nicht vom Zweiten Weltkrieg, sondern nur vom „Großen Vaterländischen Krieg" die Rede.

Es scheint so, dass unter dem unmittelbaren Schock der Niederlage und Gefangennahme eine gewisse Bereitschaft bestand, sich den sowjetischen Informationen, Belehrungen und auch der neuen, bisher unbekannten antifaschistischen Argumentation zu öffnen.[47] Hinzu kam der Schock über die Kriegsverbrecher-Prozesse in der Sowjetunion und besonders des Nürnberger Prozesses, über die in den wichtigsten Aspekten informiert wurde. Aussagen der Zeugen wurden manchmal nicht geglaubt.[48] In einem Lager bei Poltava mussten sich die Kriegsgefangenen die Übertragung des dort stattfindenden Prozesses anhören.[49]

Im Unterschied zu den Lagern unter britischer und amerikanischer Kontrolle scheint es in den sowjetischen Lagern keine systematischen Vorführungen von Dokumentarfilmen über die befreiten Konzentrationslager gegeben zu haben. Den Kriegsgefangenen in der Sowjetunion blieb mithin eine Form von Schocktherapie erspart, der sich ihre Kameraden im Westen zu unterziehen hatten.[50]

Sowjetische Filmemacher hatten Aufnahmen und Filme über die befreiten Lager hergestellt. Material aus diesen Dokumenten war in westliche Produktionen integriert worden und wurde später auch in sowjetischen Dokumentar- und Spielfilmen genutzt.[51] Eine schlüssige Erklärung, warum dieses Material nicht den deutschen Kriegsgefangenen (wie auch nur in geringem Umfang der sowjetischen Bevölkerung) gezeigt wurde, fehlt bisher. Es kann mit dem Defizit an Ausstattung zu tun haben, mit der eher auf das Heroische fixierten sowjetischen Propaganda und vielleicht auch schon mit antisemitischen Strömungen in den sowjetischen Instanzen. Aber Vernichtung und Destruktion in den sowje-

---

47 Reck: Tagebuch, S. 18-19. —Robel: Antifa, S. 130-131. — RA 13 (3), S. 406-408 und S. 419-420.
48 Reck: Tagebuch, S. 54.
49 Robel: Antifa, S. 129-131 und S. 135.
50 Jung: USA, S. 226. — Wolff, Helmut: Die deutschen Kriegsgefangenen in britischer Hand. Ein Überblick. München 1974, S. 538-539. — Faulk: Re-education, S. 342-345.
51 Weckel, Ulrike: Beschämende Bilder. Deutsche Reaktionen auf alliierte Dokumentarfilme über befreite Konzentrationslager. Stuttgart 2012, S. 45-105 und S. 123-185. — Pozner, Valérie u.a.: Filmer la guerre 1941–1946. Les Soviétiques face à la Shoah. Paris 2015.

tischen Gebieten durch die NS-Besatzung betrafen bekanntlich nicht nur Juden.

Selbst die nur verbalen und schriftlichen Konfrontationen mit den NS-Verbrechen vermittelten vielen Kriegsgefangenen das Gefühl, sie sollten „fertig gemacht" werden.[52] Vorwürfe gegen die Deutschen waren auch Teil des Alltags. So hieß es in der Ansprache eines Lagerchefs in Jur'evec an der Wolga aus Anlass einer von Kriegsgefangenen angeblich verursachten „Desorganisation": „Warum seid Ihr nach Russland gekommen, wir haben Euch nicht gerufen. Ihr wolltet an die Wolga, jetzt habt Ihr die Wolga."[53] Oder als eine vermutlich jüdische Ärztin von den Gefangenen forderte, alle Haare abzuschneiden, appellierte man an sie, sie möge ein Herz zeigen (weil Haare wärmten). Ihre Antwort: „Ich habe kein Herz mehr. Ein Stück davon ist in Auschwitz, eines in Majdanek!"[54] Je mehr „Aufklärung" und politische Umerziehung in die Bahnen antifaschistisch-stalinistischer Doktrinen geriet und zum Teil alltäglicher Auseinandersetzungen zwischen Kriegsgefangenen und sowjetischen Wachen und Funktionären wurden, desto resistenter oder auch abgestumpfter wurden selbst jene Kriegsgefangenen, die das Kriegsende als eigenen politischen und moralischen Zusammenbruch erlebt hatten.

Der Antifa-Diskurs von deutscher Schuld – jenseits der Kriegsverbrecher-Prozesse – behandelte in der Regel eher eine Schuld durch Unterlassung und durch Verführung. Die klassische kommunistische Erklärung des Faschismus als extremer Auswuchs des Imperialismus konnte auch von Schuld entlasten: Der Marxismus-Leninismus sei „auch da ein Schlüssel, nämlich nicht, dass die Deutschen verworfen sind, dass eben die notwendige Folge des Kapitalismus der Imperialismus sei und dessen höchste Spitze der Faschismus, und diese auch mit einer naturgesetzlichen Notwendigkeit zur Unmenschlichkeit führen musste".[55] Hierfür war auch das Bild vom „Puppenspieler-Kapital" beliebt, das die Menschen in Marionetten verwandle.[56] Die theoretische Erklärung schloss nicht aus, dass auch überzeugte Antifa-Absolventen die Schuldfrage sehr persönlich nehmen konnten. Dies belegt eine Tagebucheintragung nach dem Besuch des zweiten Teils des Films „Junge Garde" in Leningrad: „Als ich den ersten Teil im Lager sah, musste ich auch beschämt zugeben, dass ich auch einmal zu dieser verfluchten Wehrmacht gehörte, aber erst hier unter Zivilisten kam es noch beschämender zum Ausdruck. Ich meinte, ich müsste mich unter dem Fußboden verstecken. Welch große Schmach haben wir dem Sowjetvolk zugefügt, was man gar nicht mehr gutmachen kann.... Deshalb kann unser Dank nie groß genug sein...".[57] Dies war die

---

52   Robel: Antifa, S. 133.
53   Reck: Tagebuch, S. 69.
54   Ebd., S. 103.
55   Robel: Antifa, S. 411.
56   Schaffen/Tvorčestvo, S. 439.
57   Robel: Antifa, S. 385.

eine Seite. Die andere vermutlich eher Abwehr im Sinne der Relativierung deutscher Verbrechen. Man ließ sich auf sowjetische Erzählungen von deutschen Verbrechen nicht ein[58] oder relativierte sie mit Kriegsverbrechen der Alliierten. „Wir Deutschen wollten in Europa unsere Herrschaft aufrichten. Zweifellos haben wir dabei das Recht und Gesetze übertreten. ... Aber auch die anderen werden, sofern sie kein Maß halten, (und sie tun's bestimmt nicht) in ihren Plänen ausgleiten. Ich denke vor allem an England."[59]

Wie schmerzhaft die verordnete, mit stalinistischen Formeln und Ritualen aufgeladene Konfrontation[60] mit nationalsozialistischen Verbrechen für die Mehrheit der nach West-Deutschland entlassenen Kriegsgefangenen aus der UdSSR gewesen sein muss, zeigte sich daran, dass diese Konfrontation in den Interviews kaum thematisiert worden ist, wohl aber in den überlassenen schriftlichen Zeugnissen aus der Gefangenschaft. Dennoch kommt Gert Robel zu dem Schluss: „Der weitaus größte Teil der deutschen Kriegsgefangenen aber hat die Abkehr vom NS-System und seinen Praktiken unter Anleitung und durch intensive und beharrliche Aufklärungsarbeit der Antifa vollzogen, die sich hier ein bleibendes Verdienst erworben hat."[61]

6. Kultur als Medium moralischer Genesung?

Seit dem Bürgerkrieg waren im bolschewistischen Selbstverständnis Propaganda und „Aufklärung" (prosveščenie) eine enge Verbindung eingegangen, zunächst in Gestalt von „politischer Alphabetisierung", „Agitkunst", Agittheater" etc. Seit der konservativen Wende unter Stalin erhielt die klassische russische Hochkultur vor allem des 19. Jahrhunderts ihren kanonischen Status als Teil sowjetischer „kul'turnost'". Dieses weite Verständnis von Propaganda als Teil der Kultur, aber auch von der Nützlichkeit der Hoch- und Unterhaltungskunst hatte zur Folge, dass die Politischen Instrukteure und ihre deutschen Beauftragten neben der Umerziehung im engeren antifaschistischen Sinne auch die Kultur im weitesten Sinne als Medium der Umerziehung und Neuorientierung der deutschen Kriegsgefangenen duldeten und förderten, soweit es die materiellen Möglichkeiten erlaubten. Es koexistierten ein sehr instrumentelles, handwerklich bestimmtes mit einem intellektuell anspruchsvolleren Verständnis von Kultur. Das erstere zeigt sich in einem typischen Aufruf einer Wandzeitung in einem Stalingrader Lager: „Arbeitsbrigaden! Kämpft für die Steigerung der Arbeitsleistungen! Nehmt teil am politischen und kulturellen Leben unseres La-

---

58 Ebd., S. 404. – Reck: Tagebuch, S. 54.
59 Robel: Antifa, S. 135.
60 Ebd., S. 448.
61 Ebd., S. 135.

gers!" – dies aus Anlass einer Theateraufführung.[62] Kultur galt als Teil der Produktivkraft und als Stimulus für Produktivitätssteigerungen. Nebenbei ließ sich die Rote Armee von den Kriegsgefangenen auch als „Beschützerin der Kultur" feiern.[63] Wenn die im engeren Sinne antifaschistische Propaganda – in Wandzeitungen, Sketchen, Gedichten etc. – Formen der Gebrauchskultur nutzte und förderte, so lag es im Interesse von Laien und professionellen Künstlern, „hohe" Kunst (Theaterstücke, Chöre, Opern, Lesungen, und – eher privat – Gedichte und Reflexionen aller Art) als intellektuell-moralische Selbstvergewisserung zu nutzen. Dass manchmal Kompromisse eingegangen werden mussten, wurde hingenommen. In vielen Lagern ließen die politischen Instrukteure und seit 1946/47 zunehmend die an Einfluss gewinnenden Antifa-Aktive solche kulturellen Aktivitäten zu, die nicht unmittelbar politisch waren, sondern der Unterhaltung, der Bildung und Erziehung im weiteren Sinne dienen sollten. Am leichtesten zu realisieren war das Rezitieren und Vorlesen von Texten, die in den Lagerbibliotheken zugänglich waren. Zwar gab es auch den Druck, genehme Stücke – wie Konstantin Simonovs „Russische Frage" oder oft sogar gegen Protest Ilja Ehrenburgs „Der Sturm" – aufzuführen, beliebter und auf allen Seiten akzeptiert waren Stücke von Goethe, Schiller und Shakespeare, auch von russischen Klassikern, hier vor allem von Puškin, Gogol und Gor'kij. Nicht so selten waren Sujets von Gefangenen aus der Bibel, antiken Erzählungen und Cervantes entnommen. Zwischen den Lagern zirkulierten die Figur des Narren Petruschka und Texte von Michail M. Zoščenko, die während des deutsch-sowjetischen Paktes in großen Auflagen in Deutschland gedruckt worden waren.[64] In manchen Stücken ließen sich indirekt sogar aktuelle Probleme von ideologischer Indoktrination, von Zensur, von Tyrannei und Willkür thematisieren. Wenn die Berichte Maschkes und Schwarz' zutreffen, ging es in diesen Stücken und ihren Subtexten offenbar weniger um den Nationalsozialismus als um den Stalinismus (!) und russisch-sowjetische Verhältnisse. Auch in sogenannten Bunten Abenden und Varietés aller Art ließ sich in äsopischer Sprache der eine oder andere Aspekt der Lagerwirklichkeit kritisieren oder lächerlich machen.[65] In Elabuga soll ein Chor mit seinem Lied „Wach auf!" aus Wagners Meistersingern von Nürnberg geradezu als Protest eingesetzt worden sein.[66] In erster Linie dienten Darbietungen der ernsten und Unterhaltungskultur allerdings der Entspannung, der Flucht aus dem beschwerlichen Alltag des Lagers. Zudem boten sich Laien- und professionellen Künstlern ergänzende Ernährung (in den schlechten Zeiten) und Privilegien aller Art (in den besseren Zeiten).

---

62 Schaffen/Tvorčestvo, S. 38.
63 Ebd., S. 129.
64 Schwarz: Aus dem kulturellen Leben, S. 108-116.
65 Maschke: Erich: Einleitung. In: Schwarz: Aus dem kulturellen Leben, S. XLIII-XLVIII. — Ebd., S. 123-129.
66 Maschke: Einleitung, S. L-LI.

7. Klagen der Geschlagenen über das eigene Schicksal

Die Gedichte, wie sie die Maschke-Kommission überliefert, und andere Zeugnisse von Kriegsgefangenen[67], die in den 1950er und 1960er Jahren als akzeptabel galten, lassen keine Auseinandersetzungen mit den nationalsozialistischen Massenmorden erkennen. Die Gedichte wurden zum Teil offensichtlich erst nach der Heimkehr memoriert und festgehalten. Sie befassen sich in erster Linie mit der eigenen Situation: Niederlage und Gefangenschaft verunsicherten. In den Gedichten, Aussagen und Reflexionen der Kriegsgefangenen dominieren folgende Topoi:
- Zur grundierenden Stimmung gehörten Dunkelheit, Ungerechtigkeit, Willkür, Unsicherheit, Zusammenbruch, Leiden.
- Man klagte über den unterworfenen, versklavten deutschen Geist, über den Verlust seiner Reinheit,
- und beschwor gleichzeitig Tugenden wie Treue, Pflicht, (gebrochenen) Stolz und Opferbereitschaft. Alle diese Tugenden waren dem teils völkisch-nationalen, teils explizit nationalsozialistischen Tugend-Repertoire verhaftet.
- Man betrauerte den Verlust von „Idealen". Dies war bekanntlich ein verbreitetes Stereotyp in konservativen Kreisen der Bundesrepublik.
- Die christlich inspirierten Dichtungen sakralisierten das Leiden und wollten ihm so einen Sinn geben.
- Eher selten finden sich Klagen über die eigenen Irrtümer, über Blindheit, Verführung und Rausch durch falsche „Ideale" und leere Phrasen.
- Zerstörung und Gewalt wurden thematisiert, aber sie blieben abstrakt, ohne Zeit und Raum, und ohne Akteure. Es ist nicht zu erkennen, ob die Autoren eigene oder fremde Erfahrungen, eigenes oder beobachtetes Tun thematisieren.

Bei den Reflexionen der intellektuellen Kriegsgefangenen ging es um Verunsicherung, um Fluchten, um die Beschwörung vermeintlich klassischer Tugenden, ohne deren Zerstörung durch den Nationalsozialismus wahrhaben zu wollen. Zu Unrecht feierte Maschke die Überwindung des Nationalsozialismus unter den Kriegsgefangenen durch die Kultur: Als „treue Begleiter" hätten „die überlieferten Werte der geistigen Kultur auch unter den ungünstigen materiellen Bedingungen ihre bewahrende Kraft behalten."[68] Es gilt wohl eher, was die Dichterin Susanne Faschon über einen aus der UdSSR heimgekehrten Kriegsgefangenen geschrieben hat:

---

67 Verband der Heimkehrer, Kriegsgefangenen und Vermisstenangehörigen Deutschlands e.V. (Hg.): Zeugnisse einer Gefangenschaft. Ein Beitrag zur Kriegsgefangenengeschichte. Bad Godesberg 1962. — Cartillieri: Lagergesellschaft, S. 208-232. — Schwarz: Aus dem kulturellen Leben, S. 48-53, S. 66-69 und S. 77.
68 Maschke: Einleitung, S. LV.

„Von einem Schlaf
in den andern;
geweckt
und gebeugt in das Kauernde,
Sprachlos,
Taumelpfad
zum Kokon."[69]

8. Rückblick auf das NS-Regime, den Krieg, die Niederlage und die Kriegsgefangenschaft

Die Antifa-Propaganda und die mit ihr verbundenen Fragen nach Schuld und Mitverantwortung für die Kriegs- und Besatzungsgräuel war für die Mehrheit der schreibenden und nachdenkenden Kriegsgefangenen (jedenfalls nach ihrer Heimkehr) bestenfalls ein untergründiges Thema. Dies zeigte sich in einer Befragung von Kriegsgefangenen im Auftrag des VdK, vom Institut für Sozialforschung 1956/57 in 40 Gruppensitzungen mit 389 Teilnehmern durchgeführt.[70] Angesprochen wurden politische und historische Fragen, hierbei auch der Umgang mit der Kriegsgefangenschaft nach der Heimkehr und die Erfahrungen als ehemalige Soldaten der Wehrmacht und als ehemalige Kriegsgefangene in der Bundesrepublik der 1950er Jahre.

Die Herausgeber betonten, dass die aktuelle soziale Position und langfristige politische Einstellungen der Respondenten den Blick auf die Kriegsgefangenschaft mehr bestimmten, als reale Erfahrungen in der sowjetischen Gefangenschaft. Bestimmend waren hier besonders Unterschiede zwischen Angehörigen der (gebildeten) Mittelklassen und solchen der Arbeiter- und Bauernschaft. Deuteten erstere Krieg und Gefangenschaft vornehmlich als moralische Bewährungsprobe, so sahen letztere diese Lebenserfahrungen eher unter Aspekten von Anpassung und Überlebenskampf. Jörn Echternkamp spricht von einem „Umarbeitungsprozess", der seit den späten 1940er Jahren die Frage nach eigener Verantwortung und Schuld in den Hintergrund geschoben habe.[71] Denn durch Kriegsgefangenschaft und Arbeit in und außerhalb der Lager habe man die Schuld abgetragen. Hierbei lag der Schwerpunkt auf dem eigenen Leiden und der Schufterei, nicht auf der Schuld. Es dominierte ein Gefühl mangelnden Respekts und fehlenden Interesses für die Kriegsgefangenen in der Nachkriegs-

---

69 Zitiert nach Schwarz: Aus dem kulturellen Leben, S. 58.
70 Institut für Sozialforschung an der Johann-Wolfgang-Goethe-Universität (Hg.): Zum politischen Bewusstsein ehem. Kriegsgefangener. Eine soziologische Untersuchung im Verband der Heimkehrer. Forschungsbericht. Frankfurt am Main 1957. — Echternkamp, Jörn: Soldaten im Nachkrieg. Historische Deutungskonflikte und westdeutsche Demokratie. München 2014, S. 246-252.
71 Echternkamp: Soldaten im Nachkrieg, S. 244.

gesellschaft. Die Traumata und psychischen Leiden der Wehrmachtsangehörigen waren kein öffentliches Thema, so jedenfalls die Selbstwahrnehmung.[72] Die Verbände der Heimkehrer konkurrierten um Aufmerksamkeit und öffentliche Beachtung mit den Flüchtlingen, Bombenopfern und besonders mit den Opfern des Nationalsozialismus. Letzteren würde zuviel Aufmerksamkeit zuteil. Ihnen gegenüber wie gegenüber Emigranten zeigten sich starke Ressentiments. Die Klagen über die gegenwärtigen Zustände in der Bundesrepublik orientierten sich immer noch an den Idealen von Ordnung, Volksgemeinschaft („Gemeinnutz geht vor Eigennutz") und Kameradschaft, die es angeblich selbst noch in der Kriegsgefangenschaft gegeben habe. Beides konnte aber auch im Sinne des „mit den Wölfen heulen" verstanden werden. Die Kriegsgefangenschaft wurde mal als „Stumpfsinn", mal als „Bewährungsprobe" erinnert. Die vermeintlich solidarisierenden Erfahrungen in Krieg und Gefangenschaft wurden dem Materialismus, dem Verlust an „Idealen", dem politischen Streit und der „Zerrissenheit" der Nachkriegsgesellschaft entgegengehalten. Ressentiments gegenüber den aktuellen Zuständen koexistierten mit einem Anti-Militarismus und einer Politikfeindschaft, die auch mit der Diskreditierung der Wehrmacht und besonders ihrer Berufsoffiziere zu tun hatte. Antikommunismus unter den Kriegsgefangenen war eine dominante Einstellung, die sich insbesondere an der Verurteilung der Antifaschisten, der Lagerprominenz, des NKFD und BDO zeigte. (Angehörige der beiden letzteren Organisationen wurden nicht in die Bundeswehr aufgenommen.) Die Ablehnung und der Hass gegen frühere Antifaschisten und Lagerfunktionäre zeigten sich ebenfalls in vielen sogenannten Kameradenschinder-Prozessen.[73]

Die Schuldfrage wurde nur vermittelt über die Sicht auf die Vergangenheit diskutiert. Verantwortlich für den Krieg bzw. eine schlechte Kriegführung war Hitler. Die Wehrmacht und die Generale galten eher als „sauber". Der Krieg wurde als „Schicksal" erlebt und erlitten. Der Zweifrontenkrieg galt als „Fehler", aber Hitler hätte früher als die Westmächte die Gefährlichkeit des Bolschewismus erkannt. Immerhin war auch von „idiotischen" Kriegszielen und dem „Irrsinn" der Führerbefehle die Rede. Nur indirekt war dann von deutschen Verbrechen die Rede, wenn es hieß, dass man nach dem eigenen Verhalten in den besetzten Gebieten von den Sowjets nichts Gutes erwarten durfte. Der Widerstand, insbesondere das Attentat vom 20. Juli 1944, bildeten einen Stachel, der auf die eigene Feigheit verwies, die mit „Treue" und dem geleisteten Eid gerechtfertigt wurde. Die Konzentrationslager und der Holocaust wurden eher marginali-

---

72 Goltermann, Svenja: Die Gesellschaft der Überlebenden. Deutsche Kriegsheimkehrer und ihre Gewalterfahrungen im Zweiten Weltkrieg. München 2009.
73 Biess, Frank: Between Amnesty and Anti-Communism: The West German Kameradenschinder Trials, 1948–1960. In: Bartov, Omer u.a. (Hgg.): Crimes of War: Guilt and Denial in the Twentieth Century. New York 2002, S. 138-160.

siert.⁷⁴ Ebenso wie der Krieg wurden sie nicht in einem Zusammenhang mit dem eigenen Verhalten gesehen. Deshalb wurde der Nationalsozialismus auch nicht in Bausch und Bogen verurteilt, sondern nur Hitlers Kriegspolitik.

Vom Antifaschismus, wie er sich in den sowjetischen Lagern präsentiert hatte, finden sich in den Befunden des Frankfurter Instituts für Sozialforschung ebenso wenige Spuren wie von der öffentlichen Rhetorik der Führung des Verbands der Heimkehrer, der sich demonstrativ zu demokratischen Grundwerten der Bundesrepublik bekannte. (Ob er damit die Mehrheit seiner Mitglieder repräsentierte, ist unklar).⁷⁵

Erinnert wurden Erfahrungen inner- und außerhalb der sowjetischen Lager, die Armut der sowjetischen Bevölkerung, für die man durchaus Sympathie zeigte, der rüde Umgang mit ihr von Seiten der sowjetischen Funktionäre. Einen noch wichtigeren Stein des Anstoßes bildeten die Privilegien der Mitglieder der antifaschistischen Ausschüsse. Alle diese teils vorgeschobenen, teils geglaubten Argumente ermöglichten es den ehemaligen Kriegsgefangenen, sich mit der eigenen Verantwortung und eigener Schuld nicht näher zu befassen und nur das eigene Leid zu beklagen. Allerdings waren Kriegsverbrechen und der Holocaust spätestens seit den 1960er Jahren in der Öffentlichkeit der Bundesrepublik wieder präsent. Auch die Masse der Kriegsgefangenen und ihre maßgeblichen Organisationen leugneten sie nicht, aber sie marginalisierten sie oder schwiegen darüber. So begünstigten die Erfahrungen inner- und außerhalb der Lager, die eigene oft schwierige Situation in der Bundesrepublik und die Großwetterlage des Kalten Krieges eher Lernblockaden als Lernbereitschaft. Der Kokon-Zustand lässt sich bei wohlwollender Beurteilung als Übergangszustand und im Sinne Hermann Lübbes als verborgener Ablösungsprozess vom Nationalsozialismus deuten.⁷⁶

---

74 Die Zwangsarbeit der sowjetischen Kriegsgefangenen und ihr Sterben waren damals noch kein Thema in der weiteren Öffentlichkeit.
75 Schwelling, Birgit: Heimkehr – Erinnerung – Integration. Der Verband der Heimkehrer, die ehemaligen Kriegsgefangenen und die westdeutsche Nachkriegsgesellschaft. Paderborn u.a. 2010, S. 192-202.
76 Lübbe, Hermann: Der Nationalsozialismus im deutschen Nachkriegsbewusstsein. In: Historische Zeitschrift 236 (1983), S. 579-599. — Und die Kontroversen um Lübbes Hypothesen. In: Dubiel, Helmut/Frankenberg, Günther: Entsorgung der Vergangenheit. In: ZEIT Online 18. März 1983 (Zugriff 1.2.2015).

Elena Zubkova

Принудительная «трудотерапия» в СССР: между ГУЛАГом и «большой химией». *Реплика в современной дискуссии*

С января 2017 г. в России начал применяться новый вид уголовного наказания – принудительные работы как альтернатива лишению свободы. Работа над законопроектом велась несколько лет, еще несколько лет ушло на то, чтобы норма закона вступила в силу. Появление закона о принудительных работах вызвало довольно оживленную дискуссию в российских СМИ. Первое, что приходило журналистам на ум – аналогии с советским опытом, когда на смену жестким практиками принудительного труда в сталинском ГУЛАГе пришла так называемая *«химия»* - привлечение правонарушителей к обязательным работам под контролем, но без лишения свободы. Слово *«химия»* в данном контексте впервые стало использоваться в диссидентских кругах, его происхождение не вполне ясно, но вместе с тем очевидно, что распространение практики принудительных работ как альтернативной меры наказания не случайным образом совпало с бурным развитием в СССР химической промышленности и соответственно со строительством предприятий *Большой химии*. На эти стройки и предприятия со сложными и вредными условиями труда и направлялись в первую очередь люди, осужденные за различные правонарушения – реальные и мнимые.

Наибольшее распространение *«химия»* как вид принудительных работ получила в середине 1960-х и 1970-е годы. До этого времени в течение почти десяти лет в Советском Союзе происходил своего рода поисковый процесс – ревизия концепции и практик принудительного труда сталинского периода. Смысл и вектор этого процесса определяли два контекста – международный и внутренний.

Международный контекст был связан прежде всего с попытками советского руководства во главе с Н.С. Хрущевым выстроить новый формат отношений с Западом, уйти от конфронтации послевоенных лет, наладить диалог. Диалог, в свою очередь, требовал определенного соответствия западным стандартам, в том числе и в правовой сфере. Одним из первых шагов на этом пути стало присоединение Советского Союза к ряду международных соглашений, в том числе Конвенции № 29 Международной Организации Труда (МОТ) о запрещении принудительного труда. Внутренний контекст корректировки практик наказаний определял процесс десталинизации (либерализации), затронувший, как известно, принципы организации социального порядка, а также сферу законотворчества, где предстояло новые тенденции нормативно закрепить.

В процессе либерализации практик социального контроля изменялись критерии стратификации общества, причем в самой главной, базовой для сталинского периода градации – делении общества на «своих» и «чужих», «наших» и «не наших». Суть этого главного тренда можно кратко обозначить следующим образом: «не наши», «чужие» перекодировались – переводились в категорию «наших», т.е. «своих». Процесс перекодирования коснулся не всех, траектория его развития тоже не была линейной и поступательной. Важно другое: государственная концепция социального порядка, десятилетиями строившаяся на принципе исключения, изоляции и культивирования аутсайдеров, начинает переориентироваться на поиски новых – адаптационных и инклюзивных - социальных стратегий.

Тон задает Хрущев. Он бросает фразу: «У нас, естественно, нет капиталистов, и они не находятся в местах заключения. У нас в местах заключения находятся *наши советские люди*, которые по тем или иным причинам совершили преступление». Задача общества – вернуть «нашего», но оступившегося человека к нормальной жизни, включить его в «здоровый» социум. По логике Хрущева, преступность, как и другие социальные аномалии –, это своего рода болезнь, которую необходимо лечить.

В конце 1950-х гг. слово *лечение* станет одним из главных понятий в дискурсе преступности, правонарушений, социальных аномалий, наряду с другими, более знакомыми – *исправление* и *перевоспитание*. Раньше в качестве главного «воспитательного» средства выступал *труд* – добровольный или принудительный, теперь труд выступает и в роли универсального «лекарства». Таким образом концепт принудительного труда переводится в плоскость *трудотерапии.*

На первый взгляд, дискуссии 1950-х -60-х годов о «перевоспитании преступника трудом» ничего, кроме скепсиса, вызвать не могут. Во-первых, они не так далеко ушли от пропагандистских упражнений сталинских времен о «перековке» и «переплавке». Во-вторых, идею воспитания трудом не Сталин придумал. Все это очень напоминало классическую утопию, и утопией, по сути, было. Не случайно идея воспитания трудом нашла свое отражение в главном утопическом документе советского времени – программе КПСС 1961 года.

Вместе с тем в дискурсе и практиках наказания хрущевской эпохи присутствовал один важный нюанс: принудительные работы рассматривались и применялись как мера наказания, не связанная *с* лишением свободы, хотя и предусматривалось существенное ее ограничение.

Либерализация практик наказания за отдельные правонарушения была связана также с целевым контингентом принудительной «трудотерапии». Назывался этот контингент по-разному: *антиобщественные элементы, лица, ведущие паразитический образ жизни («паразиты»), тунеядцы.*

Содержательные границы этих категорий отличались нечеткостью и подвижностью - они то сужались до конкретных представителей социального андеграунда (например, нищих и бродяг), то приобретали совершенно расплывчатые очертания, маркируя как антиобщественное любое поведение, не вписывающееся по тем или иным критериям в советский канон. Каноном считался *общественно полезный труд* – категория тоже весьма нечеткая и конъюнктурная, кроме одного непременного условия: общественно полезным считался только труд на государство, все остальные виды занятости или их отсутствие должны были восприниматься как отклонение от нормы. Поэтому к разряду *паразитов* и *тунеядцев* причислялись деятели теневого сектора экономики, люди, сдающие квартиры внаем, свободные художники и литераторы, молодые бездельники и др.

Среди нормативных документов, так или иначе связанных с кампанией против *тунеядцев*, наибольшую известность приобрел указ Президиума Верховного Совета РСФСР от 4 мая 1961 г. «Об усилении борьбы с лицами, уклоняющимися от общественно полезного труда и ведущими антиобщественный паразитический образ жизни».

Разработка этого закона заняла почти 7 лет, в результате его окончательный вариант существенно отличался от первоначального замысла. Замысел был очень конкретным и социально ориентированным: впервые за много лет власть всерьез занялась изучением проблем бедности и ее последствий, в том числе положения маргинальных групп населения, которых традиционно относят к обитателям социального «дна» – нищим и бродягам. Разработчики первого проекта закона (1954 г.) были озабочены главным образом проблемой ликвидации вынужденного нищенства – нищенства, обусловленного бедностью, старостью, бездомностью, отсутствием социальной поддержки и т.д. Перечислялись условия, облегчающие трудоустройство такому специфическому контингенту – как правило, людям с ограниченными возможностями. А для тех, кто не может работать, предлагалась система социальной поддержки. Подготовленный документ в соответствии с его замыслом тоже носил конкретный характер: в нем не упоминалось о «воспитании трудом», «трудотерапии» и прочих неюридических категориях. В этой идеологической нейтральности заключалась одна из главных причин, почему проект закона в первоначальной редакции так не был принят.

Проект закона был передан в другую комиссию, которая работала под контролем аппарата ЦК КПСС. Именно в недрах этого аппарата возникла идея: нельзя ограничиваться только попрошайками, «надо взять глубже», привлечь к ответственности «более серьезных преступников и тунеядцев, которые извлекают от государства и граждан большие доходы».

Так в нормативном и политическом дискурсе появилась еще одна терминологически расплывчатая категория – *лица, живущие на нетрудовые доходы*. Авторы законопроекта были поставлены в тупик, поскольку широкий перечень практик «нетрудовых доходов» (прежде всего, «теневая» занятость в негосударственном секторе) по действующим советским законам являлись уголовно ненаказуемыми.

Однако выход был найден. Дела на «антиобщественные элементы», живущие на «нетрудовые доходы» передаются не в сферу обычного судопроизводства, а на так называемый «суд общественности». В качестве меры наказания предлагалось выселять таких граждан на принудительные работы сроком от 2 до 5 лет в специально отведенные районы.

Все эти положения нашли отражение в проекте закона 1957 г. «Об усилении борьбы с антиобщественными, паразитическими элементами». Проект был опубликован и таким образом вынесен на общественное обсуждение. Неожиданно для организаторов кампании он вызвал заметный негативный резонанс - как в стране, так и за рубежом. Критики законопроекта особо обращали внимание на то, что его положения противоречат нормам Конвенции МОТ № 29 и означают отступление от курса 20 партийного съезда, от политики по восстановлению законности.

Принятие закона в Российской Федерации тогда снова отложили (хотя он был принят в нескольких других национальных республиках). А через три года, в августе 1960 г. в Советском Союзе стартовала новая мощная кампания, направленная против *тунеядцев*. Проходила она под лозунгом «Кто не работает – тот не ест».

Началась кампания с «Теоретической конференции» (?) партийной организации прессового корпуса Московского автозавода им. Лихачева. Ее организаторы решили прикрыться авторитетом рабочего класса, который в отличие от сомневающихся юристов и «теоретиков» дал свое определение, кого считать тунеядцем. Как и следовало ожидать, рабочий класс не подвел: виртуальная *скамейка тунеядцев* оказалась весьма широкой – от пьяниц и хулиганов до «расхитителей социалистической собственности».

Потом в разных городах страны прошли показательные общественные суды над «тунеядцами». В качестве обвиняемых на этих судах выступали главным образом молодые люди, занимающиеся фарцой (перепродажей дефицитных вещей, как правило, зарубежного производства) или просто «праздношатающиеся». Как правило, суд выносил решение о выселении обвиняемого из города. Эти так называемые общественные суды с точки зрения нормы были абсолютно незаконными, поскольку соответствующий закон в Российской Федерации на тот момент так и не был принят.

Помимо показательных судов в ходе кампании проводились комсомольские рейды по отлову тунеядцев, превентивные беседы в райкомах партии и комсомола. В Грузии комсомольцы даже составили специальную «картотеку лоботрясов». Кампания проводилась с размахом: практически все печатные издания – центральные и региональные – так или иначе включились в процесс обсуждения проблемы тунеядства.

Любопытно, что в публичном дискурсе тунеядства для идентификации этого явления и описания методов борьбы с ним активно использовалась не политическая или социальная, а скорее естественнонаучная лексика – язык биологии, ботаники, медицины. Тунеядцев называли паразитами в биологическом смысле этого слова – *клещами, сорняками*, а тунеядство – болезнью на здоровом теле общества.

В ходе этой кампании впервые в публичное пространство вбрасывается идея «принудительной трудотерапии». Газеты призывают *«принудительно лечить бездельников трудом»*, провести *«немедленное хирургическое вмешательство»*, *«выписать рецепт на самое действенное лекарство – общественно-полезный труд»*.

А в качестве «лечебных» учреждений предлагалось организовать специальные трудовые колонии для тунеядцев, отправлять их на стройки, где формировать из них специальные «бригады бездельников», делать соответствующую отметку в паспорте и т.д. Когда спустя несколько месяцев 4 мая 1961 г. обсуждаемый проект стал законом, общественное мнение было к этому событию соответствующим образом подготовлено.

Однако уже первые месяцы практического применения закона против тунеядцев продемонстрировали, что он не оправдал ожидания его инициаторов и сторонников. Общественность, т.е. обычные граждане, включилась в процесс вяло, подавляющее большинство приговоров о выселении (95%) выносилось судами – нормальными судами, а не общественными. Суды, со своей стороны, достаточно дифференцированно подходили к личности и проступкам обвиняемого и выносили решение о выселении и принудительных работах не в отношении граждан, занятых теневым бизнесом, а в отношении алкоголиков и хулиганов, досаждающих своим асоциальным поведением окружающим. В результате в местах поселения скапливался соответствующий маргинальный контингент, методам «трудотерапии» часто просто не поддающийся. Руководители предприятий отказывались принимать таких людей на работу, рассматривая их в качестве балласта.

В конце концов указ 1961 г. по отношению к социальным маргиналам практически перестал применяться. Но ему нашли другое назначение – стали использовать как средство борьбы с инакомыслием в обществе, когда к категории тунеядцев причислялись люди, по тем или иным причинам считавшиеся политически неблагонадежными. Так советские диссиденты, высланные на принудительные работы, стали новыми объектами «трудотерапии».

Понятие «трудотерапия» в качестве идеологического камуфляжа принудительных работ в системе наказаний постепенно выходит из официального употребления. В разговорной лексике ему на смену приходит другое слово – «химия». На юридическом языке, согласно уголовному кодексу Российской Федерации 1960 г., так назывались «исправительные работы без лишения свободы». В начале 1990-х гг. практика принудительных работ как вид наказания в России была отменена. Однако о «трудотерапии» и «химии» советских времен неожиданно, но не случайно снова вспомнили – уже в современном контексте.

Wolfgang Eichwede

Visionen und Blockaden des Wandels – mein Blick auf die Sowjetunion 1953–1991

Niemand hatte 1939 ahnen oder voraussehen können, dass die Sowjetunion nach dem Krieg neben den USA die zweite Weltmacht sein würde. Das Land hatte im Zweiten Weltkrieg außerordentliche Verluste an Menschen und industrieller Kapazität erlitten. Doch lagen die wirtschaftlichen Potentiale im Vergleich zu den Vereinigten Staaten auch jenseits der Kriegsschäden weit auseinander. Ökonomen schätzen den Vorsprung der USA auf das Dreifache. So war das Dilemma offenkundig: Je stärker die UdSSR ihre ökonomische Unterlegenheit durch das Streben nach militärischer Parität zu kompensieren suchte, umso mehr fiel sie im Wettlauf der Systeme zurück. Während sich die Formierung des „Westens" im Zeichen amerikanischer Hegemonie auf die Zustimmung, ja den erklärten Willen der Völker zumindest in ihrer großen Mehrheit stützen konnte, schmiedete die UdSSR ihren Sicherheitsgürtel in Europa gegen den Willen der Nationen, die dort lebten. Ihre Herrschaft war nicht legitimiert. Um beide Defizite – das wirtschaftliche wie das demokratische – zu überspielen oder zu reduzieren, stand sie von Beginn an unter Druck. Welche Chancen, ihn abzubauen oder sich zu verändern, hatte die Sowjetunion, welche Wege wurden riskiert? Den Möglichkeiten des Wandels sind die folgenden Überlegungen gewidmet.

Wandel 1: Nach Stalin – Kommunismus-Perspektive und Wettlauf der Systeme (von 1953 bis 1961)

Für Deutschland begannen die fünfziger Jahre mit dem Jahr 1948. Die UdSSR blockierte die Verkehrswege zu den Westsektoren Berlins, die USA antworteten mit den „Rosinenbombern". Ein Image war geboren: militärische Blockade gegen ökonomischen Einfallsreichtum. Berlin hörte auf, die Stadt Hitlers zu sein, sondern wurde zum „Vorposten der Freiheit". In Europa wie in Asien eskalierten die weltpolitischen Konflikte. Der auf Schulkarten blau untermalten NATO stand – drohend – der rote Block gegenüber. Die Totalitarismus-Theorie avancierte im westlichen Verständnis der kommunistischen Systeme zum beherrschenden Erklärungsmodell – sie galten als ebenso monolithisch wie expansiv. Nicht nur einmal rückte der „kalte Krieg" in gefährliche Nähe zu einem „heißen". Doch zeigten die Wirklichkeiten bald ein komplexeres Bild.

Entstalinisierung und Sputnik

1953 starb Stalin. Es dauerte keine fünf Tage, bis erste Schritte zu einer Entstalinisierung einsetzten. Der Begriff von der „sozialistischen Gesetzlichkeit" startete seine Karriere – die Diktatur der kommunistischen Partei freilich blieb. Hunderttausende wurden aus dem GULag entlassen, der flächendeckende Terror fand ein Ende, die gezielte politische Repression nicht. In seiner historischen Geheimrede auf dem 20. Parteitag der KPdSU im Februar 1956 rechnete Nikita Chruščev mit dem toten Diktator ab, um ein politisches Erdbeben in seinem Block auszulösen. Die Revolution in Ungarn schlug er mit seinen Truppen nieder – die Machtfrage durfte nicht gestellt werden. Zugleich versuchte er, die lahmende sowjetische Ökonomie effizienter zu machen und den Lebensstandard der Bevölkerung anzuheben. Es war eine Reformpolitik im „Stopp and Go". Schriftstellern und Künstlern wurden im Zeichen des „Tauwetters" größere Freiräume gewährt. In der Literatur vollzog sich ein „Aufstand der Person"[1]. Boris Pasternaks „Dr. Schiwago" ist aus der Sowjetunion der fünfziger Jahre nicht wegzudenken, obgleich sein Autor den Nobelpreis 1958 nicht annehmen durfte und der Roman zuhause bis 1987 verboten blieb. Das spektakulärste Ereignis der Epoche aber konnte die Sowjetunion mit dem Flug des „Sputnik" am 4. Oktober 1957 im Weltraum verbuchen. Auf ihn folgte die Erdumrundung durch Jurij Gagarin am 12. April 1960. Im Überschwang solcher Spitzenleistungen, aber auch unter dem Druck, seiner Gesellschaft eine attraktive Perspektive zu geben, rief Chruščev dazu auf, noch in seiner Generation den Kommunismus im Alltag des Lebens zu realisieren. Man werde den Westen „einholen" und „überholen". Auf dem 22. Parteitag 1961 stürzte er nicht nur Stalin ein zweites Mal vom Sockel, sondern verkündete in dem neuen Parteiprogramm nicht ohne Pathos, in zwei Jahrzehnten das Produktions- und Konsumniveau der Vereinigten Staaten von Amerika zu erreichen und hinter sich zu lassen.[2] Gegenüber dem Terror als Herrschaftsinstrument kam diese Vision einem Quantensprung gleich – so verwegen es sein mochte, den Systemkonkurrenten, der laut Ideologie doch von „Fäulnis" (Lenin) befallen war, als Messlatte zu nehmen. Die harte Realität aber sah anders aus. Die sowjetische Führung setzte zwar permanent Verwaltungs- und Wirtschaftsreformen zur Modernisierung ihrer Strukturen in Szene, hebelte sie aber im gleichen Zuge um der Wahrung ihres eigenen Machtmonopols willen wieder aus. Selbst dort, wo sich vage Formen eines bürokratischen Pluralismus zwischen den autoritär gestrickten Apparaten abzeichneten, verfing sich die Politik in einem Teufelskreis von Halbheiten. Das phantastisch anmutende Parteiprogramm war schon bald Makulatur.

---

1 Ssachno, Helen von: Der Aufstand der Person. Sowjetliteratur seit Stalins Tod. Berlin 1965.
2 Siehe dazu Meissner, Boris: Das Parteiprogramm der KPdSU. 1903 bis 1961. Köln 1962.

Internationale Spielbälle: Konfrontationen und Ansätze einer ersten Detente

In den internationalen Beziehungen zeigte sich ein ähnliches Muster. Nach 1953 fehlte es nicht an Signalen der Entspannung. Der „Geist von Genf" (Konferenz der Großmächte 1955) und der „Geist von Camp David" (Chruščevs Besuch in den USA 1959) ließen Hoffnungen aufkeimen, die allerdings in der Konfrontationslogik des „kalten Krieges" und der Rüstungsspiralen zarte Pflänzchen blieben. Mit Chruščevs Berlin-Ultimatum von 1958 drohte ein neuer Kraftakt, der zehn Jahre nach der Blockade die Nachkriegsordnung in der Mitte Europas infrage stellte: Die Westsektoren sollten in eine, wie es in der sowjetischen Sprache hieß, „freie Stadt" verwandelt und damit aus dem Verbund mit der Bundesrepublik herausgeschnitten werden. Der Plan scheiterte. An seiner Stelle wurde im August 1961 der Ostteil der Stadt von seinen Westteilen durch die Mauer abgeriegelt, um die Fluchtwege aus der DDR zu sperren. Die sowjetischen Ordnungen demaskierten sich in ihrer Schwäche selbst, wenngleich Chruščev zu eben diesem Zeitpunkt glaubte, den USA gegenüber auch wirtschaftlich auftrumpfen zu können. Ein gutes Jahr später riskierte der Kreml mit der Stationierung von Mittelstreckenraketen auf Kuba die wohl gefährlichste Machtprobe des „kalten Krieges" mit den Vereinigten Staaten – er verlor sie. Mitte 1963 fand die Allianz mit dem kommunistischen China in einem bitteren ideologischen wie machtpolitischen Streit ihr faktisches Ende. In der Summe spielte die Sowjetunion als Nuklearmacht auf dem internationalen Parkett die Rolle eines Herausforderers, jedoch ohne Fortune. Vor allem aber lastete der Status einer militärisch definierten Supermacht auf der sowjetischen Ökonomie, die längst nicht mehr durch Weltraumflüge allein aufpoliert werden konnte.

Exkurs: Deutsche Blicke auf Russland nach dem Krieg

Doch wäre die Skizze dramatisch verkürzt, ja entstellt, würde die Sowjetunion der ersten beiden Nachkriegsjahrzehnte in der westdeutschen Wahrnehmung nur als Feindbild und Gefahr der Gegenwart dargestellt. Der nur wenige Jahre zurückliegende Krieg im „Osten" war immer präsent – und mit ihm der „russische Winter", die „russischen Weiten", die „russische Kälte" oder der „Schlamm" als übermächtiger Gegner. (Eigentlich hatten „wir" gegen ihn verloren, so war nicht selten zu hören.) In der Sprache der Soldaten mutierte die Sowjetunion zu Russland. In der Erinnerung dominierte das eigene Leid, kaum das Leid der anderen. Der deutsche Angriff erschien als Wahnsinn, weniger als Verbrechen. Wurde vom Schicksal der Kriegsgefangenen gesprochen, dann ausschließlich von dem der deutschen. Die Rückkehr der letzten 10.000 im Jahre 1955 – Konrad Adenauers Triumph in Moskau – war ein Ereignis, das kein Auge tränenleer ließ. Im öffentlichen Bild standen Erzählungen von „eigentlich guten Russen", denen es genauso dreckig gegangen sei wie einem selbst, den Gewalterfahrungen gegenüber, die beim Einmarsch der Roten Armee in Ostpreußen gemacht wurden. Ein Gefühl eigener Schuld gab es in weiten Teilen der Bevölkerung nicht oder nur in Peter Bamms Worten, dass „keiner von uns ganz schuldig" geworden, aber auch „keiner von uns ganz unschuldig" geblieben sei.[3] Die Teilung Deutschlands fiel in die Verantwortung des „Ostens", die DDR war Teil einer unattraktiven Drohkulisse. Die USA hingegen boten einen höchst attraktiven Schutz. Überhaupt waren die Rückblicke eingebettet in das Wohlgefühl des „Wirtschaftswunders" und die Chance des „Westens", die „uns" endlich erlaubte, auf der richtigen Seite zu sein und doch überlieferte Feind- oder Fremdbilder nicht aufgeben zu müssen. In dieser Gemengelage wurde Klaus Mehnerts Buch „Der Sowjetmensch" zu einem Bestseller.[4] Sein Resümee: Die Menschen in der UdSSR seien weder „neue" noch andere Menschen, weder ein Konstrukt kommunistischer Ideologie noch typisch russisch – sie seien einfach normal, bestimmt von Alltagssorgen und beseelt von Wünschen wie „wir" auch. Wo immer Mehnert sprach, waren selbst große Festsäle brechend voll. Offensichtlich gab es ein Bedürfnis, jenseits aller Schablonen mehr über das Land zu wissen, das sich so tief in die deutsche Erfahrung hineingeschnitten hatte. Seine De-Ideologisierung des „Sowjetmenschen" war auch ein Plädoyer zur De-Ideologisierung westlicher Sichtweisen.

Wandel 2: Nach der Entstalinisierung: Entspannung als Systempolitik und Ersatz gesellschaftlichen Wandels (von 1969 bis 1985)

Kritische Stimmen in den Gesellschaften, Blockaden im System

In der zweiten Hälfte der sechziger Jahre verlor die Sowjetunion ihre Aufbruchsperspektive. Sie entwickelte sich in ihren Binnenstrukturen zu einer konservativen, ja innovationsfeindlichen Macht. Alarmierender noch: Während die Wachstumsbarrieren in der sowjetischen Ökonomie wuchsen, sank die Bereitschaft zu tiefer greifenden Reformen. Offenbar dominierte die Besorgnis, dass Korrekturen im Wirtschaftssystem, sollten sie effektiv sein, auch Öffnungen in der Innenpolitik verlangen würden, die für das regierende Machtkartell nach Chruščev zu hohe Risiken in sich bargen. Die Indikatoren dafür waren be-

---

3   Bamm, Peter: Die unsichtbare Flagge. Ein Arzt erlebt den Krieg. Hamburg 1957, S. 215. Bamm bezog sein Urteil konkret auf die Soldaten der Wehrmacht.
4   Mehnert, Klaus: Der Sowjetmensch. Versuch eines Porträts nach zwölf Reisen in die Sowjetunion 1929–1957. Stuttgart 1958.

unruhigend. In der Tschechoslowakei hatten sich spätestens ab 1967 Modelle, in die staatliche Planwirtschaft marktwirtschaftliche Elemente einzubauen, mit dem Ruf nach größeren Freiheitsräumen und demokratischen Spielregeln in der Politik verbunden. 1968 gab Alexander Dubček dem „Prager Frühling" sein Gesicht. Die Führung der UdSSR jedoch verortete den „Sozialismus mit menschlichem Antlitz" als existentielle Bedrohung und beendete ihn am 21. August mit den Armeen des Warschauer Paktes. Nur zwei Jahre später, im Dezember 1970, entschied sich die polnische Arbeiterpartei, die großen Streiks der Werftarbeiter in Danzig und Stettin mit Waffengewalt zu beenden. Rebellionen und Aufstände, die sich im Namen des Sozialismus gegen die Diktatur des etatisierten Sozialismus wandten, durften keine Chance haben.

Auch in der Sowjetunion selbst regten sich Stimmen, die Menschen- und Bürgerrechte einforderten und sich dabei auf die Verfassung des Landes beriefen. Gerichtsverfahren gegen kritische Intellektuelle, die einfach nur „anders" sein wollten als die verordnete Ideologie, wurden nicht länger widerspruchsfrei hingenommen. Die Kulturszenen von Moskau und Leningrad probten die Widerrede. Was von den Zensurbehörden zur Veröffentlichung untersagt wurde, erschien in „Selbstverlagen", mit Schreibmaschinen getippt, immer wieder abgeschrieben und im Schneeballsystem weitergereicht. Im Samizdat entstand eine Gegenöffentlichkeit. Aleksandr Solženicyns Lager-Romane oder Evgenija Ginzburgs Memoiren kursierten in Fotoabzügen und vervielfältigten Abschriften, Solženicyns „Archipel GULag" delegitimierte das sowjetische Regime. Mit Andrej Sacharov wechselte einer der bedeutendsten Atomphysiker aus der etablierten Elite in die Reihen der Dissidenten, nachdem er zuvor – vergeblich – im Interesse einer Modernisierung des Landes für dessen Öffnung und die Zulassung von Kritik geworben hatte.[5]

Nichts davon fand Gehör. Die Herrschaftssicherung hatte absoluten Vorrang vor den Imperativen einer Erneuerung aus eigener Kraft. Dem Zwang aber zur Erschließung neuer Ressourcen und zur Freisetzung von Wachstumsimpulsen konnte nicht ausgewichen werden. Welche Auswege gab es? Wo verbargen sich bislang nicht genutzte, systemneutrale (!) Innovationspotentiale? Könnten Korrekturen in den Ost-West-Beziehungen Abhilfe schaffen oder wenigstens doch ein „mehr" an Stabilität mit sich bringen? Unmittelbar nach dem „Prager Frühling" hatte die UdSSR die „Brežnew-Doktrin" verkündet, die den Staaten des Warschauer Paktes nur eine eingeschränkte Souveränität zugestand. Gleichzeitig sollte über die Installierung einer gesamteuropäischen Sicherheitsstruktur die Nachkriegsordnung mit ihren bestehenden Grenzen festgeschrieben und damit – so das Kalkül – der eigene Block konsolidiert werden. Was als harte

---

5   Sacharov, Andrej (1968): Wie ich mir die Zukunft vorstelle. Gedanken über Fortschritt, friedliche Koexistenz und geistige Freiheit. Zürich 1973.

Machtpolitik konzipiert war, barg dennoch Dialogmöglichkeiten in sich, die über die Sprachlosigkeit der vergangenen Jahrzehnte hinauswiesen. Indem der „Westen" zur Sicherung sowjetischer Macht gebraucht wurde, eröffneten sich auch ihm neue Optionen. Sicherheit konnte nur wechselseitig funktionieren. Machte es daher Sinn, nach Schnittpunkten von Interessen zu fahnden, die die eingefahrenen Rituale des „kalten Krieges" relativieren oder in andere Bahnen lenken würden?

1968 im Westen und Umrisse einer neuen Politik: Willy Brandt

Ende der sechziger Jahre sahen sich auch die westlichen Ordnungen in den studentischen Protestbewegungen von Berkeley bis Berlin infrage gestellt. Amerikas Krieg in Vietnam hatte weltweit Empörungswellen ausgelöst und die Selbstgerechtigkeit der „freien Welt" tiefen Zweifeln ausgesetzt. In Frankreich und der Bundesrepublik, in Italien und den Niederlanden standen die Sattheit und Erstarrung des „Establishments" am Pranger. Manch einer der „68er" träumte gar von Revolution, viele hofften auf neue Horizonte. Anders jedoch als in den sozialistischen Ländern gelang es in den bürgerlichen, Kritikpunkte aufzunehmen, Reformprozesse – gewiss in dosierter Form – einzuleiten und „mehr Demokratie zu wagen". Die wirtschaftliche Kraft des Westens war eh ungebrochen. (Im Gegenteil, unter den rebellischen Intellektuellen war gerne vom „Terror des Konsums" die Rede).

Und schließlich: War die Teilung der Welt noch zeitgemäß? Taugten die Schwarz-Weiß-Bilder der Vergangenheit zum Verstehen oder zur Lösung zukünftiger Konstellationen? Entsprachen sie überhaupt den Realitäten? Seit dem Herbst 1969 besaß die Bundesrepublik mit Willy Brandt einen Kanzler, der die feste Absicht hatte, den Standort seines Landes in der europäischen Politik neu zu definieren. Aus dem einstigen „Frontstaat", der in der Halbierung des Kontinents groß geworden war und dem die „Gefahr aus dem Osten" geholfen hatte, im „Westen" aufgenommen zu werden, sollte eine Brücke werden. An den gewonnenen Partnerschaften und Bündnissen wurde nicht gerüttelt. Was Konrad Adenauer in den Bindungen an die USA und Frankreich aufgebaut hatte, galt es nun, durch Öffnungen gegenüber der Sowjetunion, Polen und der Tschechoslowakei fortzuführen. Die Neuvermessung des Kontinents konnte gar nicht anders, als die politische Kultur des westlichen Deutschlands zu verändern. Wer „Wandel durch Annäherung" zur Botschaft an seine Nachbarn machte, unterwarf sich selbst einem Wandel. Mit der „Dekonstruktion" von Feindbildern, deren Wurzeln bis in die Zeit des Nationalsozialismus zurückreichten, musste auch der Krieg, der im Osten Europas als Vernichtungskrieg geführt worden war, neu verarbeitet werden. Brandts Kniefall in Warschau am 7. Dezember

1970 wurde zum Symbol einer Epoche. Seine Ostpolitik schrieb Kultur- und Gesellschaftsgeschichte im eigenen Land.

Zu ihrem in der deutschen Öffentlichkeit leidenschaftlich umstrittenen Schlüsselereignis wurde die verbindliche Anerkennung von Polens Westgrenze durch die Bundesrepublik in den Verträgen von Moskau und Warschau. Willy Brandt betonte in seiner Rede an das deutsche Volk aus der polnischen Hauptstadt, man gebe „nichts preis, was nicht längst verspielt worden" sei, „nicht von uns ..., sondern verspielt von einem verbrecherischen Regime, vom Nationalsozialismus"[6]. Der Schritt war ein Meilenstein in der Nachkriegsgeschichte. Mit der Akzeptanz seiner Gebietsverluste stellte sich Deutschland seiner historischen Verantwortung. Gleichzeitig schmolz im östlichen Europa das deutsche Feindbild zusammen, das lange Zeit als Klammer des Blocks gedient hatte. Eine phantastische Dialektik tat sich auf. Hatte die Sowjetunion mit dem Bau einer europäischen Sicherheitsarchitektur die Zementierung ihrer Hemisphäre vor Augen, verringerten sich nun gerade innerhalb des festgeschriebenen Rahmens die Abhängigkeiten von ihr. Die Garantie des territorialen *Status-quo* entpuppte sich als Chance für erhöhte Bewegungsmöglichkeiten auf seiner Grundlage. Sie kamen auch den regierenden Regimes zugute. Von Polen bis Rumänien gewannen die Mitgliedstaaten des Warschauer Paktes an eigenem, nationalen Profil. Setzte die sowjetische Seite auf die Fixierung der Grenzen, so die westliche darauf, die fixierten Grenzen durchlässiger zu machen. Der sowjetische Begriff des „Wandels" hatte die Stabilisierung der äußeren Verhältnisse im Visier, der westliche die behutsame innere Öffnung. So trafen sich in der Philosophie der Detente sehr unterschiedliche Konzeptionen. Mit dem Bekenntnis zum Gewaltverzicht in einer von Waffen starrenden Welt besaßen sie dennoch einen gemeinsamen Nenner.

Entspannung in sowjetischer Sicht als Reformersatz

Ein ähnliches, ja noch aufregenderes Bild bietet sich für die Ökonomie. Allen programmatischen Erklärungen beider Seiten zufolge sollte die Politik der Entspannung die Tore öffnen, um der wirtschaftlichen Kooperation zwischen Ost und West gänzlich neue Dimensionen in quantitativer wie in qualitativer Hinsicht zu ermöglichen. In sowjetischer Version verband sich mit ihr die verwegene Hoffnung, aus dem Westen zu importieren, was man selbst nicht zuwege brachte. Oder in Systemkategorien formuliert: über den Systemrivalen jene Modernisierung zu erreichen, die das eigene System zu leisten nicht in der Lage war. Innovation von außen anstelle von Reformen im Innern, die das

---

6   Rundfunk- und Fernsehansprache von Bundeskanzler Willy Brandt an das deutsche Volk aus Warschau, 7. Dezember 1970 (ARD).

Machtinteresse verbot. Hinter dem Gleichklang der Vertragsprotokolle und Tischreden verbargen sich diametral entgegengesetzte Handlungsbedingungen. Die Sowjetunion wollte neue Technologie, der Westen, insbesondere das westliche Europa einen neuen Markt. Handelte die eine Seite aus wirtschaftlicher Schwäche, so die andere aus wirtschaftlicher Stärke. Dabei gingen die sozialistischen Partner von einer verblüffenden Hypothese aus. Während ihnen innere Reformen zu riskant waren, glaubten sie sich stabil genug, Transplantationen aus dem marktwirtschaftlichen Ausland bei sich zuhause so installieren zu können, dass sie systemneutral – ohne einen politischen Wandel zu erzwingen – Wachstumsimpulse erzielen würden. Technologische Inputs freilich hingen von Kapitalspritzen ab. Zum Modernisierungsbedarf kam ein Bedarf an Krediten in bislang ungekannten Größenordnungen. Erneuerungen, wenn sie denn überhaupt stattfanden, mussten außenfinanziert werden. Jedes Land agierte für sich. In der Suche nach Rettungsankern hörte der östliche Block auf, ein Block zu sein, auch wenn die Bündnisse unangetastet blieben. Das West-Ost-Gefälle jedoch konnte nicht reduziert werden, im Gegenteil – es nahm an Dramatik zu. Wohl wurden moderne Technologien importiert, doch vermochten die maroden Apparate sie oftmals nicht zu adaptieren. Letztlich blieben sie, wie ungezählte Berichte konstatierten, ein Fremdkörper ohne dynamisierende Effekte. Entspannung qua Import als Reformersatz funktionierte nicht, musste aber bezahlt werden, was wiederum nur über westliche Gelder ging. Neben dem Modernisierungsrückstand schnellte das Schuldenkonto empor. Zwar war weiterhin von einem Systemkonflikt die Rede – seine Tektonik aber hatte sich von Grund auf verschoben. Der Osten konnte nicht mehr ohne den Westen, der Konflikt mündete in einseitige Abhängigkeiten.

Helsinki als Sicherheitsarchitektur und Wandlungspotential

Die Entspannungspolitik fand mit der „Konferenz für Sicherheit und Zusammenarbeit in Europa" (KSZE) in Helsinki 1975 – exakt 30 Jahre nach der Konferenz von Potsdam – ihren Höhepunkt. In den mitunter kontroversen Vorbereitungstreffen ging es nicht nur um (unausgesprochene) Einflusszonen, um Grenzgarantien und Wirtschaftsbeziehungen neuen Typs, sondern auch um eine höhere Durchlässigkeit der Systeme. Die Diplomatie eroberte sich ein neues Terrain. Was zunächst in Forderungen nach menschlichen Erleichterungen und größerer Informationsfreiheit eingekleidet war, verdichtete sich bald – auf niederländisches, belgisches und kanadisches Drängen – in ein Plädoyer zur Achtung der Menschen- und Bürgerrechte. Der *Status-quo* als Staatenordnung würde in dem Maße anerkennungsfähig, in dem er als Gesellschaftsordnung geöffnet würde. Es galt, den Gewaltverzicht in den zwischenstaatlichen Beziehungen auf die innerstaatlichen Verhältnisse zu übertragen. Oder einfacher formuliert: Die Respektierung territorialer, äußerer Grenzen und Hegemonialsphären verband sich mit der Erwartung erweiterter Freiheiten in deren Innenräumen. Dahinter stand ein faszinierendes „Ping-Pong-Spiel" der europäischen Politik, das noch der detaillierten Erforschung bedarf. Die überraschende Karriere der Menschenrechte hatte 1968 und 1969 in kleinsten Komitees von Dissidenten der sowjetischen Hauptstadt begonnen, um nur sechs Jahre später Eingang in die berühmte „Schlussakte" von Helsinki zu finden, feierlich unterzeichnet von allen Staatschefs Europas. Von hier aus sprangen sie in die Länder der Parteidiktaturen zurück, deren Regierungen zwar die KSZE-Dokumente im Wortlaut veröffentlichten, sich aber in der Realität nicht nach ihnen richteten. Schon im Mai 1976 gründete sich in Moskau die erste „Helsinki-Gruppe", um die Einhaltung der Schlussakte in ihrem Land zu überwachen. Im Herbst folgte in Polen das „Komitee zum Schutze der Gesellschaft" (KOR/KSS), das sich in seiner Verteidigung der aufständischen Arbeiter vom zurückliegenden Sommer ausdrücklich auf die Schlussakte berief. Im Januar 1977 forderte in Prag die „Charta77" die tschechoslowakische Regierung auf, mit ihr in einen Dialog über die Einhaltung der Prinzipien von Helsinki zu treten. Die Menschenrechte hörten auf, nur ein abstraktes Prinzip zu sein – sie personifizierten sich in Menschenrechtlerinnen und Menschenrechtlern, um für die nächsten Jahre zu einem Topthema internationaler Konferenzen zu avancieren. Die europäische Politik bekam einen neuen Player. Die nicht demokratisch legitimierten Regierungen des sozialistischen Lagers hatten fortan Probleme, ihren Alleinvertretungsanspruch für die von ihnen kontrollierten Völker zu begründen. Umgekehrt blieben die Bürgerrechtler ihrem Grundsatz treu, nicht im Namen „ihrer" Gesellschaften zu sprechen, sondern nur die Rechte einzufordern, die diesen laut Helsinki zustanden. Der ungarische Schriftsteller György Konrad sprach von einer „Antipolitik", die gegen die herkömmliche Real- oder Machtpolitik aufbegehrte.[7]

Dass die autoritären Regimes – gewiss abgestuft und von Land zu Land unterschiedlich – versuchten, ihre internen Kritiker, Dissidenten und Widersacher mundtot zu machen, schmälerte zwar ihr internationales Standing, brachte aber auch die europäische Diplomatie in Verlegenheit. Die westlichen Regierungen gerieten in eine Zwickmühle: wie mit amtlichen Vertragspartnern ein Vertrauensverhältnis ausbauen, die erkennbar in Legitimationsnot gerieten und gerade vereinbarte Regeln missachteten? Über der Erfolgsgeschichte der Detente zogen Schatten auf. Nicht wenige Politiker, insbesondere deutsche, begannen daher, die Entspannungspolitik zu „etatisieren". Für sie verlor die ursprünglich breitgefächerte Konzeption des Wandels ihre demokratische und gesellschaftliche Komponente. Ins Zentrum rückten mehr und mehr Fragen der

---

[7] Konrad, György: Antipolitik. Mitteleuropäische Meditationen. Frankfurt am Main 1985.

Sicherheit und des ökonomischen Nutzens, der Reisefreiheit und des kulturellen Austauschs, soweit sie für die bestehenden Regierungen zumutbar waren. Ab Ende der siebziger Jahre allerdings verschärften sich die Dilemmata durch zwei in ihrer Dramatik unerwartete Entwicklungen:

Osteuropa im gesellschaftlichen Aufbruch

Die Menschen- und Bürgerrechtsbewegungen innerhalb der Länder des östlichen Blocks gewannen an Profil, ja, sie schufen Netzwerke und Infrastrukturen einer von den staatlichen Medien unabhängigen Öffentlichkeit, organisierten sich in Clubs und Gesprächsforen, in „fliegenden Universitäten", Ateliers und Haustheatern. Ihre Widerstandsformen zeigten erste Züge einer Institutionalisierung, ihr Ziel war nicht die Eroberung, sondern die Disziplinierung der Macht. In Prag behauptete sich die Charta trotz vielfacher Verhaftungen, in Budapest fanden sich Kontakte bis in den Reformflügel der Partei, in Moskau lebte die alternative Szene fort, obgleich das Bulletin der Menschenrechtler sein Erscheinen 1982 einstellen musste. In Polen entwickelte sich ab 1980 die unabhängige Gewerkschaft „Solidarność" zu einer Sozialbewegung, wie sie Europa nach dem Kriege noch nicht gesehen hatte. Alle Bedingungen einer Revolution waren gegeben, doch „begrenzte" sie sich angesichts der hegemonialen Machtverhältnisse „selbst".[8] Im Zwischenresümee: Der innere Wandel in den Gesellschaften Osteuropas lief dem Format der etatisierten Diplomatie davon.

Militarisierung der Politik

Gleichzeitig gewann die Sicherheitsfrage aufs Neue an Gewicht. 1977 – noch in der Hochphase der Entspannungspolitik – hatte die UdSSR begonnen, mit dem Bau von SS 20-Raketen ihre Mittelstreckenarsenale aufzurüsten. Dass in deren Visier genau jene Länder in Europa lagen, die die heftigsten Fürsprecher der *Detente* waren, wurde der sowjetischen Seite nachdrücklich von Helmut Schmidt vorgehalten, beeindruckte sie aber nicht. Vielmehr agierte sie ganz in der Logik ihres Nachkriegskomplexes, durch militärisches Auftrumpfen die wachsende ökonomische Unterlegenheit zu kaschieren. Auf globaler Ebene galten zwar Paritäten für Interkontinentalraketen mit den USA (SALT I und II). In Europa jedoch war ein Arrangement nicht in Sicht, sodass die NATO in ihrem „Doppelbeschluss" vom November 1979 ankündigte, als Antwort auf die SS 20 modernste amerikanische Raketensysteme in Mitteleuropa zu montieren, die die sowjetischen neutralisieren würden. Ziel freilich sei eine beiderseitige „Nulllösung". Als sich die Moskauer Führung nur einen Monat später entschloss, mit

---

8   Staniszkis, Jadwiga: Poland's Self-Limiting Revolution. Princeton 1984.

starken Verbänden in den afghanischen Bürgerkrieg einzugreifen, rutschte die Welt in ihre nächste Krise. Militärische Optionen überrollten die kunstvoll aufgebauten diplomatischen Netzwerke. Schon 1981 ging Amerikas neugewählter Präsident Ronald Reagan daran, die Installierung eines ballistischen Raketenabwehrsystems („Strategic Defensive Initiative", SDI) vorzubereiten, das das bisherige „Gleichgewicht des Schreckens" aus den Angeln heben könnte. Die Rüstungsspirale drehte sich schneller. Nicht wenige Beobachter sprachen von einem „zweiten kalten Krieg".

Innere Aushöhlung der Parteidiktaturen einerseits, Militarisierung der internationalen Politik (an der die Sowjetunion maßgeblichen Anteil hatte) andererseits drohten, den Befürwortern der *Detente* ihre Handlungsebenen zu nehmen und die ursprüngliche Idee des Wandels über Bord zu werfen. Im westlichen Europa, vor allem aber in den beiden deutschen Staaten organisierte sich eine fulminante Friedensbewegung. Richtete sich in der DDR der Appell, „Schwerter zu Pflugscharen" zu machen, an alle Akteure des Wahnsinns, unterlagen ihre Träger in der Bundesrepublik nicht selten der Gefahr, allein die NATO anzuklagen. Prominente Strategen der „neuen Ostpolitik" wie Egon Bahr verloren die gesellschaftlichen Wirklichkeiten in Osteuropa aus den Augen. Im Namen der europäischen Friedenssicherung bezogen sie sich nahezu ausschließlich auf Regierungen, die zuhause nicht in der Lage seien, im Frieden mit den eigenen Völkern zu leben, so Vaclav Havel 1983.[9] In ihrer Staatsfixierung wurden nicht wenige der einstmals revolutionären Vordenker der Entspannung zu Gefangenen einer Kabinettspolitik des *Status-quo*. Der *Status-quo* aber war es ja gerade, der die Krise provoziert hatte.

Wandel 3: Nach der „Stagnation": Gorbačevs großer Aufbruch – und das Ende der UdSSR (von 1985 bis 1991)

Mit der Wahl Michail Gorbačevs zum Generalsekretär der KPdSU am 10. März 1985 änderten sich die Szenarien von Grund auf. Etwas Unerhörtes geschah. Der neue „starke Mann" verordnete seinen Apparaten, die sich über Jahrzehnte durch einen galoppierenden Lernverlust ausgezeichnet hatten, einen Erneuerungsprozess, der ohne historisches Vorbild war. Tatsächlich gab es keine Erfahrungen, auf die er zurückgreifen konnte. Gewiss waren in renommierten Instituten der sowjetischen Akademie der Wissenschaften seit Jahren mit dem Stempel „Streng geheim" Memoranden verfasst worden, die keinerlei Illusionen über den deplorablen Zustand der bestehenden Verhältnisse zuließen. Neben dem Dissens in der Kultur hatte sich auch in etablierten Forschungseinrichtun-

---

9   Dazu: Havel, Václav: Anatomie einer Zurückhaltung. In: Herterich, Frank/Semler, Christian (Hgg.): Dazwischen. Ostmitteleuropäische Reflexionen. Frankfurt am Main 1989, S. 56.

gen ein gleichsam „systeminterner" Dissens zu Wort gemeldet. So sah sich die Politik mit der Herkulesaufgabe konfrontiert, in einem Zuge die stagnierende Ökonomie in Schwung zu bringen und das Vertrauen der von Passivität gezeichneten Gesellschaft zurückzugewinnen. Vertrauen aber konnte nur über wirtschaftliche Erfolge erworben werden. Wirtschaftliche Erfolge wiederum setzten einen Motivationsschub in der Gesellschaft voraus. Das Dilemma war offenkundig. Zunächst agierte Gorbačev vorsichtig, fast technokratisch in den Normen herkömmlicher Rezepte („Beschleunigung", Alkoholverbot). Doch begriff er schnell, dass das Land mehr als kosmetische Operationen in der Politik brauchte, um ökonomisch eine Zukunft zu haben. Der politische Umbruch aber, den er sodann auslöste, überrollte in seinen geschichtlichen Dimensionen die Lösung der wirtschaftlichen Defizite.

Reformen von oben und ihre Blockierung

Spätestens auf dem Januarplenum des Zentralkomitees der KPdSU 1987 gewann der unbedingte Wille zum Umbau – zur „Perestrojka" – Kontur. Ein „Zurück" werde es nicht mehr geben. Gorbačev hatte keine Revolution gegen das System, wohl aber eine Revolutionierung des Systems im Sinn[10]. In atemberaubender Geschwindigkeit jagten sich nun Enthüllungen über bürokratische Blockaden, über den Realitätsverlust der politischen Elite sowie eine Kultur des „Mimikry" und der Selbsttäuschung. Die Diktatur des ideologischen Betrugs sollte abgelöst werden durch eine Politik, die sich den realen Problemen des Landes stelle. In seiner Grundidee verfolgte Gorbačev eine phantastische Konzeption: das sowjetische System nicht nur von seinen bürokratischen Deformationen zu entschlacken, sondern in seinen Institutionen so weit zu öffnen, dass die Gesellschaft mit ihren neugewonnenen Freiheiten auch neue Energien entfalten und dem Land einen „Sprung nach vorn" ermöglichen werde. Die XIX. Parteikonferenz 1988 verpflichtete sich auf eine „Demokratisierung" der sowjetischen Ordnung, zu deren Zweck die Unionsverfassung novelliert werden solle.[11] Ihre Kernstücke: eine Stärkung der Legislative durch Schaffung eines „Kongresses der Volksdeputierten" (hervorgehend aus Wahlen mit mehreren Kandidaten) als oberstem Staatsorgan und die Ausstattung des Präsidentenamtes mit außergewöhnlichen Vollmachten. Im Hintergrund tobten erbitterte Machtkämpfe um die Reichweite der Reformen, sodass Gorbačev darauf setzte, durch den Aufbau eines Präsidialsystems, an dessen Spitze er selbst stehen würde, die eigene

---

10 Appell Gorbatschows zur Demokratisierung und Modernisierung der sowjetischen Gesellschaft. Auszüge aus der Rede des Generalsekretärs auf dem Plenum des ZK der KPdSU am 27. Januar 1987. In: Osteuropa 37 (1987), Heft 5, S. A235-A250.

11 Dazu: Sowjetunion, Sommer 1988: Offene Worte. Beiträge und Reden der 19. Gesamtsowjetischen Konferenz der KPdSU in Moskau. Nördlingen 1988.

Durchsetzungskraft zu erhöhen. In der Perspektive schwebte ihm offenbar vor, das Mandat der Partei als Schaltstelle der Macht durch ein staatliches Wahlamt zu ersetzen. In der Gegenwart aber sah er sich gezwungen, auf seine Gegenspieler in der KPdSU Rücksicht zu nehmen, um gleichzeitig die Illusion zu hegen, durch Dosierung des institutionellen Wandels Skeptiker in den Institutionen auf seine Seite ziehen zu können.

So wurde aus dem anfänglich gefeierten Architekten der Perestrojka ein Akteur der Balance, der vergeblich versuchte, zusammenzuhalten, was nicht mehr zusammenzuhalten war. Hatte die Wahlkampagne zum Volkskongress noch Erwartungen auf „mehr Demokratie" geweckt, setzte ihnen seine mehrheitlich parteigebundene Zusammensetzung relativ enge Grenzen. Ebenso vermochte der Zuwachs an konstitutionellen Befugnissen für Gorbačev nicht den progressiven Verlust seiner politischen Integrationskraft auszugleichen. Die Perestrojka war dennoch nicht am Ende, ihre Rhetorik hielt an. Der Paragraph zur „führenden Rolle" der KPdSU wurde im März 1990 aus der sowjetischen Verfassung gestrichen. Europa gestaltete sich neu, die Sowjetunion hatte großen Anteil daran. Zuhause jedoch kippte die wirtschaftliche Stagnation in eine bedrohliche Krise. Die Inflationsraten schnellten in die Höhe, die Produktionsdaten traten auf der Stelle oder fielen. 1990 jagten sich in Moskau Reformprogramme, darunter der legendäre „500 Tage-Plan", getrieben von der Einsicht, dass nun radikale Einschnitte notwendig sein würden, um eine Katastrophe abzuwenden. Sie blieben allesamt in den politischen Rivalitäten und bürokratischen Widerständen hängen. Aus dem Dilemma, dass die Apparate, die Leidtragenden der Reformen sein würden, auch ihre Träger sein mussten, eröffnete sich kein Ausweg. Der Mann, der aus innerster Überzeugung die sozialistische Ordnung durch ihren Umbau retten wollte, scheiterte letztlich an ihr, um sie dann gegen seinen Willen zu sprengen.

Explosion der Freiheit in Kultur und Gesellschaft

Doch beinhaltete die Perestrojka weit mehr als die Umgruppierung der Macht im Kreml und das Ringen um Reformen von oben. Sie wurde zum Auftakt eines der faszinierendsten Kapitel der modernen Geschichte. Moskau und Leningrad, Riga und Tallinn, Kiev und Tiflis erlebten die Entdeckung der Freiheit. Von Tag zu Tag wurden Tabus gebrochen, die als unumstößlich galten, Denkverbote eingerissen und neue Öffentlichkeitsräume geschaffen. Die Lektüre von Zeitungen ersetzte Krimis. Journale wie *Moskovskie Novosti*, *Argumenty i fakty* oder *Ogonjok* (Das Flämmchen) vervielfachten aufgrund ihrer Enthüllungen und kritischen, vorwärtsdrängenden Kommentare ihre Auflagen. In der Nachfolge des Samizdat entstand eine bunte Szene informeller Bulletins, Broschüren und

Flugblätter, die zwar noch nicht gesetzlich erlaubt, aber schon nicht mehr verboten waren. Opfer des stalinistischen Terrors oder ihre Kinder meldeten sich zu Wort, verfemte Namen kehrten aus der erzwungenen Vergessenheit zurück, literarische Werke, die über Jahrzehnte unter das Verdikt der Zensur gefallen waren, lagen plötzlich in Buchhandlungen aus. Als wissenschaftliche Gesellschaft zur Aufarbeitung des Stalinismus gründete sich *Memorial*. Im Kulturhaus einer Elektrofabrik und auf Friedhöfen fand eine „Woche des Gewissens" statt. Menschenrechtler, die gerade noch eingesperrt waren, wurden in ihren Auftritten umjubelt, Andrej Sacharov wuchs nach seiner Rückkehr aus der Verbannung in die Rolle einer moralischen Leitfigur.

Über die Vergangenheit hinaus richtete sich der Blick auch auf die Gegenwart. An Schocks fehlte es nicht, als gefälschte Statistiken zurechtgerückt und soziale Missstände offen benannt werden konnten. In Akademie-Instituten, im Haus des Kinos oder im Flugtechnischen Institut traf sich die Moskauer *Intelligencija*, um in mitreißender Offenheit über die sowjetische Geschichte, ihre eigene Rolle darin, über die Kräfteverhältnisse in der Partei und mögliche Handlungsoptionen zu diskutieren. Wo war festgeschrieben, dass es nur eine Partei geben durfte? Ließen sich Traditionen der Men'ševiki wiederbeleben? Wie waren Voraussetzungen für ein Mehrparteisystem zu schaffen? Innerhalb der KPdSU formierten sich demokratische Zirkel, außerhalb gründeten sich zu hunderten Clubs und „soziale Initiativen", die der neuen Medienwelt eine erste Infrastruktur gaben. Was sich früher an erregten Diskussionen in den berühmten „Moskauer Küchen" abgespielt hatte, eroberte nun die Straßen, öffentliche Plätze und zahllose „mitings". Das Land stürzte in einen „Strukturwandel" *durch* Öffentlichkeit. Zu Anfang schien es, als könne Gorbačevs strategisches Kalkül aufgehen und die Mobilisierung der sowjetischen Gesellschaft als Pfeiler seines Kurses funktionieren. Zwischen den Reformkräften in der Partei und den spontan sich bildenden Initiativen von unten wirkten eine Fülle miteinander kommunizierender Röhren. Doch überholte bald das Erschrecken darüber, *was* es an Mängeln zu berichten und an Lügen zu korrigieren gab, die Erleichterung, *dass* nun endlich die Dinge unzensiert beim Namen genannt werden konnten. Themen, Tonlage und Ausrichtung der überall aufbrechenden Debatten gewannen ihre eigene, nicht mehr lenkbare Dynamik. Friktionen mit den Obrigkeiten waren unvermeidbar. Und dies umso mehr, als Gorbačev in der Logik seiner Konzeption verzweifelt daran festhalten musste, die administrativen Strukturen, deren Versagen er selbst anprangerte, in seine Politik einzubinden. Die Wege des Generalsekretärs und einer Öffentlichkeit, die er sich selbst als unabhängige Größe gewünscht hatte, verliefen nicht länger synchron.

In keinem anderen Bereich trat das Auseinanderdriften der Interessen so deutlich zutage wie in der nationalen Frage. Nachdem schon früh innerhalb der baltischen und kaukasischen Völker, aber ebenso in der Ukraine Hoffnungen auf ein höheres Maß an Autonomie aufgekeimt waren, entwickelten sie sich ab 1988 in geradezu atemberaubender Geschwindigkeit. Der Wegfall der Zensur gab der Erinnerung an eine Geschichte des Leides und der Benachteiligung freien Raum. Gorbačev vermochte dieser Mobilisierungswelle kein überzeugendes Argument entgegenzustellen. Sein Appell etwa an die litauische KP, die Reform der gesamten Union doch höher zu veranschlagen als die engstirnigen Sehnsüchte des eigenen, kleinen Landes, verhallte ungehört. Die Sprengkraft der nationalen Frage lag außerhalb seines Horizonts. Am 23. August 1989 bildete sich durch alle drei baltischen Staaten hindurch eine Menschenkette aus Millionen, um an den Abschluss des Hitler-Stalin-Paktes vor genau einem halben Jahrhundert zu erinnern. Er hatte die Region zum Opfer beider Imperien gemacht. Schlagartig war klar, dass der Bestand der UdSSR in ihren damaligen Grenzen eine europäische Dimension besaß.

Die Perestrojka der internationalen Ordnung und die Revolutionen im östlichen Europa

Der Umbau der internationalen Beziehungen sollte zur dritten, tragenden Säule der Perestrojka werden. Zunächst freilich standen nicht die Anliegen der Völker im Fokus, sondern die Frage, wie Moskau seine Rolle in der Weltpolitik neu definieren und die „Überdehnung" seine Kräfte abbauen könne. Nach dem Zeugnis seiner engsten Vertrauten war sich Gorbačev sehr schnell bewusst, dass die Konzeption seiner Vorgänger, den Supermachtstatus allein oder primär über die militärischen Kapazitäten bei ökonomischer Unterlegenheit zu begründen, eine fatale Konstruktion war, die das Land seiner Entwicklungschancen beraubte. Wer die sowjetische Wirtschaft reformieren wollte, hatte keine andere Wahl, als sie von der Rüstungslast zu befreien. Die Initiative der Weltpolitik ging auf Moskau über. Gegen die Skepsis, ja zeitweise auch Polemik westlicher Staatsmänner von Ronald Reagan bis Helmut Kohl votierte Gorbačev für immer neue und weiterreichende Abrüstungsschritte. Schon Ende 1986 vereinbarten er und der amerikanische Präsident in Reykjavik eine Reduktion ihrer Atomwaffenarsenale. Das „neue Denken" in der Außenpolitik schuf Fakten. 1987 wurde die doppelte „Nulllösung" mit der NATO vereinbart, 1988 verkündete die UdSSR ihren Rückzug aus Afghanistan. Dank sowjetischer Beharrlichkeit mündeten die Ost-West-Beziehungen erneut in einen konstruktiven Dialog. Der Wandel realisierte sich im Zeitraffer. Gorbačev wurde in der westlichen Welt zum Hoffnungsträger.

Moskau Herbst 1988: (wörtliche) Aufzeichnung eines Gesprächs zwischen deutschen und sowjetischen Historikern beim Frühstück im Hotel der Akademie der Wissenschaften. Der Kollege aus der DDR sagt zu seinem russischen Gegenüber: „Wenn wir uns erlauben würden, was ihr gegenwärtig in der Perestrojka macht, würden längst eure Panzer kommen". Daraufhin der Moskauer: „Dann sag mir doch bitte, auf welcher Seite, auf der Seite des Regimes oder der Protestler?" In diesem Augenblick wurde mir klar: Europa befand sich in einer epochalen Wende, die Nachkriegsordnung seiner Teilung stand zur Disposition.

Was über Jahrzehnte in bürgerrechtlichen Zirkeln unter konspirativen Bedingungen vorgedacht war, sprang auf die Gesellschaften über. Nur 20 Jahre nach der sowjetischen Intervention gegen den „Prager Frühling" wurde das bis dahin Undenkbare denkbar, dass die Diktaturen in den Staaten des Warschauer Paktes nicht länger mit einer Bestandsgarantie durch die Hegemonialmacht rechnen konnten, sondern auf sich alleine gestellt sein würden. Das Aufbegehren bekam eine Chance. In jedem Land fand der Umbruch seinen eigenen Weg, in allen aber war die Entschlossenheit unumstößlich, ihn in friedlichen Bahnen zu halten. Der „Runde Tisch" löste die Guillotine ab. Revolutionen im Zeichen des Gewaltverzichts – Europa schrieb ein neues Kapitel in der Geschichte seiner Zivilisierung. In Polen wurde (relativ) frei gewählt, in Ungarn die „Republik" ausgerufen, in Berlin „fiel" die Mauer, in Prag übernahm das „Bürgerforum" die Regie. Nur in Bukarest kam es zu Blutvergießen. Dass die Sowjetunion die Auflösung ihrer Hegemonialordnung ohne Gegenwehr hinnahm – oder hinnehmen musste, bedeutete das „Aus" ihrer seit 1945 geltenden Sicherheitsdoktrin. Gleichzeitig befreite sie sich durch ihren friedlichen Abtritt als Vormacht von einer Last, die sie nicht länger stemmen konnte. Am 2. Dezember 1989 erklärten die Präsidenten der USA und der UdSSR auf einem Kreuzfahrtschiff bei Malta den „kalten Krieg" für beendet, Deutschland wurde vereinigt. Im November 1990 feierte sich Europa mit der „Charta von Paris" als ein großes Freiheits- und Friedensprojekt. 15 Jahre, nachdem Andrej Sacharov für sein menschenrechtliches Engagement den Friedensnobelpreis erhalten hatte, wurde der Präsident jener Macht, die ihn damals zutiefst erniedrigt hatte, selbst Preisträger.

In der Bilanz dieser beiden Jahre bleiben dennoch markante Widersprüche. Während sich der alte Kontinent bis in seine Fundamente neu organisierte und die UdSSR dabei mal als passiver, mal als aktiver, in jedem Fall aber als entscheidender Akteur mitwirkte, fand sie in ihrer Innenpolitik keinen Weg aus den Zerreißproben und Lähmungszuständen heraus. Je größer jedoch die Blockaden zuhause, umso höher sind die Leistungen Gorbačevs in der Abschirmung des Wandels außerhalb einzuschätzen. Brauchte er dafür alle seine Kraft? Fehlten ihm parallel die Ressourcen im Inneren? Wie dem auch sei – die Revolutionen jenseits der sowjetischen Grenzen schlugen binnen weniger Monate massiv auf die Entwicklungen innerhalb der Union durch und konfrontierten sie in unerwarteter Radikalität mit der Frage nach ihrem weiteren Bestand.

Die UdSSR zerbricht in friedlichen Bahnen

Das Anschwellen der nationalen Bewegungen in den Randrepubliken, zumal in den baltischen, war nicht mehr einzudämmen. Ihnen stand die sowjetische Führung hilflos gegenüber. Der Ruf nach Unabhängigkeit wurde lauter und lauter. Schon im März 1990 eröffnete Litauen den Reigen oder, wie es damals hieß, die „Parade" der Souveränitätserklärungen, Georgien folgte, wenngleich die UdSSR formal noch fortbestand. Versuche, das drohende Auseinanderbrechen entweder durch militärische Machtdemonstrationen (Vilnius, Januar 1991) oder durch einen neuen Unionsvertrag mit Angeboten erhöhter Selbständigkeit innerhalb des sowjetischen Staatsverbandes doch noch abzufangen, zeitigten keine Wirkung mehr. Vor allem aber geschah etwas, was niemand vorausgesehen hatte. Russland stellte sich gegen die Sowjetunion. Die Sowjetrepublik, die als unverbrüchliches Bollwerk des Imperiums galt, setzte sich zunächst in symbolischen Gesten, bald aber auch in realen politischen Schritten von eben diesem Imperium ab. Kein einziger „Sowjetologe" im Westen hätte die Bemerkung eines russischen Politikers 1990 für möglich gehalten, dass sein Land doch das gleiche Recht habe wie Estland, sich aus der UdSSR zu verabschieden. Zweifellos spielten hier taktische Kalküle in dem erbitterten Machtkampf zwischen Michail Gorbačev und Boris El'cin, der 1990 und 1991 zum „starken Mann" und schließlich ersten gewählten Präsidenten Russlands aufstieg, eine zentrale Rolle. Dennoch bedarf die Unterstützung, die El'cin innerhalb so kurzer Frist von Seiten der russischen Eliten in Partei und Staat erhielt, einer tiefer greifenden Erklärung. Zum einen war es ihm als „Mann des alten Establishments" gelungen, zur populärsten Figur im Lande zu werden (wie die Wahlen in Moskau und Sverdlovsk/Ekaterinenburg dokumentierten) und damit einen Druck – oder Sog – aufzubauen, der seine Wirkung nicht verfehlte. Zum anderen blockierten sich die sowjetischen Strukturen auf Unionsebene wechselseitig und schienen schon fast in Agonie zu verfallen, ohne eine Rettungsperspektive zu bieten. Gorbačevs Autorität war verbraucht. So sprachen pure Überlebensstrategien dafür, auf Russland zu setzen und nicht auf ein leckes oder sinkendes Boot mit angeschlagenem Steuermann.

Im Ergebnis kam es zu einem in der neueren Geschichte einmaligen Ereignis: der friedlichen Abdankung einer Weltmacht. Vorausgegangen war im August 1991 ein Putschversuch systembeharrender Kräfte gegen den großen Reformator innerhalb des Systems. Gorbačev jedoch konnte ihn nur durch Unterstützung des systemsprengenden Russlands und seines Gegenspielers El'cins überstehen. Damit war nicht allein sein persönliches Schicksal, sondern auch der Untergang des sowjetischen Reiches vorgezeichnet. Schon im Frühjahr hatten Litauen und Georgien ihren Austritt erklärt. Nun, noch während des Putsches oder unmittelbar nach seiner Abwehr quittierten Estland, Lettland, die Ukraine, Belorus, Moldawien, Aserbaidschan, Kirgistan, Usbekistan, Tadschikistan, Armenien und Turkmenistan den Gründungsvertrag der UdSSR von 1922. Die Ukraine bekräftigte ihren Willen zur Unabhängigkeit in einem Volksentscheid. Am 8. Dezember 1991 notifizierten die Präsidenten Russlands, der Ukraine und Belorus' das Ende der Sowjetunion formal. Eine historische Epoche, die 1917 in Petrograd mit der Oktoberrevolution begonnen hatte, fand in dem belorussischen Nationalpark von Belovežskaja Pušča ihr Ende. Der letzte Staatspräsident Michail Gorbačev hatte keine Alternative, als die Auflösung zu akzeptieren.

Der Geschäftsmäßigkeit, in der sie sich vollzog, lag der „Seitenwechsel" russisch-sowjetischer Eliten zur Russischen Föderation El'cins zugrunde. Sie sicherte zwar den gewaltfreien Übergang, was einer Sternstunde der Geschichte gleichkam, erwies sich aber auch als schwere Hypothek. Mit der staatlichen Verselbständigung war noch lange nicht die Durchsetzung von Freiheitsrechten innerhalb des Staates geregelt. Obgleich die Parteien- und Medienlandschaft ein neues Gesicht erhielten – in der Steuerung des Landes wirkten eben jene undurchschaubaren Bürokratien fort, an denen schon Gorbačev gescheitert war. Nicht selten übernahmen sie die 1992 einsetzende, oftmals „wilde Privatisierung" zu ihren Gunsten, sodass der Petersburger Bürgermeister von einer Kapitalisierung auf stalinistische Weise sprach und der amerikanische Historiker Peter Reddaway einen „Marktbolschewismus" diagnostizierte.[12] Der Freiheitsanspruch der Perestrojka blieb dabei auf der Strecke. Für ihn wird noch lange gestritten werden müssen.

---

12 Reddaway, Peter/Glinski, Dmitri: The Tragedy of Russia's Reforms. Market Bolshevism Against Democracy. Washington, D.C. 2001.

Wolfgang Stephan Kissel

Vom Westen der Sowjetunion zum Osten der Europäischen Union: Eine Skizze zu Geschichte und Gegenwart der baltischen Staaten

I.

Als Estland, Lettland und Litauen im Juni 1991 ihre Unabhängigkeit wiedererlangten und sich definitiv aus dem Verbund der sozialistischen Sowjetrepubliken herauslösten, standen sie vor außerordentlichen Herausforderungen. Sie mussten in kurzer Zeit ihre relativ dünn besiedelten Territorien nach fast einem halben Jahrhundert sowjetischer Herrschaft bzw. Okkupation zu modernen Nationalstaaten ausbauen, d.h. vor allem mit einer Sicherheitsarchitektur und einem funktionierenden Institutionengefüge ausstatten, einen Modus des Zusammenlebens zwischen einer explizit ethnisch (litauisch, lettisch, estnisch) definierten Titularnation und ethnischen, vor allem russischen und polnischen Minoritäten herstellen und zugleich eine politische, ökonomische und kulturelle Ausrichtung für die Zukunft finden. Um diese Ziele zu erreichen, knüpften die nunmehr voll souveränen baltischen Staaten des Jahres 1991 einerseits an die Staaten und Verfassungen der ersten Phase der Unabhängigkeit 1918 bis 1939/40 an, andererseits strebten sie im Laufe der neunziger Jahre die Mitgliedschaft in der nordatlantischen Verteidigungsallianz und der Europäischen Union an.

Über vierzig Jahre lang waren die drei baltischen Staaten gegen den Willen der Bevölkerungsmehrheit im sogenannten Ostblock, d.h. in einer politischen, ökonomischen und militärischen Zwangsgemeinschaft unter sowjetischer Vorherrschaft eingeschlossen, die historische, kulturelle und sprachliche Differenzen im Namen der kommunistischen Ideologie nivellierte oder negierte, einer Zwangsgemeinschaft, die die Eingeschlossenen zugleich von der Teilhabe an der Entwicklung der westlichen Demokratien und ihrem Zugewinn an Freiheit, Wohlstand, politischer Stabilität und Zivilisierung ausschloss.

Die Regierungen der EU-Mitgliedsstaaten erkannten nach dem Zusammenbruch der sowjetischen Vormacht in Ostmitteleuropa, dass es in ihrem vitalen Interesse lag, diesen Grenzraum nicht etwa sich selbst zu überlassen, was die Gefahr raschen ökonomischen und ökologischen Niedergangs und der Entstehung von unregierbaren Zonen heraufbeschworen hätte, sondern vielmehr Einfluss auf ihn auszuüben und ihn mitzugestalten, ja ihn tendenziell in einen

Innenraum der Europäischen Union selbst zu verwandeln. Mit der ersten Osterweiterung der Europäischen Union 2004 wurden die baltischen Staaten in eine supranationale Entität aufgenommen, von der sie sich nicht nur den (Wieder)Eintritt in eine Wohlstandssphäre erwarteten, sondern auch eine Beschleunigung ihrer „Rückkehr nach Europa" und damit zu ihren kulturellen Wurzeln erhofften. Vom Westen der Sowjetunion wurden die baltischen Staaten so zum Osten der Europäischen Union. Dabei blieb der entscheidende Referenzrahmen für alle drei baltischen Staaten der Nationalstaat, der allerdings in einen größeren Zusammenhang eingebettet werden musste, um sich stabilisieren zu können.

II.

Der in den europäischen Gegenwartssprachen geläufige Begriff „Baltikum", Baltic States/Pays baltes/Pribaltika, unter dem die drei Staaten Estland, Lettland und Litauen verstanden werden, suggeriert zunächst eine Einheit. Die überschaubare Fläche und die relativ dünne Besiedlung – Estland mit seinen 1,2 Millionen Einwohnern, (vergleichbar mit Niedersachsen oder der Schweiz), Lettland mit knapp zwei Millionen (etwas kleiner als Bayern) und der größte Staat Litauen mit 3,3 Millionen –, lassen die drei Staaten aus der Distanz als einen weitgehend homogenen Raum erscheinen. Der gemeinsame Kampf für die Freiheit in den Jahren 1988/91, die „singende Revolution", die Menschenkette vom 23. August 1989 von Vilnius über Riga nach Tallin, verstärkten in der öffentlichen Wahrnehmung den Eindruck, es handele sich um eine weitgehend homogene Region. Auch die ökonomische Erfolgsgeschichte der Jahre 2004 bis 2007, die mit dem Schlagwort „baltische Tiger" assoziiert wurde, weist in diese Richtung.

Will man jedoch der Region in ihrer Komplexität gerecht werden, so muss man die Verschiedenartigkeit und Vielfalt der drei Staaten im innerbaltischen Vergleich und innerhalb der Nationalgrenzen stärker akzentuieren. Für diese Vielfalt spielten und spielen die ethnischen, sprachlichen und kulturellen Minoritäten eine besondere Rolle – sie sind als Problem bis heute aktuell, besonders in Estland und Lettland, in geringerem Maße auch in Litauen.

Die baltischen Ethnien siedelten in einer klassischen Kontakt-, Übergangs- und Konfliktzone zwischen Reichsbildungen in Ostmitteleuropa bzw. im nördlichen Ostseeraum. Dabei sind, sprachhistorisch betrachtet, nur die Litauer und Letten im engeren Sinne Balten und damit Teil der indoeuropäischen Sprachgruppe. Das Estnische gehört hingegen zu den sogenannten finnougrischen Sprachen, deren Angehörige sich um 4.000 v. Chr. im Norden des Baltikums ansiedelten. Innerhalb des Finnougrischen gehören Estnisch, Finnisch und Karelisch zur Sprachgruppe des Ostseefinnischen.[1]

---

1 Vgl. Tuchtenhagen, Ralph: Geschichte der baltischen Länder. München 2009.

Im Laufe ihrer Geschichte waren die kleinen Ethnien der Region wechselnden Großmachtansprüchen ausgesetzt: von Süden waren es das Königreich Polen und der Deutsche Ritterorden, die auf Teile des Baltikums Ansprüche erhoben bzw. in das Baltikum eindrangen, von Norden Schweden und von Osten Russland. Während der Deutsche Orden (Deutschritter oder Deutschherrenorden) Litauen nicht erobern konnte, betrieb er in Livland und Kurland eine erfolgreiche Missionierung und Kolonisation mit Burgenbau und Stadtgründungen. Die Folgen dieser Kolonisation sollten bis ins 19. Jahrhundert die Kultur des Raumes nachhaltig prägen; Deutschbalten spielten in Kurland, Livland, Estland lange Zeit die Rolle einer Oberschicht.

Das litauische Großfürstentum hingegen geriet in den Einflussbereich des Königreichs Polen, mit dem es seit 1386 eine Personalunion und seit 1569 die Realunion Polen-Litauen bildete. In diesem Vielvölkerreich, der polnischen Adelsrepublik (Rzecz Pospolita), die bis zu den polnischen Teilungen bestand, stellte Litauen ein ethnisches und kulturelles Element neben anderen dar. Die enge Beziehung zu Polen blieb auch nach den polnischen Teilungen unter russischer Herrschaft erhalten. Damit tritt neben die erste ethnisch-sprachliche Differenz Baltisch versus Finnougrisch, eine zweite kulturelle und konfessionelle: Litauen wurde durch die Union mit Polen katholisch, während der Norden, Kurland, Livland, Estland durch Schweden und den baltendeutschen Adel protestantisch bzw. lutherisch geprägt wurde.[2]

Russland unter Peter dem Großen setzte seine Ansprüche endgültig im Nordischen Krieg und im Frieden von Nystad 1712 durch, die Geschichte Kurlands und Livlands wurde ein Teil der Geschichte des russischen Imperiums. Durch die drei polnischen Teilungen 1772, 1793 und 1795 kam auch das Territorium Litauens zum russischen Reich. Die aschkenasischen Juden, eine wichtige Minorität in der Rzecz Pospolita, gerieten unter russische Herrschaft, auf Ukaze der Zaren hin wurde eine weitere konfessionelle und kulturelle Trennungslinie gezogen: der sogenannte Ansiedlungsrayon, eine jüdische Siedlungszone, umfasste ein gewaltiges Areal im Osten der ehemaligen Adelsrepublik. Dazu gehörte auch Litauen mit einem relativ hohen jüdischen Bevölkerungsanteil – die Hauptstadt Vilnius galt als Jerusalem des Ostens – und Teile Lettlands, nicht aber Estland, wo nur wenige Juden lebten.

Die russische Vorherrschaft über das Baltikum war zwar gegen Ende des 18. Jahrhunderts endgültig durchgesetzt, doch schloss die imperiale russische Herrschaft über lange Perioden die kulturelle Autonomie der Provinzen nicht aus. Die sogenannten Ostseeprovinzen des russischen Reiches wurden um 1800

---

2 Vgl. etwa Rauch, Georg von: Geschichte der baltischen Staaten. München 1990. — Pistohlkors, Gert von: Baltische Länder (Deutsche Geschichte im Osten Europas). Berlin 1994. — Garleff, Michael: Die baltischen Länder. Estland, Lettland und Litauen vom Mittelalter bis zur Gegenwart. Regensburg 2001.

durch eine starke ethnische, kulturelle und sprachliche Differenzierung geprägt, während die Landbevölkerung in einer feudal-herrschaftlichen Agrarwirtschaft lebte. Der baltendeutsche Adel konnte seine Eigenständigkeit bewahren. Baltendeutsche erwiesen sich als fähige Juristen und Mediziner, als hohe Beamte im Dienst der Zaren, sie machten Karriere in vielen Regionen des Imperiums. In Frage gestellt wurde die für beide Seiten vorteilhafte Praxis kultureller Autonomie erst durch die Russifizierungspolitik der beiden letzten Zaren.

In der zweiten Hälfte des 19. Jahrhunderts bildeten sich in Litauen, Kurland und Estland Nationalbewegungen heraus, die auch von baltendeutschen bzw. polnischen Gelehrten angeregt oder unterstützt wurden, doch erst die Erschütterungen des Ersten Weltkrieges, der russischen Revolutionen und die Neuordnung Europas durch die Friedensverträge von Versailles erlaubten die Etablierung dreier souveräner Nationalstaaten: Im Verlauf des Ersten Weltkrieges stießen deutsche Truppen auf russisches Territorium vor, besetzten zunächst Litauen und Livland, später auch Estland und errichteten eine deutsche Militärverwaltung, die das gesamte Baltikum an das Deutsche Reich binden wollte. Da man aber das Selbstbestimmungsrecht zumindest formal respektieren musste, wurde die erste Unabhängigkeitserklärung Litauens am 11. Dezember 1917 unterstützt, während sich der deutschbaltische Adel für einen Anschluss an das Deutsche Reich aussprach. Diese Beschlüsse wurden mit dem Ende des Krieges hinfällig. Nach dem Abzug der Deutschen Truppen versuchte die Rote Armee einen ersten Zugriff auf die baltischen Staaten, der aber in den Befreiungskriegen 1918 bis 1920 abgewehrt werden konnte.

Schließlich wurde die Existenz dreier baltischer Staaten im Rahmen des Versailler Systems als Teil eines „Cordon sanitaire" festgeschrieben, der Mittel- und Westeuropa von der Sowjetunion trennen sollte. Damit gehörten sie zu einer Pufferzone, die sich von Finnland im Norden bis nach Bulgarien im Süden erstreckte und die im besonderen Maße dem Antagonismus bzw. den Konjunkturen des Verhältnisses zwischen Deutschland und der neugegründeten Sowjetunion ausgesetzt war. Die baltischen Staaten bzw. ihre Regierungen bewältigten dennoch in den ersten Jahren der Unabhängigkeit einen tiefgreifenden Wandel: Nicht nur wurde die nationale Identität stabilisiert und die Bevölkerung auch emotional an die Souveränität gebunden, auch die verkrusteten sozialen Strukturen wurden aufgebrochen und eine Differenzierung der Gesellschaften im Sinne moderner arbeitsteiliger Industriegesellschaften vorangetrieben. Die Integration ethnischer Minoritäten in die Gesellschaften gehörte ebenfalls zu den großen Aufgaben: Estland war bis 1940 der ethnisch homogenste baltische Staat: 90 Prozent der 1,1 Millionen starken Bevölkerung waren Esten, die russische Minderheit belief sich auf acht Prozent und lebte im ländlichen Osten in der Region von Narva. Die nur 1,5 Prozent ausmachende deutsche Minderheit besaß allerdings politischen und wirtschaftlichen Einfluss. Lettland hingegen sah sich 1935 mit einer Situation konfrontiert, in der etwa ein Viertel der knapp zwei Millionen Einwohner keine Letten waren: zehn Prozent gehörten zur russischen Minderheit, fünf Prozent zur jüdischen und drei Prozent zur deutschen Minderheit, wobei Juden und Deutsche eher zur Oberschicht und zur Stadtbevölkerung zählten. In beiden Staaten wirkten nationale Kräfte daran, die starke deutsche Minorität aus ihrer dominanten kulturellen und wirtschaftlichen Position zu verdrängen. Von den 2,5 Millionen Litauern waren in den 1920er Jahren ein Fünftel Nichtlitauer; die Juden, die überwiegend in Städten siedelten, bildeten mit sieben Prozent die größte Minderheit. In dem Maße, in dem sich nationalistische Tendenzen verschärften, wuchs auch der Antisemitismus. Im Vordergrund stand der Konflikt mit Polen um die polnische Minorität. In allen drei baltischen Staaten wurde den Minderheiten während der Zeit der parlamentarischen Demokratie eine in der Verfassung festgeschriebene Kulturautonomie gewährt, die durch ein eigenes Gesetz über Kulturselbstverwaltung ergänzt wurde.[3]

Insgesamt verhinderte die Instabilität des Versailler Systems zusammen mit den unterschiedlichen kulturellen und ethnischen Prägungen in der Zwischenkriegszeit eine effiziente Kooperation zwischen diesen Staaten. Estland und Lettland orientierten sich stärker nach Polen hin, während Litauen ein großes Problem mit seiner polnischen Minderheit hatte und wegen des Konflikts um das von Polen besetzte Vilnius angespannte Beziehungen mit der Zweiten polnischen Republik unterhielt. Die Baltische Entente (1934) war ein Versuch, die divergierenden Interessen und außenpolitischen Positionen auszugleichen, ein Vorläufer der Annäherung in den späten achtziger Jahren.

Alle drei Staaten, die als parlamentarische Demokratien begründet worden waren, tendierten im Laufe der zwanziger, vor allem aber nach der Weltwirtschaftskrise der dreißiger Jahre zu autoritären Präsidialsystemen mit charismatischen Führerfiguren. Drei Politiker stehen für diese Phase: Antanas Smetona, von 1919 bis 1940 erster Präsident Litauens, regierte seit 1926 mit diktatorischen Vollmachten. Karlis Ulmanis führte in Lettland im Anschluss an die Weltwirtschaftskrise 1934 ein autoritäres Regime ein, ab 1938 war er lettischer Präsident und Premierminister. Konstantin Päts regierte Estland von 1934 bis 1938 als Reichsprotektor mit großen Vollmachten. Im August 1939 einigten sich das nationalsozialistische Deutschland und die stalinistische Sowjetunion im Geheimen Zusatzprotokoll zu ihrem Nichtangriffsvertrag auf abgegrenzte Interessensphären in Ostmitteleuropa, dabei überließ Deutschland das Baltikum der Sowjetunion.

Nun begann die schwerste Zeit für die baltischen Staaten: die Zeit der Ok-

---

3 Vgl. Kasekamp, Andres: A History of the Baltic States. London 2010.

kupationen, die erste sowjetische dauerte von 1940 bis 1941, die Okkupation durch NS-Deutschland von 1941 bis 1944 und die zweite sowjetische begann nach der heute offiziellen Auffassung 1944 und dauerte bis 1991. Während dieser Okkupationen wurde die Bevölkerung in unterschiedlichem Maße Opfer von Verfolgung, Deportation oder physischer Liquidation, meist durch Erschießungskommandos. Während die sowjetischen Repressionen sich vor allem gegen die autochthone Bevölkerung und ihre Eliten richteten, verfolgten die NS-Okkupanten, unterstützt von einheimischen Kollaborateuren, vornehmlich Juden und ermordeten die Mehrheit unter ihnen.

Durch die Okkupationszeit wandelte sich der Charakter des Baltikums grundlegend: Die jüdische Kultur wurde nahezu ausgelöscht, die Deutschbalten verließen ihre historischen Siedlungsräume in Kurland und Livland, aber auch Letten, Litauer und Esten mussten starke Verluste hinnehmen. Seit 1944 ging eine zunächst brutale Sowjetisierung einher mit der systematischen Ansiedlung bzw. Einwanderung von ethnischen Russen bzw. von russophonen sowjetischen Bürgern aus anderen Regionen der Sowjetunion – auch im Rahmen von Großprojekten ökologisch riskanter Industrialisierung. Diese repressive Politik, die von manchen Historikern heute als Kolonialismus gebrandmarkt wird, gipfelte in dem Versuch, eine Vormachtstellung der russischen Sprache aufzubauen; besonders bedrohte die sowjetische Zuwanderung die Existenz einer eigenständigen estnischen und lettischen Kultur.

Nach dem Tod Stalins 1953 begann die posttotalitäre Epoche, die auch im Baltikum positive Veränderungen herbeiführte und gewisse Freiräume öffnete. So konnte die relative Eigenständigkeit Polens auch auf Litauen ausstrahlen, während Estland sich nach Finnland orientierte. Nach dem Erlöschen des aktiven militärischen Widerstands durch die „Waldbrüder", der bis in die frühen fünfziger Jahre angedauert hatte, formierten sich im Laufe der siebziger und achtziger Jahre neue Protestbewegungen, die auch mit den russischen Dissidenten im Austausch standen. Ein Kristallisationspunkt des antisowjetischen Protestes wurde die Umweltbewegung gegen das Kernkraftwerk Ignalina in Litauen.

Diese Protest- und Emanzipationsbewegungen trugen in den späten achtziger Jahren wesentlich dazu bei, die baltischen Staaten einander anzunähern. Alle wichtigen Entscheidungen auf ihrem Weg zur staatlichen Unabhängigkeit wurden von den drei Republiken gemeinsam getroffen. Dabei spielte die Erinnerung an die Unterdrückung und Knechtung der „Balten" durch die sowjetischen „Okkupanten" eine Schlüsselrolle. Gedenktage gerieten zum Anlass, sich öffentlich sichtbar zu versammeln, um an die Massendeportationen von 1941 und 1944 zu erinnern, so zuerst in Lettland im Juni 1987. Seit 1987 wurde des Jahrestags des Hitler-Stalin-Paktes von Demonstranten in Tallinn, Riga und Vilnius gleichzeitig gedacht. Schließlich nahmen am Projekt des „baltischen Wegs" ungefähr zwei Millionen Menschen teil und bildeten zum 50. Jahrestag des Hitler-Stalin-Paktes am 23. August 1989 Hand in Hand eine 600 Kilometer lange Kette von Tallin nach Vilnius. Am 11. März 1990 erklärte der Oberste Sowjet der Republik Litauen das Land für unabhängig, ein Gegenputsch des sowjetischen Geheimdienstes im Januar 1991, bei dem Todesopfer zu beklagen waren, blieb erfolglos. Am 20. August 1991 verkündete Estland die vollständige Wiederherstellung der unabhängigen Staatlichkeit und am 21. August wurde eine ähnliche Erklärung in Lettland verabschiedet. Nach dem fehlgeschlagenen August-Putsch in Moskau erkannte auch die UdSSR die baltischen Staaten an – bevor sie sich am Ende des Jahres selbst auflöste. Damit war ein langwieriger Prozess der Wiedererlangung der Souveränität abgeschlossen.

III.

Die Loslösung von der Sowjetunion sahen die baltischen Staaten nicht als Neugründung, sondern als Beendigung einer über vierzig Jahre von 1944 bis 1989/91 andauernden „sowjetischen Okkupation", die die volle staatliche Souveränität nur ausgesetzt, nicht aufgehoben habe. Aus Sicht der baltischen Staaten war es entscheidend, von einer ununterbrochenen Souveränität auszugehen, um dadurch die Zeit der Sowjetrepublik als widerrechtliche Okkupation bzw. Annexion zu definieren. Damit wurde die Kontinuität der Staatsgründungen von 1918 gewahrt, und die unabhängigen Staaten hatten nie aufgehört zu existieren. Das Recht der Titularnation besaß oberste Priorität. Allerdings gab es im unabhängigen Litauen eine bedeutende polnische Minorität, in Lettland und Estland bedeutende russische Minderheiten, deren Status geklärt werden musste.[4]

Litauen entschloss sich zu einer sehr großzügigen Vorgehensweise und erließ bereits 1990 ein Gesetz, das allen ständigen Einwohnern des Landes bis 1992 die Möglichkeit eröffnete, ohne jegliche Voraussetzungen die Staatsbürgerschaft Litauens zu erhalten. Estland und Lettland steuerten angesichts der großen russischen Minorität einen deutlich restriktiveren Kurs. Hier galt das Prinzip, dass die Titularnation nach Jahrzehnten der Überfremdung zu schützen und daher die Aufnahme von allophonen Einwohnern zu begrenzen sei. Am 15. Oktober 1991 verabschiedete der Oberste Sowjet Lettlands eine Resolution „Zur Wiederherstellung der staatsbürgerlichen Rechte lettischer Bürger", die eine Kategorie „Nichtbürger" vorsah. Staatsbürger Lettlands wurden nur Bürger der Republik Lettland nach dem Stand vom Juni 1940 und deren Nachkommen.[5]

---

4 De facto ist die Minoritätensituation komplizierter: In Estland leben neben Russen auch Ukrainer, in Lettland Russen, Weißrussen, Ukrainer und Polen, in Litauen Polen und Russen.
5 Vgl. Knodt, Michèle/Urdze, Sigita (Hgg.): Die politischen Systeme der baltischen Staaten. Eine Einführung. Wiesbaden 2012.

Auch Estland, wo 1989 über 500.000 Bürger aus anderen Regionen der Sowjetunion, viele russophon, lebten, schottete sich über ein restriktives Staatsbürgerschaftsgesetz ab und verlangte Prüfungen in Sprach- und Landeskunde für die Einbürgerung. Es errichtete damit hohe Hürden, die viele russophone Einwohner nicht bewältigen konnten. Doch Estland wollte sich 1991 eine großzügige Lösung der Staatsangehörigkeitsfrage nicht leisten, da der Anteil der estnischen Bevölkerung von 88 Prozent auf 62 Prozent zurückgegangen war. Daher beschränkte das Staatsbürgerschaftsgesetz vom Februar 1992 die estnische Staatsbürgerschaft auf Personen, die diese in der Zwischenkriegszeit besessen hatten und auf deren Nachkommen. Einwohner Estlands, die länger als zwei (später fünf) Jahre im Lande lebten, konnten die Staatsbürgerschaft beantragen und nach einem weiteren Jahr auch erhalten, wenn sie eine Prüfung über die Sprachkenntnisse und die Verfassung bestanden sowie Loyalitätserklärung abgaben. Diese Regelung schloss die Mehrheit der russischsprachigen Bevölkerung aus. Immerhin erwarben von 1992 bis 2010 über 150.000 Personen bzw. knapp die Hälfte der „Nichtbürger" auf die Weise die estnische Staatsbürgerschaft.[6]

So entstanden in beiden Ländern russophone Bevölkerungsgruppen, die keine gleichberechtigten Staatsbürger waren, aber auch nicht daran dachten, ihren Aufenthaltsort gegen einen anderen, etwa in Russland zu vertauschen. In Lettland sind immer noch zwölf Prozent der Bevölkerung sogenannte Nichtbürger, die meisten von ihnen Russen, gefolgt von Weißrussen, Ukrainern und Polen; sie besitzen keinen lettischen Pass, wohl aber ein Aufenthaltsrecht. In Estland sind von den 325.000 russischstämmigen oder russophonen Einwohnern heute ungefähr die Hälfte „Nichtbürger".

IV.

Der Primat des Nationalstaats und der Schutz der Titularnation prägen bis heute auch die Erinnerungskulturen des Baltikums. Das Ende der globalen Spaltung 1989 veränderte die Gedächtnislandschaft Europas tiefgreifend. Gesellschaften mit einem „Grundkonsens" über die Ablehnung der kommunistischen Diktatur wie die baltischen Staaten gerieten in besonders scharfen Gegensatz zu solchen, in denen kein eindeutiger Bruch zur kommunistischen Herrschaftspraxis vollzogen wurde, wie die Russländische Föderation.[7]

---

6   Vgl. Lauristin, Marju/Heidmets, Mati (Hgg.): The Challenge of the Russian Minority. Emerging Multicultural Democracy in Estonia, Tartu 2002. — Smooha, Sammy/Järve, Priit (Hgg.): The Fate of Ethnic Democracy in Post-Communist Europe. Budapest 2005.

7   Zu den Divergenzen ost(mittel)europäischer Erinnerungskulturen vgl. u.a. auch Troebst, Stefan: Postkommunistische Erinnerungskulturen im östlichen Europa, Bestandsaufnahme, Kategorisierung, Periodisierung. In: Ders.: Kulturstudien Ostmitteleuropas. Aufsätze und Essays. Frankfurt am Main 2006, S. 65-108.

Litauen, Lettland und Estland sahen sich als Opfer des Angriffs und der Okkupation durch zwei totalitäre Regime, zunächst NS-Deutschland (1941–1944), vor allem aber die stalinistische Sowjetunion zwischen 1940/41 und von 1944 bis 1953 bzw. bis zur Beendigung der sowjetischen Herrschaft 1990/91. Dabei überlagert die Erinnerung an die sowjetische Okkupation wegen ihrer Dauer und ihrer Folgen für die Bevölkerung immer noch die Erinnerung an die NS-Okkupation.

Durch den expliziten Bezug auf die Staatengründung nach dem Ersten Weltkrieg und die erste Phase der Unabhängigkeit gerieten die Regime von Antanas Smetonas (Litauen), Karlis Ulmanis (Lettland) und Konstantin Päts (Estland) erneut in den Mittelpunkt von Diskussionen. Es wurde und wird darüber gestritten, ob man sie als rechtsgerichtete Diktaturen, als Vorläufer des NS-Regimes und Wegbereiter der Kollaboration mit den NS-Besatzern ansehen müsse oder ob sie eher eine Variante autoritärer Präsidialregime darstellten ohne eindeutige Beziehung zur NS-Diktatur und zur Kollaboration. Bis heute halten nationalistische Kreise in Litauen, Lettland, Estland an einer positiven Bewertung der autoritären Regime fest, und eine nationale Historiographie versucht, diese Regime als autoritär, aber nicht faschistisch darzustellen. Im Gegenzug dazu gibt es eine sowjetisch-russische Linie der Geschichtsschreibung, die den faschistischen Charakter dieser Regime betont.[8]

Die Vergangenheitspolitik der Russländischen Föderation unter Vladimir Putin mit ihrer Betonung des sowjetischen Sieges über den Faschismus und der Relativierung oder Verdrängung stalinistischer Gewaltverbrechen hat sich negativ auf das Verhältnis zu den baltischen Staaten ausgewirkt und belastet es weiterhin. Aus russischer Sicht begann der „Große Vaterländische Krieg" am 22. Juni 1941 mit dem Überfall deutscher Truppen und endete in den frühen Morgenstunden des 9. Mai 1945, als die Nachricht von der bedingungslosen Kapitulation Deutschlands nach Moskauer Ortszeit eintraf. In der Russländischen Föderation wird dieser 9. Mai eines jeden Jahres nach wie vor als „Tag des Sieges" gefeiert und als Brücke in eine ruhmreiche militärische Vergangenheit wahrgenommen, die nach heutiger Konzeption bis in das Moskauer Zarentum zurückreicht und somit eine Klammer über alle historischen Zäsuren hinweg bildet.

Die offizielle Vergangenheitspolitik der Russländischen Föderation arbeitet seit Mitte der neunziger Jahre wieder an einem möglichst monolithisch geschlossenen Geschichtsbild, in dessen Zentrum der Mythos vom „Großen Vater-

---

8 Für die Fortsetzung der sowjetischen Linie steht innerhalb der neueren deutschsprachigen Historiographie Gräfe, Karl-Heinz: Vom Donnerkreuz zum Hakenkreuz. Die baltischen Staaten zwischen Diktatur und Okkupation, 2010. Für den Autor sind die baltischen Staaten ökonomisch von der EU und den USA abhängig, er bestreitet ihre Souveränität. — Für eine ausgewogenere Betrachtung siehe Kasekamp, Andres: A History of the Baltic States. London 2010.

ländischen Krieg" steht.⁹ Er wurde Mitte der sechziger Jahre, genau genommen 1965, zum 20. Jahrestag des Sieges über das nationalsozialistische Deutschland unter Brežnev zur Stabilisierung des sowjetischen Vielvölkerreichs geschaffen und erzählte von einem heroischen Abwehrkampf aller Bürger der Sowjetunion gegen die nationalsozialistischen Invasoren, aus dem die staatliche Einheit 1945 gestärkt hervorgegangen sei.¹⁰ Den Republiken der Sowjetunion wies man einen je eigenen Platz innerhalb des mythischen Narrativs zu, so auch der Ukraine, deren Hauptstadt Kiev 1961 zur Heldenstadt befördert wurde – wie zuvor Leningrad, Sevastopol', Volgograd, Stalingrad und Odessa. In den folgenden Jahrzehnten bildete die Erinnerung an diese Selbstbehauptung eine der Legitimationsquellen für die Fortexistenz der Sowjetunion. Während bei jeder Gelegenheit der Opfer des siegreichen Abwehrkampfes gedacht wurde, überging man bis zur Perestrojka die Opfer des Stalinismus.

Litauer, Letten und Esten verbinden hingegen mit dem 9. Mai 1945 den Verlust ihrer staatlichen Unabhängigkeit, auf den Jahrzehnte der politischen Repression und der ökonomischen Ausbeutung folgten. Wie Vaira Vike-Freiberga, Präsidentin Lettlands (1999–2007), in einer Erklärung zum 60. Jahrestag 2005 verlauten ließ, ist der 9. Mai für ihr Land kein Tag des Triumphes, sondern der Trauer oder zumindest des stillen Gedenkens an zahllose Opfer – Menschen, die während der sowjetischen Okkupation erschossen oder verschleppt und im GULag als Arbeitssklaven zu Tode geschunden wurden. Die lettische Präsidentin bezeichnete ausdrücklich den Hitler-Stalin-Pakt, d.h. die Einigung der beiden totalitären Regime auf Kosten Polens und der baltischen Staaten, als Voraussetzung für den Ausbruch des Zweiten Weltkrieges, der für Lettland folglich mit dem Überfall der Sowjetunion am 15. Juni 1940 begann. Eine offizielle Anerkennung der Okkupation steht von Seiten der Russländischen Föderation noch aus, was als schwere Hypothek auf den Beziehungen lastet.

Im Februar 2007 zog der sogenannte Denkmalsstreit zwischen der Russländischen Föderation und Estland viel Aufmerksamkeit auf sich. Am 19. Januar hat das estnische Parlament ein Gesetz verabschiedet, das den Weg für die Versetzung eines Denkmals zu Ehren sowjetischer Soldaten aus dem Zentrum der Hauptstadt Tallinn (Reval) an die Peripherie freimachen sollte. Bürger Tallinns nahmen Anstoß an diesem Monument, das sie an den Einmarsch sowjetischer Truppen im Jahr 1944 erinnerte. Russländische Regierungsvertreter bis zum Präsidenten Putin äußerten hingegen scharfe Kritik am Vorhaben einer eventuellen Denkmalsdemontage, sprachen von „Verhöhnung" der sowjetischen

---

9 Zu den Erinnerungsdiskursen um den „Großen Vaterländischen Krieg" vgl. die neuere Studie von Langenohl, Andreas: Erinnerung und Modernisierung. Die öffentliche Rekonstruktion politischer Kollektivität am Beispiel des Neuen Rußland. Göttingen 2000.
10 Für eine erste Bilanz vgl. Smith, Kathleen E.: Mythmaking in the New Russia. Politics and Memory During the Yeltsin Era. Ithaca/London 2002.

Soldaten, die Estland vom Faschismus befreit hätten, und drohten gar mit Wirtschaftssanktionen.

Die permanenten Friktionen zwischen Russländischer Föderation und baltischen Staaten über die Frage der sowjetischen Okkupation tragen dazu bei, diese Zeit im nationalen Gedächtnis präsenter zu halten als die NS-Okkupation. Ein Erinnerungskonflikt dauert mit unterschiedlicher Schärfe in allen drei Staaten fort, an dem erkennbar wird, dass der heutige Osten der Europäischen Union noch vor weniger als drei Jahrzehnten Westen der Sowjetunion war.

V.

Nach Wiedererlangung der Souveränität überlagerte die Erinnerung an die sowjetische Okkupation die Erinnerung an den Holocaust und die Mitwirkung der lokalen Bevölkerung an Mordaktionen. Daher hat sich bis heute noch kein belastbarer Konsens über die Erinnerung an die Verfolgung und Ermordung der Juden in Litauen, Lettland, Estland gebildet, zu stark war und ist die Opferkonkurrenz von Seiten nationaler Kollektive. Die Erkenntnis, dass viele Menschen besonders in Litauen und Lettland (wie auch in Belorus und der Ukraine) an nationalsozialistischen Verbrechen aktiv mitgewirkt oder sie zumindest beobachtet und hingenommen hatten, war nicht nur schwer zu akzeptieren, sie schien vielen noch lebenden Zeugen eine Zumutung, eine ungerechtfertigte Ablenkung von eigenen leidvollen Erfahrungen unter dem kommunistischen Regime.

Daher steht die Auseinandersetzung z.B. in Litauen mit dem eigenen, autochthonen Antisemitismus noch am Anfang. Die Version der litauischen Geschichte von 1940 bis 1989, die die litauische Unabhängigkeitsbewegung Sajudis und nationale Kreise bevorzugen, basiert vor allem auf zwei Elementen: zunächst die positive Sicht der sogenannten provisorischen Regierung vom Juni bis zum August 1941 unter Kazys Škirpa und Juozas Ambrazevičius, die einer kritischen Geschichtsschreibung als Wegbereiter der Kollaboration litauischer Antisemiten mit der NS-Vernichtungspolitik gelten. Ferner wiesen litauische Nationalisten immer wieder darauf hin, dass Litauer unter Stalin in Massen Opfer von Deportationen, Erschießungen, GULag-Lagerhaft geworden seien und daher ebenso von einem Genozid an der litauischen Bevölkerung auszugehen sei, wie von einem Genozid an den Juden Litauens unter der NS-Okkupation. Diese These von den zwei Genoziden wird auch in der Museumskultur des Landes verbreitet. So wird z.B. in einem Museum wie dem IX. Fort (Devintas Fortas) in Kaunas die Mitverantwortung der litauischen Bevölkerung am Holocaust von den Ausstellungsmachern zwar nicht explizit bestritten, aber gegenüber der nationalen Opferrolle deutlich geringer gewichtet. Einzelschicksale von Juden, die durch Litauer gerettet wurden, werden hervorgehoben, sodass ein Ungleichgewicht gegenüber der Masse ermordeter Juden entsteht.[11] Das Fort war ebenso Exekutionsstätte für Morde durch NS-Einheiten, wie z.B. die große Aktion vom 28. Oktober 1941, bei der 9.000 Juden ermordet wurden, wie auch sowjetischer Transitpunkt für Deportationen von Litauern in den GULag. Auch Paneriai, die zentrale Gedenkstätte der Opfer des Holocaust in Litauen, erfährt von Seiten der litauischen Öffentlichkeit immer noch nicht die Aufmerksamkeit, die ihm gebührt.[12]

Die Wertschätzung der „provisorischen Regierung" und die These vom zweifachen Genozid blockieren bis heute in Litauen ein umfassendes und angemessenes Holocaust-Gedenken. Die offizielle Vergangenheitspolitik in der sowjetischen Zeit zielte vor allem darauf ab, das nationale litauische Gedächtnis zu schwächen oder auszulöschen und die litauischen Verluste in einem sowjetischen Kollektiv aufgehen zu lassen. Juden, Esten, Litauer, Letten waren nach dieser Version alle Opfer faschistischer Mörder und allesamt in erster Linie sowjetische Bürger. In Abwehr dieses aufgezwungenen Narrativs blieb das nationale litauische Gedächtnis einem ethnischen Nationalismus verhaftet und verteidigte sogar das Andenken an Kollaborateure.

Doch hat sich gerade im letzten Jahrzehnt auch in den baltischen Staaten eine Gegenbewegung gebildet, die die Verfolgung und Ermordung von ansässigen oder ins Baltikum deportierter Juden in die öffentliche Debatte bringt und Zeichen des Gedenkens setzt. Am 17. April 2015 organisierte die Autorin Ruta Vanagaitė, deren Buch „Die Unsrigen" über die litauische Kollaboration heftige Reaktionen auslöste, in Vilnius eine Konferenz über den Holocaust, auf der u.a. Tomas Venclova, der litauische Dichter, eine Rede hielt.[13] Er bezog sich auf einen Artikel, den er 1975, vierzig Jahre zuvor, in der liberalen Exilzeitschrift *Akiračiai/Horizons* über Juden und Litauer veröffentlicht hatte und in dem er die Verfolgung und Ermordung der Litwaken als Tabuthema ansprach.[14] Zwei Jahre später verließ Venclova die Sowjetunion und wurde Exilant in den USA, wo er in Princeton und Yale russische Literaturwissenschaft lehrte. In seiner Rede von 2015 kontrastierte Venclova die damalige Ignoranz und Feindseligkeit der nationalen litauischen Kultur gegen das litauische Judentum mit der heutigen Bereitschaft, sich über jüdische Geschichte zu informieren und die Verfehlungen gegenüber Juden einzugestehen.

---

11 Vgl. Tauber, Joachim: Litauen und der Umgang mit dem Holocaust. In: Brumlik, Micha/Sauerland, Karol (Hgg.): Umdeuten, verschweigen, erinnern. Die späte Aufarbeitung des Holocaust in Osteuropa. Frankfurt am Main/New York 2010, S. 47-70.
12 Ebd.
13 Vgl. Venclova, Tomas: Lithuanians and Jews: What's Changed and What Hasn't over the last Forty Years? In: Defending History VIII (2009), 24. August 2015.
14 Akiračiai 1975. Auszüge daraus in englischer Übersetzung finden sich in: Žukas, Saulius (Hg.): Lithuania. Past, Culture, Present. Vilnius 1999, S. 88-90.

Die Kollaboration werde nicht länger vollkommen verschwiegen oder heruntergespielt, auch wenn es in national gesonnenen Kreisen immer noch verpönt sei, Namen zu nennen und Täter bloßzustellen, und alle Anschuldigungen als Erfindungen des KGB abgetan würden. Venclova zufolge wirkt die alte Opferkonkurrenz auch heute noch nach. Vor allem seien bestimmte Persönlichkeiten Teil eines nationalen Kanons, der immer noch als sakrosankt gelte. Aus der litauischen Kultur und Literatur des 19. Jahrhunderts stünden der Bischof und Gelehrte Motiejus Valančius, der Schriftsteller Vincas Kudirka und Vincas Pietaris in hohen Ehren, trotz nationalistischer und antisemitischer Tendenzen, und nach Politikern wie Daukantas, Basanavičius and Smetonas seien nach wie vor Straßen und Plätze benannt.

Wenn er jedoch vor vierzig Jahren eine tiefe Fremdheit zwischen Litwaken und Litauern feststellen musste, so habe sich diese Fremdheit gewandelt und es sei eine Annäherung oder doch zumindest Interesse hergestellt worden. Er nennt namentlich Irena Veisaitė und Leonidas Donskis, die als Juden und Litauer jüdischer Abstammung die Idee einer bürgerlichen litauischen Zivilität verkörperten. Venclova schränkt allerdings ein, all dies sei ein Elitenphänomen, denn die Zahl der Leser sinke auch in Litauen rapide und in der Massenkultur herrsche das frühere Vergessen weiter vor.

In seinem Artikel aus dem Jahr 1975 hatte Venclova gefordert, die Entmenschlichung und Vernichtung der Juden als eigene Entmenschlichung und Vernichtung zu begreifen, allerdings bezweifelt er heute, dass dies in der Mehrheit der Bevölkerung akzeptiert worden sei und akzeptiert werden könne. Im Gegenteil, der Antisemitismus schlummere oft nur, um bei nächster Gelegenheit wieder hervorzubrechen. Multikulturalismus und Globalisierung seien nur an den Universitäten anerkannt, die Bevölkerung dagegen betrachte sie als Anschläge auf die ethnische Identität der Litauer. Die Namen vieler Kollaborateure und Mörder seien nach wie vor fest im nationalen Gedächtnis verankert. Das Dogma des doppelten Genozids müsse aufgegeben werden, und das Museum des Genozids in Vilnius müsse in Museum der kommunistischen Verbrechen umbenannt werden.

VI.

Die offenen Erinnerungskonflikte und die aktuellen Minoritätenfragen können zumindest einen Beitrag liefern, um die gegenwärtigen heftigen Reaktionen der baltischen Staaten auf eine potentielle Bedrohung ihrer Unabhängigkeit von Seiten der Russländischen Föderation besser zu verstehen. Seit der Annexion der Krim durch die Regierung der Russländischen Föderation im März 2014 fürchten Estland, Lettland und Litauen, dass auch sie zur Zielscheibe russischer

Einflussnahme oder Unterwanderung und im Extremfall Opfer einer Invasion mit unabsehbaren Folgen werden könnten. Russische Streitkräfte, die von der Exklave Kaliningrad gegen Litauen und von der Westgrenze der Russländischen Föderation gegen Lettland eingesetzt würden, so eines der möglichen Szenarien, könnten das Baltikum rasch von seiner Verbindung zur NATO abschneiden und auf Dauer besetzen.

Der manifeste Kurswechsel der Russländischen Föderation hin zu einer aggressiveren Machtpolitik im postsowjetischen Raum lässt sich ein gutes Jahrzehnt zurückverfolgen. Im August 2008 leitete der sogenannte Georgien-Krieg ein erstes Eskalationsstadium ein: Als sich ethnopolitische Konflikte zwischen Südossetien und Abchasien einerseits und der Republik Georgien andererseits ausweiteten und zu bewaffneten Zusammenstößen führten, intervenierte die russische Armee und stabilisierte die abtrünnigen Gebiete auf georgischem Territorium, das seitdem fragmentiert ist. Moskau signalisierte damit, dass es den südkaukasischen Raum nach wie vor als Einfluss- und Interessensphäre ansieht und sich militärische Interventionen zur Sicherung seines Anspruchs vorbehält.

Ende 2013/Anfang 2014 ging die Regierung der Russländischen Föderation auf ähnliche Weise gegen die Ukraine vor: Dort hatte bereits die Orangene Revolution von 2004 versucht, die stark an Russland ausgerichtete Regierung zu beseitigen und eine Umorientierung der Ukraine nach Europa durchzusetzen. Als zehn Jahre später der Euromaidan von November 2013 bis Februar 2014 im Sturz der moskautreuen Regierung von Janukovič endete, intervenierte die Russländische Föderation abermals militärisch, annektierte im März 2014 die Krim und unterstützt seitdem sezessionistische Kräfte in den international nicht anerkannten „Volksrepubliken" Lugansk und Donezk, die einen „hybriden Krieg" gegen die Ukraine führen.

Damit kristallisiert sich für die Zeit zwischen 2008 und 2014 eine Strategie zur Erweiterung russischer Macht und russischen Einflusses im postsowjetischen Raum heraus: Bei militärischen Aktionen auf dem Territorium der ehemaligen Sowjetunion setzt die Russländische Föderation bevorzugt an Schwachpunkten in ihrer unmittelbaren geografischen Nachbarschaft an, d.h. vor allem bei ungelösten ethnopolitischen Konflikten, in die russische Minoritäten involviert sind und die damit eine doppelte Handhabe zur Intervention bieten: Wiederherstellung der regionalen Stabilität und Schutz der russischen Minorität. Es lässt sich zunächst eine langsame Ausweitung und Steigerung der Aktivitäten feststellen, bis ein Kipppunkt erreicht ist, mit dem die Intervention einen offen militärischen Charakter annimmt.

Vor diesem Hintergrund lösen die starken russischen Truppenverbände in den militärischen Westbezirken Russlands und im Kaliningrader Gebiet verständliche Besorgnis aus und haben innerhalb von NATO und EU das Bewusstsein für die geostrategisch exponierte Lage der baltischen Staaten erheblich geschärft. Denkbar scheint manchen Beobachtern auch, Estland und Lettland mit ihren starken russophonen Minoritäten könnten nach dem Beispiel der Ukraine durch innere Sezession destabilisiert werden.[15] Allein in der estnischen Grenzstadt Narva sind neunzig Prozent der Bevölkerung russophon bzw. russischer Abstammung. Eine unkonventionelle, hybride Kriegsführung ließe sich auch ohne Invasion, sondern über Hilfsaktionen zugunsten angeblich bedrängter russischer Bürger einfädeln.

Das Drängen der baltischen Staaten auf verstärkte NATO-Präsenz hat mittlerweile zu einer Aufstockung von Truppenkontingenten geführt. In Narva fand zum estnischen Unabhängigkeitstag, am 24. Februar 2015, eine Militärparade mit amerikanischen Soldaten statt. Am Tag darauf begann die Russländische Föderation ein mehrtägiges Manöver in der Region Pskov. Im November 2015 wiederum nahmen amerikanische Soldaten an einer Parade aus Anlass des lettischen Unabhängigkeitstages in Riga teil. Bisheriger Höhepunkt dieser Eskalationsspirale in das diesjährige Herbstmanöver Zapad/Westen, das die Russländische Föderation gemeinsam mit Belorus an der Ostflanke der NATO unter Einsatz von Land-, Luft- und Seestreitkräften veranstaltet. Da auch Truppen in der Exklave Kaliningrad, die Nordflotte in der Ostsee, Truppen des Innenministeriums, der Nationalgarde, des Inlandsgeheimdienstes FSB und des Katastrophenschutzes zu den Übungen herangezogen werden, dürfte die Gesamtzahl der Teilnehmer weit über den offiziell angegebenen 12.700 Soldaten und eher bei hunderttausend Mann liegen.

Dieser Eskalation militärischer Drohgebärden versucht nun die Politik durch Vernunftappelle und Verhandlungsbereitschaft Einhalt zu gebieten. Am 23. August 2017, dem Jahrestag des Nichtangriffspaktes zwischen dem nationalsozialistischen Deutschland und der Sowjetunion, einem der wichtigsten Gedenktage für die gesamte Region, richtete der deutsche Bundespräsident Frank-Walter Steinmeier in einer Rede vor der estnischen Akademie der Wissenschaften die Mahnung an Russland, dass die Annexion der Krim von Seiten der Europäischen Union ebenso wenig akzeptiert werde wie „verdeckte Einmischung mit hybriden Mitteln oder gezielte Desinformation".[16] Steinmeier bedauerte, dass sowohl in Russland als auch in einigen Mitgliedstaaten der Europäischen Union Geschichte zunehmend zu politischen Zwecken instrumentalisiert werde. Dagegen versuchte er in seiner Rede, einen Bogen zu schlagen vom aktuellen

---

15 Vgl. Kropatcheva, Elena: Security Dynamics in the Baltic Sea Region Before and After the Ukraine Crisis. In: Makarychev, Andrey/Yatsyk, Aleksandra (Hgg.): Borders in the Baltic Region. Suturing the Ruptures. London 2017, S. 81-100.
16 Vgl. FAZ vom 23. 8. 2017.

Gedenktag zum 23. August 1989, dem Tag des baltischen Wegs, einer großen Protestaktion gegen die sowjetische Okkupation, zum 22. Juni 1941, dem Tag des deutschen Angriffs auf die Sowjetunion. Damit verfolgte die Rede zwei Ziele: Einerseits sollte das Recht der baltischen Staaten auf Selbstbestimmung und völkerrechtlich geschützte Souveränität bekräftigt, andererseits die andauernde historische Verantwortung Deutschlands gegenüber Russland betont werden. Am letzten Beispiel wird deutlich, wie stark Geschichte und Gedächtnis die aktuelle Situation im Baltikum beeinflussen und wie sehr politische Akteure in diesem Feld – wie z.B. der deutsche Bundespräsident – dies berücksichtigen müssen.

Angesichts der Eskalationsspirale, die sich seit 2008 im postsowjetischen Raum erkennen lässt, kann man das Baltikum als Grenzraum zwischen zwei politisch-gesellschaftlichen Systemen sehen: dem höhergradig integrierten supranationalen System der Europäischen Union und dem geringer integrierten System des postsowjetischen Raums mit einer Reihe souveräner oder semisouveräner Nationalstaaten, in deren Zentrum die Russländische Föderation mit einem ausgeprägten Anspruch auf Einflussnahme steht. Dieser Anspruch wird notfalls mit Waffengewalt durchgesetzt, d.h. Krieg in einem rational kontrollierten Rahmen gilt als legitimes Mittel des Machterhalts bzw. -erwerbs.[17]

Von ihrer Neuorientierung während des letzten Vierteljahrhunderts und ihrem daraus erwachsenden Selbstverständnis gehören die baltischen Staaten vollständig zum ersten System der Europäischen Union. Das Streben der baltischen Staaten nach Verankerung im internationalen System und in Subsystemen wie der NATO oder der Europäischen Union hat zu beachtlichen Resultaten geführt. Die NATO- und EU-Mitgliedschaft sind zu integralen Bestandteilen der nationalen Identität der baltischen Staaten geworden, aber von ihrer Geschichte im 20. Jahrhundert her haben sie noch viele Verbindungen und Bezugspunkte zum zweiten System. Es sei nur daran erinnert, dass die Grenzen der heutigen baltischen Staaten auch Ergebnis sowjetischer Grenzziehungen sind. Das gilt am stärksten für Litauen, dessen Hauptstadt Vilnius erst unter sowjetischer Herrschaft wieder litauisch wurde. So spielen die baltischen Staaten heute eine wichtige Rolle bei der Definition der Beziehungen zwischen Europäischer Union und Russländischer Föderation, viele Kommentatoren schreiben ihnen sogar eine Modellfunktion für den postsowjetischen Raum zu.

Historisch und kulturell scheinen die baltischen Staaten gleichwohl prädestiniert, weiterhin Grenz-, Brücken- und Übergangsfunktionen zu übernehmen. Die verstärkte Präsenz von NATO-Truppen, die Warnungen baltischer Politiker vor einer potentiellen Aggression aus der Russländischen Föderation, die rus-

---

17 Vgl. eine Reihe von neueren Arbeiten in Makarychev, Andrey/Yatsyk, Aleksandra (Hgg.): Borders in the Baltic Region. Suturing the Ruptures. London 2017.

sischen Grenzverletzungen und Provokationen im Luftraum sollten nicht den Blick dafür verstellen, dass in Estland, Lettland und Litauen zwischen autochthoner ethnischer Mehrheit und russophonen Minoritäten ein weitgehend konfliktfreies Zusammenleben herrscht.

Jaromír Balcar

Hitlers willige Historiker? Die Debatte um „Ostforschung" und „Ostforscher" im Spiegel des „Marburger Historikerstreits"

Erst in den 1990er Jahren avancierte die NS-Vergangenheit deutscher Historiker, die zuvor sehr weitgehend verdrängt, beschwiegen oder beschönigt worden war, zu einem der zentralen Themen der zeithistorischen Forschung. Dass der intellektuelle Selbstreinigungsprozess so lange auf sich warten ließ, lag an mehreren Faktoren. Unter anderem haben eben jene „Ehemaligen", die nach 1945 in führende Positionen der westdeutschen Geschichtswissenschaft aufstiegen, die Selbstreflexion verweigert und die Aufarbeitung durch andere lange Zeit gezielt behindert und verhindert. Michael Burleigh kam in seiner bahnbrechenden Studie Ende der 1980er Jahre zu dem Ergebnis: „Self-exculpation, and the workings of academic clientage, have ensured that until recently this subject has been neglected in West Germany."[1] Aus diesem Grund setzte die intensive Auseinandersetzung mit der Vergangenheit der eigenen Zunft erst nach dem Tod der Protagonisten ein. Hinzu kam der Paradigmenwechsel in der internationalen Holocaust-Forschung, die seit den 1990er Jahren verstärkt Täter und Opfer in den Blick nimmt und den technokratischen Eliten innerhalb und außerhalb des Staats- und Parteiapparats größere Beachtung schenkt.[2] Dabei konnte man nun auch auf Archivmaterial aus Ost-, Ostmittel- und Südosteuropa zugreifen, das erst mit dem Zusammenbruch der realsozialistischen Regime 1989–1991/92 allgemein zugänglich geworden war.

In den beiden Dekaden um die Jahrtausendwende rückte das Thema dann in den Fokus der Forschung. Auf den Historikertagen von 1994 in Leipzig[3], 1996 in München[4], 1998 in Frankfurt[5] und 2000 in Aachen[6] gab es jeweils eigenständige

---

1 Burleigh, Michael: Germany Turns Eastwards. A Study of Ostforschung in the Third Reich. Cambridge 1988, S. 10.
2 Pars pro toto seien genannt Herbert, Ulrich: Best. Biographische Studien über Radikalismus, Weltanschauung und Vernunft 1903–1989. 3. Aufl., Bonn 1996. — Wildt, Michael: Generation des Unbedingten. Das Führungskorps des Reichssicherheitshauptamtes. Hamburg 2002. — Wegweisend war die Studie von Aly, Götz/Heim, Susanne: Vordenker der Vernichtung. Auschwitz und die deutschen Pläne für eine neue europäische Ordnung. Hamburg 1991.
3 Die Beiträge dieser Sektion sind abgedruckt in: Schöttler, Peter (Hg.): Geschichtsschreibung als Legitimationswissenschaft 1918–1945. Frankfurt am Main 1997.
4 Die Beiträge dieser Sektion sind abgedruckt in: Zeitschrift für Ostmitteleuropaforschung 46 (1997), Heft 3.
5 Die Beiträge dieser Sektion sind abgedruckt in: Schulze, Winfried/Oexle, Otto Gerhard (Hgg.): Deutsche Historiker im Nationalsozialismus. Frankfurt am Main 1999.
6 Die Beiträge dieser Sektion sind abgedruckt in: Zeitschrift für Geschichtswissenschaft 49 (2001), Heft 1.

Sektionen, die sich mit der Rolle der deutschen Historiker im Nationalsozialismus bzw. mit der „Ostforschung" beschäftigten. Auf ihrem Höhepunkt fand die Kontroverse, in der zunehmend schrille Töne zu hören waren, auch Eingang in die Feuilletons.[7] Danach ebbte die Aufregung rasch wieder ab. Viel zur Versachlichung der Debatte beigetragen haben die quellengesättigten, abgewogen argumentierenden Studien von Corinna Unger und Thekla Kleindienst.[8]

Das scheint indes noch nicht das Ende dieser Geschichte zu sein. Wie heikel die Thematik nach wie vor ist, musste unlängst Esther Abel erfahren. 2016 publizierte sie ihre Dissertation über den 1995 verstorbenen Osteuropahistoriker Peter Scheibert[9], die im Kreis der ehemaligen Schülerinnen und Schüler Scheiberts auf heftige Ablehnung stieß. Zwar scheiterte deren Versuch, eine Buchpräsentation Abels am renommierten Marburger *Herder-Institut* im Frühjahr 2017 zu verhindern, doch publizierten Egbert Jahn und Inge Auerbach in der Zeitschrift *Osteuropa* eine ausführliche Kritik der Studie Abels[10], die einem Totalverriss gleichkommt, auf den die Angegriffene an gleicher Stelle replizierte.[11] Ihr zur Seite sprang Stefan Plaggenborg, der Abels Dissertation in Bochum betreut hatte. Er verteidigte seine vormalige Doktorandin gegen die Vorwürfe der Schülerinnen und Schüler Scheiberts, die er als „Scheibertianer" bezeichnet.[12] Der „Marburger Historikerstreit", der sich daraus entwickelte, spiegelt die Debatte um „Ostforscher" vor und nach 1945, die um die Jahrtausendwende geführt wurde, wie in einem Brennglas. Dies analysiert der vorliegende Beitrag, der zunächst auf die Untersuchungsgegenstände und die Kontrahenten eingeht, dann die Beteiligung von „Ostforschern" an den NS-Verbrechen thematisiert, im dritten Abschnitt nach Unterschieden und Gemeinsamkeiten von „Ostforschung" und Osteuropaforschung fragt, um abschließend zu analysieren, warum die Kontroverse mit solcher Heftigkeit ausgetragen wurde und wird.

---

7   Beispielsweise Hettling, Manfred: Schweigen im Konsens. Erst jetzt fragen deutsche Historiker nach der Rolle ihres Fachs im „Dritten Reich". In: Die Zeit vom 27.7.2000. — Schöttler, Peter: Schreibmaschinen im Dienst des Führers. Historiker im Nationalsozialismus – eine Zwischenbilanz. In: Frankfurter Rundschau vom 20.3.2001. — Ullrich, Volker: Der Fall Rothfels. In: Die Zeit vom 15.8.2002.
8   Unger, Corinna R.: Ostforschung in Westdeutschland. Die Erforschung des europäischen Ostens und die Deutsche Forschungsgemeinschaft, 1945–1975. Stuttgart 2007. — Kleindienst, Thekla: Die Entwicklung der bundesdeutschen Osteuropaforschung im Spannungsfeld zwischen Wissenschaft und Politik. Marburg 2009.
9   Abel, Esther: Kunstraub – Ostforschung – Hochschulkarriere. Der Osteuropahistoriker Peter Scheibert. Paderborn 2016.
10 Jahn, Egbert/Auerbach, Inge: Der Osteuropahistoriker Peter Scheibert. Anmerkungen zu einer misslungenen Biographie. In: Osteuropa 67 (2017), Heft 1-2, S. 27-59.
11 Abel, Esther: Aufarbeitung statt Skandalisierung. Der Fall Scheibert. Replik auf die Kritik von Egbert Jahn und Inge Auerbach. In: Osteuropa 67 (2017), Heft 3-4, S. 143-156.
12 Plaggenborg, Stefan: Marburger Historikerstreit. In Sachen Scheibert: Der Revisionismus formiert sich. In: Osteuropa 67 (2017), Heft 3-4, S. 157-166, Zitat S. 159. — Ein kurzer Abriss der Kontroverse bei Wörsdörfer, Rolf: Stalin brachte wenigstens Ordnung in die Revolution. In: FAZ vom 13.9.2017.

1. Dramatis personae

Die Debatte um die „Ostforschung" im Nationalsozialismus bezog ihre Brisanz nicht zuletzt aus dem Umstand, dass es eben nicht nur „ein paar wildgewordene Studienräte und Außenseiter" gewesen waren[13], die sich für den Nationalsozialismus sowie seine Eroberungs- und Vernichtungspolitik engagiert hatten – dieses Diktum von Hans Rothfels hatte man in der Zunft lange und allzu gerne für bare Münze genommen. Seit den frühen 1990er Jahren standen freilich mit Männern wie Werner Conze oder Theodor Schieder[14] – und bald auch Hans Rothfels selbst[15] – Historiker in der Schusslinie, die nach 1945 die bundesrepublikanische Geschichtswissenschaft sowohl methodisch als auch durch die Bildung einflussreicher „Schulen" maßgeblich mitgeprägt hatten.[16] Die Debatte um Historiker bzw. „Ostforscher" im Nationalsozialismus erweiterte sich daher um die Frage nach den personellen, methodologischen und inhaltlichen Kontinuitäten zwischen „Drittem Reich" und Bundesrepublik.

Verglichen mit Conze, Rothfels oder Schieder, handelt es sich bei Peter Scheibert (1915–1995) um ein kleines Licht der bundesrepublikanischen Geschichtswissenschaft und ein noch kleineres Rädchen des NS-Verfolgungs- und Vernichtungsapparats.[17] 1939 unmittelbar vor Kriegsbeginn bei Hans Uebersberger in Königsberg mit einer Arbeit über „Staat und Volks in Finnland in der ersten Hälfte des 19. Jahrhunderts" promoviert, nahm er eine Tätigkeit als „Wissenschaftlicher Hilfsarbeiter" im Auswärtigen Amt auf; dort war er in der „Archivkommission" tätig, die in Polen, Frankreich und den Niederlanden Akten requirierte. Mit dem Überfall auf die Sowjetunion wurde Scheibert, seines Zeichens Mitglied der SA (seit 1933), der NSDAP (seit 1937) und später auch der Waffen-SS, wegen seiner sprachlichen und fachlichen Kenntnisse dem *Sonderkommando Künsberg* zugeteilt, das im Auftrag des Auswärtigen Amts den

---

13 Rothfels, Hans: Die Geschichtswissenschaft in den dreißiger Jahren. In: Flitner, Andreas (Hg.): Deutsches Geistesleben und Nationalsozialismus. Tübingen 1965, S. 90-107, Zitat S. 99.
14 Eine pointierte Zusammenfassung der Vorwürfe an die Adresse von Schieder und Conze bei Aly, Götz: Rückwärtsgewandte Propheten. Willige Historiker – Bemerkung in eigener Sache. In: Ders.: Macht, Geist, Wahn. Kontinuitäten deutschen Denkens. Berlin 1997, S. 153-183.
15 Zur Kontroverse um Hans Rothfels siehe u.a. Hürter, Johannes/Woller, Hans (Hgg.): Hans Rothfels und die deutsche Zeitgeschichte. München 2005. — Roth, Karl Heinz: „Richtung halten". Hans Rothfels und die neokonservative Geschichtsschreibung diesseits und jenseits des Atlantik. In: Sozial.Geschichte 18 (2003), S. 41-71. — Siehe auch das Diskussionsforum: Hans Rothfels und die Zeitgeschichte. In: H-Soz-Kult, 14.2.2003, www.hsozkult.de/debatte/id/diskussionen-281 (letzter Zugriff 12.08.2017).
16 Beer, Mathias: Wo bleibt die Zeitgeschichte? Fragen zur Geschichte einer Disziplin. In: H-Soz-Kult, 20.2.2003, www.hsozkult.de/debatte/id/diskussionen-293 (letzter Zugriff 12.08.2017).
17 Siehe dazu und im Folgenden Abel, Esther: Peter Scheibert – ein Osteuropahistoriker im „Dritten Reich". In: Jahrbücher für Geschichte Osteuropas, Neue Folgen 60 (2012), S. 78-106.

Raub von Kunst- und Kulturgütern in den besetzten Gebieten organisierte.[18] Zunächst wurde Scheibert als Finnland-Experte zu den Verhandlungen hinzugezogen, in denen es um deutsche Hilfe bei der Sicherstellung finnischer Akten in sowjetischen Archiven ging. Danach wirkte Scheibert an der Plünderung von Archiven und Bibliotheken der baltischen Staaten und der Zarenresidenzen in der Umgebung Leningrads mit, um anschließend in derselben Angelegenheit in der Ukraine tätig zu werden – hier ging es unter anderem um die Beschaffung und Auswertung von Akten über das „Rußlanddeutschtum", die im Kontext der NS-„Lebensraum"-Politik von Bedeutung waren. Im Zuge der Auflösung des *Sonderkommandos Künsberg*, die im Sommer 1943 erfolgte, wurde Scheibert in die neu gegründete Abteilung VI G („Wissenschaftlich-Methodischer Forschungsdienst") des Reichssicherheitshauptamts (RSHA) überführt. In dieser Funktion war er in Rom und am deutschen Konsulat im ostslowakischen Kaschau (Košice) tätig, wo er „Propagandamaßnahmen" für die „Volksdeutschen" durchführen sollte; danach verliert sich seine Spur bis Kriegsende.

Zwischen Herbst 1948 und Frühjahr 1950 durchlief Scheibert drei Entnazifizierungsverfahren. In den ersten beiden wurde er von der Spruchkammer in Kategorie IV („Minderbelastet"), im dritten in Kategorie V („Entlastet") eingestuft. Erst danach schlug Scheibert die Hochschullaufbahn ein, die ihm – nachdem er sich 1955 bei Theodor Schieder habilitiert hatte – 1961 das Ordinariat für Osteuropäische Geschichte an der Universität Marburg eintrug, das er bis 1981 innehatte. In Marburg profilierte er sich als streitbarer konservativer Geist, der sich in der inneruniversitären Auseinandersetzung der 1960er und 1970er Jahre als scharfzüngiger Gegner der Studentenrevolte positionierte: Scheibert leitete die Marburger Sektion des *Bundes Freiheit der Wissenschaft*, einer „Gegenbewegung der Professoren" gegen die Studentenbewegung[19], trat 1970 der CDU bei und führte mehrere Prozesse gegen die eigene Fakultät, die seiner Meinung nach in der Frage der studentischen Mitbestimmung zu nachgiebig agierte. Seine Fähigkeit oder auch sein Wille zur kritischen Selbstreflexion waren dagegen zeitlebens unterentwickelt. So blieb Scheiberts Tätigkeit im „Dritten Reich", um die sich zwar manches Gerücht rankte, bis zum Erscheinen der Arbeiten von Esther Abel weitgehend im Dunkeln. Auch seine Schülerinnen und Schüler hatten es zu Lebzeiten nicht gewagt oder nicht für nötig gehalten, in dieser Richtung nachzufragen – obwohl sie, nach eigener Aussage, von Scheiberts Mitgliedschaft in NSDAP, SA und SS wussten.[20] Eine zu Scheiberts Tod von

---

18 Hartung, Ulrike: Raubzüge in der Sowjetunion. Das Sonderkommando Künsberg 1941–1943. Bremen 1997.

19 Wehrs, Nikolai: Protest der Professoren. Der „Bund Freiheit der Wissenschaft" in den 1970er Jahren. Göttingen 2014. — Koischwitz, Svea: Der Bund Freiheit der Wissenschaft in den Jahren 1970–1976. Ein Interessenverband zwischen Studentenbewegung und Hochschulreform. Köln u.a. 2017.

20 Jahn/Auerbach: Osteuropahistoriker, S. 30.

Inge Auerbach mitherausgegebene Gedenkbroschüre atmet ganz den Geist des „nihil nisi bene".[21]

Ist dies der tiefere Grund, dass mit Inge Auerbach und Egbert Jahn zwei „Scheibertianer" einen Totalverriss von Abels Dissertation verfassten? Fest steht, dass die beiden ihre persönliche Verbundenheit mit Scheibert teilweise verschleiert haben.[22] Bei den Autorenangaben heißt es zu Auerbach, die bis zu ihrer Pensionierung als Archivoberrätin am Hessischen Staatsarchiv Marburg und zugleich als außerplanmäßige Professorin für Osteuropäische Geschichte an der Universität Marburg tätig war, unter anderem: „Sie gehörte nie zu den Mitarbeitern an Scheiberts Seminar für Osteuropäische Geschichte an der Universität Marburg, hatte aber dort zeitweilig nebenamtlich einen Lehrauftrag ‚Russisch für Historiker'."[23] Unerwähnt bleibt, dass ihre Habilitation an der Universität Marburg unter der Ägide Scheiberts erfolgte, was persönliche Loyalitätsbeziehungen schafft, wie Auerbachs Mitherausgeberschaft der erwähnten Gedenkbroschüre zeigt. Über Jahn, seines Zeichens Emeritus für Politische Wissenschaft und Zeitgeschichte an der Universität Mannheim, liest man: „Er gehörte nicht zu den Mitarbeitern (Assistent, Wissenschaftliche Hilfskraft, Drittmittelprojektteilnehmer) an Scheiberts Seminar." Unmittelbar davor heißt es freilich, dass Jahn „bei Scheibert promoviert" habe – er steht zu Scheibert also in einer Lehrer-Schüler-Beziehung, was zumindest die Frage aufwirft, inwiefern er unvoreingenommen sein kann, wenn es um seinen Doktorvater geht.

Esther Abel war die erste, die sich intensiv und quellengestützt mit Scheiberts Tätigkeit vor und nach 1945 auseinandergesetzt hat, und zwar erstmals bereits 2008 im Rahmen ihrer Magisterarbeit, in der sie Scheiberts Tätigkeit im Nationalsozialismus untersuchte.[24] In den Folgejahren vertiefte Abel diese Studie und erweiterte sie um Aspekte der Karriere Scheiberts nach 1945. Das Resultat ihrer langjährigen Arbeit reichte sie 2015 als Dissertation an der Bochumer Ruhr-Universität ein. Ihr Doktorvater, Stefan Plaggenborg, hatte bis 2007 als Nach-Nachfolger Scheiberts den Osteuropa-Lehrstuhl in Marburg inne. Als dieser 2007 an das neugeschaffene Osteuropa-Zentrum der Universität Gießen verlegt wurde, was einigen Staub aufwirbelte[25], wechselte Plaggenborg nach Bochum.

---

21 Auerbach, Inge/Lemberg, Hans (Hgg.): Peter Scheibert zum Gedächtnis. Nachrufe – Erinnerungen – Würdigungen. Marburg 1997.
22 Ähnlich Plaggenborg: Marburger Historikerstreit, S. 160.
23 Jahn/Auerbach: Osteuropahistoriker, S. 27. Die folgenden Zitate ebd.
24 Abel, Esther: Peter Scheibert – ein Osteuropahistoriker im „Dritten Reich". Unveröffentlichte Magisterarbeit. Gießen 2008. — Eine Zusammenfassung der Ergebnisse erschien 2012 in den Jahrbüchern für Geschichte Osteuropas. Siehe Abel: Peter Scheibert.
25 Plaggenborg, Stefan: Wie ein Studienort zerstört wurde. In: FAZ vom 20.11.2007.

2. Experten der „Bloodlands": Zur Beteiligung von „Ostforschern" an den NS-Verbrechen in Ost-, Ostmittel- und Südosteuropa

Mehr als alles andere hat die Debatte um Hitlers willige Historiker gezeigt, wie weit sich zahlreiche Vertreter des Fachs auf die menschenverachtende NS-Ideologie eingelassen und sich auf dieser Grundlage – manchmal wohl auch der eigenen Karriere zu Liebe – auf die eine oder andere Weise an den Verbrechen des NS-Regimes mitschuldig gemacht haben. Für eine Gruppe galt dies ganz besonders, nämlich für die „Ostforscher" in ihrer Eigenschaft als Experten für die „Bloodlands" (Timothy Snyder) im Osten Deutschlands. Wegen ihrer Fachkenntnisse waren „Ostforscher" in besonderem Maße in die NS-Verbrechen involviert, sei es als Fachmänner für die Entwicklung einer bestimmten Region oder für die Zusammensetzung ihrer Bevölkerung, als Experten für die bibliophilen Schätze oder andere Kunst- und Kulturgüter, die in den Fürstenresidenzen, Kirchen, Bibliotheken, Archiven und Museen schlummerten, als Dolmetscher und Übersetzer – mitunter aber auch als Angehörige von Spezialeinheiten, die beim Vormarsch der Wehrmacht hinter der Front fürchterliche Verbrechen an der Zivilbevölkerung verübten. Wie all dies in einer Person zusammenkommen konnte, zeigt die Biographie des späteren Bundesvertriebenenministers Theodor Oberländer.[26]

Nun spielte Oberländer als Wissenschaftler in der Bundesrepublik keine Rolle mehr – andere dagegen, an deren Händen zwar kein Blut klebte, die man aber wohl als Schreibtischtäter bezeichnen muss, sehr wohl. 1992 veröffentlichten Angelika Ebbinghaus und Karl Heinz Roth eine Denkschrift Theodor Schieders aus dem Jahr 1939, in der sich der Königsberger Historiker in der *lingua tertii imperii* (Victor Klemperer) für „Bevölkerungsverschiebungen allergrößten Ausmaßes" und die „Entjudung Restpolens" aussprach.[27] Auf der Grundlage solcher Dokumente postulierten jüngere Historiker seit den 1990er Jahren einen Zusammenhang zwischen „Ostforschung" und Vernichtungspolitik im Osten. Ingo Haar etwa begreift die „Ostforschung" als einen „komplexen und funktionstüchtigen Forschungsapparat", dessen Akteure „nicht nur die nationalsozialistische Siedlungs- und Bevölkerungspolitik" gerechtfertigt, sondern der Politik „auch das nötige Grundwissen" vermittelt hätten, „um eine ‚völkische Flurbereinigung' planbar und damit auch durchsetzbar zu machen."[28] Das engmaschige Netzwerk aus Wissenschaft und Politik habe zielstrebig auf die territoriale Expansion des

---

26 Wachs, Philipp-Christian: Der Fall Theodor Oberländer (1905–1998). Ein Lehrstück deutscher Geschichte. Frankfurt am Main/New York 2000.

27 Ebbinghaus, Angelika/Roth, Karl Heinz: Vorläufer des „Generalplans Ost". Eine Dokumentation über Theodor Schieders Polendenkschrift vom 7. Oktober 1939. In: 1999 7 (1992), Heft 1, S. 62-94.

28 Haar, Ingo: Historiker im Nationalsozialismus. Deutsche Geschichtswissenschaft und der „Volkstumskampf" im Osten. Göttingen 2000, S. 12.

Deutschen Reichs nach Osten hingearbeitet, wobei die „Ostforscher" in den Planungs- und Entscheidungsprozess eingebunden gewesen seien, der zum systematischen Völkermord geführt habe.[29] Da die „langfristigen Forschungsprogramme zur Erfassung ethnischer Minderheiten", so Haar, „zumindest bis September 1939 nicht auf der erklärten Absicht [gründeten], die [zu] untersuchenden Bevölkerungsgruppen zu ermorden", seien die „Ostforscher" zwar „nicht einer Riege von ‚Vordenkern der Vernichtung' zuzuordnen". Allerdings sei die „Antizipation dieser Planungen [...] gleichwohl eine Voraussetzung dafür [gewesen], dem hochgradig komplexen Planungsapparat der nationalsozialistischen Siedlungs- und Bevölkerungspolitik zuarbeiten zu können."[30]

Peter Scheibert schrieb weder Denkschriften, die man als „Vorläufer des ‚Generalplan Ost'" betrachten könnte, noch war er Mitglied eines Mordkommandos. Jahn und Auerbach betonen denn auch, dass Scheibert „kein Mörder" gewesen sei und „offenbar nie während des ganzen Krieges eine Waffe gegen Menschen benutzt" habe[31] – was freilich niemand behauptet, auch Esther Abel nicht. Scheiberts Verteidiger gehen indes noch weiter: Sie versuchen, ihn auch vom Vorwurf freizusprechen, ein „Kunsträuber" bzw. „Kunst- und Kulturräuber" gewesen zu sein. Zur Entlastung heißt es, Scheibert habe „ausschließlich im staatlichen Auftrag Akten beschlagnahmt", sei dagegen „am privaten Kunstraub" nicht beteiligt gewesen. Und weil Abel nicht angeben kann, was genau Scheibert an seinen unterschiedlichen Dienstorten getan hat, werfen sie der Autorin „Verunglimpfung" vor. Über das konkrete Handeln der einzelnen Mitglieder des *Sonderkommandos Künsberg* geben jedoch die Quellen – allen voran die Akten des Auswärtigen Amtes – keine Auskunft, sodass der genaue Tatbeitrag der einzelnen Beteiligten an diesem „Raub von Amts wegen" nicht zu ermitteln ist.[32] Das ist misslich, aber nicht Esther Abel anzulasten, zumal ja auch andere „Quellenstränge" wie „z.B. Memoiren oder Tagebücher von Leuten, die Scheibert kannten", die Abel angeblich „entgangen" seien[33], hier keinen Aufschluss ge-

---

29 Haar, Ingo: „Ostforschung" und „Lebensraum"-Politik im Nationalsozialismus. In: Kaufmann, Doris (Hg.): Geschichte der Kaiser-Wilhelm-Gesellschaft im Nationalsozialismus. Bestandsaufnahme und Perspektiven der Forschung, Bd. 2. Göttingen 2000, S. 437-467.
30 Haar: Historiker im Nationalsozialismus, S. 372. — Zur „Vordenker"-These siehe Heim, Susanne: „Vordenker der Vernichtung". Wissenschaftliche Experten als Berater der nationalsozialistischen Politik. In: Kaufmann, Doris (Hg.): Geschichte der Kaiser-Wilhelm-Gesellschaft im Nationalsozialismus. Bestandsaufnahme und Perspektiven der Forschung, Bd. 1. Göttingen 2000, S. 77-91.
31 Jahn/Auerbach: Osteuropahistoriker, S. 55 und S. 33. — Die folgenden Zitate ebd., S. 34.
32 Abel: Aufarbeitung statt Skandalisierung, S. 148. — Balcar, Jaromír (Hg.): Raub von Amts wegen. Zur Rolle von Verwaltung, Wirtschaft und Öffentlichkeit bei der Enteignung und Entschädigung der Juden in Bremen. Bremen 2014. — Zur Tätigkeit des Sonderkommandos Künsberg beim Raub von Kunst- und Kulturgut in den besetzten Gebieten der Sowjetunion siehe Hartung: Raubzüge in der Sowjetunion. — Heuss, Anja: Die „Beuteorganisation" des Auswärtigen Amtes. Das Sonderkommando Künsberg und der Kulturgutraub in der Sowjetunion. In: Vierteljahrshefte für Zeitgeschichte 45 (1997), S. 535-556.
33 Jahn/Auerbach: Osteuropahistoriker, S. 54. — Die folgenden Zitate ebd., S. 55 und S. 50.

ben, da Scheibert – wie Jahn und Auerbach selbst schreiben – „zu jung" gewesen und anderen seinerzeit „als völlig unwichtig" erschienen sei.

Mehr noch, werfen Jahn und Auerbach Abel einerseits vor, sie unterziehe Scheibert „einer Art vierten Entnazifizierungsverfahren". Andererseits tun sie selbst alles, um ihm einen Persilschein auszustellen, indem sie die Tätigkeit ihres ehemaligen Lehrmeisters in den besetzten Ostgebieten in einem möglichst harmlosen Licht erscheinen lassen.[34] Der nicht besonders originellen Entlastungsstrategie des Beschuldigten vor der Spruchkammer folgend, reden Jahn und Auerbach Scheiberts Tätigkeit im *Sonderkommando Künsberg* systematisch klein, indem sie ihn als „Dolmetscher, Übersetzer, eventuell auch Aktensortierer und Aktenauswerter" bezeichnen.[35] Diese Vorgehensweise gemahnt an vernebelnd-verharmlosenden Begriffe wie „Sicherstellung" (anstelle von Beschlagnahme bzw. Raub) oder „Sonderbehandlung" (statt Liquidierung), die in der NS-Zeit gang und gäbe waren, um den wahren Charakter der NS-Besatzungspolitik in Osteuropa zu verschleiern. Das Unrecht der Konfiskation von Kulturgut, an dem Scheibert ohne Zweifel mitgewirkt hat, wurde und wird auf diese Weise semantisch heruntergedimmt. Dass Scheibert als promovierter Historiker Kenntnisse über und Erfahrung im Umgang mit Akten besaß, die für die amtlich angeordneten Beutezüge in Osteuropa unabdingbar waren, fällt so unter den Tisch.

Damit nicht genug, bemühen sich Jahn und Auerbach, den Kunst- und Kulturgutraub in Osteuropa säuberlich von der NS-Vernichtungspolitik zu trennen – letzteres sei „einzigartig" und damit verbrecherisch, ersteres hingegen erscheint, wenn die Rezensenten von „geregelter staatlicher Beschlagnahme" sprechen, im Krieg allgemein üblich und nicht verwerflich gewesen zu sein.[36] Man muss nicht so weit gehen wie Stefan Plaggenborg, der Scheibert hierbei „lediglich als Chiffre für die Entkoppelung von Vernichtungskrieg und Kulturraub und dessen Rollenminimierung" sieht.[37] Doch steht außer Frage, dass durch „die unreflektierte Übernahme und die Fortschreibung von Rechtfertigungsstrategien, die größtenteils schon im Zweiten Weltkrieg entstanden sind", „der NS-Kunstraub in Osteuropa nach wie vor bagatellisiert wird."[38] Es kommt in diesem Kontext aber noch schlimmer: Jahn und Auerbach stören sich auch an der Aussage Abels, Scheibert habe durch seine Tätigkeit dem „Ziel der Vernichtung der slawischen Völker" gedient.[39] Sie werfen ihr vor, den

---

34 So auch Plaggenborg: Marburger Historikerstreit, S. 162. — Abel: Aufarbeitung statt Skandalisierung, S. 147-149.
35 Jahn/Auerbach: Osteuropahistoriker, S. 36. Ähnlich auch S. 52 und S. 57.
36 Ebd., S. 47 und S. 37.
37 Plaggenborg: Marburger Historikerstreit, S. 163.
38 Kuhr-Korolev, Corinna/Schmiegelt-Rietig, Ulrike: Geklaut haben immer die anderen! Ausblendung und Rechtfertigungsstrategien: Der NS-Kunstraub in Osteuropa. In: Osteuropa 67 (2017), Heft 3-4, S 167-180.
39 Abel: Kunstraub – Ostforschung – Hochschulkarriere, S. 43.

„systematischen Unterschied in der rassistischen NS-Ideologie und Praxis zwischen der angestrebten Vernichtung sämtlicher Juden sowie Sinti und Roma einerseits und der unterschiedlichen dezimatorischen Vernichtung der West-, Süd- und Ostslawen andererseits, die mehrheitlich für den Helotendienst unter den deutschen und ‚arischen Herrenmenschen' vorgesehen waren",

nirgends zu erwähnen.[40] Einmal abgesehen von der rabulistischen Unterscheidung zwischen „Vernichtung der Juden" und „Dezimierung, Unterjochung und Umsiedlung der ostslawischen Bevölkerung" – man fragt sich, ob die Opfer wohl den feinen Unterschied bemerkt haben? – kam dem Raub der Kunst- und Kulturgüter in beiden Fällen dieselbe Bedeutung zu, nämlich mit den Menschen – gleichviel ob als „Rassen" oder „Völker" – auch deren Kultur zum Verschwinden zu bringen. Nichts sollte von denen übrig bleiben, die in der Rassenoptik der Nazis als „minderwertig" galten. Die Römer kannten dies als *damnatio memoriae* – freilich als Strafe für einzelne Personen, nicht ganze Ethnien.[41]

3. Konjunkturen und Kontinuitäten: „Ostforschung" vs. Osteuropaforschung

Ein anderer Kritikpunkt der „Scheibertianer" an der Arbeit Esther Abels besteht in der „grobschlächtigen Gegenüberstellung von Ostforschung und Osteuropawissenschaft".[42] Zwar ist die Trennlinie unscharf, einige wesentliche Unterschiede lassen sich allerdings benennen.[43] Das beginnt mit dem Untersuchungsgegenstand: Während die Osteuropaforschung traditionell stark auf Russland ausgerichtet war (und ist), konzentrierte sich die „Ostforschung" auf Ostmittel- und Südosteuropa, auf die Region zwischen Baltikum und Balkan. Hier hatten die Siegermächte des Ersten Weltkrieges aus der Konkursmasse

---

40 Jahn/Auerbach: Osteuropahistoriker, S. 38. — Das folgende Zitat findet sich ebd., S. 34.
41 Siehe dazu Krüpe, Florian: Die Damnatio memoriae. Über die Vernichtung von Erinnerung. Eine Fallstudie zu Publius Septimius Geta. Gutenberg 2011. — Vom organischen Zusammenhang zwischen Vernichtungspolitik und Kulturgutraub zeugt nicht zuletzt der Umstand, dass das Personal des Sonderkommandos Künsberg 1943 an das RSHA überstellt worden ist. Plaggenborg: Marburger Historikerstreit, S. 162.
42 Jahn/Auerbach: Osteuropahistoriker, S. 40.
43 Siehe im Folgenden, soweit nicht anders gekennzeichnet, den Überblick von Petersen, Hans-Christian: Ostforschung. In: Online-Lexikon zur Kultur und Geschichte der Deutschen im östlichen Europa, 2012. URL: https://ome-lexikon.uni-oldenburg.de/53916.html (Stand 03.06.2015). — Krzoska, Markus: Ostforschung. In: Haar, Ingo/Fahlbusch, Michael (Hgg.): Handbuch der völkischen Wissenschaften. München 2008, S. 452-463. — Petersen, Hans-Christian/Kusber, Jan: Osteuropäische Geschichte und Ostforschung. In: Elvert, Jürgen/Nielsen-Sikora, Jürgen (Hgg.): Kulturwissenschaften und Nationalsozialismus. Stuttgart 2008, S. 289-311. — Oberländer, Erwin (Hg.): Geschichte Osteuropas. Zur Entwicklung einer historischen Disziplin in Deutschland, Österreich und der Schweiz 1945–1990. Stuttgart 1992. — Troebst, Stefan: Sonderweg zur Geschichtsregion. Die Teildisziplin Osteuropäische Geschichte. In: Osteuropa 63 (2013), Heft 2-3, S. 55-80.

der untergegangenen Vielvölkerreiche – neben dem Deutschen Reich auch die Donaumonarchie und das Zarenreich – eine Reihe kleinerer Staaten aus der Taufe gehoben, die einen „cordon sanitaire" zwischen dem potentiell revisionistischen Deutschland und dem erklärtermaßen revolutionsexpansiven Sowjetrussland bilden sollten. Einen zweiten wichtigen Unterschied stellt die Art der Institutionalisierung dar: Während sich die Osteuropaforschung in Deutschland seit dem späten 19. Jahrhundert an den Universitäten etablieren konnte, blieb die „Ostforschung" weitgehend auf außeruniversitäre Forschungseinrichtungen, insbesondere die „Volksdeutschen Forschungsgemeinschaften"[44], beschränkt. Der größte Unterschied bestand indes im Forschungszweck und im Erkenntnisinteresse: Die internationale Osteuropaforschung befasste (und befasst) sich mit ihrem Untersuchungsgegenstand aus einem genuinen Interesse an Osteuropa, wobei sie die kulturelle Eigenständigkeit der Region nicht nur anerkennt, sondern herausstellt. Die „Ostforschung" hingegen, an deren Wiege der Versailler Vertrag stand, war von Anfang an „kämpfende Wissenschaft" und „Legitimationswissenschaft": In deutschtumszentrierter Perspektive und unter Verweis auf die „Kulturleistungen" des Deutschtums „im Osten" verfolgte sie als „Volks- und Kulturbodenforschung" ein klares politisches Programm, nämlich territoriale Ansprüche in Ostmitteleuropa zu legitimieren. Deswegen blieb die „Ostforschung" – anders als die Osteuropaforschung – auch auf Deutschland (und Deutschösterreich) beschränkt, sie ist allenfalls vergleichbar mit der polnischen „Westforschung".[45]

Jahn und Auerbach kritisieren zurecht die missverständliche Begrifflichkeit von „Subjekt" und „Objekt", mit denen Abel die Herangehensweise von Osteuropawissenschaft und „Ostforschung" an ihren Untersuchungsgegenstand charakterisiert.[46] Freilich ging es den „Ostforschern" um weit mehr als „das Interesse an dem Schicksal des eigenen Volkes, der eigenen Nation", wie Jahn und Auerbach behaupten, um die „Ostforschung" im Mainstream nationalgeschichtlichen Denkens verorten zu können, wie es sich seit dem 19. Jahrhundert in Europa herausgebildet hatte. Historiker wie Hermann Aubin, Albert Brackmann, Erich Maschke und andere zielten darauf ab, die auf den Pariser Vorortkonferenzen nach dem Ersten Weltkrieg geschaffene Staatsstruktur in Ostmittel- und Südosteuropa zu delegitimieren und den Anspruch einer „Neuordnung" Ost-

---

44 Dazu insbesondere Fahlbusch, Michael: Wissenschaft im Dienst der nationalsozialistischen Politik? Die „Volksdeutschen Forschungsgemeinschaften" von 1933–1945. Baden-Baden 1999.
45 Siehe dazu Piskorski, Jan M./Hackmann, Jörg/Jaworski, Rudolf (Hgg.): Deutsche Ostforschung und polnische Westforschung im Spannungsfeld von Wissenschaft und Politik. Disziplinen im Vergleich. Osnabrück/Poznan 2002. — Krzoska, Markus: Deutsche Ostforschung – polnische Westforschung. Prolegomena zu einem Vergleich. In: Zeitschrift für Ostmitteleuropaforschung 52 (2003), S. 398–419.
46 Abel: Kunstraub – Ostforschung – Hochschulkarriere, S. 143. — Jahn/Auerbach: Osteuropahistoriker, S. 40. — Das folgende Zitat findet sich ebd.

mittel- und Südosteuropas unter deutscher Führung zu untermauern.⁴⁷ Diese Stoßrichtung, die mit den Expansionszielen des NS-Regimes in Einklang stand, ging mit übersteigertem Nationalismus und Chauvinismus einher, ebenso mit antislawischen Ressentiments. Das Ziel nicht weniger „Ostforscher" bestand letztlich darin, die deutsche Überlegenheit, ja das „Herrenmenschentum", nachzuweisen, und zwar nicht aus der Biologie, sondern aus der Geschichte heraus.

Mit der deutschtumszentrierten Perspektive der „Ostforschung" korrespondierte ihr volksgeschichtlicher Ansatz. Dieses neue Paradigma, das sich in der deutschen Geschichtswissenschaft ebenfalls nach der Ersten Weltkrieg durchsetzte, rückte das „Volk" anstelle des (National-)Staates ins Zentrum der historischen Betrachtung. Die methodisch innovative Volksgeschichte stand in der radikalen Ablehnung von Industrialisierung und Demokratisierung sowie in der Glorifizierung der Agrargesellschaft eindeutig im Zusammenhang mit den völkischen Strömungen der Zeit, weshalb sich viele ihrer Protagonisten vom Nationalsozialismus instrumentalisieren ließen bzw. selbst dem Regime andienten.⁴⁸ Vor diesem Hintergrund erstaunt es, dass Jahn und Auerbach sich an dem Begriff des „Völkischen" bzw. dem „völkischen Ansatz" stören, mit dem Abel die „Ostforschung" von der Osteuropaforschung abgrenzt.⁴⁹ Zur Begründung differenzieren sie zwischen der Verwendung des Begriffs „völkisch" vor und nach 1933 (wie auch zwischen der „Volks- und Volkstums'-Wissenschaft" sowie dem Revisionismus der Weimarer Republik und des „Dritten Reichs").⁵⁰ Der Versuch, einen durch die unmenschliche Sprache der Nazis verbrannten Begrifft zu rehabilitieren, ist zum Scheitern verurteilt – auch wenn ihn zwei emeritierte Professoren unternehmen. Deren Taktik, die Ehre der Volksgeschichte zu retten, indem sie eine „gute" Weimarer Variante von einer „bösen" nationalsozialistischen unterscheiden, fällt weit hinter den Forschungsstand zurück. Der Mediävist Walter Schlesinger zeichnete bereits 1964 in einem Referat vor dem *Herder-Forschungsrat* am Beispiel der mittelalterlichen deutschen Ostbewegung detailliert nach, wie die „deutsche Ostkolonisation" im Zuge der volksgeschichtlichen Neuausrichtung ins Zentrum der deutschen Mittelalterforschung rückte. Die „Kulturträgertheorie" und die einseitige Fixierung auf die „deutschen Leistungen im Osten" habe „Ostforscher" wie Johannes Haller, Rudolf Kötzschke oder Reinhard Wittram schon vor 1933 dazu gebracht, andere

---

47 Mühle, Eduard: Für Volk und deutschen Osten. Der Historiker Hermann Aubin und die deutsche Ostforschung. Düsseldorf 2005. — Burleigh, Michael: Albert Brackmann, Ostforscher (1871–1952): The Years of Retirement. In: Journal of Contemporary History 23 (1988), S. 573-587. — Schneider, Barbara: Erich Maschke. Im Beziehungsgeflecht von Politik und Geschichtswissenschaft. Göttingen 2015. — Zu Maschke siehe auch den Beitrag von Dietrich Beyrau in diesem Band.
48 Oberkrome, Willi: Volksgeschichte. Methodische Innovation und völkische Ideologisierung in der deutschen Geschichtswissenschaft 1918–1945. Göttingen 1993.
49 Abel: Kunstraub – Ostforschung – Hochschulkarriere, S. 149.
50 Jahn/Auerbach: Osteuropahistoriker, S. 42-44.

Nationalitäten implizit und explizit herabzuwürdigen, um deutschen Gebietsansprüchen den Mantel wissenschaftlicher Legitimation umzuhängen. Deshalb dürfe sich der „Prozeß ernster Selbstprüfung", den die Disziplin nach 1945 durchlaufen habe, nicht auf die NS-Zeit beschränken, sondern müsse auch „die Auffassung der Jahre vor 1933" betreffen, „deren Konzept [...] ja doch weitgehend politisch bestimmt gewesen" sei.[51]

Damit ist die Frage der Kontinuitätslinien der „Ostforschung" über die Epochengrenze von 1945 hinweg angesprochen. Jahn und Auerbach vertreten die Ansicht, dass sich „die Ostforschung in den ersten Jahrzehnten der Bundesrepublik [...] qualitativ erheblich von der nationalsozialistischen" unterschieden habe.[52] Dagegen bezeichnete Christoph Kleßmann schon 1984 die stark ausgeprägten Kontinuitätslinien als „das eigentlich Skandalöse an der Geschichte der (west)deutschen Ostforschung".[53] Neuere Arbeiten geben ihm recht: Abgesehen von wenigen besonders stark belastete Forschern wie Hans Joachim Beyer[54], die ihre wissenschaftliche Karriere in der Bundesrepublik nicht fortsetzen konnten, blieb personell alles weitgehend beim Alten. Methodisch dominierte nach wie vor der volksgeschichtliche Ansatz, wobei nun verstärkt die Vertriebenen in den Blick kamen. Inhaltlich blieb es bei der Fixierung auf Ostmittel- und Südosteuropa sowie beim Postulat der deutschen Suprematie gegenüber den slawischen Nationen. Vor dem Hintergrund des Kalten Krieges ermöglichte ein sich als Anti-Totalitarismus ausgebender Antikommunismus auch den „Ostforschern" die Beibehaltung des alten Feindbildes bei gleichzeitiger Distanzierung vom Nationalsozialismus. Dies mündete wiederum in die politische Forderung nach territorialer Revision, diesmal freilich mit Stoßrichtung gegen die Oder-Neiße-Grenze. Ein grundlegender Wandel fand erst mit der „Transformation der Ostforschung in die Osteuropaforschung" statt, „wie sie sich in den sechziger und siebziger Jahren durchsetzte".[55]

---

51 Schlesinger, Walter: Die mittelalterliche deutsche Ostbewegung und die deutsche Ostforschung. In: Deutsche und europäische Ostsiedlungsbewegung. Referate und Aussprachen der wissenschaftlichen Jahrestagung des Johann-Gottfried-Herder-Forschungsrates vom 7. bis 9. März 1963. Marburg 1964, S. 7-46. Nachdruck in: Zeitschrift für Ostmitteleuropaforschung 46 (1997), S. 427-457, Zitate S. 444.

52 Jahn/Auerbach: Osteuropahistoriker, S. 44.

53 Kleßmann, Christoph: Osteuropaforschung und Lebensraumpolitik im Dritten Reich. In: Aus Politik und Zeitgeschichte B 7/1984, S. 33-45, Zitat S. 34. — Zu den Kontinuitätslinien der „Ostforschung" zwischen „Drittem Reich" und Bundesrepublik siehe Mühle, Eduard: ‚Ostforschung'. Beobachtungen zu Aufstieg und Niedergang eines geschichtswissenschaftlichen Paradigmas. In: Zeitschrift für Ostmitteleuropaforschung 46 (1997), S. 317-349, hier S. 336-349. — Unger, Corinna R.: „Objektiv, aber nicht neutral". Zur Entwicklung der Ostforschung nach 1945. In: Osteuropa 55 (2005), Heft 12, S. 113-131.

54 Roth, Karl Heinz: Heydrichs Professor. Historiographie des „Volkstums" und der Massenvernichtung: Der Fall Hans Joachim Beyer. In: Schöttler, Peter (Hg.): Geschichtsschreibung als Legitimationswissenschaft 1918-1945. Frankfurt am Main 1997, S. 262-342.

55 Dazu vor allem Unger: Ostforschung in Westdeutschland, S. 113-173; das Zitat findet sich auf S. 21. — Unger: Zur Entwicklung der Ostforschung nach 1945.

Nun halten Jahn und Auerbach die „Interpretation des Totalitarismuskonzepts [...] als Schlüssel zur ‚politischen Entlastung' für ehemalige Nationalsozialisten und ihre Mitläufer" für „nicht einleuchtend".[56] Neben „plattem Totalitarismusverständnis" werfen sie Abel in diesem Zusammenhang den

> „unreflektierte[n] Gebrauch des kommunistischen politischen Kampfbegriffs ‚Antikommunismus' [vor], mit dem die Unterschiede in Inhalt und Form zwischen der nationalsozialistischen und der liberaldemokratischen Gegnerschaft gegen den Kommunismus verschleiert werden sollten und Abel Kontinuitäten zwischen ‚faschistischer Diktatur' und der Bundesrepublik konstruiert."

Dass es sich bei „Antikommunismus", wie übrigens auch bei „Antiamerikanismus", um Begriffe handelt, die in der historischen und sozialwissenschaftlichen Forschung längst analytisch verwendet werden[57], scheint den „Scheibertianern" entgangen zu sein. Und dass Scheibert der Totalitarismustheorie anhing und sich in der Forschung wie in der Hochschulpolitik als strammer Antikommunist profilierte, können auch sie nicht ernsthaft bestreiten.[58]

Zwar war Peter Scheibert ohne Frage weniger „Ostforscher" denn „Osteuropa-Historiker", so lautet auch Abels Ergebnis.[59] Insofern ist der Begriff „Ostforschung" im Titel ihrer Arbeit verfehlt, was Jahn und Auerbach zurecht monieren.[60] Freilich stand die Osteuropaforschung – ebenso wie die „Ostforschung" – in einem überaus engen, allerdings nicht unproblematischen Verhältnis zur Politik, und zwar in der Weimarer Republik, im „Dritten Reich" und in der Bundesrepublik. Davon blieb auch der Osteuropahistoriker Scheibert nicht frei. Zumindest in seinen Veröffentlichungen in der von der *Publikationsstelle Dahlem* herausgegebenen Zeitschrift *Jomsburg. Völker und Staaten im Norden und Osten Europas*, machte er einen Kotau vor dem NS-Regime. Über diese Publikationen wurde Scheibert zugleich in die Netzwerke der „Ostforschung" eingebunden, denn hinter der Zeitschrift *Jomsburg* stand die *Nord- und Ostdeutsche Forschungsgemeinschaft*.[61] Zwar gehörte er auch hier nicht zu denjenigen, die den Ton angaben. Festzuhalten bleibt dennoch, dass der Marburger Historiker in nachrangiger Funktion sowohl am Raub von Kulturgut in Osteuropa als auch an der „Ostforschung" mitwirkte, auch wenn die „Scheibertianer" beides nicht wahrhaben wollen.

---

56 Jahn/Auerbach: Osteuropahistoriker, S. 46. — Die folgenden Zitate ebd., S. 48-49.
57 Beispielsweise Schwan, Gesine: Antikommunismus und Antiamerikanismus in Deutschland. Kontinuität und Wandel nach 1945. Baden-Baden 1999.
58 Abel: Aufarbeitung statt Skandalisierung, S. 155-156.
59 Abel: Kunstraub – Ostforschung – Hochschulkarriere, S. 140 und S. 254. — Abel: Aufarbeitung statt Skandalisierung, S. 154.
60 Jahn/Auerbach: Osteuropahistoriker, S. 30.
61 Scheibert, Peter: Der weissrussische politische Gedanke bis 1919. In: Jomsburg 2 (1938), S. 335-354. — Scheibert, Peter: Der Weg der Weissruthenen zur Weissruthenischen Sowjetrepublik. In: Jomsburg 4 (1940), S. 191-196. — Siehe dazu Abel: Aufarbeitung statt Skandalisierung, S. 154-155.

4. *Us and Them*: Die wissenschaftliche Auseinandersetzung als Lager- und Generationenkonflikt

Durchaus typisch, das leugnen selbst seine Verteidiger nicht, ist das Verhalten Scheiberts in einer anderen Hinsicht gewesen: Von einigen Bemerkungen über seine Mitgliedschaft in diversen NS-Organisationen abgesehen, die er in seinen Russischkursen fallenließ[62], hat Scheibert nach 1945 über seine Tätigkeit im Nationalsozialismus geschwiegen. Das gilt auch für andere „Ostforscher", die wesentlich stärker belastet waren. Deren Schüler haben ihre Lehrer nur selten, wenn überhaupt, mit unangenehmen Fragen über ihre NS-Vergangenheit belästigt, was ihnen in den 1990er Jahren von den „Enkeln" – der jüngeren Historikergeneration, die sich die Aufarbeitung der NS-Vergangenheit der eigenen Disziplin auf die Fahne geschrieben hatte – zum Vorwurf gemacht wurde.[63] Die angesprochenen Schüler schwangen sich ihrerseits zu Verteidigern ihrer Lehrer auf und kritisierten die „Enkel", die in der Schusslinie stehenden „Ostforscher" mit überzogenen Vorwürfen zu diffamieren. So warf sich insbesondere Hans-Ulrich Wehler vehement für seinen Lehrer und Mentor Theodor Schieder in die Bresche.[64] Allerdings wies die Debatte um die Jahrtausendwende eine Asymmetrie auf: Während die „Enkel" sich umfangreiches Belastungsmaterial aus diversen Archiven besorgt hatten, fehlte den Verteidigern diese Quellenkenntnis. Sie mussten sich daher weitgehend auf ihre persönlichen Erlebnisse mit ihren Lehrern und Förderern stützen. Freilich war sich auch die Generation der Schüler keineswegs einig, wie das Verhalten ihrer Lehrer zu bewerten sei. Während Wolfgang J. Mommsen zurückhaltend urteilte, „daß große Teile der deutschen Historiker [...] zu Mitträgern und Apologeten der nationalsozialistischen Gewaltherrschaft geworden" seien, wollte sein Zwillingsbruder Hans Mommsen von „Affinität zum Nationalsozialismus" nichts wissen; für ihn war bereits „der wirkliche Nationalsozialismus" am Werk.[65] Letztlich lief der Streit auf die Frage hinaus, ob man die betroffenen „Ostforscher" vor allem anhand ihrer jüngeren oder ihrer älteren Vergangenheit beurteilen soll und ob man deren Schweigen

---

62 Jahn/Auerbach: Osteuropahistoriker, S. 30.
63 Hohls, Rüdiger/Jarausch, Konrad H.: Brechungen von Biographie und Wissenschaft. Interviews mit deutschen Historikern/rinnen der Nachkriegsgeneration. In: Dies. (Hgg.): Versäumte Fragen. Deutsche Historiker im Schatten des Nationalsozialismus. München 2000, S. 15-54, hier S. 15-21.
64 Wehler, Hans-Ulrich: Nationalsozialismus und Historiker. In: Schulze/Oexle (Hgg.): Deutsche Historiker im Nationalsozialismus, S. 306-339. — Abgewogener urteilt Kocka, Jürgen: Zwischen Nationalsozialismus und Bundesrepublik. Ein Kommentar. In: ebd., S. 340-357.
65 Mommsen, Wolfgang J.: Vom „Volkstumskampf" zur nationalsozialistischen Vernichtungspolitik in Osteuropa. Zur Rolle der deutschen Historiker unter dem Nationalsozialismus. In: Schulze/Oexle (Hgg.): Deutsche Historiker im Nationalsozialismus, S. 183-214, Zitat S. 208. — Mommsen, Hans: Der faustische Pakt der Ostforschung mit dem NS-Regime. Anmerkungen zu einer Historikerdebatte. In: ebd., S. 265-273, Zitat S. 270-271.

– in Kombination mit ihrem Verhalten nach 1945 – als „reflexiven Lehrprozess" (Hans-Ulrich Wehler) deuten kann.

Man tritt weder Scheibert noch seinen Verteidigern zu nahe, wenn man sagt, dass deren Prominenz und Bedeutung nicht an die von Theodor Schieder und Hans-Ulrich Wehler heranreicht. Davon abgesehen, ist die Frontstellung im „Marburger Historikerstreit" ähnlich — auch wenn Abel den „Scheibertianern" nicht das Versäumnis vorgeworfen hat, ihren Lehrmeister nach seiner Vergangenheit im „Dritten Reich" zu befragen. Da Jahn und Auerbach zur Entlastung ihres Mentors nicht auf eigene Archivrecherchen zurückgreifen können, bedienen sie sich einer altbekannten Taktik, um Abels quellengestützte Aussagen zu diskreditieren: Sie stellen Abel in die linke Ecke, um ihre Bewertungen als ideologisch motiviert erscheinen lassen.[66] Zu diesem Zweck verweisen sie unter anderem darauf, dass die Vorwürfe gegen Scheibert erstmals in einem Flugblatt des *Marxistischen Spartakus-Bundes* (MSB) erhoben worden sind und insinuieren, dass Abel vor allem deswegen so hart mit Scheibert ins Gericht gegangen sei, weil dieser „in der Bundesrepublik eine ‚proamerikanische Haltung' mit ‚antikommunistischen Zügen'" vertreten habe.[67] Der Vorwurf der politisch motivierten Einseitigkeit und Voreingenommenheit schwingt auch in der abschließenden Forderung mit, „eine ernsthafte Biographie *sine ira et studio*, also ohne politische Abrechnungsbedürfnisse, über Peter Scheibert zu schreiben".

Diese Art, missliebige Kritik unter Hinweis auf ein angebliches politisches Bias vom Tisch zu wischen, hat eine lange Tradition: Seit den 1950er Jahren nahm die DDR-Propaganda führende bundesrepublikanische „Ostforscher" ins Visier, wobei einige der eifrigsten Ankläger wie Eberhard Wolfgramm und Eduard Winter selbst an der NS-„Ostforschung" mitgewirkt hatten.[68] Die eben auch ideologisch motivierten, teilweise maßlos überzogenen Angriffe führten im Westen zu einem Schulterschluss mit den diskreditierten Wissenschaftlern.[69] Dieser Automatismus lag in der Logik des deutsch-deutschen Wissenschaftskonflikts im Zeichen des Kalten Krieges. Dass nicht alles plumpe Propaganda war, was „von drüben" kam, ging dabei unter. Die Instrumentalisierung der NS-Vergangenheit westdeutscher Funktionseliten durch die historische Forschung in der DDR und deren pauschale Zurückweisung als propagandistische Fälschung ermöglichte es den „Ehemaligen", jedweder Kritik die Legitimation abzusprechen. Diejenigen, die sich in der alten Bundesrepublik dennoch mit dem

---

66 So auch Plaggenborg: Marburger Historikerstreit, S. 163.
67 Jahn/Auerbach: Osteuropahistoriker, S. 31. — Das folgende Zitat ebd., S. 58, Hervorhebung im Original.
68 Siehe Kleßmann, Christoph: DDR-Historiker und „imperialistische Ostforschung". Ein Kapitel deutsch-deutscher Wissenschaftsgeschichte im Kalten Krieg. In: Deutschland-Archiv 35 (2002), S. 13–31.
69 Siehe Creuzberger, Stefan/Unser, Jutta: Osteuropaforschung als politisches Instrument im Kalten Krieg. Die Abteilung für Geschichte der imperialistischen Ostforschung in der DDR (1960 bis 1968). In: Osteuropa 48 (1998), Heft 8/9, S. 849-867.

Thema beschäftigten, blieben in der Zunft Außenseiter. Ihre Karrierechancen im westdeutschen Wissenschaftsbetrieb waren gering, zudem mussten sie sich ihrerseits den Vorwurf gefallen lassen, eine „Diffamierungsattacke" gegen die Altvorderen zu reiten.[70] Fritz Stern sprach in diesem Zusammenhang von „einer gewissen deutschen Neigung, Kritik als Nestbeschmutzung zu begreifen".[71] Diese Neigung scheint unter Historikern besonders stark ausgeprägt, weshalb die Debatte um die „Ostforschung" im Nationalsozialismus überaus hitzig verlief. Eduard Mühle erklärte die Schärfe des Tons im Jahr 2001 damit, „daß das in Frage stehende Thema noch immer eher Objekt engagierter ‚Verurteilung' und ‚Apologie' als Gegenstand kritischer geschichtswissenschaftlicher Beurteilung ist."[72]

Nun hat Abel, wie sie zurecht betont, „keine Verurteilung vorgenommen, sondern eine Beurteilung".[73] Dessen ungeachtet werfen ihr Jahn und Auerbach vor, eine „Grundanklage gegen Scheibert" vorgelegt zu haben[74] – was auch immer dies genau sein mag. Dass die Kontrahenten so offensichtlich aneinander vorbeireden, wirft die Frage auf, um was sich die Kontroverse eigentlich dreht. Im „Marburger Historikerstreit" geht es nicht um „Mitleid mit [den] Doktorvätern", wie Esther Abel unter Berufung auf Claus Leggewie meint[75], ebenso wenig um Nibelungentreue zu den (heute meist schon verstorbenen) akademischen Lehrern oder Förderern, obwohl dieser Begriff wohl eher zuträfe. Es geht vielmehr um die Deutungshoheit und damit zugleich um die Frage, wer überhaupt die Geschichte dieser Historiker schreiben kann und soll. Jahn und Auerbach sind offenbar der Meinung, dass nur sie – die Angehörigen der Schülergeneration – das nötige Einfühlungsvermögen besäßen, um dieser Thematik gerecht zu werden. Wie sonst soll man ihre Bemerkung verstehen, ihre Alterskohorte habe „ein ausgeprägteres Empfinden als spätere Generationen für die selbstkritische Frage, wie sie sich wohl selbst unter einem die gesamte Gesellschaft beherrschenden diktatorischen Terrorregime verhalten hätte, das von einem ideologischen Zeitgeist geprägt wurde"?[76] Die „Enkel" liefen dagegen Gefahr, „in selbstgerechter Attitüde die akademischen Vorfahren für ihr Verhalten unter

---

70 Siehe Schöttler, Peter: Versäumte Fragen – aber welche? Die deutsche „Historikerzunft und ihre dunkle Vergangenheit. In: Kaiser, Tobias/Kaudelka, Steffen/Steinbach, Matthias (Hgg.): Historisches Denken und gesellschaftlicher Wandel. Studien zur Geschichtswissenschaft zwischen Kaiserreich und deutscher Zweistaatlichkeit. Berlin 2004, S. 125-147, Zitat S. 126.

71 Stern, Fritz: Das feine Schweigen und seine Folgen. In: Ders.: Das feine Schweigen. Historische Essays. München 1999, S. 158-173, Zitat S. 164.

72 Mühle, Eduard: Ostforscher und Nationalsozialismus. Kritische Bemerkungen zur aktuellen Forschungsdiskussion. In: Zeitschrift für Ostmitteleuropaforschung 50 (2001), S. 256–275, Zitat S. 274.

73 Abel: Aufarbeitung statt Skandalisierung, S. 144.

74 Jahn/Auerbach: Osteuropahistoriker, S. 31.

75 Abel: Aufarbeitung statt Skandalisierung, S. 147. — Leggewie, Claus: Mitleid mit Doktorvätern oder: Wissenschaftsgeschichte in Biographien. In: Merkur 53 (1999), S. 433-444.

76 Jahn/Auerbach: Osteuropahistoriker, S. 28-29. — Das folgende Zitat ebd., S. 29.

gesellschaftlichen Verhältnissen zu verurteilen, die sich grundlegend von den eigenen unterschieden." Von dieser Behauptung ausgehend, schließen die Rezensenten – laut Plaggenborg – „auf eine nur ihnen als Angehörige der älteren Generation zuteilwerdende Rationalität."[77] Das ist schon sehr nahe an dem Totschlagsargument, dass über bestimmte Dinge nur diejenigen urteilen könnten, die selbst dabei gewesen sind – umso erstaunlicher, dass diese Ansicht von einer promovierten und habilitierten Mediävistin geteilt wird!

Es scheint, als trübe die nach wie vor große emotionale Anhänglichkeit an den ehemaligen Lehrer seinen Schülern den wissenschaftlich geschulten Blick. Unangenehme Wahrheiten deuten die „Scheibertianer" als diffamierende Vorwürfe, die sie mit großer Verve zurückweisen. Man kennt diesen Mechanismus aus der Debatte um die Jahrtausendwende. Claus Leggewie spricht deswegen bei der Gefolgschaft von Historikern vom Schlage eines Theodor Schieder nicht von Schülern, sondern von „Jüngern".[78] Die beinahe hagiographische Anhänglichkeit an den „Meister" scheint auch für den Schülerkreis von Peter Scheibert zu gelten, der offenbar bis heute einem regelrechten „Scheibert-Kult" frönt.[79] Jahn und Auerbach blenden aus, dass es Peter Scheibert selbst – wie viele seiner Zunftgenossen – nach 1945 nicht fertiggebracht hat, „in der Wahrheit zu leben", um mit Václav Havel zu sprechen.[80] Ja, er hat es noch nicht einmal auf einen Versuch ankommen lassen. Und auch seine Jünger haben zu seinen Lebzeiten nicht die Courage besessen, ihren Meister mit seiner Vergangenheit zu konfrontieren. Dafür prügeln sie jetzt umso heftiger auf eine junge Historikerin ein, die lange Versäumtes nachgeholt hat.

Stefan Plaggenborg erkennt in dem Aufsatz von Jahn und Auerbach „deutliche Merkmale eines revisionistischen Diskurses" und befürchtet, dass es den Kritikern von Esther Abel um einen „historiographische[n] Roll-back" gehe,

„der als wissenschaftliche Kritik drapiert nicht wissenschaftlich bleibt, sondern sich einfügt oder angetrieben wird von einer gegenwärtigen gesellschaftspolitischen Strömung, die von einer kritischen Aufarbeitung der NS-Vergangenheit und den Symbolen der Erinnerung Abstand zu nehmen trachtet."[81]

Möglicherweise steckt hinter dem Angriff der „Scheibertianer" tatsächlich mehr, als nur das Andenken an einen Historiker von braunen Spritzern rein zu halten. Doch selbst wenn dem so sein sollte, führt angesichts des heute erreichten Forschungsstands kein Weg mehr zurück in das „feine Schweigen" und die „Akade-

---

77 Plaggenborg: Marburger Historikerstreit, S. 161. — Zum Folgenden siehe ebd., S. 162.
78 Leggewie: Mitleid mit Doktorvätern, S. 436.
79 Plaggenborg: Marburger Historikerstreit, S. 159.
80 Havel, Václav: Versuch, in der Wahrheit zu leben. Von der Macht der Ohnmächtigen. Reinbek bei Hamburg 1978.
81 Plaggenborg: Marburger Historikerstreit, S. 158.

mische Vergangenheitspolitik" der westdeutschen Nachkriegszeit.[82] Zumindest dies hat die heftige und für manche schmerzhafte Debatte um „Ostforschung" und „Ostforscher" im Nationalsozialismus bewirkt.

---

82 Stern: Das feine Schweigen. — Weisbrod, Bernd (Hg.): Akademische Vergangenheitspolitik. Beiträge zur Wissenschaftskultur in der Nachkriegszeit. Göttingen 2002.

Autorinnen und Autoren

Dr. Jaromír Balcar, wissenschaftlicher Mitarbeiter am Max-Planck-Institut für Wissenschaftsgeschichte, Berlin und Privatdozent für Neuere und Neueste Geschichte und Zeitgeschichte an der Universität Bremen

Dr. Nina Balcar, Lehrbeauftragte an der Ruhr-Universität Bochum und Martin-Luther-Universität Halle-Wittenberg

Dr. Dietrich Beyrau, Professor emeritus für Osteuropäische Geschichte an der Eberhard-Karls-Universität Tübingen

Dr. Dittmar Dahlmann, Professor emeritus für Osteuropäische Geschichte an der Rheinischen Friedrich-Wilhelms-Universität Bonn

Dr. Wolfgang Eichwede, Gründungsdirektor der Forschungsstelle Osteuropa und Professor emeritus für Osteuropäische Geschichte an der Universität Bremen

Dr. Delia González de Reufels, Professorin für Geschichte Lateinamerikas an der Universität Bremen

Dr. Susanne Heim, Privatdozentin an der Freien Universität Berlin und Koordinatorin des Editionsprojekts „Die Verfolgung und Ermordung der europäischen Juden durch das nationalsozialistische Deutschland 1933–1945"

Dr. Axel C. Hüntelmann, Mitarbeiter am Institut für Geschichte der Medizin und Ethik in der Medizin an der Charité, Universitätsmedizin Berlin

Dr. Wolfgang Stephan Kissel, Professor für Kulturgeschichte Ost- und Ostmitteleuropas an der Universität Bremen

Dr. Andreas Mayer, *Chargé de recherche* am *Centre Alexandre-Koyré*, Paris (CNRS/EHESS) und Privatdozent für Neuere und Neueste Geschichte an der Universität Bremen

Dr. Sybilla Nikolow, Privatdozentin für Wissenschaftsgeschichte und Wissenschaftsforschung an der TU Braunschweig, Forschung am Institute for Interdisciplinary Studies of Science an der Universität Bielefeld

Dr. Dr. h.c. Hans-Jörg Rheinberger, ehemaliger Direktor am Max-Planck-Institut für Wissenschaftsgeschichte und Professor emeritus für Wissenschaftsgeschichte an der TU-Berlin

Dr. Florian Schmaltz, Projektleiter des Forschungsprogramms „Geschichte der Max-Planck-Gesellschaft" am Max-Planck-Institut für Wissenschaftsgeschichte, Berlin

Dr. Tassilo Schmitt, Professor für Alte Geschichte an der Universität Bremen

Dr. Hans-Walter Schmuhl, außerplanmäßiger Professor für Neuere Geschichte an der Universität Bielefeld, stellvertretender Leiter des Instituts für Diakonie- und Sozialgeschichte an der Kirchlichen Hochschule Wuppertal-Bethel, selbstständiger Historiker

Dr. Elena Zubkova, Professorin für Geschichte an der Russländischen Staatlichen Universität für Geisteswissenschaften (RGGU), Moskau und Mitglied des Instituts für Russische Geschichte der Akademie der Wissenschaften Russland